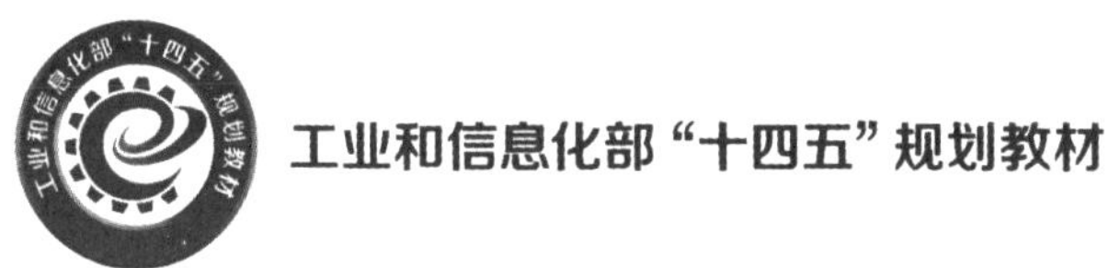

船舶动力中工程热力学理论及应用

编著 李彦军 曹元伟 葛 坤
史建新 宋福元 张国磊
主审 孙宝芝

哈爾濱工程大學出版社
Harbin Engineering University Press

内容简介

本书是参考了当前国际上最新版的工程热力学教科书，在教学、科研等实践应用的基础上，根据我国现在能源动力需求编写的教材。

本书包括热力学的基本概念和定义、热力学第一定律、理想气体和热力过程、蒸汽的热力性质和热力过程等内容，使学生在对工程热力学基本原理有清晰深入理解的基础上，能应用工程热力学理论进行综合分析。

本书可作为船舶动力中相关专业的工程热力学教材，也可用作从事航空航天、能源动力、暖通空调、石油化工等行业的工程技术人员的参考书。

图书在版编目(CIP)数据

船舶动力中工程热力学理论及应用 / 李彦军等编著. 哈尔滨 : 哈尔滨工程大学出版社, 2024. 6. -- ISBN 978-7-5661-4467-6

Ⅰ. U664. 1

中国国家版本馆 CIP 数据核字第 2024QG4524 号

船舶动力中工程热力学理论及应用

CHUANBO DONGLI ZHONG GONGCHENG RELIXUE LILUN JI YINGYONG

选题策划 雷 霞
责任编辑 丁月华
封面设计 李海波

出版发行 哈尔滨工程大学出版社
社　　址 哈尔滨市南岗区南通大街 145 号
邮政编码 150001
发行电话 0451-82519328
传　　真 0451-82519699
经　　销 新华书店
印　　刷 哈尔滨午阳印刷有限公司
开　　本 787 mm×1 092 mm　1/16
印　　张 18. 25
字　　数 453 千字
版　　次 2024 年 4 月第 1 版
印　　次 2024 年 4 月第 1 次印刷
书　　号 ISBN 978-7-5661-4467-6
定　　价 68. 00 元

http://www. hrbeupress. com
E-mail:heupress@ hrbeu. edu. cn

前　　言

工程热力学是一门重要的技术基础课，不仅有丰富的经典理论，而且还有不断发展的应用领域。本书力图在内容上体现船舶动力中工程热力学的科学性及其鲜明的工程实践性，以使读者能较全面地掌握能量的性质、热力学的基本定律和工程应用等知识。本书在编写过程中，除参考国内外一些同类型的优秀教材外，还总结、汲取了编者多年积累的教学经验。

本书以强化理论基础、重视工程应用为原则，确立了以科学、高效利用能量（特别是热能）为核心的理论体系。本书首先阐明工程热力学的基本原理，着重从能的量与质的观点阐述热力学第一、第二定律，以建立对能量性质及能量品质的全面认识；并阐明物质的热力性质，从参与用能过程的物质（工质等）本身性质来论述、分析合理用能的内部条件。其次旨在介绍如何采用有效的工程方法以获得合理用能的外部条件。

本书强化了基本概念与基本定律的论述，力求严谨、由浅入深，突出工程观点，理论密切联系实际。

本书由哈尔滨工程大学热能工程研究所组织集体编写，其中李彦军编写了绪论、第 1 章、第 2 章，曹元伟编写了第 3 章、第 4 章，张国磊编写了第 5 章、第 6 章，史建新编写了第 7 章、第 8 章，葛坤编写了第 9 章、第 10 章，宋福元编写了第 11 章、第 12 章。由宋福元完成全书的统稿工作。全书习题由张国磊、葛坤选编。本书由孙宝芝负责主审。

哈尔滨工业大学易红亮教授，中国船舶集团有限公司王建志、孙世峰、陈汝刚、张克龙，中国核动力研究设计院梁铁波高级工程师等专家提出了很多宝贵意见，对提高本书质量起到重要作用，编著者借此机会向他们致以衷心的感谢。

宥于编著者的学术和认识水平，书中难免有疏漏之处，恳请读者和同行专家予以批评指正。

编著者

2024 年 1 月

目　　录

第 1 章 绪　论

1.1 热力学发展简史

人类的生产实践和探索未知事物的欲望是科学技术发展的动力。热现象是人类最早广泛接触到的自然现象之一，但是直到 18 世纪初，在欧洲，煤矿开采、航海、纺织等领域的发展，使人类对热机产生了巨大需求，才促使热学的发展得到积极的推动。1763—1784 年间，英国人瓦特(James Watt，1736—1819 年)对当时用来带动煤矿水泵的原始蒸汽机做了重大改进，且研制成功了高于大气压的蒸汽和配有独立凝汽器的单缸蒸汽机，提高了蒸汽机的热效率。此后，蒸汽机被纺织、冶金、交通等部门广泛采用，使生产力有了很大的提高。

蒸汽机的发明与应用，刺激、推动了热学方面的理论研究，促成了热力学的建立与发展。1824 年，法国人卡诺(Sadi Carnot，1796—1832 年)提出了卡诺定理与卡诺循环，指出热机必须工作于不同温度的热源之间，并提出了热机最高效率的概念，这在本质上已阐明了热力学第二定律的基本内容。卡诺用当时流行的"热质说"作为其理论的依据，虽然他的结论是正确的，但证明过程却是错误的。1850—1851 年，在卡诺所做工作的基础上，克劳修斯(Rudolf Vlausius，1822—1888 年)和汤姆孙(Willian Thomson，即开尔文 Lord Kelvin，1824—1907 年)先后独自从热量传递和热转变成功的角度提出了热力学第二定律，指明了热过程的方向性。

在热质说流行的年代，一些研究者用实验事实驳斥了其错误，但由于没有找到热功转换的数量关系，他们的工作没有受到重视。早在 1778 年，伦福德(Canat Rumford)就根据制造枪炮所切下的碎屑的温度很高，而且在工作中高温碎屑不断产生出来，证实了热是一种运动的表现形式。一年后，戴维(H. Davy)用两块冰块相互摩擦使之完全融化，再次用实验支持了热是运动的学说。1842 年，迈耶(Julius Rpbert Mayer，1814—1878 年)提出了能量守恒原理，认为热是能量的一种形式，可以与机械能相互转换。1850 年，焦耳(James Prescotl Joule，1818—1889 年)在他的关于热功相当实验的总结论文中，以各种精确的实验结果使能量守恒与转换定律，即热力学第一定律得到了充分的证实。能量守恒与转换定律是 19 世纪物理学的最重要发现。1851 年，汤姆孙把能量这一概念引入热力学。

热力学第一定律的建立宣告第一类永动机(即不消耗能量的永动机)是不可能实现的。热力学第二定律则使制造第二类永动机(只从一个热源吸热的永动机)的梦想破灭。这两个定律奠定了热力学的理论基础。

热力学理论促进了热动力机的不断改进与发展，而人类生产实践又不断为热力学的前进提供新的驱动力。1906 年，能斯特(Walter Nernst，1869—1941 年)根据低温下化学反应的大量实验事实归纳出了新的规律，并于 1912 年将之表述为绝对零度不能达到原理，即热力学第三定律。热力学第三定律的建立使经典热力学理论更趋完善。1942 年,凯南(Joseph Henry Keenan,1990—1997 年)在热力学基础上提出有效能的概念,使人们对能源利用和节能的认识又上了一个台阶。近代能量转换新技术(如等离子发电、燃料电池等)及 1974 年人们确定了作为常用制冷剂的氯氟烃(CFC)物质和含氢氯氟烃(HCFC)物质与南极臭氧层空洞的联系等问题向热力学提出了新的课题。热力学理论将在不断解决新课题中继续发展。

1.2 工程热力学的主要内容及研究方法

工程热力学的主要研究对象是能量转换,特别是热能转换成机械能的规律和方法,以及提高转化效率的途径,以提高能源利用的经济性,显而易见,工程热力学是研究能量性质及其转换规律的科学。它的主要研究内容包括:

(1)基本概念与基本定律,如热力系统、状态参数、平衡状态,热力学第一定律、热力学第二定律,等等。这些基本概念与基本定律全部是工程热力学的基础。

(2)能量的转化过程特别是热能转化为机械能,是由工质的吸热、膨胀、放热等状态变化过程实现的,因此过程和循环的分析研究及计算方法是热力学的重要内容。

(3)常用工质的性质。工质性质对其状态变化过程有着极重要的影响。

(4)通常的热工设备中涉及燃烧,而近年来关于燃料电池等新型能量转换技术及有关生物工程和环境问题的研究,与化学过程的能量转换和利用有关,所以工程热力学中还包含化学热力学等方面的有关内容。

热力学有两种不同的研究方法:一种是宏观的研究方法;另一种是微观的研究方法。

对物质的性质可以从宏观的角度或者从微观的角度来研究。这两种角度各有其优缺点。从宏观的角度来研究的热力学叫宏观热力学,也叫经典热力学,是建立在宏观基础上的热力学。工程热力学是几种重要的宏观工程学科之一,这些学科为我们分析和综合各种广泛的工程问题提供了基础知识。

经典热力学的结构比较简单,只需利用少数的基本概念就能够得出热力学定律的推论。用布里奇曼(Bridgman)的话来说,这些热力学定律比物理学上的其他定律在文字上更为明白易懂,而且更能反映出人们认识这些定律的始末。这是因为宏观热力学中的一些基本概念很易于直观接受,掌握这些概念也很容易。这门学科所包含的变量较少,要求的数学也比较简单。

宏观的研究方法不要求对物质的详细结构做出假设,因此,当人们对物质的性质有了新的认识的时候,热力学定律也不会因此发生改变。然而为了使经典热力学具有普遍性,人们必须付出代价,这个代价就是限制其范围。经典热力学虽然能够预示物质特性参数之间的许多相互关系,但是它却不能解释为什么这些关系各有其特定的形式。例如,通过热力学论证大家都知道同一单纯物质(如氮、水、氨或二氧化碳)在同一状态条件下的定压比热容总是大于其定容比热容。然而这一情况在经典热力学中是得不到解释的。幸好这不是一个严重的缺点,因为在许多工程实践中要求知道物质状态参数之间的关系,比从原子

结构领域去搞清物质的属性更重要。

按微观观点研究物质时,必须承认物质的原子模型并且了解组成物质结构的原子、分子、质子和电子等的物理知识(量子力学)。从微观的角度来研究的热力学叫微观热力学,也叫统计热力学,这门学科所采用的就是微观观点。因此比起经典热力学来说,它一开始就是高度抽象的。此外,它还必然要用到统计学和概率论,这样才可以把无数质点($10^{14}/m^3$数量级)的状况“平均”成为几个在工程中有重要意义的量。统计热力学中所要求的数学比经典热力学中要难得多,但是它带来的好处却很大:利用统计热力学可以预示并解释物质的宏观性质。统计热力学在近年来已成为很重要的一门学科。在某些应用领域里,如磁流体发电中高温等离子的研究必然要依靠统计热力学,因为宏观的研究方法已不再够用,甚至是不可行的了。统计热力学尽管还有其局限性,但确实很有用。在目前的发展状况下,统计热力学在其适用范围上还不像经典热力学那样普遍和富有成效。

工程热力学主要应用热力学的宏观方法,但有时也引用气体分子运动理论和统计热力学的基本观点及研究成果。随着近代计算机技术的发展,计算机越来越多地介入工程热力学的研究中,成为一种强有力的工具。

学好工程热力学,首先要掌握学科的主要线索——研究热能转化为机械能的规律、方法以及怎样提高转化效率和热能利用的经济性;其次是在深刻理解基本概念的基础上运用抽象简化的方法抽出各种具体问题的本质,应用热力学基本定理和基本方法进行分析研究;第三是必须重视习题、实验等环节,通过习题等环节可以培养学生抽象和分析问题的能力,加深学生对基本概念的理解。

就工程应用而言,简单可靠是首先需要考虑的问题,因此本书的内容以宏观平衡的经典热力学为主。

第2章　热力学的基本概念和定义

热力学是以对自然现象的观察为基础的,但日常实践中所得出的概念是初步的、直观的,热力学这门学科的任务就是要把这么多的概念用数学公式描述出来。因而它使用了如稳定、平衡、状态参数、热力系统、热力过程、功和热等一些术语。这类术语在日常语言中虽然用得不严密,但学习热力学的人们无论如何都需要掌握这些术语的正确定义,以便有效地运用热力学这一套研究方法。在开始论述阶段,所有这些术语可能显得有点抽象和形式化,但是当我们着手应用它们来解决实际问题时,就能体会到它们的现实性和重要性了。

2.1　热力系统

2.1.1　热力系统的定义

在力学中研究一个物体的运动,在着手应用运动的基本方程式之前,必然要划出一个"隔离体",并且确定出有关物体作用在这个物体上的各项力。也就是说必须首先了解其他物体与所要研究的物体是如何相互作用的。

在热力学中同样有类似的情况。如果想要研究某热力系统的特性,那就必须在应用热力学基本方程式以前确定所研究的对象与周围环境的相互作用。

在热力学中,把这种按照某种目的人为地从周围环境中分割出来作为热力学分析对象的有限物质系统称为热力系统(简称系统、热力系或体系)。与热力系产生质能交换的物质系统称为外界,也称为环境。热力系与外界分开的界面称为边界。这里所说的边界,可以是实际的边界,如装有一定量流体的贮罐壁;也可以是假想的边界,如一定量的流体沿管道流动时的边界。边界以外的所有与被研究系统相互发生作用的其他系统都称作外界。

热力系明确以后,热力系和外界之间的关系或者说相互作用也就明确了。热力系与外界之间通过边界发生相互作用。从热力学的角度看,热力系与外界间的相互作用只有三种:交换热量 Q、做功 W 和质量交换 Δm,即热力系与外界存在着热量、功和质量的交换。热力学中一般规定:热量以热力系吸热为正,放热为负;功以热力系对外界做功为正,外界对热力系做功为负。

2.1.2　热力系统分类

一般来说,热力系有以下两种分类方法。

(1)依据热力系与外界不同的作用形式,将热力系分为以下几种类型。

①绝热系统和非绝热系统:与外界没有热量交换的热力系称为绝热系统,简称绝热系;反之,称为非绝热系统,简称非绝热系。

②绝功系统和非绝功系统:与外界没有功量交换的热力系称为绝功系统,简称绝功系;反之,称为非绝功系统,简称非绝功系。

③闭口系和开口系:与外界没有质量交换的热力系称为闭口系统,简称闭口系;反之,称为开口系统,简称开口系。

如图 2.1(a)中的热力系为闭口系,一定质量的气体被活塞封闭在气缸中,而图 2.1(b)的热力系为开口系,气体通过边界进出热力系。由于在闭口系内保持质量恒定,因此闭口系又称为控制质量(contro1 mass,简称 C. M.);相应地,开口系保持边界恒定,体积恒定,所以又称为控制体积。当进出开口系的质量相等时,开口系的质量也是恒定的,但不能说它是控制质量或闭口系。换句话说,质量恒定并不一定就是控制质量或者闭口系。反过来,体积恒定也未必就一定是控制体积或开口系,务必注意它们的原始定义和引申条件。

④孤立系和非孤立系:与外界既无质量交换又无能量(包括功和热量)交换的热力系统称为孤立系统,简称孤立系;反之,称为非孤立系统,简称非孤立系。显然,孤立系一定是绝热系、绝功系、闭口系。但绝热系、绝功系、闭口系不一定是孤立系。图 2.1(c)所示为孤立系统。

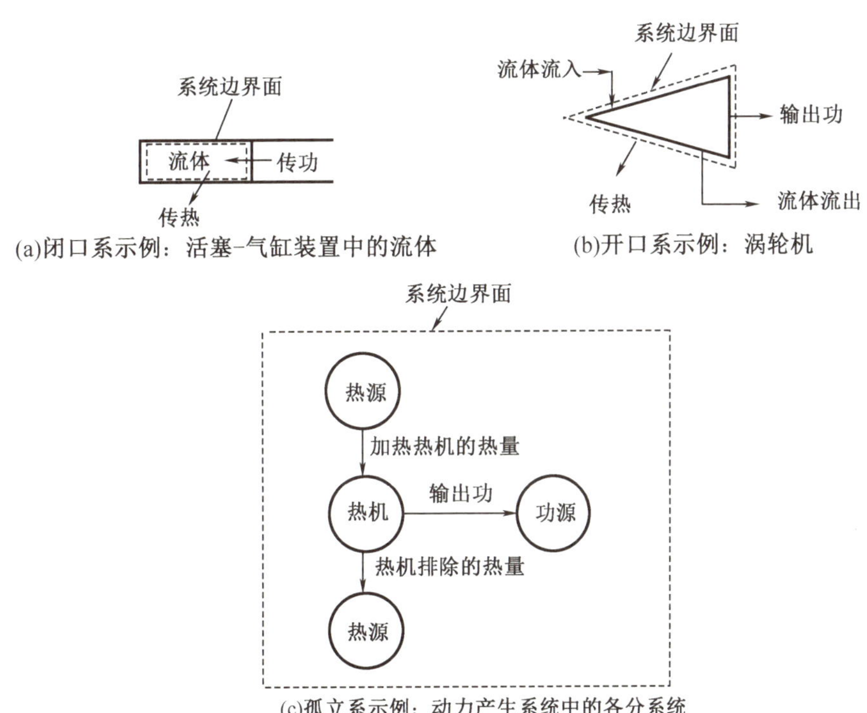

图 2.1 闭口、开口和孤立系统

闭口系的边界,物质是不能透过的。即闭口系和外界不发生物质的交换,因而系统的质量是恒定不变的。但是闭口系能够以热和功的形式和外界进行能量交换。开口系则有物质流越过边界面,同时也会有功流和热流越过边界面。孤立系和其外界之间没有任何相互作用。孤立系的边界,不仅物质不能透过,而且任何形式的能量也不能透过。所以孤立系可以定义为是许多分系统的集合体,尽管分系统之间可能发生物质和能量的任何相互作用,但只局限于集合体内的分系统之间。任何一个系统连同其外界一起也就构成一个孤立系统。

(2)依据热力系内部的不同特点,可将热力系分为以下几种类型。

①单元系:即单组元系统,是指只含一种化学成分物质的热力系,大部分纯物质都是单组元系统。

②多元系:即多组元系统,是指由两种或两种以上化学成分物质组成的热力系,通常称为混合物。

③均匀系:指内部各部分化学成分和物理性质都均匀一致的热力系,通常就是指单相系,即由单相组成的热力系。

④非均匀系:指内部各部分化学成分和物理性质都不均匀的热力系,通常就是指多相系,即由两个或两个以上的相组成的热力系。

⑤可压缩热力系:是指由可压缩流体组成的热力系。只有可压缩系统才能做体积功。

⑥不可压缩热力系:是指由不可压缩流体组成的热力系。

上述各种不同类型的热力系都是实际热力系的理想化。实际中根本不存在真正的绝热系:保温瓶只能说在某一段时间内是绝热的;当发动机散热量与其做功量相比很小时,可以忽略其散热量,这时可以认为发动机是绝热的。孤立系在实际中就更不存在了,因为所有热力系都是与外界相联系的,只是多少而已。但在热力学中,有时把热力系和外界看作一体,这样就可以得到一个真正的孤立系了,即任何非孤立系+相关外界=孤立系。显然,这只是一种理想化或者说是抽象化。

热力系的分类本质上是处理方法的分类,它使我们可以根据热力系的不同特点去选择不同的处理方法,从不同的角度去研究热力系,而最后的结果应该是完全一致的。如闭口系对应的控制质量实际上就是通常所说的拉格朗日法,它通过跟踪某一个质点来研究物质的运动规律。开口系对应的控制体积就是通常所说的欧拉法,它通过研究某一个空间内"场"的规律来研究物质的运动规律,而并不去计较某一个粒子的行为。有时选孤立系为研究对象比较方便,但真正的孤立系在实际中并不存在,可以将外界环境与热力系捆绑在一起,认为是孤立系。可见,热力系的选择不是唯一的。针对不同的问题,选择不同热力系,就是选择了不同的方法来处理。

工程热力学中把只有一种形式功的热力系称为简单热力系,最常见的是简单可压缩热力系,即与外界只有热量和一种功——体积功作用的可压缩系统。工程上常见的绝大部分热力系都是简单可压缩热力系。因此,在本书中如果不做说明的话都是指这种热力系。

2.1.3 热力系的选取

正确选择热力系是对问题进行热力学分析的前提。它的选取主要取决于所提出的研究任务(即所要解决的问题)。如果不选择热力系就等于没有研究对象,就根本无法解决任何问题。因此,从开始就要养成分析问题前先选择热力系的习惯。

热力系的选择是任意的,有时也并不唯一,但是的确有好坏之分。选错热力系会使问题分析起来困难,甚至不能进行。选择热力系的一般原则是根据分析的目的选择,尽量使分析问题的方法得到简化。

2.2 热力系统的状态及其基本状态参数

表示系统特征的量称作系统的特性参数。它们是为了对系统做宏观描述所必须规定的量。这些参量中有许多也是其他学科中常常用到的,如质量、能量、压力、容积、密度、电场、磁场和物质的磁化强度等。另外两个特性参数,即温度和熵是热力学所独有的。温度、熵和能量一起在热力学结构中起着很重要的作用。

特性参数可以是直接观察到的,也可以是间接观察到的系统的特征。这样一些特征量的任何组合,例如压力和容积的乘积,仍然是一个特性参数。即一些新的特性参数可以通过另外一些特性参数来定义。我们将会发现这些导出的特性参数中焓、吉布斯自由能和赫姆霍尔兹自由能三个参数特别有用。

热力学中特性参数的定义具有独特的意义,是通常所说的状态参数。下面就状态参数压力来说明这一问题。当系统在某一瞬间的压力为 p_1,另一瞬间为 p_2 时,其压力的变化可以简单地表示为 p_2-p_1 而不管这一变化是如何实现的。这样必然有

$$\Delta p = \int_{p_1}^{p_2} \mathrm{d}p = p_2 - p_1 \tag{2.1}$$

式中,dp 表示压力的微分变量。

用数学语言来说,式(2.1)表示 dp 是一个恰当微分,其积分与压力变化所经过的路径完全无关。这就是把状态参数称作点函数或状态函数的原因。积分值取决于由一个状态到达另一个状态所经过的具体路径时,称作线函数。这样一类参量的微分不是恰当微分。

为了说明热力设备中的工作过程,必须研究工质所处的状态和它所经历的状态变化过程。研究热力过程时,常用的状态参数有压力 p、温度 T、体积 V、热力学能(以前习惯称为内能)U、焓 H 和熵 S。其中压力、温度及体积可直接用仪器测量,使用最多,称为基本状态参数。其余状态参数可据基本状态参数间接算得。压力和温度这两个参数与系统质量的多少无关,称为强度量;体积、热力学能、焓和熵等参数与系统质量成正比,具有可加性,称作广延量。但广延量的比参数,例如比体积(比容)(v)、比热力学能(u)、比焓(h)和比熵(s),即单位质量工质的体积、热力学能、焓和熵,又具有强度量的性质,不具有可加性。通常热力系的广延参数用大写字母表示,其比参数则用小写字母表示。下面先介绍基本状态参数,其他状态参数以后陆续介绍。

2.2.1 温度和热力学第零定律

温度的概念,如同力一样,起源于人们对热和冷的感觉。温度是一个基本的概念,它是由称作热力学第零定律这一公认科学事实引出来的。

热力学第零定律:如果两个系统中的每个系统分别和第三个系统都处于热平衡状态,则这两个系统彼此也处于热平衡状态。

如果系统 A 和系统 B 彼此处于热平衡状态,那么系统 A 的温度和系统 B 的温度相同。等后面系统地阐述了热力学第一定律和第二定律以后,将会证明温度这一概念还具有另外

的物理意义。

从微观上看，温度标志物质分子热运动的激烈程度。对于气体，它是大量分子平均移动动能平均值的量度，其关系式为

$$\frac{m\bar{c}^2}{2}=BT \tag{2.2}$$

式中，T 是热力学温度；$B=\frac{3}{2}k$，$k=(1.380\ 058\pm0.000\ 012)\times10^{23}$ J/K，是玻耳兹曼常数；$\bar{c}$ 是分子移动的均方根速度。

两个物体接触时，通过接触面上分子的碰撞进行动能交换，能量从平均动能较大的一方，即温度较高的物体，传到了平均动能较小的一方，即温度较低的物体。这种微观的动能交换就是热能的交换，依旧是两个温度不同的物体间进行的热量传递。传递的方向总是由温度高的物体传向温度低的物体。这种热量的传递将持续不断地进行，直至两物体的温度相等为止。

测量温度的仪器称为温度计，应用第零定律就可以通过使系统和温度计实现热平衡的办法来测定系统的温度。选作温度计的感应元件的物体应具备某种物理性质，它随物体的冷热程度不同有显著的变化（如金属丝电阻、封在细管中的水银柱的高度等）。为了解温度确定数值，还应建立温标——温度的数值表示法。例如以前摄氏温标规定在标准大气压下纯水的冰点是 0 ℃，沸点是 100 ℃，其他温度的数值由作为温度标志的物理量（金属丝电阻、水银柱高度等）的线性函数来确定。

由选定的任意一种测量物质的某种物理性质，采用任意一种温度标定规则所得到的温标称为经验温标。由于经验温标依赖于测温物质的性质，因此当选用不同测温物质的温度计、采用不同的物理量作为温度的标志来测量温度时，除选定为基准点的温度，如冰点和沸点外，其他温度的测定值可能有微小的差异。因而任何一种经验温标都不能作为测量温度的标准。

国际上规定热力学温标作为测量温度的最基本温标，它是根据热力学第二定律的基本原理制定的，和测温物质的特性无关，可以成为度量温度的标准。

热力学温标的温度单位是开尔文，符号为 K（开尔文），把水的三相点的温度，即水的固相、液相、气相平衡共存状态的温度作为单一基准点，并规定为 273.16 K。因此，热力学温度单位“开尔文”是水的三相点温度的 1/273.16。1960 年，国际计量大会通过决议，规定摄氏温度由热力学温度移动零点来获得，即

$$t=T-273.15\ \text{K} \tag{2.3}$$

式中，t 为摄氏温度，其单位为摄氏度，符号为 ℃；T 为热力学温度，其单位为开尔文，符号为 K。

这样规定的摄氏温标称为热力学摄氏温标。由式（2.1）可知，摄氏温标和热力学温标并无实质差异，而仅仅是零点取值的不同。

由于热力学温度不能直接测定，所以国际上建立了一种既实施方便又使得所测温度尽可能接近热力学温度的新型温标，这种温标称为国际实用温标。目前全世界范围内采用“1990 年国际温标（ITS-90）”替代原有国际温标。我国自 1991 年 7 月 1 日起施行“1990 年

国际温标(ITS-90)”。1990 年,国际温标同时定义国际开尔文温度(符号为 T_{90})和国际摄氏温度(符号为 t_{90})。T_{90} 和 t_{90} 之间的关系与 T 和 t 一样,物理量 T_{90} 的单位为开尔文(符号为 K),而 t_{90} 的单位为摄氏度(符号为 ℃),与热力学温度 T 和摄氏温度 t 一样。

2.2.2　压力

热力学压力的定义是系统施加到单位边界面积上的总法向力。热力学压力也称作绝对压力,工程计算中所用到的必然是绝对压力(图 2.2)。

系统的压力通常用压力表来测量,并把大气压力作为测量的参考点。在这种情况下,绝对压力 p 与大气压力 p_b 和表压力 p_e 有如下的关系:

$$p=p_b+p_e$$

低于大气压力的压力,其表压力将是负值,通常用“真空度”p_v 来表示这种表压力的大小。例如对-0.345 MPa 的表压力可以说成是 0.345 MPa 的真空度。当绝对压力等于零时,它是完全真空。

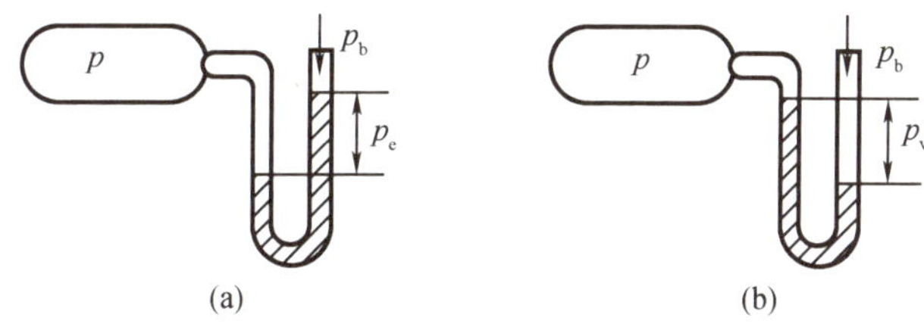

图 2.2　绝对压力

通常工程中所给出的工作压力是表压力。不注明工作压力的都应理解为绝对压力。绝对压力、表压力、真空度和大气压力之间的关系可用图 2.3 说明。

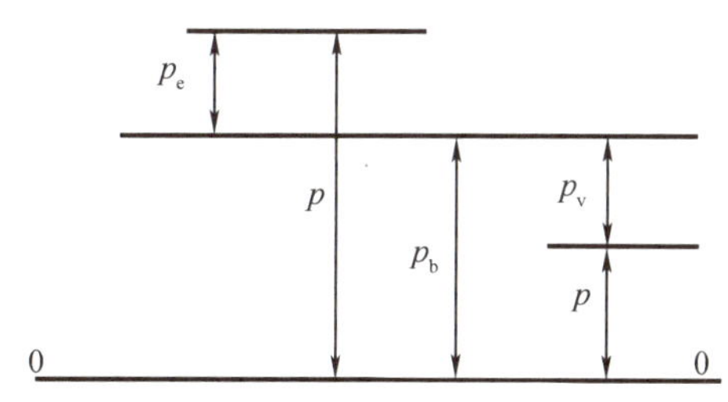

图 2.3　绝对压力、表压力、真空度

作为工质状态参数的压力应该是绝对压力。大气压力是地面上空气柱的质量所造成的,它随着各地的纬度、高度和气候条件而有些变化,可用气压计测定。因此,即使工质绝对压力不变,表压力和真空度仍有可能变化。在用压力计进行热工测量时,必须同时用气压计测定当时当地大气压力,才能得到工质实际压力。若绝对压力很大,则可把大气压力视为常数。

我国法定的压力单位是帕斯卡(简称帕),符号为 Pa:

$$1\ \mathrm{Pa}=1\ \mathrm{N/m^2}$$

即 1 Pa 等于每平方米的面积上作用 1 N 的力。工程上因 Pa 的单位太小，常采用 MPa（兆帕）：

$$1\ \text{MPa}=10^6\ \text{Pa}$$

工程上可能遇到的其他压力单位还有：atm（标准大气压，也称物理大气压）、bar（巴）、at（工程大气压）、mmHg（毫米汞柱）和 mmH_2O（毫米水柱），它们与帕之间的互换关系如表 2.1 所示。

表 2.1　各压力单位互换表

	Pa	bar	atm	at	mmHg	mmH_2O
Pa	1	1×10^{-5}	$9.869\ 23\times10^{-6}$	$1.019\ 72\times10^{-5}$	$7.500\ 62\times10^{-2}$	$1.019\ 712\times10^{-1}$
bar	1×10^{5}	1	$9.869\ 23\times10^{-1}$	1.097 2	$7.500\ 62\times10^{2}$	$1.019\ 712\times10^{5}$
atm	$1.013\ 25\times10^{5}$	1.013 25	1	1.033 23	760	$1.033\ 23\times10^{4}$
at	$9.806\ 65\times10^{4}$	$9.806\ 65\times10^{-3}$	$9.678\ 41\times10^{-1}$	1	$7.355\ 59\times10^{2}$	1×10^{4}
mmHg	$1.333\ 224\times10^{2}$	$1.333\ 224\times10^{-3}$	$1.361\ 579\times10^{-3}$	$1.359\ 51\times10^{-3}$	1	$1.359\ 51\times10^{1}$
mmH_2O	9.806 65	$9.806\ 65\times10^{-5}$	$9.078\ 41\times10^{-5}$	1×10^{-4}	$7.355\ 59\times10^{-2}$	1

例题 2.1　测得容器内气体的表压力为 0.25 MPa，当地大气压力为 755 mmHg，求容器内气体的绝对压力，分别用（1）MPa（兆帕）、（2）bar（巴）、（3）atm（物理大气压）、（4）at（工程大气压）表示。

解　由于 1 mmHg = 133.322 4 Pa，故

$$p=0.25\times10^6\ \text{Pa}+755\times133.322\ 4\quad \text{Pa}=0.305\ 7\times10^6\ \text{Pa}$$

（1）用 MPa 表示

$$\frac{0.305\ 7\times10^6\ \text{Pa}}{10^6}=0.305\ 7\ \text{MPa}$$

（2）用 bar 表示

$$\frac{0.305\ 7\times10^6\ \text{Pa}}{10^5}=3.057\ \text{bar}$$

（3）用 atm 表示

$$\frac{0.305\ 7\times10^6\ \text{Pa}}{101\ 325}=3.460\ 7\ \text{atm}$$

（4）用 at 表示

$$\frac{0.305\ 7\times10^6\ \text{Pa}}{98\ 066.5\ \text{Pa}}=3.575\ 7\ \text{at}$$

2.2.3　比体积及密度

单位质量物体所占的体积称为比体积，即

$$v=\frac{V}{m} \tag{2.4}$$

式中，v 为比体积，m^3/kg；m 为物质的质量，kg；V 为物质的体积，m^3。

单位体积物质的质量称为密度，单位为 kg/m^3，密度用符号 ρ 表示，即

$$\rho=\frac{m}{V} \tag{2.5}$$

显然 v 和 ρ 互成倒数，因此它们不是相互独立的参数，可以任选其中之一，工程热力学中通常用 v 作为独立参数。

2.2.4　过程功

1. 功的热力学定义

功的概念是基本的，起源于力学，其定义是力与这个力作用时所经过的距离的乘积。热力学中，这个力和距离常常是不容易辨认出来的。如果给以比较广义的解释，则功可定义如下：

功是在没有质量传递的情况下，通过系统的边界面所传递的能量。对系统来说，如果外界的唯一效果是能够升起重物，那么系统对外界做了功。

通过气体在气缸内的膨胀可以说明这个问题。由图 2.4 可以看到，通过适当选择连杆机构，就可以利用气体的膨胀来提升重物，所以说气体做了功。

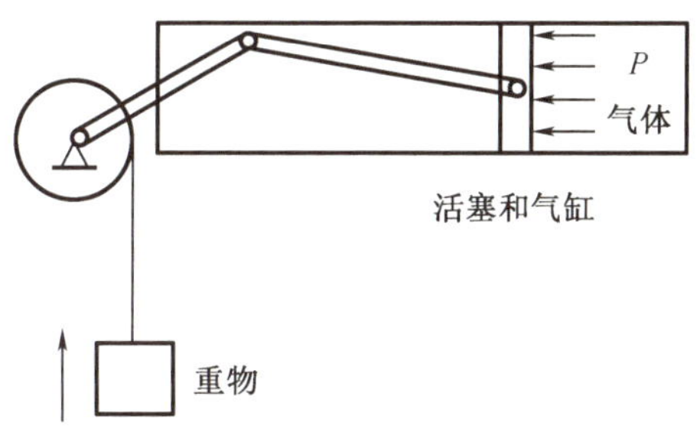

图 2.4　气体膨胀做功而提升重物

应该强调，如定义中所指出的，功是传递的能量。这个功一旦越过系统的边界面，它就“消失”而成为系统或外界能量的一部分，因而不能说在已知状态下系统有多少功，也就是说功不是一个热力特性参数。只有当状态发生了变化的时候才能有功的相互作用(即功的传递)。

热力学中约定：系统对外界做功取为正，而外界对系统做功取为负。我国法定计量单位中，功的单位为焦耳，用符号 J 表示。1 J 相当于物体在 1 N 力的作用下产生 1 m 位移时所做的功，即

$$1\ \mathrm{J}=1\ \mathrm{N\cdot m}$$

单位质量的物质所做的功称为比功，单位为 J/kg。若质量为 m 的物质所做的功为 W，则比功为

$$w=W/m$$

单位时间内完成的功称为功率，其单位为 W(瓦)，即

$$1\ \mathrm{W}=1\ \mathrm{J/s}$$

工程上还常用 kW(千瓦)作为功的单位，即

$$1\ \mathrm{kW}=1\ \mathrm{kJ/s}$$

2. 准静态膨胀功

图 2.4 中所示的气缸内气体是由状态 1 到状态 2 的膨胀。如果进行准静态膨胀,则可以在压力-容积坐标图上画出其路线,如图 2.5 所示。

膨胀过程中的任一瞬间,活塞作用于气体的力是无穷小地小于气体作用在活塞上的力。气体作用于活塞的力等于气体的压力与活塞面积的乘积。既然这个力沿着活塞的运动方向作用于活塞,那么当活塞移动了一个距离 $\mathrm{d}x$ 时,气体对活塞所做的功必然是

$$\delta W=pA\mathrm{d}x$$

式中,p 为气体的压力;A 为活塞面积。但 $A\mathrm{d}x=\mathrm{d}V$,故 $\mathrm{d}V$ 即活塞移动距离 $\mathrm{d}x$ 时,气体容积的变化。所以

$$\delta W=p\mathrm{d}V \tag{2.6}$$

由式(2.6)看出,当 $\mathrm{d}V$ 为正时,δW 为正;$\mathrm{d}V$ 为负时,δW 亦为负。所以膨胀时气体向外界做功;而压缩时气体从外界接收功。

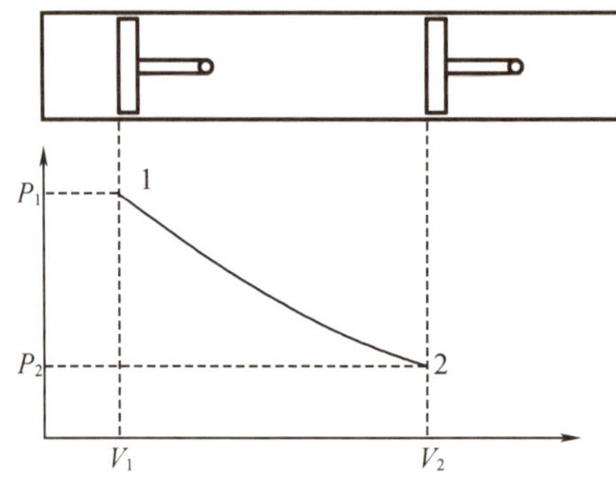

图 2.5　气体在气缸内的准静态膨胀

当气体准静态地膨胀时,通过对式(2.6)积分可求得气体的总功量为

$$W_{12}=\int_1^2 p\mathrm{d}V \tag{2.7}$$

积分 $\int_1^2 p\mathrm{d}V$ 在压容图上是过程线下面的面积。因为由状态 1 可以沿许多不同的准静态路线到达状态 2,所以这个积分对不同的路线持有不同的值,即功是过程量,这和上面曾经指出的功不是一个状态参数相一致。用数学语言来说,δW 不是一个恰当微分。δ 将用作表示不恰当微分的符号。d 将用作表示点函数或恰当微分的符号。

式(2.7)是按气体在气缸内膨胀而得出的。应该指出,这个式子也适用于任何工质发生容积变化时的准静态状态变化过程。

例题 2.1　设有空气在气缸内膨胀。初容积为 0.03 m^3,初压力为 10 MPa。设膨胀过程是准静态的,其过程线为 $pV^{1.4}$=常数,若终容积为 0.24 m^3,试计算气体做的总功量。

解　所选定的研究系统:气缸内的空气。

过程特征:准静态的。

因过程是准静态的,故

$$W_{12} = \int_1^2 p\mathrm{d}V \tag{a}$$

又因 $pV^{1.4}$ = 常数，故

$$p = \frac{常数}{V^{1.4}} = \frac{p_1 V_1^{\ 1.4}}{V^{1.4}}$$

代入式(a)有

$$\begin{aligned} W_{12} &= 常数\int_1^2 \frac{\mathrm{d}V}{V^{1.4}} \\ &= \frac{常数}{1 - 1.4}(V_2^{1-1.4} - V_1^{1-1.4}) = \frac{p_1 V_1^{1.4}}{1 - 1.4}(V_2^{1-1.4} - V_1^{1-1.4}) \\ &= \frac{(10 \times 10^6)(0.03^{1.4})}{1 - 1.4}(0.24^{1-1.4} - 0.03^{1-1.4}) \\ &= 432.5\ \mathrm{kJ} \end{aligned}$$

例题 2.2　设液体在气缸内被压缩(如液压机)。压缩过程既是准静态的又是等温的。已知过程线的关系式为

$$\ln \frac{V}{V_0} = -A(p - p_0)$$

式中，A、V_0 和 p_0 均为正值的常数。试推导所需总功量的表示式。

解　选择的研究系统：气缸内的液体。

过程特征：准静态的，等温的。

因过程是准静态的，故

$$W_{12} = \int_1^2 p\mathrm{d}V \tag{a}$$

由于 $\ln \dfrac{V}{V_0} = -A(p - p_0)$，故

$$\mathrm{d}V = -AV\mathrm{d}p \tag{b}$$

所以

$$W_{12} = -A\int_1^2 Vp\mathrm{d}p \tag{c}$$

进行积分时已知 V 为 p 的函数关系式。通常，液体的体积对压力的变化并不明显，因此积分时可以假定 V 是常数，于是有

$$W_{12} = -A\int_1^2 Vp\mathrm{d}p = -\frac{AV}{2}(p_2^2 - p_1^2) \tag{d}$$

因为 A 和 V 都是正的值，所以若 $p_2 > p_1$，W_{12} 必然是负值。这和我们的惯例，即压缩过程中外界向气体做功为负是相一致的。对于不同的工质，A 和 V 有不同的值。

3. 其他准静态功的形式

前面讨论了一种可能的功的相互作用的形式，其中有关的热力学参数是压力和容积。把这两个参数称作机械参数，相应的功称作机械膨胀功。通常功的相互作用还会有其他的方式，其中相关的参数有的是机械性质的，有的不是机械性质的。关于其他方式的功，在一

些著作中均有较详尽的论述。

(1)拉伸机械功

把金属丝当作一个系统(图2.6)。可以用来描述这一系统的两个相关参数是拉力(τ)和长度(L),要想拉长金属丝必须对它做功。如果拉伸过程是准静态地进行的,则所做的功为

$$\delta W=-\tau \mathrm{d}L \tag{2.8}$$

拉力已取作为正,拉伸时 $\mathrm{d}L$ 总是正值,而按照惯例拉伸功 δW 应为负值,为了和书中的惯例一致,式中增加一负号。

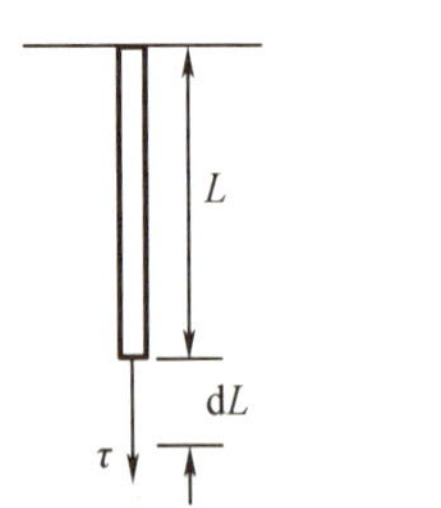

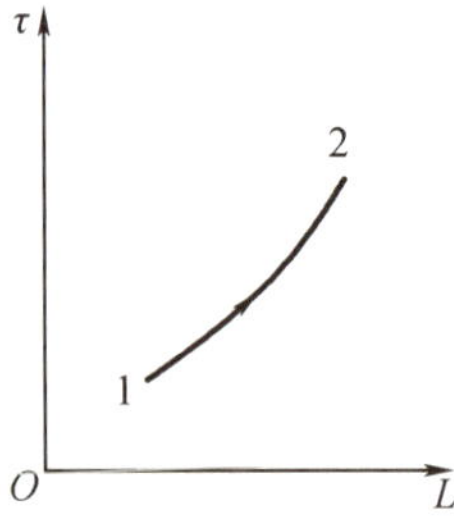

图2.6 金属丝的准静态拉伸

(2)电功

用来描述电池(例如汽车用的蓄电池)这样一种系统的两个相关参数是电动势(φ)和电荷量(Z)。当放电的时候,电池做功;当充电的时候,向电池做功。

如果充电和放电过程是准静态过程,则电功为

$$\delta W=-\varphi \mathrm{d}Z \tag{2.9}$$

根据定义,电动势为正值。放电过程中 $\mathrm{d}Z$ 总是负值,从而放电时 δW 应该是正值。式中的负号是为适应功的符号惯例而加的。

(3)磁功

对于磁性物质,对其进行描述的两个相关参数是外磁场 φ 和它的磁化量 μ。如果磁化过程和去磁过程是在准静态情况下进行的,则磁功为

$$\delta W=-\varphi \mathrm{d}\mu \tag{2.10}$$

外磁场已取作正。磁化过程中必然是向物质做功,所以负号是为了和功的惯用符号一致而加的。

顺磁材科是一种特殊的磁性物质。顺磁材料最引人注意的应用场合是磁性制冷机,它可以产生0.83 K以下的低温。

4.功相互作用概要

准静态功的形式有许多种,如果各种形式的功都可能同时存在,则普遍的准静态功为

$$\delta W=p\mathrm{d}V-\tau \mathrm{d}L-\varphi \mathrm{d}Z-\varphi \mathrm{d}\mu+\cdots \tag{2.11}$$

上面各种功的形式都是由一个强度量和一个广延量的微分量的乘积所确定的。类比力学中功的定义,功是力作用了一个位移 $\mathrm{d}X$ 的结果。从而可以把每一种强度量都称作通用力,而把相应的特性参数称作通用位移。这样,压力差就为容积变化提供了通用力,而外

磁场的差则为磁化量的变化提供了通用力。

识别功的形式是发展热力学结构的一个非常重要的部分。究竟有多少功的形式应该考虑,那完全取决于经验。这就是说,人们对各种热力学物质的特性了解得愈多,我们解决实际问题的准备就愈充分。

在结束有关功的讨论时,应该注意到有许多种类的功同时还结合着非准静态过程。研究润滑时,由于有黏性摩擦产生剪力功,从而使润滑油变热。在盛有水的容器内转动叶轮,将观察到水的温度因轴功的传递而升高。汽油在汽车的气缸内迅速燃烧产生了膨胀功,接着变成了轴功。记住这一点很重要:不论所讨论的是否为准静态过程,只要有能量越过系统边界面而没有质量传递,而且对系统外部来说其唯一的效果是能够升起或落下重物,此时就有功的传递。如果系统对外界唯一的效果是能够升起重物,则系统对外界做了功;如果系统对外界唯一的效果是能够使重物落下,则系统从外界接受了功。

2.2.5　过程热量

热量是一个重要的概念。它在热力学中有独特的意义。虽然我们对功的正确性质早已有所了解,但是热量的概念却受到许多误解。实际上到 20 世纪初对热量才有了清楚的、明确的定义。在没有质量传递的情况下,简单地说,热量是越过系统边界面所传递的非功形式的能量。前面讲热力学第一定律应用于闭口系时引入了热量的概念,即

$$Q_{12}=E_2-E_1+W_{12} \tag{2.12}$$

和

$$\delta Q=\mathrm{d}E+\delta W \tag{2.13}$$

用这个公式作为热量的定义式是人们所希望的。

接受了热量的这一定义,就会默认热量和功一样是传输能量。这种能量一旦越过系统的边界面,能量的形式就“消失”了,而变成系统或外界能量的一部分。向系统加热,传递的热量为正;系统向外传热,传递的热量为负。

由于 $\mathrm{d}E$ 是全微分,δW 是不恰当微分,那么 δQ 也必然不是全微分。和功一样,热量也是一个过程量,也就是说热量不是一个状态参数。

前面曾提到,当系统被绝热壁面所封闭时就不会有热量传过系统的边界面。把热力学第一定律应用于经历绝热状态变化的闭口系统,有

$$\mathrm{d}E=-\delta W_{\text{绝}} \tag{2.14}$$

式中,$\delta W_{\text{绝}}$ 为绝热功。

压力是压力-容积功的一种驱动力。状态参数温度是热量传递的一种驱动力。当两个温度不相同的物体实现热接触时,就会发生热的相互作用。

2.3　平衡状态、状态方程、坐标图

2.3.1　平衡状态

能量的转换有赖于工质的吸热、膨胀、放热等变化过程。在这些变化过程中,工质的压

力、温度、比体积容等一些状态参数会发生变化,即工质的状态参数随时在变化。例如,两端温度不同的物体,或容器内比体积不均匀的气体,在不受外界影响时,由于物体各部分之间的热量传递或气体内部各部分之间的相对位移,它们的状态会随时间变化,逐渐达到一种静止状态,即物体各部分温度相同或容器内气体达到均匀,称此种静止状态为平衡状态。所以,平衡状态是指热力系统在无外界的影响下,宏观性质不随时间而变化的状态。平衡状态是宏观状态中一种重要的特殊情况,并且不会自发地破坏。

对于一个热力系统,如果内部没有不平衡的力,且作用在边界上的力和外力相平衡,则该热力系统处于力平衡状态;若热力系统内各部分的温度相同,且等于外界温度,则该热力系统处于热平衡状态。所以,为了能够达到平衡状态,必须满足力平衡和热平衡两个条件。如果热力系统内还存在化学反应或相变,则还应包括化学平衡和相平衡。

在工程热力学中,只有在平衡状态才有可能用状态参数描述系统状态特性。当热力系统处于不平衡状态时,各部分的性质不尽相同,且随时间而变化,无法用共同的宏观特性来简单描述热力系统所处的状态。而依据平衡状态分析所得的结果与实际变化相差不大,使研究热力系统的状态和状态变化规律的工作得到很大简化。由于工程热力学主要研究平衡状态下的热力系,不涉及时间因素,因此,平衡状态在工程热力学中是一个十分重要的基本概念。当一个热力系统处于平衡状态时,各状态参数都有确定的值。而确定一个热力系统处于平衡状态时,并不要求给出全部状态参数的值。事实上,对于一个和外界只可能有热能和机械能交换(两个自由度)的简单热力系统,只要给出两个相互独立的状态参数就能确定其平衡状态。

2.3.2 状态方程

对于简单可压缩热力系统,当它处于平衡状态时,各部分具有相同的压力、温度和比体积等参数,且这些参数服从一定的关系式,这样的关系式叫作状态方程式,即

$$T=T(p,v),p=p(T,v),v=v(p,T)$$

这种关系可以写成隐函数形式,即

$$F=F(p,v,T)$$

理想气体状态方程为

$$pv=R_gT,pV=mR_gT,pV=nRT \tag{2.15}$$

式中,R_g 是气体常数,仅与气体种类有关而与气体的状态无关;R 是摩尔气体常数(以前称通用气体常数),不仅与气体状态无关,也与气体的种类无关,$R=8.314\,5$ J/(mol·K);若气体的摩尔质量为 M,则 $R=MR_g$。需指出的是,状态方程式中各物理量的单位匹配:压力(Pa),温度(K),比体积(m^3/kg),体积(m^3),质量(kg),物质的量(mol)。

2.3.3 状态参数坐标图

由于两个参数可以完全确定简单可压缩系的平衡状态,所以由任意两个独立的状态参数所组成的平面坐标图上的任意一点,都相应于热力系的某一确定的平衡状态。同样,热力系每一平衡状态总可在这样的坐标图上用一点来表示。这种由热力系状态参数所组成的坐标图称为热力状态坐标图。常用的这类坐标图有压容(p-v)图和温熵(T-s)图等,如图

2.7 所示。例如:具有压力 p 和比体积 v 的气体,它所处的状态 1 可用 $p-v$ 图上点 1 来表示;若系统温度为 T_2,比熵为 s_2,则可用 $T-s$ 图上点 2 表示该状态。显然,只有平衡状态才能用状态参数图上的一点来表示,不平衡状态因系统各部分的物理量一般不相同,在坐标图上无法表示。此外,$p-v$ 图上任一点都可在 $T-s$ 图上找到确定的对应点,反之亦然。

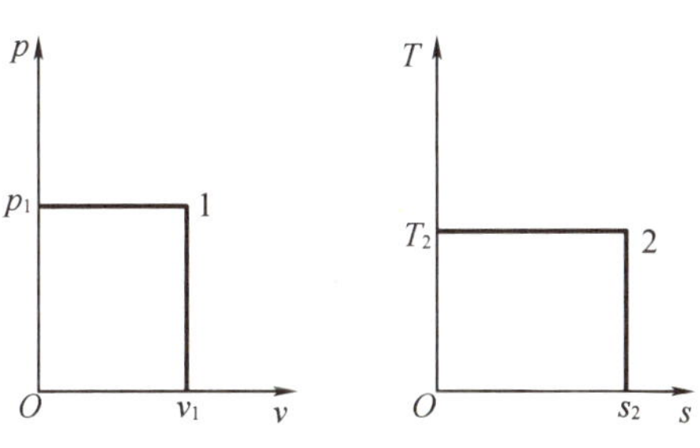

图 2.7　压容图和温熵图

2.4　热力过程

当系统由一个平衡状态变化到另一个平衡状态时,就称之为经历了一个过程。人们为了在能量和物质之间实现可控制的相互作用,曾利用各种不同的过程来创造出一个工程装置或系统,既然如此,为了计算物质在平衡状态下的变化,人们也可以研制出一套逻辑结构和方法。在这套方法中必不可少的部分是我们必须能够确认实际所进行的过程是什么样的过程。

在我们学习的进程中会遇到许多不同的过程。根据这些具体过程的名称,就可以辨认它们的特征。例如,等温过程是温度恒定不变的过程;等压过程是压力恒定不变的过程;等容过程是容积恒定不变的过程。然而有些过程只有完全弄懂其定义以后才能认识到它们的含义,如绝热过程、循环过程、准静态过程和可逆过程等。

2.4.1　绝热过程

在系统边界面的任何一个方向都没有热量通过的过程称作绝热过程。

2.4.2　循环过程或循环

简单地说,循环即是指开始状态和终了状态合一的过程。或者说,系统的任何一个特性参数的净变化量等于零。用数学式表示,即

$$\oint \mathrm{d}X = 0 \tag{2.7}$$

式中,X 为任何一个特性参数,$\oint$ 为循环积分符号。

2.4.3　准静态过程

如果过程是在这样一种情况下进行的,即系统每一瞬间偏离平衡状态为无穷小,则这

个过程就称作准静态过程(有时也称作准平衡状态过程)。对于这样的过程,系统所走的路线可以用连续的平衡状态来表示。如果和平衡状态有一定的偏离,则这个过程就是非准静态的。

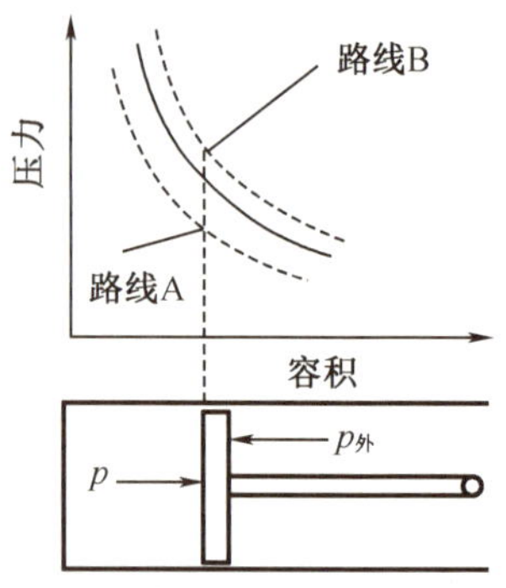

图 2.8 气体的准静态膨胀和压缩

现在我们来研究气体在图 2.8 所示的气缸中的情况,气缸内装有可移动的活塞。如果外界压力保持无限小地小于气体压力,则气体将沿着路线 A 做准静态膨胀。如果外界压力保持无限小地大于气体压力,则气体将沿着路线 B 做准静态压缩。在极限情况下,这两个过程将在相反方向下沿着同一路线进行。所以,准静态过程是可逆的,或者更准确地说是内部可逆的。

准静态过程是一个理想过程。使状态变化进行得十分缓慢就可以近似地实现准静态过程。一切实际过程都不是准静态过程,这是系统和外界之间在过程进行中伴随有一定的压力差、温度差以及其他差值的缘故。

2.4.4 可逆过程

一个过程进行完以后,如果不论用什么方法都能够使系统恢复到原来的状态,而且相互作用中所涉及的外界状态恰好是过程进行以前的同一状态,那么这个过程就是可逆的。可逆过程意味着所发生的过程能够在无论任何地方都不留下痕迹的情况下回到原来的状态。因此可逆过程必然既是内部可逆的又是外部可逆的。按照热力学观点,这样讲是比较完善的。关于这一理想过程,在研究特性参数时,将结合在一起做更详细的讨论。事实上实际过程都是不可逆过程,只不过有些过程的不可逆程度和其他过程比起来较小而已。研究工程热力学的一个重要内容在于辨明影响不可逆性的因素,从而可以针对给定的工程问题来选择或建立可能的最佳过程。

当过程进行中达不到平衡时,就会出现不可逆性。例如,在一定的温差下向系统加热,系统就经历着一个非准静态过程,因而这个过程至少是内部不可逆的。

当过程中存在着任何形式的摩擦,如机械摩擦、流体摩擦或电阻时,也会出现不可逆性。摩擦效应即通称的耗散效应。在有摩擦效应的情况下,系统和其外界的做功能力由于过程的不可逆而降低。我们还会看到,利用特性参数熵可以对不可逆性的效应进行定量。

2.5 热力循环

在内燃机或燃气轮机装置中,空气经吸气过程吸入机器,其温度和压强经压缩过程而提高,然后空气与燃料混合在燃烧室中进行燃烧,燃烧生成的高温物气在膨胀并推动机器对外输出机械功之后成为低压的废气,最后在排气过程中废气直接排入大气。这类机器中,工质的变化比较复杂,不仅机器中每次循环工作都要吸入新鲜空气,而且每次循环过程中工质的化学组成还要发生变化,由空气变成燃气。为了便于进行热力学分析,在舍弃一

些次要的因素后，可以采用一个理想的循环变化过程来替代它。这时，把工质化学组成发生变化的燃烧过程改换成一个假想的加热过程，并把排气及吸气过程合起来看作把工质送到机器外面大气中冷却的过程。于是，仍然得到与蒸汽动力装置相同的工作方式，工质在经过一系列的变化后重新回复到初始状态，周而复始地循环工作。

热力学中，把系统由初始状态出发，经过一系列中间状态后，重新回到初始状态所完成的一个封闭的热力过程，称为热力循环，简称循环。若循环中系统经历的是准静态过程，则它可以在 $p-v$ 及 $T-s$ 图上表示为一条封闭曲线。如图 2.9 所示的封闭曲线 $a—b—c—d—a$ 即代表一个热力循环。

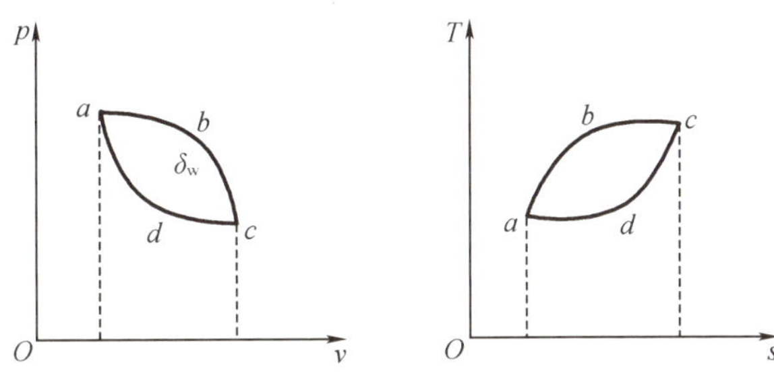

图 2.9　热力循环示例

在 $p-v$ 图中，过程 $a—b—c$ 中比体积 v 增大，所以体积变化功 $\int_{a—b—c} \delta w$ 为正，系统对外做功；而过程 $c—d—a$ 中比体积 v 减小，$\int_{c—d—a} \delta w$ 为负，外界对系统做功。于是整个热力循环中系统所做的净功应该为两过程功的代数和，即

$$\oint \delta W = \int_{a—b—c} \delta w + \int_{c—d—a} \delta w$$

它可用 $p-v$ 图上循环曲线所包围的面积表示。

在 $T-s$ 图中，过程 $a—b—c$ 中比熵 s 增大，过程的热量为正，系统吸热；而过程 $c—d—a$ 中，热量为负，系统放热。于是，整个热力循环中系统接收的净热量应该为两过程热量的代数和，即

$$\oint \delta q = \int_{a—b—c} \delta q + \int_{c—d—a} \delta q$$

它可用 $T-s$ 图上循环曲线所包围的面积表示。

由于过程进行的先后次序不同，所以过程在状态参数坐标图上的方向也不同。根据过程的方向，热力循环可分为正循环和逆循环两种。按顺时针方向进行的是正循环，其目的是利用热能来产生机械功，所有的动力循环都是按正循环工作的。按逆时针方向进行的是逆循环，其目的是付出一定的代价使热量从低温区传向高温区，所有的制冷循环及热泵循环都是按逆循环工作的。

习　题

2.1　某种汽油 1 gal(1 gal = 0.004 546 1 m^3),在 $g = 9.81$ m/s^2 的地方已知其质量为 2.68 kg,试求汽油的密度,以 kg/m^3 计。

2.2　一圆筒形贮罐,长为 3 m,直径为 1.5 m,装有 20 kg 空气。试求罐内空气的比体积和密度。

2.3　水在大气压力下由一竖管向消防龙头供水。试问水面需在龙头以上多高才能在龙头上产生 3.5 bar 的工作压力?已知水的平均密度为 1 000 kg/m^3。

2.4　测量压力最简单的方法是用一种力平衡式的 U 形管压力计。用 U 形管压力计测量罐内空气压力的方法如图 2.10 所示。如果压力计内的流体为水银,试计算:$z = 762$ mm 时以 bar 计的空气的绝对压力。已知大气压力为 1.013 bar,水银的平均密度为 13 595 kg/m^3。

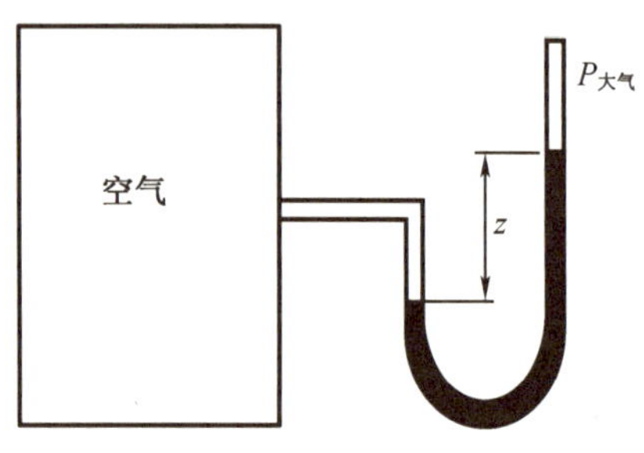

图 2.10　题 2.4 附图

2.5　装于贮罐上的水银压力计指示的压力为 51 mmHg。如果用装油的压力计来替换水银压力计,试问油压力计的读数是多少 mm?已知油的密度为 800 kg/m^3。

2.6　如图 2.11 所示,气体的表压力为 2 bar。大气压力为 1.013 bar。活塞的面积为 930 cm^2。试问活塞在 $g = 9.81$ m/s^2 的位置时其质量是多少?

2.7　一文丘里管,如图 2.12 所示,在其缩口的上流和下流测量流体流过时的压差。测量压差最常用的方法是在 U 形管底部装有水银,让流体在两个水银柱的顶部流过。如果 $z = 127$ mm,通过的流体是 21 ℃的水,试问压差是多少 bar?

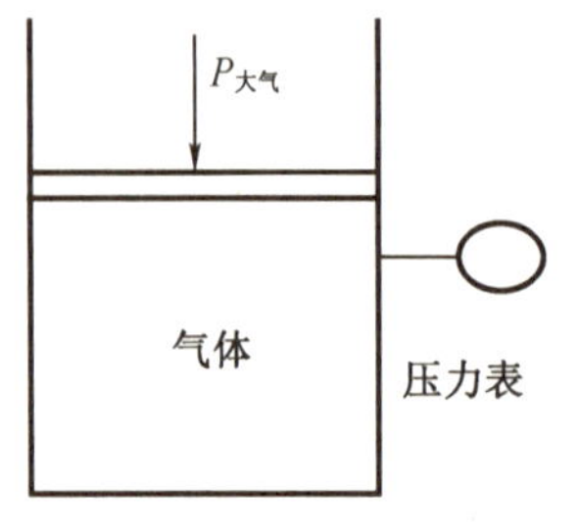

图 2.11　题 2.6 附图

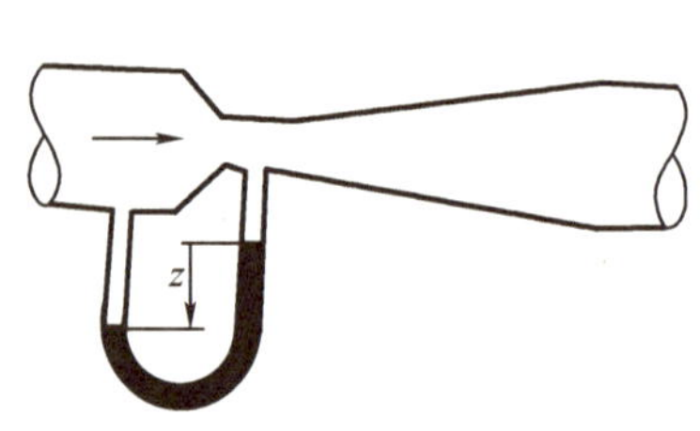

图 2.12　题 2.7 附图

2.8　贮罐中的空气通过与大气交换热量由初温度38 ℃被冷却到终温度21 ℃,此时大气的温度为21 ℃。试问空气经历的是准静态过程吗?

2.9　将从100 ℃的热源来的热量非常缓慢地加给处于平衡状态下的0 ℃的水和冰的混合物。试问:

(1)混合物经历的是准静态过程吗?

(2)加热过程是可逆的吗?

第3章　热力学第一定律

热力学第一定律是能量转换与守恒定律在热力学中的应用。它确定了热能与其他形式能量转换时相互之间的数量关系。热力学第一定律是热力学的基本定律,根据这个定律所建立的闭口系和开口系的能量平衡方程,是进行热力分析和热工计算的基础。本章的重点是闭口系和开口系能量方程的建立及其应用。

运动是物质的存在形式,而能量则是物质运动的量度,故任何物质都具有能量。物质有各种形式的运动,因而也就具有不同形式的能量。人类在长期生产实践和大量科学实验的基础上建立了能量转换与守恒定律。它指出:“在自然界中,一切物质都具有能量。能量既不能被创造,也不可能被消灭,而只能从一种形式转变为另一种形式。在转换中,能量的总量恒定不变。”把这一定律应用于伴有热现象的能量转换和转移过程,即为热力学第一定律。

这个定律广泛适用于机械的、电的、热的、电磁的、化学的、生物的各种变化过程。热力学第一定律就是能量转换与守恒定律在热现象上的应用。热力学第一定律表述为:“当热能与其他形式的能量进行转换时,能的总量保持恒定。”工程热力学主要研究热能和机械能的相互转换,因此热力学第一定律也可以表述为:“热可以变为功,功也可以变为热。一定量的热消失时,必产生与之数量相当的功;消耗一定量的功,也必出现相等数量的热。”

在热力学第一定律建立以前,历史上曾有不少人想发明一种不供给能量而能永远对外做功的机器,即第一类永动机。为了明确说明这种发明是不可能的,热力学第一定律也可以表述为:“第一类永动机是不可能造成的。”

3.1　热力系统的能量

工质可以同时进行各种不同形态的运动,相应地也就具有多种不同形式的能量。热力系统的能量可分为两类:一类是与热力系统整体运动有关的能量或者是根据相对于系统以外的参考坐标系统测得的参数所表示的能量;另一类是和物质的分子结构以及微观运动形式有关的能量即内部储存能。

3.1.1　位能

位能是物理学中已经熟悉了的概念,在物理学中曾讲到:任何两个物体,不论其大小,相互之间都有吸引力存在。这个引力乘以二者之间的距离,所得到的能量就叫作位能。也就是说位能是由物体在势场内的位置而引起的一种能量。根据这一定义可知太阳-地球系统以及分子系统都有位能存在。热力学中,分子系统内部的位能是与物质的分子结构有关的,而且可用不同的方法来计算。这里我们所考虑的位能只有一种,那就是物质在任一基准面以上由于地球重力场作用而产生的吸引力所形成的位能。也就是说,在热力学中当我们提到位能的时候,指的是重力位能。

把质量为 m 的物体提升到基准面以上 z 高度时,按照牛顿第二定律,地球的重力场在物体上将产生一个等于 mg 的作用力,因而

$$dE_p = FdZ = mgdZ$$

积分得

$$\int_1^2 dE_p = m\int_{Z_1}^{Z_2} g dZ$$

假定当地的重力加速度 g 不因 Z 而变化,则

$$(E_p)_2 - (E_p)_1 = mg(Z_2 - Z_1) \tag{3.1}$$

即,质量为 m、位于基准面以上 Z 的系统,在 g 为恒定值的重力场中,其位能为

$$E_p = mgZ \tag{3.2}$$

例题 3.1　一件 90 kg 的包裹从底层地板被搬到高于底层地板 300 m 的另一层地板上。试问重力位能的变化是多少?

解　选定底层地板为基准面,应用式(3.2)并取 $g=9.81\ \text{m/s}^2$,求得

$$\Delta E_p = (90\ \text{kg})\times(9.81\ \text{m/s}^2)\times(300\ \text{m}) = 264\ 870\ \text{J}$$

例题 3.1 说明:

(1)正的位能变化说明由于包裹提升到了较高的水平面,其位能是增加的。

(2)如果忽略摩擦作用,包裹位能的增加说明搬运者必须克服重力而对包裹做功。

3.1.2　动能

动能是基于物体的整体运动而表现出来的一种能量,同时是以两个物体的相对运动来定义的。正如计算位能时假定任一基准面的高度为零一样,通常假定两个物体中的一个是静止的。方便起见,假定地球的速度为零,即以地球为基准来测定物体的速度。

设一物体,开始时相对于地球是静止的,一外力 F 作用在物体上,作用力沿物体的运动方向移动了一个微分距离 dL。

于是

$$FdL = madL \tag{3.3}$$

$$a = \frac{dc_f}{d\tau} \tag{3.4}$$

$$dL = c_f d\tau \tag{3.5}$$

$$FdL = mc_f dc_f \tag{3.6}$$

则

$$\int_{L_1}^{L_2} FdL = \int_{c_{f1}}^{c_{f2}} c_f dc_f \tag{3.7}$$

从速度为 0 到 c_f 积分上式可求得质量为 m,速度为 c_f 的系统的动能为

$$E_k = \frac{mc_f^2}{2} \tag{3.8}$$

例题 3.2 试计算一辆 1 800 kg 的小汽车以 8 km/h 的速度行驶时的动能。

解

$$8\ \text{km/h}=2.222\ \text{m/s}$$

$$E_k=1\ 800\times2.222^2/2=4\ 443.57\ \text{J}$$

例题 3.2 说明：

(1)所设计的用以制动质量为 1 800 kg，速度为 8 km/h 的汽车的能量吸收系统，须能够吸收 4 443.57 J 的能量。

(2)因为动能与速度的平方成正比，所以所设计的能量吸收系统用来制动高速车辆时必然是既笨重又昂贵的。

动能和位能是在力学中已经熟悉了的两种能量形式。它们也叫作机械能。在没有摩擦作用的时候，这两种机械能可以完全互相转换。就是说，一个单位的位能能够完全转变为一个单位的动能，反之亦然。

3.1.3 内部储存能

内部储存能(内能或热力学能)，用符号 U 表示，它包含了系统中除了动能和位能以外的所有能量。它代表的是微观基准上的各种能，例如原子旋转能、分子结合能、磁偶极矩能、分子移动能、分子旋转能、分子振动能等。虽然不知道该如何确定 U 的绝对值，但是能够求出 U 的变化值，而后者正是解决实际问题所需要的。

用符号 E 表示总能量，于是

$$E=U+E_k+E_p \tag{3.9}$$

系统所贮存能量的变化为

$$\Delta E=\Delta U+\Delta E_k+\Delta E_p \tag{3.10}$$

3.2 焓

考虑一个固定的闭口系的微分状态变化。式(3.11)给出的热力学第一定律的普遍表达式为

$$\delta Q=\mathrm{d}U+\delta W \tag{3.11}$$

现在把讨论限制在只与 $p\mathrm{d}V$ 形式的功相关的物质，则式(3.11)就成了

$$\delta Q=\mathrm{d}U+p\mathrm{d}V \tag{3.12}$$

如果过程是等压的，同时又是准静态的，则式(3.12)可以写作

$$\delta Q=\mathrm{d}(U+pV) \tag{3.13}$$

这里我们通过下式定义一个称作焓的新函数：

$$H=U+pV \tag{3.14}$$

于是式(3.13)变为

$$\delta Q=\mathrm{d}H \tag{3.15}$$

由式(3.15)可知，$\mathrm{d}H$ 是工质在只与 $p\mathrm{d}V$ 形式的功相关的准静态等压过程中热效应的量度。

需要指出的是,焓的意义和用途并不是只限制在这一特定的过程。对于另外的过程,焓的变化将代表功的传递。在另外一些约束条件下,焓的变化为零则是判断热力平衡的标准。本质上参数焓的意义纯粹是为了运算上的便利。它的提出,完全是作为一种方便的手段,把在热力学方程式中反复共同出现的几个热力学参数合并在一起。

3.3 热力学第一定律的基本能量方程式

热力学第一定律就是不同形式的能量在传递与转换过程中守恒的原理。从无数人的实践经验中,人们总结出了这样一条规律,即各种不同形式的能量都可以转移,也可以相互转换,但在转移转换过程中,它们的总量保持不变。这一规律称为能量守恒与转换定律。将该定律应用在热力学中,便为热力学第一定律。在工程热力学中,热力学第一定律主要说明热能和机械能在转移转换时,能量的总量必定守恒。

热力学第一定律的能量方程即是系统变化过程中的能量守恒方程式,它可以从系统在状态变化过程中各项能量的变化和它们的总量守恒这一原则推出。

对于任何系统,各项能量之间的平衡关系一般均表示为

$$\text{进入系统的能量}-\text{离开系统的能量}=\text{系统储存能量的变化} \tag{3.16}$$

式(3.16)即是系统能量平衡的基本表达式。对于闭口系,进入系统和离开系统的能量只包括热量和做功两项;而开口系,因有物质流入、流出控制体的分界面,所以进入和离开系的能量除上述两项之外,还有随同物质带进带出的能量。显然热力学第一定律应用于不同的热力系统时会得到不同的能量方程。以下将从闭口系统的能量平衡方程着手,导出闭口系热力学第一定律的能量方程式。

取气缸活塞中的工质为系统,考察其状态变化过程中和外界的能量交换。对于这一闭口系,当工质从外界吸入热量 Q 后,工质从状态 1 变化到状态 2,并对外界做功 W。忽略工质的宏观动能和位能的变化,则工质(系统)储存的能量的增加,即为热力学能的增加 ΔU,则由式(3.16)可得

$$Q-W=\Delta U=U_2-U_1$$

或

$$Q=\Delta U+W \tag{3.17}$$

式中,U_2、U_1 分别表示系统在状态 2 和状态 1 的热力学能。

式(3.17)是闭口系热力学第一定律的解析式,它是最基本的能量方程式。该式表明:加给工质的热量一部分用于增加工质的热力学能,储存于工质内部,余下部分以做功的方式传递至外界,即在状态变化的过程中,转化为机械能的部分:$W=Q-\Delta U$。

对于微元过程,第一定律解析式的微分形式为

$$\delta Q=\mathrm{d}U+\delta W \tag{3.18}$$

对于 1 kg 工质,则有

$$\delta q=\mathrm{d}u-\delta w \tag{3.19}$$

式(3.16)~式(3.19)是直接从能量守恒与转换定律得出的,未做任何假设,因此它们

适用于闭口系经历的一切过程和所采用的工质。亦即,这些公式既适用于可逆过程,也适用于不可逆过程;同时对工质性质也无限制和要求,既可以是理想气体也可以是实际气体,甚至可以是液体,唯一的要求就是工质的初态和终态必须是平衡状态,只有这样才能确定工质初态和终态热力学能的值。

还需要指出,式中的热量 Q、热力学能 ΔU,以及闭口系通过边界与外界交换的功 W 都是代数值,可正可负。系统吸热 Q 为正,反之为负;系统对外做功 W 为正,反之为负;系统的热力学能增加时 ΔU 为正,反之为负。

对于可逆过程,以及没有表面效应、电磁效应和重力效应的流体,在准静态过程中容积变化做的功为

$$\delta W = \int_1^2 p\mathrm{d}V \tag{3.20}$$

所以

$$\delta Q = \mathrm{d}U + p\mathrm{d}V$$

$$Q = \Delta U + \int_1^2 p\mathrm{d}V \tag{3.21}$$

或

$$\delta q = \mathrm{d}u + p\mathrm{d}v$$

$$q = \Delta u + \int_1^2 p\mathrm{d}v$$

对于任意循环

$$\oint \delta Q = \oint \mathrm{d}U + \oint \delta W$$

完成一循环后,工质恢复到原来状态,热力学能是状态函数,故 $\oint \mathrm{d}U = 0$。

于是有

$$\oint \delta Q = \oint \delta W$$

这表明闭口系完成一个循环后,它在循环中与外界交换的净热量等于外界交换的净功量。用 Q_{net} 和 W_{net} 分别表示循环的净热量和净功量,则有

$$Q_{\mathrm{net}} = W_{\mathrm{net}} \tag{3.22}$$

或

$$q_{\mathrm{net}} = w_{\mathrm{net}} \tag{3.23}$$

3.4 闭口系统的能量方程

在没有质量传递的情况下,通过导热、辐射、机械压缩或膨胀、电场等类似的方法可以使一个闭口(恒定质量)系统的能量发生变化。我们把可能出现的这样一些能量传递归为两类:功量和热量。即闭口系统的状态变化可以导致系统做功或接受功、系统吸热或放热。用符号 W 表示功量,Q 表示热量。W_{12} 和 Q_{12} 分别表示当系统由具有 E_1 的状态 1 到具有 E_2

的状态 2 的状态变化过程中所涉及的功量和热量。外界传递给系统热量是能量输入,系统对外界做功是能量输出。根据式(3.17)并沿用系统吸热为正和系统做功为正的惯例,对于闭口系统可用数学式把热力学第一定律表达如下:

$$Q_{12}-W_{12}=E_2-E_1$$

或

$$Q_{12}=E_2-E_1+W_{12} \tag{3.24a}$$

使用式(3.24)时必须时刻记住对热量和功量所采用的符号惯例。在这个式子中,进入系统的热量和离开系统的功量其符号同样都是正的。由此可见,系统放出热量表示系统输入的热量为负值,而向系统做功则表示输出的功量为负值。

不论运算数值大小,式(3.24)都是正确的。它既可用于有限量的能量传递,也可用于微分量的能量传递。对于后者,热力学第一定律应用于闭口系统的表达式应为

$$\delta Q=\mathrm{d}E+\delta W \tag{3.24b}$$

热量与功是过程量不是状态量,其微元用 δ 表示。

对动能变化和位能变化都等于零的一类问题,有

$$Q_{12}=U_2-U_1+W \tag{3.25a}$$

和

$$\delta Q=\mathrm{d}U+\delta W \tag{3.25b}$$

式(3.25a)是闭口系统的能量方程式。

例题 3.3　一定量的空气在气缸中被压缩,空气内能的变化为+17 kJ,压缩过程所需的功为 317 kJ,试问所涉及的传热量是多少?

解　所选定的研究系统:气缸内的空气。

假设:过程为非流动的。

对所给定的过程,由第一定律知:

$$Q_{12}=\Delta U_{12}+W_{12}$$

其中

$$\Delta U_{12}=17\ \mathrm{kJ}$$

$$W_{12}=-317\ \mathrm{kJ}$$

则

$$Q_{12}=17-317=-300\ \mathrm{kJ}$$

例题 3.4　一定量的蒸汽在气缸-活塞装置内经历一个状态变化,其内能增加了 230 kJ,如果过程中加入的热量为 250 kJ,试求过程的功量。

解　所选择的研究系统:气缸-活塞装置内的蒸汽。

对所给定的过程,由第一定律知:

$$Q_{12}=\Delta U_{12}+W_{12}$$

其中

$$Q_{12}=250\ \mathrm{kJ}$$

$$\Delta U_{12}=230\ \mathrm{kJ}$$

则

$$W_{12}=250-230=20\ \text{kJ}$$

W_{12} 的正号表示蒸汽对外界做功。

3.5 循环过程的能量方程

设系统按图 3.1 所表示的由过程 1—2、2—3、3—4 和 4—1 组成的循环而工作。

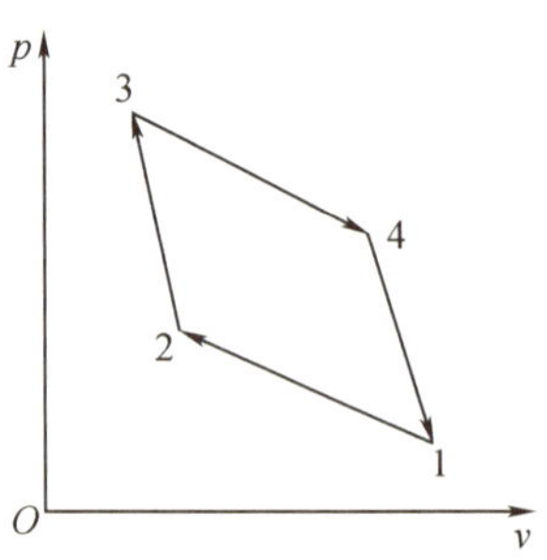

图 3.1 循环过程

把式(3.24)分别应用于上述四个过程,有

$$Q_{12}=E_2-E_1+W_{12}$$
$$Q_{23}=E_3-E_2+W_{23}$$
$$Q_{34}=E_4-E_3+W_{34}$$
$$Q_{41}=E_1-E_4+W_{41}$$

对于循环有

$$Q_{12}+Q_{23}+Q_{34}+Q_{41}=W_{12}+W_{23}+W_{34}+W_{41}$$

或

$$\oint\delta Q=\oint\delta W \tag{3.26}$$

式中,$\oint$ 表示环绕循环的叠加。用文字表明式(3.26),即:在产生功的循环中,净加热量等于净功输出;而在消耗功的循环中,净放热量等于净功输入。

有些作者曾把这个公式用来作为热力学第一定律的表达式。

例题 3.5 一发明家声称发明了一个产生功的循环,这个循环从热源接受 1 000 kJ 的热量,向冷源排放 300 kJ 的热量,并产生了 700 kJ 的净功。我们该如何评价这一声明?

解 这是一个循环过程。现在让我们来看,它是否满足热力学第一定律。按所给的数据有

$$循环净加热量=\oint\delta Q=1\ 000-300=700\ \text{kJ}$$

$$循环净输出功量=\oint\delta W=700\ \text{kJ}$$

因为 $\oint\delta Q=\oint\delta W$,所以就热力学第一定律而言,这个发明是成立的。

说明：研究做功循环的时候，我们总希望把净功输出（即得到的成果）和总加热量（即付出的代价）进行比较，这个比值称作循环热效率。对本题所给定的循环，其热效率等于70%。评价这个效率是否可能达到，还必须有更多的数据资料和利用自然界另外的物理定律，即热力学第二定律。按照我们目前的科学技术水平，热效率达 70%是不真实的。（最现代化的蒸汽动力厂，其热效率大约只有 40%。）

例题 3.6 有一个消耗功的循环设计方案，使之从低温热源吸收 100 kJ 的热量，同时获得 10 kJ 的净功。试问循环放出的热量是多少？

解 这是一个循环过程，应用热力学第一定律有

$$\oint \delta Q = 100\ \text{kJ} + Q_{放} = -10\ \text{kJ}$$

故

$$Q_{放} = -110\ \text{kJ}$$

负号表示循环必须放出 110 kJ 的热量。

说明：研究消耗功的循环时，我们总希望把从低温热源吸收的热量（得到的成果）来和所需的净功（付出的代价）做比较。这个规定作正值的比值称作制冷系数。对本题所给定的循环，制冷系数为 10。如同例题 3.5 的情况一样，必须预先有更多的数据资料才能确定 10 这样一个制冷系数是否能够达到。值得注意的是：一个完善的工业制冷设备，其制冷系数大约只有 4。

3.6 开口系统的能量方程

把热力学第一定律的基本表达式引申到系统边界面上，除了有热量和功的传递以外，还有质量传递的开口系统。引用控制体的概念来研究这样的系统。

所谓控制体只不过是空间的一个区域。控制体的边界叫作控制面。下面以图 3.2 所示的控制体作为开口系统来进行分析。

对于只有一种工质流入和流出的情况，有

$$Q = \Delta E + W_i + E_{out} - E_{in} \tag{3.27}$$

式中 W_i——除流动功以外系统与外界交换的功；

E_{in}——流入工质在进口条件下加给控制体的能量；

E_{out}——流出工质在出口条件下从控制体带走的能量。

控制体内为了给流入工质让开地方必然要有一个空的容积。流动功的效用就发生在进口处。为了计算流动功量，设有 1 kg 的流体将要进入控制体，如图 3.3 所示，并设系统入口处的压力为 p。由于流体进入控制体内，因此必然对流体做一定数量的功以克服控制体所产生的阻力而使流体向前移动。这一功量等于 pAL，这里 A 是控制面上的面积，流体穿越这个面积而进入控制体；L 是作用力 pA 所经过的距离。而 AL 的乘积等于流体在入口处的比体积 v。因此推动 1 kg 流体进入控制体内所需的功是按入口状态计算的 pv。同样道理，可知，把 1 kg 的流体推出控制体外所需的功也是 pv，只不过这里的 pv 是按出口状态计算

的。公式(3.27)中的传递功项中分解出流动功来,有

$$Q=\Delta E+W_{\mathrm{i}}+m_{\mathrm{out}}(pv)_{\mathrm{out}}-m_{\mathrm{in}}(pv)_{\mathrm{in}}+E_{\mathrm{out}}-E_{\mathrm{in}} \tag{3.28}$$

式中 W_{i}——除流动功以外系统与外界交换的功;

m_{out}——流出工质的质量;

m_{in}——流入工质的质量。

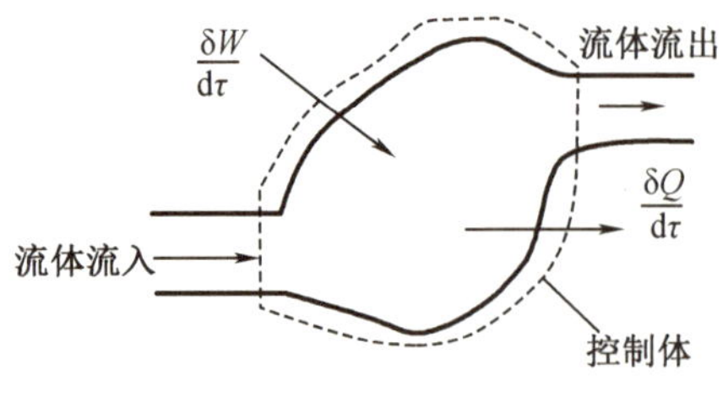

图 3.2 开口系统

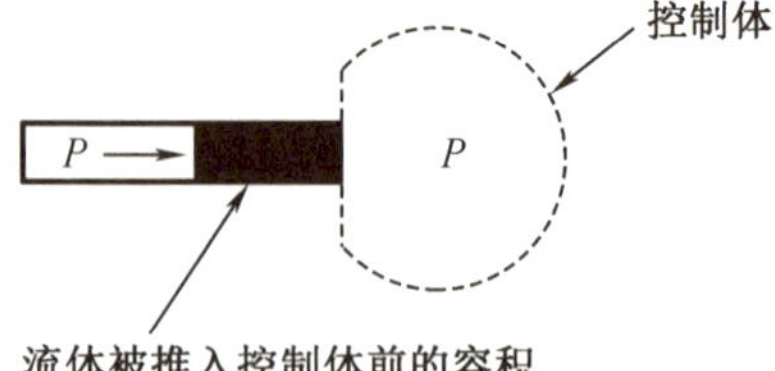

图 3.3 流动功

必须注意,对于流入的流动功,按照本书对功的惯用符号引用了负号。

现在,E_{in} 为

$$E_{\mathrm{in}}=m_{\mathrm{in}}\left(u+\frac{c_{\mathrm{f}}^{2}}{2}+gz\right)_{\mathrm{in}} \tag{3.29}$$

E_{out} 为

$$E_{\mathrm{out}}=m_{\mathrm{out}}\left(u+\frac{c_{\mathrm{f}}^{2}}{2}+gz\right)_{\mathrm{out}} \tag{3.30}$$

把上面两式代入式(3.28),则对于一个入口和一个出口的开口系统,其热力学第一定律数学表达式可为

$$Q=\Delta E+W_{\mathrm{i}}+m_{\mathrm{out}}\left(u+pv+\frac{c^{2}}{2}+gz\right)_{\mathrm{out}}-m_{\mathrm{in}}\left(u+pv+\frac{c^{2}}{2}+gz\right)_{\mathrm{in}} \tag{3.31}$$

引用比焓的定义,$h=u+pv$,式(3.31)可写作

$$Q=\Delta E+W_{\mathrm{i}}+m_{\mathrm{out}}\left(h+\frac{c^{2}}{2}+gz\right)_{\mathrm{out}}-m_{\mathrm{in}}\left(h+\frac{c^{2}}{2}+gz\right)_{\mathrm{in}} \tag{3.32a}$$

式(3.32a)为热力学第一定律应用于一个入口和一个出口的开口系统能量方程。如果入口和出口不止一个,那就把所有流体加给控制体的能量或从控制体带走的能量分别加在一起就可以了。式(3.32a)写成微分的形式为

$$\delta Q=\mathrm{d}E+\delta W_{\mathrm{i}}+\delta m_{\mathrm{out}}\left(h+\frac{c^{2}}{2}+gz\right)_{\mathrm{out}}-\delta m_{\mathrm{in}}\left(h+\frac{c^{2}}{2}+gz\right)_{\mathrm{in}} \tag{3.32b}$$

式(3.32b)可以很容易地换成流率方程式。全式各项除以时间微分 $\mathrm{d}\tau$ 就得到单位时间各量的变化。于是有

$$\frac{\delta Q}{\mathrm{d}\tau}=\frac{\mathrm{d}E}{\mathrm{d}\tau}+\frac{\delta W_{\mathrm{i}}}{\mathrm{d}\tau}+\frac{\delta m_{\mathrm{out}}}{\mathrm{d}\tau}\left(h+\frac{c^{2}}{2}+gz\right)_{\mathrm{out}}-\frac{\delta m_{\mathrm{in}}}{\mathrm{d}\tau}\left(h+\frac{c^{2}}{2}+gz\right)_{\mathrm{in}} \tag{3.33}$$

或者用意义相同的符号表示为

$$\dot{Q}=\Delta\dot{E}+\dot{W}_{\mathrm{i}}+\dot{m}_{\mathrm{out}}\left(h+\frac{c^{2}}{2}+gz\right)_{\mathrm{out}}-\dot{m}_{\mathrm{in}}\left(h+\frac{c^{2}}{2}+gz\right)_{\mathrm{in}} \tag{3.34}$$

在工程应用中，许多开口系统可看作是在稳定状态、稳定流动（简称稳态稳流）的条件下工作的。这些条件是：

（1）传过控制面的热流率是恒定不变的。

（2）传过控制面的功率是恒定不变的。

（3）每个入口流入工质的状态和速度是恒定不变的。

（4）每个出口流出工质的状态和速度是恒定不变的。

（5）每个入口流入工质的质量流量是恒定不变的。

（6）每个出口流出工质的质量流量是恒定不变的。

（7）流入工质的总质量流率等于流出工质的总质量流率。

对于稳态稳流，$\Delta\dot{E}$ 恒等于零。因此，在稳态稳流条件下，具有一个入口和一个出口的开口系统，其能量方程式为

$$\dot{Q}=\dot{W}_i+\dot{m}_{\text{out}}\left(h+\frac{c^2}{2}+gz\right)_{\text{out}}-\dot{m}_{\text{in}}\left(h+\frac{c^2}{2}+gz\right)_{\text{in}} \tag{3.35}$$

必须注意，这里 $\dot{m}_{\text{in}}=\dot{m}_{\text{out}}=\dot{m}$。式（3.35）非常重要。

这里想要指出的是，稳态稳流能量方程式实际上就是过去许多著者所提到的简单稳定流动能量方程式。但应认识到，实现稳定流动只需要满足（5）（6）（7）三个条件就可以了，而要想实现稳态稳流就必须满足上面所有七个条件。

前面已经指出，对于稳态稳流，$\Delta\dot{E}\equiv 0$，热力系任何截面上工质的一切参数都不随时间而变，即 $\mathrm{d}\dot{E}/\mathrm{d}\tau=0$，现记 $\delta m_{\text{out}}/\mathrm{d}\tau=q_{m_{\text{out}}}$，$\delta m_{\text{in}}/\mathrm{d}\tau=q_{m_{\text{in}}}$，则有 $\sum q_{m_{\text{in}}}=\sum q_{m_{\text{out}}}$，如图 3.3 所示，只有单股流体进出，故有 $m_{\text{in}}=m_{\text{out}}=m$，或 $q_m=q_{m_{\text{in}}}=q_{m_{\text{out}}}$，将这些条件代入式（3.35），并用 m（或 q_m）除以式（3.35），可得到

$$q=\Delta h+\frac{1}{2}\Delta c_{\mathrm{f}}^2+g\Delta z+w_{\mathrm{i}} \tag{3.36a}$$

或写成微元形式

$$\delta q=\mathrm{d}h+\frac{1}{2}\mathrm{d}c_{\mathrm{f}}^2+g\mathrm{d}z+\delta w_{\mathrm{i}} \tag{3.36b}$$

式中，q、w_i 分别是 1 kg 工质进入系统后，系统从外界吸入的热量和机器内部做的功。

当流入质量为 m 的工质时，稳态稳流能量方程式（3.35）又可写为

$$Q=\Delta H+\frac{1}{2}m\Delta c_{\mathrm{f}}^2+mg\Delta z+W_{\mathrm{i}} \tag{3.37}$$

或写成微元形式

$$\delta Q=\mathrm{d}H+\frac{1}{2}m\mathrm{d}c_{\mathrm{f}}^2+mg\mathrm{d}z+\delta W_{\mathrm{i}} \tag{3.38}$$

由比焓的定义式 $h=u+pv$，又考虑到比焓差 $\Delta h=\Delta u+\Delta(pv)$，式（3.36a）可改写为

$$q-\Delta u=\frac{1}{2}\Delta c_{\mathrm{f}}^2+g\Delta z+\Delta(pv)+w_{\mathrm{i}} \tag{3.39}$$

式（3.39）等号右边由四项组成，$\frac{1}{2}\Delta c_{\mathrm{f}}^2$ 和 $g\Delta z$ 两项是工质的机械能变化；$\Delta(pv)$ 项是维持工

质流动所需要的流动功，而最后一项 w_i 是工质对机器做的功。这四项能量的变化都源自工质在状态变化过程中通过膨胀而实现的热能转变成的机械能。方程的左边 $q-\Delta u$ 则是工质在过程中的容积变化功。式(3.39)表明，工质在状态变化过程中，由热能转变而来的机械能的总和等于膨胀功。既然机械能可全部转化为功，为此将在技术上可以利用的 $\frac{1}{2}\Delta c_f^2$、$g\Delta z$ 及 w_i 三者之和，称为技术功，用 w_t 表示，即

$$w_t = w_i + \frac{1}{2}(c_{f_2}^2 - c_{f_1}^2) + g(z_2 - z_1) \tag{3.40}$$

由式(3.39)知，等式左边的 $q-\Delta u$ 是工质在过程中的容积变化功，即膨胀功 w，$q-\Delta u=w$，则有 $w=\frac{1}{2}\Delta c_f^2+g\Delta z+\Delta(pv)+w_i$，又可以写成 $w=w_t+\Delta(pv)$，从而可得技术功 w_t 的另一形式

$$w_t = w - \Delta(pv) = w - (p_2v_2 - p_1v_1) \tag{3.41}$$

对可逆过程

$$w_t = \int_1^2 w + p_1v_1 - p_2v_2 = \int_1^2 pv - \int_1^2 \mathrm{d}(pv) = -\int_1^2 v\mathrm{d}p \tag{3.42}$$

显然，在微元过程中，技术功则为

$$\delta w_t = -v\mathrm{d}p \tag{3.43}$$

引进技术功的概念后，稳态流流能量方程式(3.35)可写为

$$q = h_2 - h_1 + w_t = \Delta h + w_t \tag{3.44}$$

对于质量为 m 的工质，则有

$$Q + \Delta H + W_t \tag{3.45}$$

对于微元过程，有

$$\delta q + \mathrm{d}h + \delta w_t \tag{3.46}$$

$$\delta Q + \mathrm{d}H + \delta W_t \tag{3.47}$$

若为可逆过程，则

$$q = \Delta h - \int_1^2 v\mathrm{d}p$$

$$\delta q = \mathrm{d}h - v\mathrm{d}p \tag{3.48}$$

$$Q = \Delta H - \int_1^2 V\mathrm{d}p$$

$$\delta Q = \mathrm{d}H - V\mathrm{d}p \tag{3.49}$$

式(3.48)也可由热力学第一定律的解析式直接导出

$$\delta q = \mathrm{d}u + p\mathrm{d}v = \mathrm{d}(h - pv) + p\mathrm{d}v = \mathrm{d}h - p\mathrm{d}v - v\mathrm{d}p + p\mathrm{d}v \tag{3.50}$$

得

$$\delta q = \mathrm{d}h - v\mathrm{d}p \tag{3.51}$$

3.7 热 力 源

在热力学中,引用热力源的概念是很便利的。由于一个系统和其外界通常可能有三种相互作用(功相互作用、热相互作用和质相互作用),因此我们将假设有三种热力源:功源、热源和质源。

3.7.1 功源

功源是一种可借以随时和给定的系统接受功或做出功所保持联系的装置。它是这样的一种物体:即越过其边界面的能量都是功的形式。功源可以设想为一个理想的弹簧,系统对之做功就被压缩;或者可以设想为一个重物,系统对功源做功,重物就被举起,功源对系统做功,重物就落下。

3.7.2 热源

热源是一个热力系统,在分析热力学问题时,其作用就是一个热源或冷源。可以把它定义为一个具有很大热容量的物体,以致向它放热或吸热时其温度始终保持恒定不变。地球周围的大气和海洋在许多工程应用问题中都可以看成是热源。

3.7.3 质源

既然物质也像热和功一样可以穿越开口系统的边界面,那么就可以假想开口系统的外界不仅包括热源和功源,而且也包括供应和接收物质的一个或多个质源。质源被认为远远大于系统,这样才能保持质源在一定的平衡状态之下。地球周围的大气层就可以认为是一个向汽车发动机和空气分离装置供应空气的质源。

3.8 能量方程的应用

热力学第一定律的能量方程式应用很广,可用于计算任何过程中能量的传递和转化。闭口系统能量方程式反映出热力状态变化过程中热能和机械能的互相转化。开口系统能量方程式虽然与闭口系统的形式不同,但由热能转化成的机械能仍是相当于 $q-\Delta u$ 的膨胀功 w。因此,从热功互换角度来看,$q=\Delta u+w$ 才是热力状态变化过程的核心,是最基本的能量方程。

在应用能量方程分析问题时,应根据具体问题的不同条件,做出某种假定和简化,使能量方程更加简单明了。

3.8.1 动力机

工质流经汽轮机、燃气轮机等动力机(图 3.4)时,压力降低,对机器做功;气体进口和出口的动能差很小,可以不计;对外界略有散热损失,q 是负的,但数量通常不大,也可忽略;位能差极微,可以不计。把这些条件代入稳态稳流能量方程式(3.35),可得 1 kg 工质对机器所做的功为

$$w_i = h_1 - h_2 = w_t$$

3.8.2 压气机

工质流经压气机(图 3.5)时,机器对工质做功,使工质升压;工质对外界略有放热,可以忽略不计;动能差和位能差也可忽略不计。工程上压气机耗功习惯用 w_C 表示,且令 $w_C = -w_t$;从稳定流动能量方程式(3.35)可得对 1 kg 工质所做作功为

$$w_C = -w_t = h_2 - h_1$$

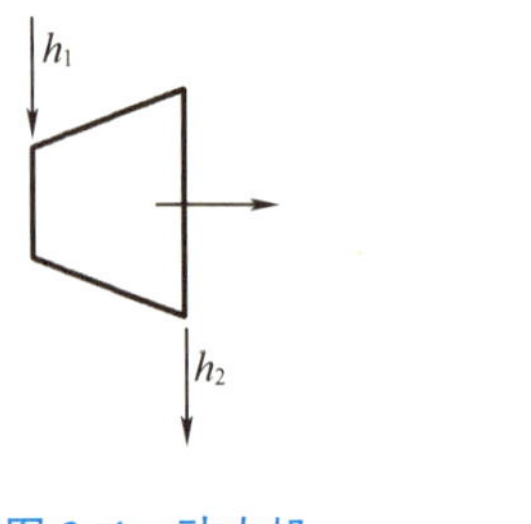

图 3.4 动力机

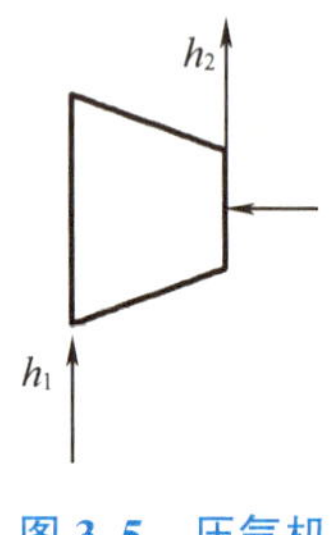

图 3.5 压气机

3.8.3 热交换器

工质流经锅炉、回热器等热交换器(图 3.6)时,和外界有热量交换而无功的交换,动能差和位能差也可忽略不计。若工质流动是稳定的,从式(3.35)得 1 kg 工质的吸热量为

$$q = h_2 - h_1$$

3.8.4 喷管和扩压管

工质流经诸如喷管、扩压管等这类设备(图 3.7)时,不对设备做功,位能差很小,可不计;因喷管等长度短,工质流速大,流经这类设备时与外界交换热量很小,可忽略不计。若流动稳定,则用式(3.35)可得 1 kg 工质动能的增加为

$$\frac{1}{2}(c_{f2}^2 - c_{f1}^2) = h_1 - h_2$$

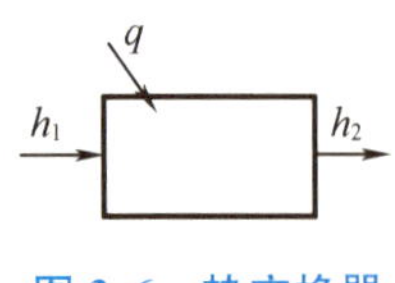

图 3.6 热交换器

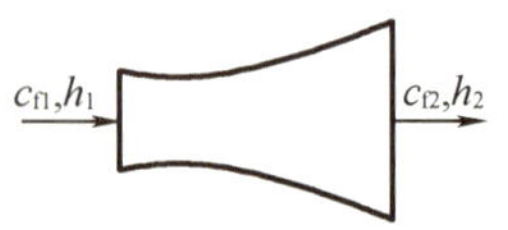

图 3.7 喷管能量转换

3.8.5 绝热节流

工质流过阀门等设备(图 3.8)时,流动截面突然收缩,压力下降,这种现象称为节流。

由于存在摩擦和涡流，流动是不可逆的。在离阀门不远的两个截面 1—1 和 2—2 处，工质的状态趋于平衡。设流动绝热，前后两截面间动能和位能差忽略不计，又不对外界做功，则对两截面间工质应用稳定流动能量方程式(3.35)，可得节流前后焓值相等：

$$h_1 = h_2$$

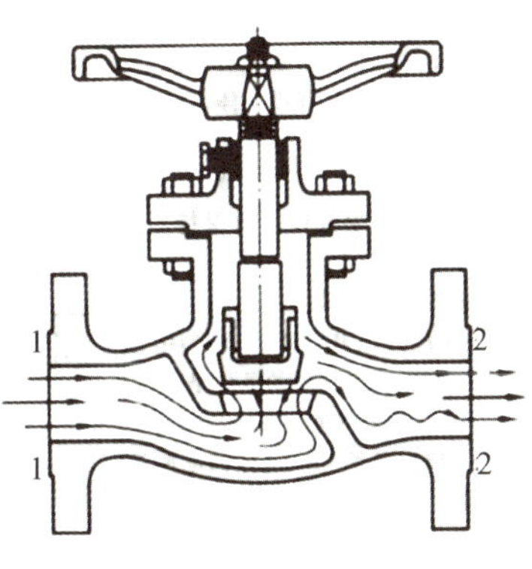

图 3.8　节流现象

习　　题

3.1　从喷管射出的水柱，在 $g=9.81\ \text{m/s}^2$ 的位置以 30 m/s 的速度垂直向上喷射，试问在喷管垂直向上 30 m 的一点，水柱的理想速度是多少？

3.2　一瀑布以 $2\times10^4\ \text{m}^3/\text{h}$ 的流率落下 60 m，试问位于瀑布底部的发电站能发出的理想功率(以 kW 计)是多少？

3.3　当闭口系统向其外界做了 80 kJ 的功时，系统的能量增加了 60 kJ，试求传入系统或从系统传出的热量。

3.4　蓄电池在 12 V 下输入电流 45 A，持续充电 30 min，在此期间内，蓄电池的热损失为 100 kJ，试求充电过程中电池内能的变化。

3.5　一闭口系统经历了一个由四个过程组成的循环。填充下表中所缺少的数据：

过程	Q/kJ	W/kJ	ΔE/kJ
1—2	1 100	0	
2—3	0	100	
3—4	-950	0	
4—1	00		

3.6 一闭口系统经历了一个由四个过程组成的循环。填充下表中所缺少的数据：

过程	Q/kJ	W/kJ	ΔE/kJ
1—2		0	1 470
2—3	0	420	
3—4		0	-1 060
4—1	0		

3.7 一闭口系统在状态变化过程当中被带走 10 kJ 的热量，并且做了 25 kJ 的功，然后系统恢复到初始状态。如果第二个过程中被带走 10 kJ 的热量，试问第二个过程中功的传递量是多少？

3.8 气体在活塞-气缸装置中被准静态地压缩。如果过程总 p 和 V 之间的关系是

$$pV^n = 常数$$

试证明对气体所做的功是

$$W_{12} = \frac{p_2V_2 - p_1V_1}{1-n}$$

式中，n 为任意常数，但不等于 1。

3.9 一定量的气体在气缸内由初容积 0.14 m³ 准静态地膨胀到容积 0.42 m³，气体的压力保持 0.17 MPa 的恒定值。如果加给气体 53 kJ 的热量，试问气体内能的变化是多少？

3.10 试计算 1 kg 流体的焓，流体的体积为 0.3 m³，内能为 1 050 kJ/kg，压力为 0.24 MPa。

3.11 23 kg 空气在 0.17 MPa 的恒定压力下与气缸内的初容积 11.7 m³ 被准静态地压缩到容积 11.3 m³，已知从空气中移走的热量为 256 kJ，试问：

(1)空气内能的变化是多少？

(2)空气焓的变化是多少？

3.12 图 3.9 是一个闭口系统所进行的由三个准静态过程组成的循环。1—2 是绝热过程，2—3 是等压过程，3—1 是定容过程。如果过程 1—2 中系统内能的变化是-50 kJ，试问循环的净传热量是多少？这是一个产生功的循环，还是消耗功的循环？

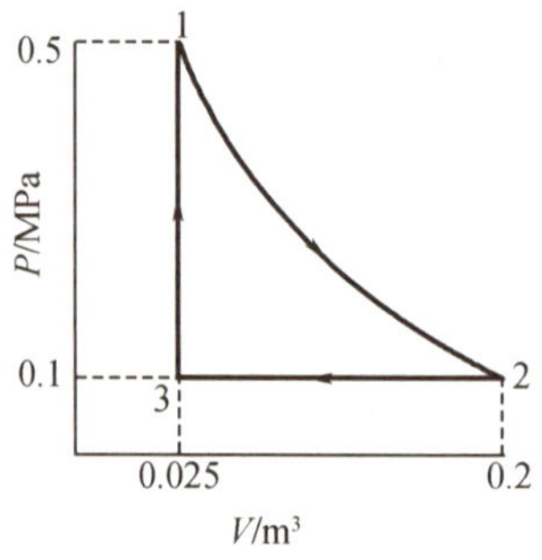

图 3.9 题 3.12 附图

3.13　蒸汽在 0.103 MPa 下进入一个散热器，入口处蒸汽的比体积和焓分别为 1.64 m^3/kg 和 2 667 kJ/kg。凝结以后，凝结水在 0.103 MPa 下离开散热器。出口处的比体积和焓分别为 0.001 m^3/kg 和 421 kJ/kg。如果忽略动能和位能的变化，试问 1 kg 蒸汽从散热器传出的热量是多少？

3.14　稳定流动的蒸汽以 23 263 kJ/kg 的焓和 366 m/s 的速度进入一冷凝器。凝结水以 140 kJ/kg 的焓和 6.1 m/s 的速度离开冷凝器。试问凝结 1 kg 蒸汽传给冷却介质的热量是多少？

3.15　流体以 0.5 kg/s 的流率进入一稳态稳流产生功的装置。流体在入口处的焓和速度分别为 23 kJ/kg 和 90 m/s，出口处的焓和速度分别为 174 kJ/kg 和 15 m/s。如果过程是绝热的，并假定不考虑位能的变化，试问此装置输出多少功？

3.16　喷管中不存在功的效应。如果蒸汽以 30 m/s 的速度和 3 000 kJ/kg 的焓稳定地进入一喷管，而在焓为 2 675 kJ/kg 的状态下离开，试问蒸汽在喷管出口处的速度是多少？忽略传热。

3.17　扩压管中不存在功的效应。如果空气在 300 m/s 的速度和 15 ℃的温度下进入扩压管，而在 30 m/s 的速度下离开，试求空气在扩压管出口的温度。忽略传热，并假设空气的焓和温度之间的关系是

$$h=c_{\mathrm{p}}T+h_0$$

式中，T 的单位为 K，h_0 是一常数。

3.18　一流体通过一直径为 150 mm 的管道以 3 m/s 的速度进入一稳态稳流产生功的装置。流体在入口处的焓为 2 326 kJ/kg，比体积为 0.337 m^3/kg，在出口处的焓为 2 100 kJ/kg。忽略传热及动能和位能的变化，试问此装置输出多少功？

第 4 章　理想气体和热力过程

当今科技水平下热能大规模地、经济地转变为机械能，通常是借助于工质在热能动力装置中的吸热、膨胀做功、排热等状态变化过程而实现的。为了分析研究和计算工质进行这些过程时的吸热量和做功量，除了热力学第一定律等基础理论外还需具备工质热力性质方面的知识。采用的工质应具有显著的涨缩能力，即其体积随温度、压力能有较大的变化。物质的三态中只有气态具有这一特性，因而热机工质一般采用气态物质，且视其距液态的远近又分为气体和蒸气。本章讨论气态物质的热力性质。

4.1　理想气体的概念

4.1.1　理想气体模型

气态物质的分子持续不断地做无规则的热运动，分子数目又如此的巨大，因而运动在任何一个方向上都没有显著的优势，宏观上表现为各向同性，压力各处各向相同，密度一致。自然界中的气体分子本身有一定的体积，分子相互间存在作用力，分子在两次碰撞之间进行的是非直线运动，很难精确描述和确定其复杂的运动，为了方便分析、简化计算，引出了理想气体的概念。

理想气体是一种实际上不存在的假想气体，其分子是弹性的、不具体积的质点；分子间相互没有作用力。在这两点假设条件下，气体分子的运动规律极大地简化了。对此类简化了的物理模型，不但可定性地分析气体某些热力学现象，而且可定量地导出状态参数间存在的简单函数关系。

众所周知，高温、低压的气体密度小、比体积大，若大到分子本身体积远小于其活动空间，分子间平均距离远到作用力极其微弱的状态就很接近理想气体。因此，理想气体是气体压力趋近于零($p\to 0$)、比体积趋近于无穷大($v\to\infty$)时的极限状态。一般来说，氩(Ar)、氖(Ne)、氦(He)、氢(H_2)、氧(O_2)、氮(N_2)、一氧化碳(CO)等临界温度低的单原子或双原子气体，在温度不太低、压力不太高时均远离液态，接近理想气体假设条件。因而，工程中常用的 O_2、N_2、H_2、CO 等及其混合空气、燃气、烟气等工质，在通常使用的温度、压力下都可作为理想气体处理，误差一般都在工程计算允许的精度范围之内。如空气在室温下、压力达 10 MPa 时，按理想气体状态方程计算的比体积误差在 1%左右。

4.1.2　理想气体的状态方程式

根据分子运动论，对理想气体分子运动物理模型，用统计方法得出的气体的压力为

$$p=\frac{2}{3}N\frac{m'\bar{c}^2}{2} \tag{4.1}$$

式中，N 为 1 m^3 体积内的分子数；m'为每个分子的质量；$\bar{c}$ 为分子平移运动均方根速度。因此，$N\frac{m'\bar{c}^2}{2}$是 1 m^3 中全部分子的移动动能，大小完全由温度确定。

式(4.1)两侧各乘以比体积 v，将式(2.2)代入，得

$$pv=\frac{2}{3}Nv\frac{m'\bar{c}^2}{2}=NvkT$$

即得式

$$pv=R_gT$$

式中，$R_g=kNv$，其中，k 是玻耳兹曼常数；Nv 是 1 kg 质量的气体所具有的分子数，每一种气体都有确定的值。R_g 称为气体常数，显然它是一个只与气体种类有关，而与气体所处状态无关的物理量。

上述表示理想气体在任一平衡状态时 p、v、T 之间关系的方程式叫作理想气体状态方程式，或称克拉贝龙（Clapeyron）方程。它与波义耳、马略特等人测定低压气体得出的实验结果，$\frac{p_1v_1}{T_1}=\frac{p_2v_2}{T_2}=\cdots=\frac{pv}{T}=$常数是一致的。这里再次强调，使用时应注意各量的单位。按国家法定计量单位：p 的单位为 Pa；T 的单位为 K；v 的单位为 m^3/kg，与此相应的 R_g 的单位为J/(kg·K)。

4.1.3　摩尔质量和摩尔体积

摩尔(mol)是国际单位制中用来表示物质的量的基本单位。物质中包含的基本单元数与 0.012 kg 碳-12 的原子数目相等时物质的量即为 1 mol。基本单元可以是原子、分子、离子、电子及其他微粒，或是这些粒子的特定组合。0.012 kg 碳-12 的原子数目为 $6.022\ 5\times10^{23}$ 个，热力学中基本单元是分子，因而 1 mol 任何物质的分子数为 $6.022\ 5\times10^{23}$ 个。

1 mol 物质的质量称为摩尔质量，用符号 M 表示，单位是 g/mol。摩尔质量，数值上等于物质的相对分子质量 M_r(过去称分子量)。参考文献[11]附表 1 中列有一些气体的摩尔质量。若 m 为物质的质量并以 kg 为单位，物质的量 n 以 mol 为单位，则

$$n=\frac{m}{M\times10^{-3}} \tag{4.2}$$

1 mol 气体的体积以 V_m 表示，显然

$$V_m=Mv\times10^{-3} \tag{4.3}$$

阿伏加德罗定律指出：同温、同压下，各种气体的摩尔体积都相同。实验得出，在标准状态($p_0=101\ 325$ Pa，$T_0=273.15$ K)下，1 mol 任意气体的体积同为

$$V_{m0}=(Mv)_0=0.022\ 414\ 1\ \mathrm{m^3/mol} \tag{4.4}$$

这里，各参数的下角标"0"是指标准状态。热工计算中，除了以 kg 和 mol 为单位外，有时采用标准 m^3 作为计量单位。1 mol 气体的质量为 M，在标准状态下的体积为 0.022 414 1 m^3。

4.1.4　摩尔气体常数

1 kg 理想气体的状态方程的两侧同乘以摩尔质量 M，即为 1 mol 气体的状态方程 $pV_m=$

RT。若以 1 和 2 分别代表两种不同种类的气体,根据阿伏加德罗定律,当 $p_1=p_2$、$T_1=T_2$ 时,则

$$V_{m1}=V_{m2}$$

比较 1 和 2 两种气体的状态方程,可见两种气体的 M 与 R_g 的乘积相同,而气体的种类又是任选的,因而 $(MR_g)_1=(MR_g)_2=\cdots=MR_g$。$M$ 与 R_g 各自都与气体的状态无关,可以断定:MR_g 是既与状态无关,也与气体性质无关的普适恒量,称为摩尔气体常数,以 R 表示。R 的数值可取任意气体在任意状态下的参数,如用标准状态的参数,可得

$$\begin{aligned}R&=MR_g\\&=\frac{p_0V_{m0}}{T_0}\\&=\frac{101\ 325\ \text{Pa}\times(0.022\ 414\pm0.000\ 000\ 19)\ \text{m}^3/\text{mol}}{273.15\ \text{K}}\\&=8.314\ 510\pm0.000\ 070\ \text{J}/(\text{mol}\cdot\text{K})\end{aligned}$$

各种气体的气体常数可由下式确定:

$$R_g=\frac{R}{M}=\frac{8.314\ 5\ \text{J}/(\text{mol}\cdot\text{K})}{M} \tag{4.5}$$

例如空气的摩尔质量是 28.97×10^{-3} kg/mol,故气体常数为 $R_g=287$ J/(kg·K)。

理想气体在流动中处于平衡状态时,同样可利用理想气体状态方程。这时,可分别以气体的摩尔流量 q_n、质量流量 q_m、体积流量 q_V 代替式中物质的量 n、质量 m 和体积 V,如

$$pq_V=q_mR_gT \tag{4.6}$$

$$pq_V=q_nRT \tag{4.7}$$

例题 4.1 试按照理想气体状态方程式求空气在表 4.1 所列温度、压力条件下的比体积 v,并与实测值 v' 比较,算出相对误差 ε。已知空气的气体常数 $R_g=287.06$ J/(kg·K)。

解 根据 1 kg 理想气体状态方程可得

$$v=\frac{R_gT}{p}=\frac{287.06\ \text{J}/(\text{kg}\cdot\text{K})\times300\ \text{K}}{101\ 325\ \text{Pa}}=0.849\ 92\ \text{m}^3/\text{kg}$$

$$\varepsilon=\frac{v-v'}{v'}\times100\%=\frac{(0.849\ 92-0.849\ 75)\ \text{m}^3/\text{kg}}{0.849\ 75\ \text{m}^3/\text{kg}}\times100\%=0.020\%$$

其他几种状态的计算方法相同,不再重复,计算结果如表 4.1 所示。可见,常温而压力不太高时,利用理想气体状态方程式计算结果相对误差很小,而低温、高压(如 200 K、10 MPa)时误差很大,理想气体状态方程式已不适用。

表 4.1 例 4.1 计算表

T/K	p/atm	v/(m³/kg)	v'/(m³/kg)	ε/%
300	1	0.849 92	0.849 75	0.020
300	10	0.084 992	0.084 77	0.262
300	50	0.016 998	0.016 85	0.878

表 4.1(续)

T/K	p/atm	v/(m^3/kg)	v'/(m^3/kg)	ε/%
300	100	0.008 499 2	0.008 45	0.582
200	100	0.005 666	0.004 6	23.174
900	1	0.254 98	0.247 58	2.989

例题 4.2　某台压缩机每小时输出 3 200 m^3、表压力 $p_e=0.22$ MPa、温度 $t=156$ ℃的压缩空气。设当地大气压力 $p_b=765$ mmHg，求压缩空气的质量流量 q_m 以及标准状态下的体积流量 q_{V0}。

解　压缩机出口处空气的温度 $T=t+273\ K=(156+273)\ K=429\ K$，绝对压力

$$p=p_e+p_b=0.22\ \text{MPa}+\frac{765\ \text{mmHg}}{7\ 500.6\ \text{mmHg/MPa}}=0.322\ \text{MPa}$$

该状态下的体积流量 $q_V=3\ 200\ m^3/h$。

将上述各值代入以流率形式表达的理想气体状态方程式，得摩尔流量 q_n 为

$$q_n=\frac{pq_V}{RT}=\frac{0.322\times10^6\ \text{Pa}\times3\ 200\ \text{m}^3/\text{h}}{8.314\ 5\ \text{J/(mol}\cdot\text{K)}\times429\ \text{K}}=288.877\ \text{mol/h}$$

空气的摩尔质量 $M=28.97\times10^{-3}$ kg/mol，故空气的质量流量为

$$q_m=Mq_n=28.97\times10^{-3}\ \text{kg/mol}\times288.877\times10^3\ \text{mol/h}=8\ 368.77\ \text{kg/h}$$

因 $V_0=22.414\ 1\times10^{-3}\ m^3/mol$，故标准状态体积流量为

$$q_{V0}=q_nV_0=288.877\times10^3\ \text{mol/h}\times22.414\ 1\times10^{-3}\ \text{m}^3/\text{mol}=6\ 474.92\ \text{m}^3/\text{h}$$

本例说明，流动中的理想气体平衡状态下也满足状态方程。还应注意：状态方程中压力 p 必须用绝对压力；式中 R 的值应该与 p、v、T 的单位相一致——p 单位用 Pa 时 R 为 8.314 5 J/(mol · K)，p 单位用 kPa 时 R 为 8.314 5 kJ/(mol · K)。

4.2　理想气体的比热容

4.2.1　比热容的定义

为了计算气体状态变化过程中的吸(或放热)量，引入比热容的概念。物体温度升高 1 K(或 1 ℃)所需的热量称为热容，以 C 表示。1 kg 物质温度升高 1 K(或 1 ℃)所需的热量称为质量热容，又称比热容，单位为 J/(kg · K)，用 c 表示，其定义式为

$$c=\frac{\delta q}{dT}\ 或\ c=\frac{\delta q}{dt} \tag{4.8}$$

1 mol 物质的热容称为摩尔热容，单位为 J/(mol · K)，用 C_m 表示。热工计算中，尤其在有化学反应或相变反应时，用摩尔热容更方便。标准状态下 1 m^3 物质的热容称为体积热容，单位为 J/(m^3 · K)，用 C'表示。三者之间的关系为

$$C_m = Mc = V_{m0}C' \tag{4.9}$$

式中,V_{m0} 是标准状态的摩尔体积,等于 22.414 1×10^{-3} m^3/mol。

前已述及,热量是过程量,因而比热容也和过程特性有关,不同的热力过程,比热容也不相同。热力设备中工质往往是在接近压力不变或体积不变的条件下吸热或放热的,因此定压过程和定容过程的比热容最常用,它们分别称为比定压热容(也称质量定压热容)和比定容热容(也称质量定容热容),分别以 c_p 和 c_V 表示。

引用热力学第一定律解析式(3.17)和式(3.44),对于可逆过程有

$$\delta q = du + p dv$$

$$\delta q = dh - v dp$$

定容时($dv=0$)

$$c_V = \left(\frac{\delta q}{dT}\right)_v = \left(\frac{du+pdv}{dT}\right)_v = \left(\frac{\partial u}{\partial T}\right)_v \tag{4.10}$$

定压时($dp=0$)

$$c_p = \left(\frac{\delta q}{dT}\right)_p = \left(\frac{dh-vdp}{dT}\right)_p = \left(\frac{\partial h}{\partial T}\right)_p \tag{4.11}$$

以上两式直接由 c_p、c_V 的定义导出,故适用于一切工质,不限于理想气体。

对于理想气体,其分子间无作用力,不存在内位能,热力学能只包括取决于温度的内动能,因而理想气体的热力学能是温度的单值函数,即 $u=f_u(T)$。焓值 $h=u+pv$,对于理想气体 $h=u+R_gT$,显然其焓值与压力无关,也只是温度的单值函数,即 $h=f_h(T)$,故

$$\left(\frac{\partial u}{\partial T}\right)_v = \frac{du}{dT} \tag{4.12}$$

$$\left(\frac{\partial h}{\partial T}\right)_p = \frac{dh}{dT} \tag{4.13}$$

将式(4.12)、式(4.13)分别代入式(4.10)、式(4.11),得理想气体的比热容

$$c_V = \frac{du}{dT} \tag{4.14}$$

$$c_p = \frac{dh}{dT} \tag{4.15}$$

式(4.10)、式(4.11)意味着:工质的 c_V 和 c_p 分别是状态参数 u 对 T、h 对 T 的偏导数,c_V 和 c_p 是状态参数。式(4.14)、式(4.15)意味着理想气体的 c_V 和 c_p 仅仅是温度的函数。

4.2.2 迈耶公式及比热容比

将理想气体的焓值 $h=u+R_gT$ 对 T 求导:

$$\frac{dh}{dT} = \frac{du}{dT} + R_g$$

即

$$c_p - c_V = R_g \tag{4.16}$$

R_g 是常数,恒大于零。因此,同样温度下任意气体的 c_p 总是大于 c_V,其差值(c_p-c_V)恒

等于气体常数 R_g。从能量守恒的观点分析,气体定容加热时,吸热量全部转变为分子的动能使温度升高;而定压加热时容积增大,吸热量中有一部分转变为机械能对外做出膨胀功,所以同样温度升高 1 K 所需热量更大,这正是 c_p 大于 c_V 的原因。式(4 .16)两侧同乘以摩尔质量 M,则有

$$C_{p,m}-C_{V,m}=R \tag{4.17}$$

式(4.16)、式(4.17)称为迈耶公式。c_V 不易测准,通常由实验测定 c_p,再由此式确定 c_V。

比值 c_p/c_V 称为比热容比或质量热容比,以 γ 表示,即

$$\gamma=\frac{c_p}{c_V}=\frac{C_{p,m}}{C_{V,m}} \tag{4.18}$$

式(4.18)代入式(4.16),可得

$$c_p=\frac{\gamma}{\gamma-1}R_g,\ c_V=\frac{1}{\gamma-1}R_g \tag{4.19}$$

4.2.3　利用比热容计算热量

1. 真实比热容

根据比热容的定义,气体的比热容 $c=\frac{\delta q}{dT}$。实验表明:理想气体的比热容是温度的复杂函数,随着温度的升高而增大,图 4.1 给出了真实比热容随温度的变化。通常 c 可表达为

$$c=a_0+a_1T+a_2T^2+a_3T^3+\cdots$$

或

$$c=b_0+b_1t+b_2t^2+b_3t^3+\cdots$$

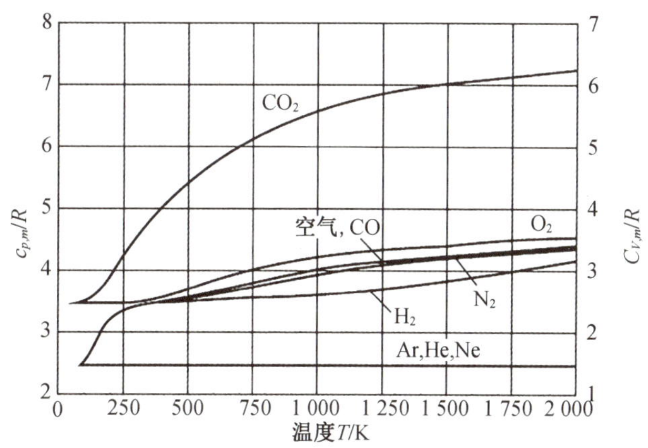

图 4.1　几种气体的 $c_{p,m}/R$、$c_{V,m}/R$ 随温度的变化

气体在理想状态的比定压热容 c_p 与温度三次方的经验关系式为

$$c_p=c_0+c_1\theta+c_2\theta^2+c_3\theta^3 \tag{4.20}$$

式中,$\theta=T/1\ 000$,各种气体的系数 c_0、c_1、c_2、c_3 是根据一定温度范围内的实验值拟合得出的。比定容热容可根据迈耶公式导得

$$c_V = c_0 - R_g + c_1\theta + c_2\theta^2 + c_3\theta^3 \tag{4.21}$$

将式(4.20)和式(4.21)分别代入下列关系式，即可计算 1 kg 气体由温度 T_1 升高到 T_2 经历定压过程或定容过程的吸热量：

$$q_p = \int_{T_1}^{T_2} c_p \mathrm{d}T \tag{4.22}$$

$$q_V = \int_{T_1}^{T_2} c_V \mathrm{d}T \tag{4.23}$$

随着计算机的普及，对于理想气体及其混合物以及一些实际气体，用真实比热容积分求取热量或热力学能差、焓差、熵差的方法已广泛采用。

2. 平均比热容表

利用平均比热容表计算的方法是一种既简单又准确的方法。图 4.2 是真实比热容随温度变化的示意图。显然，图中 $c=f(t)$ 曲线下的面积代表过程热量。温度由 t_1 升高到 t_2 所需热量 q 为面积 $EFDB$，从 t_1 到 t_2 平均比热容 $c|_{t_1}^{t_2}$ 等于 q 除以温差 (t_2-t_1)，即矩形 $HGDB$ 的高度 MN，因而

$$c|_{t_1}^{t_2} = \frac{q}{t_2 - t_1} = \frac{\int_{t_1}^{t_2} c\mathrm{d}t}{t_2 - t_1}$$

又因 q = 面积 $AFDO$ − 面积 $AEBO$，即过程热量

$$q = \int_{0\,℃}^{t_2} c\mathrm{d}t - \int_{0\,℃}^{t_1} c\mathrm{d}t = c|_{0\,℃}^{t_2} t_2 - c|_{0\,℃}^{t_1} t_1 \tag{4.24}$$

$$c|_{t_1}^{t_2} = \frac{c|_{0\,℃}^{t_2} t_2 - c|_{0\,℃}^{t_1} t_1}{t_2 - t_1} \tag{4.25}$$

式中，$c|_{0\,℃}^{t_1}$、$c|_{0\,℃}^{t_2}$ 分别表示温度 0 ℃到 t_1 和 0 ℃到 t_2 的平均比热容值。这种平均比热容的起始温度同为 0 ℃，显然同种气体的 $c|_{0\,℃}^{t}$ 只取决于终态温度 t，因而简化了制表。参考文献[11]附表 5 列有几种常用气体的平均比定压热容 $c_p|_{0\,℃}^{t}$，供精确计算时查用。如需平均比定容热容，则由表中查出平均比定压热容，然后按迈耶公式(4.16)确定。

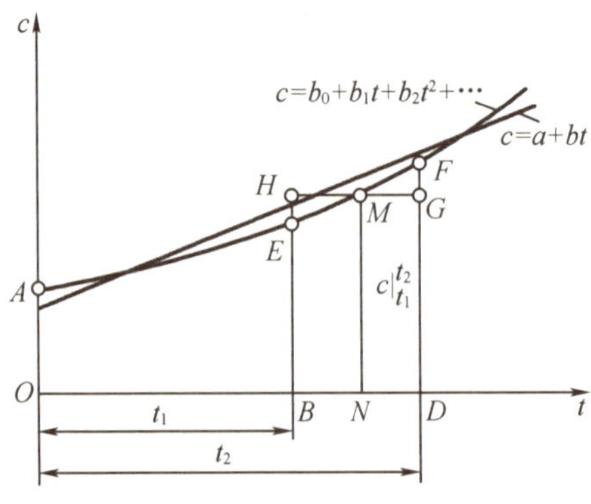

图 4.2　真实比热容随温度变化的示意图

3. 平均比热容的直线关系式

工程上为简化计算，有时只需按比热容与温度成直线关系近似计算。将气体的真实比热容拟合为温度的直线关系近似式 $c=a+bt$。这时热量

$$q=\int_{t_1}^{t_2}c\mathrm{d}t=\int_{t_1}^{t_2}(a+bt)\mathrm{d}t=a(t_2-t_1)+\frac{b}{2}(t_2^2-t_1^2)=\left[a+\frac{b}{2}(t_2+t_1)\right](t_2-t_1)$$

由上式可得出 t_1 到 t_2 间的平均比热容

$$c\Big|_{t_1}^{t_2}=a+\frac{b}{2}(t_2+t_1) \tag{4.26}$$

式(4.26)称为平均比热容直线关系式。参考文献[11]附表6给出了一些气体的平均比定压热容和平均比定容热容的直线关系式 $c\Big|_{t_1}^{t_2}=a+\frac{b}{2}t$。使用时请注意：$t$ 需代入 (t_2+t_1)，t 项的系数是 $b/2$，而不是 b。例如，氧气的平均比定压热容 $\{c_p\Big|_{t_1}^{t_2}\}_{\mathrm{kJ/(kg\cdot K)}}=0.919+0.000\ 106\ 5\{t\}_{℃}$，式中，0.000 106 5 即 $b/2$，只需将 t_2+t_1 代入 t 即可直接得出温度由 t_1 升高到 t_2 的平均比定压热容 $c_p\Big|_{t_1}^{t_2}$。

4. 定值比热容

工程上，当气体温度在室温附近，温度变化范围不大，或者计算精确度要求不太高时，可将比热容近似作为定值处理，通常称为定值比热容。

由分子运动理论可导出，1 mol 理想气体的热力学能 $U_{\mathrm{m}}=\frac{i}{2}RT$，式中 i 表示分子运动的自由度。由此得出气体摩尔定容热容 $C_{V,\mathrm{m}}$、摩尔定压热容 $C_{p,\mathrm{m}}$ 和比热容比 γ 各为

$$C_{V,\mathrm{m}}=\frac{\mathrm{d}U_{\mathrm{m}}}{\mathrm{d}T}=\frac{i}{2}R,\frac{C_{V,\mathrm{m}}}{R}=\frac{i}{2}$$

$$C_{p,\mathrm{m}}=C_{V,\mathrm{m}}+R=\frac{i+2}{2}R,\frac{C_{p,\mathrm{m}}}{R}=\frac{i+2}{2}$$

$$\gamma=\frac{i+2}{i}$$

单原子气体只有空间三个方向的平移运动，$i=3$，$C_{p,\mathrm{m}}/R=2.5$，$\gamma=1.67$；双原子气体除平移运动外，尚有绕垂直于原子连线的两个轴的转动，故 $i=5$，$C_{p,\mathrm{m}}/R=3.5$，$\gamma=1.4$。图4.3给出了一些气体实测的 γ 值与温度的关系曲线。由图4.1和图4.3可见，单原子气体 Ar、He、Ne 的 $C_{p,\mathrm{m}}/R$ 和 γ 几乎不随温度变化，它们的理论值与实测值一致。双原子气体空气、N_2、H_2 只有在常温（300~500 K）时，$C_{p,\mathrm{m}}/R$ 和 γ 的曲线才近似水平，$C_{p,\mathrm{m}}/R$ 为 3.5 左右，γ 接近 1.4，低温或高温时都有显著的偏差，不能维持定值。经典力学解释为：沿着两个粒子连线方向，原子可能出现振动，组成分子的两个原子相互间存在作用力（尽管分子间作用力可忽略），原子的位置和速度决定了振动能量，高温时有更多的分子参与振动，所以实测值比理论值高且随温度上升偏差增大；而低温时分子转动可能“停息”，因而实际值要低。经典的比热容理论无法考虑振动动能，高温时气体有更多的分子具有较高的振动量子态。总之，组成分子的原子数越多，温度越高，由于未能计及振动能量造成的误差也越大。量子力学已经给出了更为精确的分子运动模型，能给以更为严密的解释。

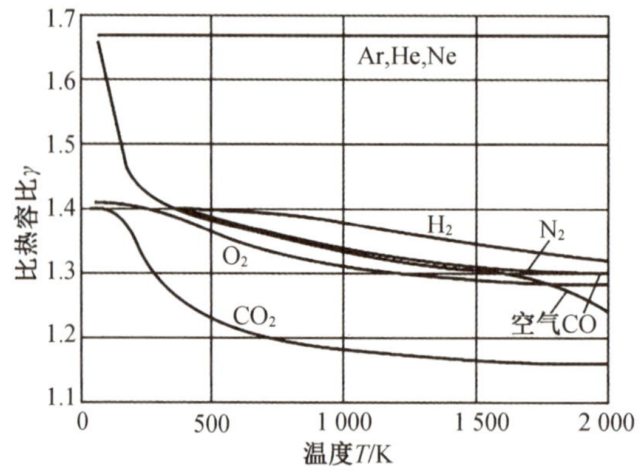

图 4.3　几种气体 γ 与温度的关系

考虑上述原因后对多原子气体做了适当的修正，推荐的定值比热容列于表 4.2，以便定性分析某些热力学问题。

至于定值比热容和定值体积热容，可根据式(4.9)计算。

比热容按常数计算时，建议参照参考文献[11]附表 2 中提供的一些常用气体在各种温度下的比热容值，可取初态温度时比热容和终态温度时比热容的算术平均值。这时热量

$$q_V = c_{V,\mathrm{av}}(T_2 - T_1)$$
$$q_p = c_{p,\mathrm{av}}(T_2 - T_1)$$

表 4.2　理想气体的定值摩尔热容和比热容比

项目	单原子气体($i=3$)	双原子气体($i=5$)	多原子气体($i=6$)
$C_{V,\mathrm{m}}/[\mathrm{J/(mol \cdot K)}]$	$3R/2$	$5R/2$	$6R/2$
$C_{p,\mathrm{m}}/[\mathrm{J/(mol \cdot K)}]$	$5R/2$	$7R/2$	$8R/2$
$\gamma = C_{p,\mathrm{m}}/C_{V,\mathrm{m}}$	1.67	1.40	1.29

例题 4.3　某燃气轮机动力装置的回热器中，空气从 150 ℃定压加热到 350 ℃，求每千克空气的加热量。

解　已知 $T_1 = (150+273.15)\,\mathrm{K} = 423.15\ \mathrm{K}$，$T_2 = (350+273.15)\,\mathrm{K} = 623.15\ \mathrm{K}$。

(1)按真实热容经验式

由参考文献[11]附表 4 查得空气的比定压热容式为 $c_p = 1.05 - 0.365\theta + 0.85\theta^2 - 0.39\theta^3$，即

$$c_p = 1.05 - 0.365\times10^{-3}T + 0.85\times10^{-6}T^2 - 0.39\times10^{-9}T^3$$

1 kg 空气的加热量

$$q_p = \int_{T_1}^{T_2} c_p \mathrm{d}T = \int_{423.15\ \mathrm{K}}^{623.15\ \mathrm{K}} (1.05 - 0.365\times10^{-3}T + 0.85\times10^{-6}T^2 - 0.39\times10^{-9}T^3)\mathrm{d}T$$

$$= 1.05\times(623.15\ \mathrm{K} - 423.15\ \mathrm{K}) - \frac{0.365\times10^{-3}}{2}\times[(623.15\ \mathrm{K})^2 - (423.15\ \mathrm{K})^2] +$$

$$\frac{0.85\times10^{-6}}{3}\times[(623.15\ \mathrm{K})^3 - (423.15\ \mathrm{K})^3] - \frac{0.39\times10^{-9}}{4}\times$$

$[(623.15\ \mathrm{K})^4-(423.15\ \mathrm{K})^4]$

$=207.3\ \mathrm{kJ/kg}$

(2)按平均比热容表

查参考文献[11]附表5得:$t=100$ ℃,$c_p=1.006$ kJ/(kg·K);$t=200$ ℃,$c_p=1.012$ kJ/(kg·K);$t=300$ ℃,$c_p=1.019$ kJ/(kg·K);$t=400$ ℃,$c_p=1.028$ kJ/(kg·K)。所以

$$c_p\Big|_{0\ ℃}^{150\ ℃}=(1.012-1.006)\ \mathrm{kJ/(kg\cdot K)}\times\frac{50\ ℃}{100\ ℃}+1.006\ \mathrm{kJ/(kg\cdot K)}=1.009\ \mathrm{kJ/(kg\cdot K)}$$

$$c_p\Big|_{0\ ℃}^{350\ ℃}=(1.028-1.019)\ \mathrm{kJ/(kg\cdot K)}\times\frac{50\ ℃}{100\ ℃}+1.019\ \mathrm{kJ/(kg\cdot K)}=1.023\ 5\ \mathrm{kJ/(kg\cdot K)}$$

$$\begin{aligned}q_p&=c_p\Big|_{0\ ℃}^{350\ ℃}t_2-c_p\Big|_{0\ ℃}^{150\ ℃}t_1\\&=1.023\ 5\ \mathrm{kJ/(kg\cdot K)}\times350\ ℃-1.009\ \mathrm{kJ/(kg\cdot K)}\times150\ ℃\\&=206.88\ \mathrm{kJ/kg}\end{aligned}$$

(3)按平均比热容直线关系式

由参考文献[11]附表6查得空气的平均比定压热容直线式为

$$\{c_p\}_{\mathrm{kJ/(kg\cdot K)}}=0.995\ 6+0.000\ 093\{t\}_{℃}$$

将 t_2+t_1 代入,得

$$c_p\Big|_{150\ ℃}^{350\ ℃}=1.042\ 1\ \mathrm{kJ/(kg\cdot K)}$$

$$q_p=c_p\Big|_{150\ ℃}^{350\ ℃}(t_2-t_1)=1.042\ 1\ \mathrm{kJ/(kg\cdot K)}\times(350\ ℃-150\ ℃)=208.42\ \mathrm{kJ/kg}$$

(4)按比热容算术平均值

据 $T_1=423.15$ K,$T_2=623.15$ K,查参考文献[11]附表3得:$T=400$ ℃时,$c_p=1.013$ kJ/(kg·K);$T=450$ ℃时,$c_p=1.020$ kJ/(kg·K);$T=600$ ℃时,$c_p=1.051$ kJ/(kg·K);$T=650$ ℃时,$c_p=1.063$ kJ/(kg·K)。所以

$$\begin{aligned}c_{p,423\ \mathrm{K}}&=1.013\ \mathrm{kJ/(kg\cdot K)}+(1.050-1.013)\ \mathrm{kJ/(kg\cdot K)}\times\frac{23\ \mathrm{K}}{50\ \mathrm{K}}\\&=1.016\ 22\ \mathrm{kJ/(kg\cdot K)}\end{aligned}$$

$$\begin{aligned}c_{p,623\ \mathrm{K}}&=1.051\ \mathrm{kJ/(kg\cdot K)}+(1.063-1.013)\ \mathrm{kJ/(kg\cdot K)}\times\frac{23\ \mathrm{K}}{50\ \mathrm{K}}\\&=1.056\ 52\ \mathrm{kJ/(kg\cdot K)}\end{aligned}$$

$$\begin{aligned}c_p\Big|_{423\ \mathrm{K}}^{623\ \mathrm{K}}&\approx\frac{c_{p,423\ \mathrm{K}}+c_{p,623\ \mathrm{K}}}{2}\\&=\frac{1.016\ 22\ \mathrm{kJ/(kg\cdot K)}+1.056\ 52\ \mathrm{kJ/(kg\cdot K)}}{2}\\&=1.036\ 4\ \mathrm{kJ/(kg\cdot K)}\end{aligned}$$

$$q_p=c_p\Big|_{423\ \mathrm{K}}^{623\ \mathrm{K}}(T_2-T_1)=1.036\ 4\ \mathrm{kJ/(kg\cdot K)}\times(623-423)\ \mathrm{K}=207.27\ \mathrm{kJ/kg}$$

平均比热容表是考虑比热容随温度而变化的曲线关系根据比热容精确值编制的,得出的是可靠结果。本例计算表明,平均比热容直线关系式略有误差。算术平均值计算简便,温度变化范围不大时误差也不大。

4.3 理想气体的比热力学能、比焓和比熵

4.3.1 热力学能和焓

前已述及,理想气体的热力学能及焓都只是温度的单值函数。如图 4.4 所示,在温度为 T_2 的等温线上的点 2,2′,2″…,虽然其压力、比体积各不相同,但各点的比热力学能值、比焓值分别相等,即当 $T_2=T_2'=T_2''=\cdots$ 时,有 $u_2=u_2'=u_2''=\cdots$,$h_2=h_2'=h_2''=\cdots$。显然,理想气体的等温线即等热力学能线、等焓线。由此得出重要结论:对于理想气体,任何一个过程的比热力学能变化量都和温度变化相同的定容过程的比热力学能变化量相等;任何一个过程的比焓变化量都和温度变化相同的定压过程的比焓变化量相等。若 1—2 表示一任意过程,1—2′是定容过程,1—2″是定压过程,则 $\Delta u_{1-2}=\Delta u_{1-2'}$,$\Delta h_{1-2}=\Delta h_{1-2''}$。

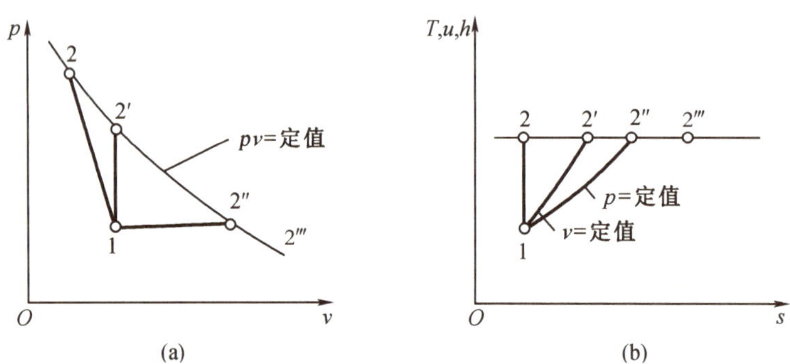

图 4.4 理想气体的 Δu 和 Δh

根据热力学第一定律解析式

$$\delta q=\mathrm{d}u+p\mathrm{d}v$$

$$\delta q=\mathrm{d}h-v\mathrm{d}p$$

定容过程膨胀功为零,比热力学能变化量与过程热量相等,即

$$\Delta u=q_V=\int_{t_1}^{t_2}c_V\mathrm{d}T$$

定压过程技术功为零,比焓变化量与过程热量相等,即

$$\Delta h=q_p=\int_{t_1}^{t_2}c_p\mathrm{d}T$$

因而,对于理想气体的任何一种过程,下列各式都成立:

$$\Delta u=q_V=\int_{T_1}^{T_2}c_V\mathrm{d}T=c_V\big|_{T_1}^{T_2}(T_2-T_1) \tag{4.27}$$

$$\mathrm{d}u=c_V\mathrm{d}T \tag{4.28}$$

$$\Delta h=q_p=\int_{T_1}^{T_2}c_p\mathrm{d}T=c_p\big|_{T_1}^{T_2}(T_2-T_1) \tag{4.29}$$

$$\mathrm{d}h=c_p\mathrm{d}T \tag{4.30}$$

由此可见，理想气体的温度由 T_1 变化到 T_2，不论经过何种过程，也无须考虑压力和比体积是否变化，其热力学能及焓的变化量都可按式(4.27)和式(4.29)确定。

通常，热工计算中只要求确定过程中比热力学能或比焓值的变化量。对无化学反应的热力过程，物系的化学能不变，这时可人为地规定基准态(如水蒸气三相态中的液态水)的热力学能为零；某些制冷工质规定-20 ℃或-40 ℃时饱和液态值为零。理想气体通常取 0 K 或 0 ℃时的比焓值为零，如$\{h_{0\,\mathrm{K}}\}=0$，相应的$\{u_{0\,\mathrm{K}}\}=0$，这时任意温度 T 时的 h、u 实质上是从 0 K 计起的相对值，即

$$h=c_p\big|_{0\mathrm{K}}^{T}T \tag{4.31}$$

$$u=c_V\big|_{0\mathrm{K}}^{T}T \tag{4.32}$$

若以 0 ℃时的比焓值为起点，$h_{0\,℃}=0$，这时 $u_{0\,℃}=-273.15R_g$，则

$$h=c_p\big|_{0\,℃}^{t}t$$

$$u=c_V\big|_{0\,℃}^{t}t-273.15R_g$$

参考文献[11]附表 7 中直接列有各种温度时空气的比焓 h，温度范围为 200~2 925 K，它是取$\{h_{0\,\mathrm{K}}\}=0$ 得出的。

对理想气体可逆过程，热力学第一定律可进一步具体化为

$$\delta q=c_V\mathrm{d}T+p\mathrm{d}v \tag{4.33}$$

$$q=c_V\big|_{T_1}^{T_2}(T_2-T_1)+\int_{v_1}^{v_2}p\mathrm{d}v \tag{4.34}$$

以及

$$\delta q=c_p\mathrm{d}T-v\mathrm{d}p \tag{4.35}$$

$$q=c_p\big|_{T_1}^{T_2}(T_2-T_1)-\int_{p_1}^{p_2}v\mathrm{d}p \tag{4.36}$$

4.3.2　状态参数熵

状态参数熵是从研究热力学第二定律而得出的，它在热力学理论及热工计算中都有着重要的意义，像状态参数焓一样，熵也是用数学式给以定义的，即

$$\mathrm{d}s=\frac{\delta q_{\mathrm{rev}}}{T} \tag{4.37}$$

式中，δq_{rev} 为 1 kg 工质在微元可逆过程中与热源交换的热量；T 是传热时工质的热力学温度；$\mathrm{d}s$ 是此微元过程中 1 kg 工质的熵变，称为比熵变。

对于理想气体，将可逆过程热力学第一定律解析式 $\delta q=c_p\mathrm{d}T-v\mathrm{d}p$ 和状态方程 $pv=R_gT$ 代入比熵的定义式，得

$$\mathrm{d}s=\frac{c_p\mathrm{d}T-v\mathrm{d}p}{T}=c_p\frac{\mathrm{d}T}{T}-R_g\frac{\mathrm{d}p}{p} \tag{4.38}$$

式(4.38)积分得比熵的变化量

$$\Delta s_{1-2}=\int_{T_1}^{T_2}c_p\frac{\mathrm{d}T}{T}-R_g\ln\frac{p_2}{p_1} \tag{4.39}$$

理想气体的比热容是温度的函数，即 $c_p=f(T)$，对于一定气体该函数式是确定的。式

(4.39)右侧第一项 $\int_{T_1}^{T_2} c_p \frac{\mathrm{d}T}{T}$ 只取决于 T_1 和 T_2，第二项取决于初、终态的压力 p_1 和 p_2。因而，从状态 1 变化到状态 2 时，比熵变 Δs_{1-2} 完全取决于初态和终态，而与过程经历的途径无关。所以，理想气体的比熵是状态参数。

4.3.3 理想气体的比熵变计算

比熵既然是状态参数，可用其他任意两个独立的状态参数表示，式(4.39)是以 p、T 表示的比熵变量计算式，也是应用最广的形式。同样也可导出以 v、T 或 p、v 表示的计算式。将 $\delta q = c_V \mathrm{d}T + p\mathrm{d}v$ 和 $p = \frac{R_g T}{v}$ 代入比熵定义式，得

$$\mathrm{d}s = \frac{c_V \mathrm{d}T + p\mathrm{d}v}{T} = c_V \frac{\mathrm{d}T}{T} + R_g \frac{\mathrm{d}v}{v} \tag{4.40}$$

$$\Delta s_{1-2} = \int_{T_1}^{T_2} c_V \frac{\mathrm{d}T}{T} + R_g \ln \frac{v_2}{v_1} \tag{4.41}$$

若以状态方程式 $pv = R_g T$ 的微分形式 $\frac{\mathrm{d}p}{p} + \frac{\mathrm{d}v}{v} = \frac{\mathrm{d}T}{T}$ 和迈耶公式 $c_V = c_p - R_g$ 代入式(4.38)，稍加整理后得

$$\mathrm{d}s = c_V \frac{\mathrm{d}p}{p} + c_p \frac{\mathrm{d}v}{v} \tag{4.42}$$

及

$$\Delta s_{1-2} = \int_{p_1}^{p_2} c_V \frac{\mathrm{d}p}{p} + \int_{v_1}^{v_2} c_p \frac{\mathrm{d}v}{v} \tag{4.43}$$

热工计算中，一般要求确定初、终态比熵的变化量利用比熵变计算式(4.39)，选择精确的真实比热容经验式 $c_p = f(T)$，可算得比熵变的精确值。

另一种计算 Δs_{1-2} 的精确方法是借助查表确定 $\int_{T_1}^{T_2} c_p \frac{\mathrm{d}T}{T}$，然后利用计算式(4.39)确定比熵变。选择基准状态 $p_0 = 101\ 325$ Pa、$T_0 = 0$ K，规定这时上标“0”表示压力为标准大气压 1 atm。任意状态(T,p)时的 s 值为

$$s = s_{0K}^0 + \int_{T_0}^{T} c_p \frac{\mathrm{d}T}{T} - R_g \ln \frac{p}{p_0} = \int_{T_0}^{T} c_p \frac{\mathrm{d}T}{T} - R_g \ln \frac{p}{p_0}$$

选择基准状态(T_0, p_0)后，状态(T, p_0)时的 s^0 值为

$$s^0 = \int_{T_0}^{T} c_p \frac{\mathrm{d}T}{T} - R_g \ln \frac{p_0}{p_0} = \int_{T_0}^{T} c_p \frac{\mathrm{d}T}{T}$$

s^0 的数值仅取决于温度 T，可依温度排列制表，参考文献[11]附表 7 中列有 1 kg 空气的 s^0 数据，参考文献[11]附表 8 中也给出了另一些常见气体 1 mol 时的 s_m^0 值，以备查用。这时式(4.39)改写为

$$\Delta s_{1-2} = \int_{T_1}^{T_2} c_p \frac{\mathrm{d}T}{T} - R_g \ln \frac{p_2}{p_1} = \int_{T_0}^{T_2} c_p \frac{\mathrm{d}T}{T} - \int_{T_0}^{T_1} c_p \frac{\mathrm{d}T}{T} - R_g \ln \frac{p_2}{p_1}$$

即

$$\Delta s_{1-2}=s_2^0-s_1^0-R_g\ln\frac{p_2}{p_1} \tag{4.44}$$

1 mol 气体的比熵变为

$$\Delta s_{m,1-2}=M\Delta s_{1-2}=M(s_2^0-s_1^0)-R_g\ln\frac{p_2}{p_1}=s_{m,2}^0-s_{m,1}^0-R_g\ln\frac{p_2}{p_1} \tag{4.45}$$

温度变化范围不大或近似计算时，按定值比热容可使计算简化。这时比熵变的近似为

$$\Delta s_{1-2}=c_p\ln\frac{T_2}{T_1}-R_g\ln\frac{p_2}{p_1} \tag{4.46}$$

$$\Delta s_{1-2}=c_V\ln\frac{T_2}{T_1}+R_g\ln\frac{v_2}{v_1} \tag{4.47}$$

$$\Delta s_{1-2}=c_V\ln\frac{p_2}{p_1}+c_p\ln\frac{v_2}{v_1} \tag{4.48}$$

例题 4.4　CO_2 按定压过程流经冷却器，$p_1=p_2=0.105$ MPa，温度由 600 K 冷却到 366 K，试使用(1)平均比热容表、(2)气体热力性质表，计算 1kg CO_2 的比热力学能变化量、比焓变化量及比熵变化量。

解　$p_1=p_2=0.105$ MPa，$T_1=600$ K、$T_2=366$ K，所以 $t_1=326.85$ ℃、$t_2=92.85$ ℃。由参考文献[11]附表 1 查得 $M=44.10\times10^{-3}$ kg/mol。

(1)使用平均比热容表

由参考文献[11]附表 5 可查得 CO_2 的平均比定压热容$c_p\big|_{0℃}^{t}$，根据 t_1 和 t_2，内插得到

$$c_p\big|_{0℃}^{t_1}=0.958\ 13\ \text{kJ/(kg·K)}$$

$$c_p\big|_{0℃}^{t_2}=0.862\ 35\ \text{kJ/(kg·K)}$$

CO_2 的气体常数

$$R_g=\frac{8.314\ 5\ \text{J/(mol·K)}}{M}=\frac{8.314\ 5\ \text{J/(mol·K)}}{44.10\times10^{-3}\ \text{kg/mol}}=0.188\ 9\ \text{kJ/(kg·K)}$$

而平均比定容热容$c_V\big|_{0℃}^{t}=c_p\big|_{0℃}^{t}-R_g$，故

$$\begin{aligned}c_V\big|_{0℃}^{t_1}&=c_p\big|_{0℃}^{t_1}-R_g\\&=0.958\ 13\ \text{kJ/(kg·K)}-0.188\ 9\text{kJ/(kg·K)}\\&=0.769\ 23\ \text{kJ/(kg·K)}\end{aligned}$$

$$\begin{aligned}c_V\big|_{0℃}^{t_2}&=c_p\big|_{0℃}^{t_2}-R_g\\&=0.862\ 35\ \text{kJ/(kg·K)}-0.188\ 9\ \text{kJ/(kg·K)}\\&=0.673\ 45\ \text{kJ/(kg·K)}\end{aligned}$$

比热力学能变化量

$$\begin{aligned}\Delta u&=c_V\big|_{0℃}^{t_2}t_2-c_V\big|_{0℃}^{t_1}t_1\\&=0.673\ 45\ \text{kJ/(kg·K)}\times92.85\ ℃-0.769\ 23\ \text{kJ/(kg·K)}\times326.85\ ℃\\&=-188.88\ \text{kJ/kg}\end{aligned}$$

比焓变化量

$$\Delta h=c_p\Big|_{0\,℃}^{t_2}t_2-c_p\Big|_{0\,℃}^{t_1}t_1$$
$$=0.862\,35\ \text{kJ/(kg·K)}\times92.85\ ℃-0.958\,13\ \text{kJ/(kg·K)}\times326.85\ ℃$$
$$=-233.10\ \text{kJ/kg}$$

t_1 和 t_2 间平均比定压热容

$$c_p\Big|_{t_1}^{t_2}=\frac{q}{t_2-t_1}=\frac{\Delta h}{t_2-t_1}=\frac{-233.10\ \text{kJ/kg}}{(92.85-326.85)℃}=0.996\,1\ \text{kJ/(kg·K)}$$

比熵变化量

$$\Delta s=c_p\Big|_{t_1}^{t_2}\ln\frac{T_2}{T_1}-R_g\ln\frac{p_2}{p_1}=0.996\,1\ \text{kJ/(kg·K)}\times\ln\frac{366\ \text{K}}{600\ \text{K}}=-0.492\,4\ \text{kJ/(kg·K)}$$

(2)使用气体热力性质表

根据 T_1、T_2，由参考文献[11]附表 8 查得 CO_2 的 $H_{m1}=22\,271.3$ J/mol、$H_{m2}=12\,029.17$ J/mol。比焓可由 $h=H_m/M$ 确定：

$$h_1=\frac{H_{m1}}{M}=\frac{22\,271.3\ \text{J/mol}}{44.10\times10^{-3}\ \text{kg/mol}}=506.05\times10^3\ \text{J/kg}=506.05\ \text{kJ/kg}$$

$$h_2=\frac{H_{m2}}{M}=\frac{12\,029.17\ \text{J/mol}}{44.10\times10^{-3}\ \text{kg/mol}}=273.33\times10^3\ \text{J/kg}=273.33\ \text{kJ/kg}$$

$$u_1=h_1-R_gT_1=506.05\ \text{kJ/kg}-0.188\,9\ \text{kJ/(kg·K)}\times600\ \text{K}=392.71\ \text{kJ/kg}$$
$$u_2=h_2-R_gT_2=273.33\ \text{kJ/kg}-0.188\,9\ \text{kJ/(kg·K)}\times366\ \text{K}=204.19\ \text{kJ/kg}$$

故

$$\Delta u=u_2-u_1=204.19\ \text{kJ/kg}-392.71\ \text{kJ/kg}=-188.52\ \text{kJ/kg}$$
$$\Delta h=h_2-h_1=273.33\ \text{kJ/kg}-506.05\ \text{kJ/kg}=-232.72\ \text{kJ/kg}$$

由参考文献[11]附表 8 中还可查得 $S_{m1}^0=243.284$ J/(mol·K)、$S_{m2}^0=221.476$ J/(mol·K)。因为 $p_1=p_2$、$\ln\frac{p_2}{p_1}=0$，所以

$$\Delta s=\frac{S_{m2}^0-S_{m1}^0}{M}-R_g\ln\frac{p_2}{p_1}$$
$$=\frac{221.476\ \text{J/(mol·K)}-243.284\ \text{J/(mol·K)}}{44.10\times10^{-3}\ \text{kg/mol}}\times10^{-3}$$
$$=-0.495\,5\ \text{kJ/(kg·K)}$$

讨论：

①利用气体热力性质表直接查取 h(或 H_m)的方法是一种既精确又简便的方法，利用平均比热容表也是一种精确的计算方法(表 4.3)。

②理想气体的比熵变不是温度的单值函数，比熵变 $\Delta s_{1-2}=\int_{T_1}^{T_2}c_p\frac{\text{d}T}{T}-R_g\ln\frac{p_2}{p_1}$，摩尔熵变 $\Delta S_m=S_{m2}^0-S_{m1}^0-R_g\ln\frac{p_2}{p_1}$。本题为定压过程，与压力相关的量 $R_g\ln\frac{p_2}{p_1}$ 为零，熵变量只与温度项 $\int_{T_1}^{T_2}c_p\frac{\text{d}T}{T}$ 有关。

表 4.3　利用平均比热容表计算的相对误差

方法	Δu/(kJ/kg)	误差/%	Δh/(kJ/kg)	误差/%	Δs/[kJ/(kg·K)]	误差/%
1	−188.88	0.19	−233.10	0.16	−0.492 4	0.63
2	−188.52	−232.72	−0.495 5			

③理想气体经历任何一种过程,热力学能变化量等于定容过程热量,比焓变量等于定压过程热量,所以凡是可以用来计算 q_V、q_p 的方法,也可以用于计算 Δu、Δh;反之亦然。如例题 4.3 也可利用热力性质表计算,这时 $q_p=h_2-h_1=(633.25-426.34)\text{ kJ/kg}=206.91\text{ kJ/kg}$。

4.4　理想气体混合物

混合气体的热力学性质取决于各组成气体的热力学性质及成分。若各组成气体全部处在理想气体状态,则其混合物也处在理想气体状态,具有理想气体的一切特性。混合气体也遵循状态方程式 $pV=nRT$;混合气体的摩尔体积与同温、同压的任何一种单一气体的摩尔体积相同,标准状态时也是 0.022 414 1 m^3/mol;混合气体的摩尔气体常数也等于通用气体常数 $R=R_{g,eq}M_{eq}=8.314\ 5\ \text{J/(mol·K)}$,其中 $R_{g,eq}$ 和 M_{eq} 分别是混合气体的平均气体常数和平均摩尔质量;简而言之,可把理想气体混合物看作气体常数和摩尔质量分别为 $R_{g,eq}$ 和 M_{eq} 的某种假想气体。本节将给出理想气体的分压力定律和分体积定律,然后利用组元气体的成分得到混合气体的平均气体常数和平均摩尔质量,混合气体的比热容、热力学能、焓和熵。

4.4.1　分压力定律和分体积定律

设有温度、压力分别为 T、p,物质的量为 n 的理想气体混合物,占有体积 V,质量为 m。这时理想气体状态方程式有

$$pV=nRT \tag{4.49}$$

组成气体可按多种方式分离。如图 4.5 所示,如果在与混合气体温度相同的情况下,每一种组成气体都独自占据体积 V 时,组成气体的压力称为分压力,用 p_i 表示。对每一组成都可写出状态方程,如第 i 组成为

$$p_iV=n_iRT \tag{4.50}$$

将各组成气体的状态方程相加,即

$$V\sum_i p_i = RT\sum_i n_i \tag{4.51}$$

由于混合气体分子总数等于各组成分子数之和,因而,混合气体物质的量等于各组成气体物质的量之和,即 $n=\sum_i n_i$。式(4.49)与式(4.51)比较后得出

$$p = \sum_i p_i \tag{4.52}$$

该式表明:混合气体的总压力等于各组成气体分压力 p_i 之总和,该结论已于 1801 年由

道尔顿(Dalton)实验证实,称为道尔顿分压定律。

此外,式(4.50)和式(4.49)相比,得出$\frac{p_i}{p}=\frac{n_i}{n}=x_i$($x_i$ 称为摩尔分数),即

$$p_i=x_ip \tag{4.53}$$

该式表明:理想气体混合物各组成的分压力等于其摩尔分数与总压力的乘积。

另一种分离方式如图4.6所示。各组成气体都处于与混合物相同的温度、压力(p、T)下,各自单独占据的体积 V_i 称为分体积。对第 i 种组成写出状态方程式为

$$pV_i=n_iRT \tag{4.54}$$

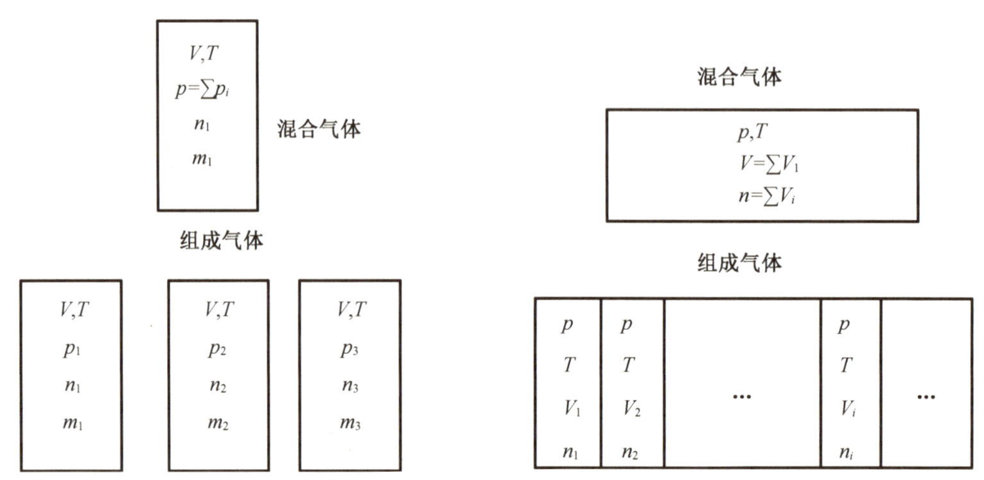

图4.5 理想气体分压力示意图　　图4.6 理想气体分体积示意图

对各组成气体相加,得出

$$p\sum_i V_i = RT\sum_i n_i \tag{4.55}$$

式(4.55)与式(4.49)比较可得

$$V=\sum_i V_i \tag{4.56}$$

该式表明:理想气体的分体积之和等于混合气体的总体积,这一结论称为亚美格(Amagat)分体积定律。

显然,只有当各组成气体的分子不具有体积,分子间不存在作用力时,然于混合状态的各组成气体对容器壁面的撞击效果如同单独存在于容器时的一样,因此,道尔领分压力定律和亚美格分体积定律只适用于理想气体状态。

4.4.2 混合气体的成分

气体混合物的成分是指各组成的含量占总量的百分数,依计量单位不同。主要有三种表示方法:质量分数、摩尔分数和体积分数。混合气体的成分通常可用化学分析方法测定。

质量分数是组分气体质量与混合气体总质量之比,第 i 种气体的质量分数用 ω_i 表示:

$$\omega_i=\frac{m_i}{m} \tag{4.57}$$

显然

$$\sum_i \omega_i = \sum_i \frac{m_i}{m} = \frac{\sum_i m_i}{m} = \frac{m}{m} = 1$$

摩尔分数是组分气体物质的量与混合气体总物质的量之比，第 i 种气体的摩尔分数用 x_i 表示：

$$x_i = \frac{n_i}{n} \tag{4.58}$$

与质量分数一样可导出

$$\sum_i x_i = 1$$

体积分数是组分气体的分体积与混合气体总体积之比，第 i 种气体的体积分数用 φ_i 表示：

$$\varphi_i = \frac{V_i}{V} \tag{4.59}$$

根据分体积概念

$$\sum_i \varphi_i = 1$$

以 φ_i 表示混合气体的成分是普遍采用的一种方法，如烟气、燃气等混合气体的成分分析往往以体积分数表示。而化学反应或相转变过程，用摩尔分数 x_i 更为方便。式(4.54)和式(4.49)相比，得

$$\frac{V_i}{V} = \frac{n_i}{n} \text{即 } x_i = \varphi_i$$

可见，体积分数与摩尔分数相同，故混合气体成分的三种表示法，实质上只有质量分数 ω_i 和摩尔分数 x_i 两种，它们之间存在如下换算关系：

$$x_i = \frac{n_i}{n} = \frac{m_i/M_i}{m/M_{eq}} = \frac{M_{eq}}{M_i}\omega_i \tag{4.60}$$

4.4.3　混合气体的平均摩尔质量和平均气体常数

混合气体中各种单一气体的分子由于杂乱无章的热运动而处于均匀混合状态。可以假想一种单一气体，其分子数和总质量恰与混合气体的相同，这种假拟单一气体的摩尔质量和气体常数就是混合气体的平均摩尔质量和平均气体常数，实质上是折合量，故也称折合摩尔质量和折合气体常数。

根据假拟气体的概念：假拟气体的质量等于混合气体中各组成气体质量的总和，即 $m = \sum_i m_i$，或写作 $nM_{eq} = \sum_i n_i m_i$。这里 n 和 M_{eq} 分别表示假拟气体物质的量和摩尔质量（即混合气体物质的量和折合摩尔质量）；n_i 和 M_i 分别表示其中第 i 种组成气体物质的量和摩尔质量，从而得出折合摩尔质量为

$$M_{eq} = \frac{\sum_i n_i M_i}{n} = \sum_i x_i M_i \tag{4.61}$$

相应的折合气体常数再由 $R=R_{g,eq}M_{eq}$ 确定。

由式(4.60)也可导出混合气体折合气体常数 $R_{g,eq}$ 的计算式。对每一个组成气体写出式(4.60)并全部相加得

$$\sum_i x_i = M_{eq} = \frac{\sum_i R_{g,i}M_i\omega}{R_{g,eq}} = 1$$

所以

$$R_{g,eq} = \sum_i R_{g,i}\omega \tag{4.62}$$

然后再由 $R=R_{g,eq}M_{eq}$ 确定折合摩尔质量。

归纳起来,若已知组成气体的质量分数 ω_i 和气体常数 $R_{g,i}$,先由式(4.62)计算混合气体折合气体常数 $R_{g,eq}$;若已知组成气体的摩尔分数 x_i 及摩尔质量 M_i,先直接用式(4.62)计算混合气体的折合摩尔质量 M_{eq},然后再由 $R=R_{g,eq}M_{eq}$ 确定另一参数。

4.4.4 理想气体混合物的比热容

根据比热容的定义,混合气体的比热容是 1 kg 混合气体温度升高 1 ℃所需热量。1 kg 混合气体中有质量为 ω_i的第 i 组分。因而,混合气体的比热容为

$$c = \sum_i \omega_i c_i \tag{4.63}$$

同理可得混合气体的摩尔热容和体积热容分别为

$$C_m = \sum_i x_i C_{m,i} \tag{4.64}$$

$$C' = \sum_i \varphi_i C'_i \tag{4.65}$$

式中,c、C_m、C'分别为第 i 种组成气体的比热容、摩尔热容和体积热容。混合气体的比热容 c、摩尔热容 C_m、体积热容 C'之间仍适合式(4.9)所表示的关系。混合气体的比定压热容和比定容热容之间的关系也遵循迈耶公式。

4.4.5 理想气体混合物的热力学能和焓

理想气体混合物的分子满足理想气体的两点假设,各组成气体分子的运动不因存在其他气体而受影响。混合气体的热力学能、焓和熵都是广延参数,具有可加性。因而,混合气体的热力学能等于各组成气体热力学能之和。即

$$U = \sum_i U_i \tag{4.66}$$

混合气体的比热力学能 u 和摩尔热力学能 U_m 分别为

$$u = \frac{U}{m} = \frac{\sum_i m_i u_i}{m} = \sum_i \omega_i u_i \tag{4.67}$$

$$U_m = \frac{U}{n} = \frac{\sum_i m_i U_{m,i}}{n} = \sum_i \omega_i U_{m,i} \tag{4.68}$$

同样,混合气体的焓等于各组成气体焓值总和

$$H = \sum_i H_i \tag{4.69}$$

混合气体的比焓 h 和摩尔焓 H_m 分别为

$$u = \sum_i \omega_i h_i \tag{4.70}$$

$$H_m = \sum_i \omega_i H_{m,i} \tag{4.71}$$

同时,各组成气体都是理想气体,温度相同,都为 T,所以混合气体的比热力学能和比焓也是温度的单值函数,即

$$u = f_u(T)$$

$$h = f_h(T)$$

4.4.6　理想气体混合物的熵

与热力学能的道理相同,理想气体混合物中各组成气体分子处于互不干扰的情况,各组成气体的熵相当于温度 T 下单独处在体积 V 中的熵值,这时压力为分压力 p_i,故 $S_i = f(T,p)$。并且混合物的熵等于各组成气体熵的总和

$$S = \sum_i S_i \tag{4.72}$$

1 kg 混合气体的比熵 s 为

$$s = \sum_i \omega_i s_i \tag{4.73}$$

式中,ω_i、s_i 分别为第 i 种组成气体的质量分数及比熵值。当混合气体分子成分不变时,第 i 种组分微元过程中的比熵变为

$$\mathrm{d}s_i = c_{p,i}\frac{\mathrm{d}T}{T} - R_{g,i}\frac{\mathrm{d}p_i}{p_i} \tag{4.74}$$

将式(4.74)代入式(4.73)的微分形式 $\mathrm{d}s = \sum_i \omega_i \mathrm{d}s_i + \sum_i s_i \mathrm{d}\omega_i$,则 1 kg 混合气体的比熵变为

$$\mathrm{d}s = \sum_i \omega_i c_{p,i}\frac{\mathrm{d}T}{T} + \sum_i \omega_i R_{g,i}\frac{\mathrm{d}p_i}{p_i} \tag{4.75}$$

1 mol 混合气体的熵 S_m 为

$$\mathrm{d}S_m = \sum_i \omega_i C_{p,m,i}\frac{\mathrm{d}T}{T} + \sum_i \omega_i R\frac{\mathrm{d}p_i}{p_i} \tag{4.76}$$

4.5　理想气体的基本热力过程

工程中常以空气、烟气等理想气体(或理想气体混合物)作为工质,通过工质的一系列过程实现吸热、做功等效果。本节以理想气体的热力过程为研究对象,对其状态参数、热量和功等进行全面分析。

理想气体常用的参数有 6 个,即比体积 v、压力 p、比热力学能 u、比焓 h、温度 T、比熵 s,

在这六个参数中，由于比热力学能 u、比焓 h 与温度 T 有简单的正比例关系，因此理想气体的基本热力过程有四个，对应上述比体积 v、压力 p、温度 T、比熵 s 保持不变的过程，即定容过程、定压过程、定温过程及绝热过程。

热力过程需要研究的特性如下：

(1)过程特点；

(2)过程中温度 T、压力 p、比体积 v 之间的关系；

(3)比热力学能 u、比焓 h、比熵 s 的计算；

(4)体积膨胀功 w、技术功 w_t 的计算；

(5)热量的计算，分别有热力学第一定律和第二定律两种计算方法；

(6)过程在 $p-v$ 图和 $T-s$ 图上的表示。

4.5.1 定容过程

(1)过程特点：比体积保持不变，即

$$v=\text{定值},\ v_1=v_2$$

(2)根据 v=定值及 $pv=R_gT$ 得出

$$\frac{p_1}{p_2}=\frac{T_1}{T_2} \tag{4.77}$$

(3)比热力学能 u、比焓 h、比熵 s 的计算。

在实际工程计算中，热力学能、焓及熵，人们关心的是过程中比热力学能、比焓、比熵的变化量。

比热力学能的变化量

$$\Delta u=c_v\Delta T=c_v(T_2-T_1) \tag{4.78}$$

比焓的变化量

$$\Delta h=c_p\Delta T=c_p(T_2-T_1) \tag{4.79}$$

比熵的变化量

$$s_2-s_1=c_v\ln\frac{T_2}{T_1}=c_p\ln\frac{p_2}{p_1} \tag{4.80}$$

(4)体积膨胀功 w、技术功 w_t 的计算

体积膨胀功，定容过程中比体积不变，即

$$w=\int_{v_1}^{v_2}p\mathrm{d}v=0 \tag{4.81}$$

技术功

$$w_t=-\int_{p_1}^{p_2}v\mathrm{d}p=v(p_1-p_2) \tag{4.82}$$

(5)热量计算

热量可以用热力学第一定律方法计算，即

$$q_v=\Delta u+w=\Delta u_1=c_V(T_2-T_1) \tag{4.83}$$

(7)定容过程在 $p-v$ 图和 $T-s$ 图上的表示如图 4.7 所示。定容过程在 $p-v$ 图上是一条

垂直的直线,其过程水平投影的面积表示技术功,而垂直投影的面积表示容积功为零。

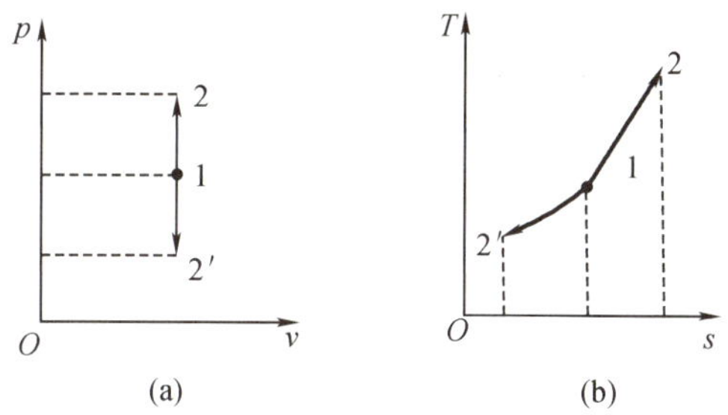

图 4.7 定容过程的 $p-v$ 图和 $T-s$ 图

在 $T-s$ 图上,定容线是一条自左下向右上倾斜的曲线,其曲线的斜率可以由第一定律和第二定律计算热量的等价性进行推导,即在一个微元的定容过程中,有

$$\delta q = T\mathrm{d}s = c_V \mathrm{d}T$$

则

$$\frac{\mathrm{d}T}{\mathrm{d}s} = \frac{T}{c_V} \tag{4.84}$$

可见,定容过程的曲线的斜率永远为正,且温度越高,斜率越大。

例题 4.5 一刚性容器装有 0.1 MPa,280 K 的空气 700 kg。设空气为理想气体,c_V = 0.716 kJ/(kg·K)。现欲使空气温度升高至 300 K,试求:

(1)在此状态变化中,必需加给空气的热量是多少?

(2)如果实现状态变化所需的热量都是取自 150 ℃的热源,系统的熵增加多少?

(3)如果实现状态变化所需的热量都是取自功源,系统的熵增加多少?

解 选择的研究系统为刚性容器内的全部空气。

过程特征:$v_2 = v_1$(图 4.8)。

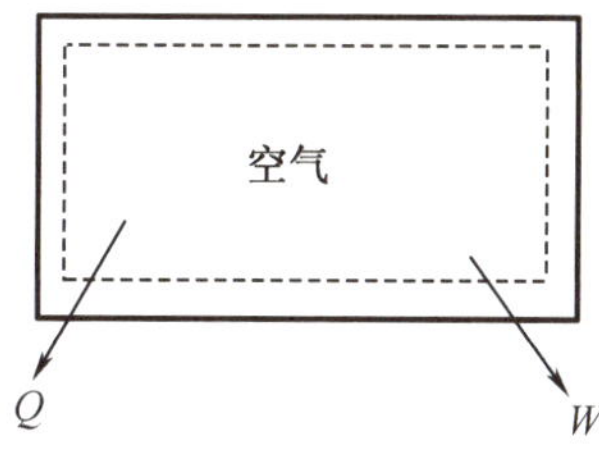

图 4.8 例题 4.5 图

假设条件:理想气体,且定比热容。

(1)根据热力学第一定律有

$$Q = \Delta U + W \tag{a}$$

$$\Delta U = U_2 - U_1 = m(u_2 - u_1) \tag{b}$$

根据定比热容理想气体的性质有

$$u_2 - u_1 = c_V(T_2 - T_1) \tag{c}$$

由于是定容过程，则过程功 $W=0$。

把式(b)、式(c)代入式(a)得

$$Q=mc_V(T_2-T_1)$$

需要输入系统的能量为

$$Q=mc_V(T_2-T_1)=700\times0.716\times(300-280)\ kJ=10\ 024\ kJ$$

(2)如果没有利用功，则输入系统热量 $Q=10\ 024$ kJ。所以

$$Q_{热源}=10\ 024\ kJ$$

根据热力学第二定律有

$$\Delta S_{iso}=\Delta S_{空气}+\Delta S_{热源} \tag{d}$$

对于定容过程有

$$\Delta S_{空气}=S_2-S_1=c_v\ln\frac{T_2}{T_1}$$

则

$$\Delta S_{空气}=mc_v\ln\frac{T_2}{T_1}=700\times0.716\times\ln\frac{300}{280}\ kJ/K=34.58\ kJ/K$$

对热源有

$$\Delta S_{热源}=\frac{Q_{热源}}{T_{热源}}$$

于是

$$\Delta S_{热源}=-\frac{10\ 024}{423}kJ/K=-23.7\ kJ/K$$

代入式(d)有

$$\Delta S_{iso}=34.58-23.7=10.88\ kJ/K$$

(3)根据热力学第二定律，如果没有利用热量，则

$$\Delta S_{iso}=\Delta S_{空气}+\Delta S_{功源}=\Delta S_{空气}=34.58\ kJ/K$$

式中，$\Delta S_{功源}=0$。

注释：这个例题说明了一个很重要的热力学问题，即进行一个过程时，如果用热量来代替作为高级能量的功，过程便有较小的不可逆性。冬天，应该生炉子采暖，而不应用电热采暖。

例题 4.6 一刚性容器，容积为 0.085 m^3，开始时装有压力为 0.35 MPa、干度为 0.4 的湿蒸汽。接着给水蒸气加入 420 kJ 的热量，如果仍然是湿蒸汽的话，试求水蒸气的终压力和干度。

解 选择的研究系统为刚性容器内的所有流体。

过程特征：$v_2=v_1$(图 4.9)。

理想化：水为单纯可压缩物质。

因过程中没有做功，由热力学第一定律知

$$Q_{12}=U_2-U_1=m(u_2-u_1) \tag{a}$$

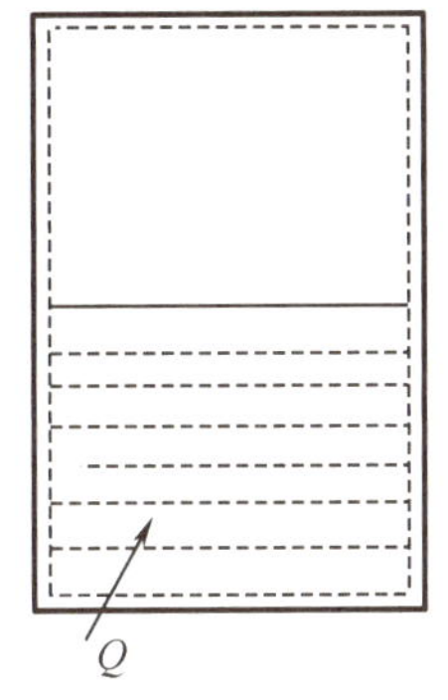

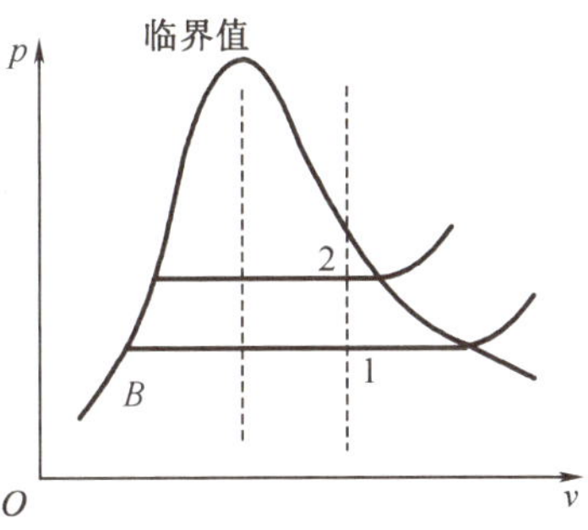

图 4.9 例题 4.6 图

而

$$u=h-pv$$

在湿蒸汽区

$$h_x=h''+xh'$$

$$v_x=v''+xv'$$

采用蒸汽表中的数据有

$$h''=2\ 732.37\ \mathrm{kJ/kg}$$

$$h'=584.45\ \mathrm{kJ/kg}$$

$$v''=0.524\ 27\ \mathrm{m^3/kg}$$

$$v'=0.001\ 079\ \mathrm{m^3/kg}$$

则

$$u''=h''-p_1v''=2\ 732.37-0.35\times0.524\ 27\times10^3=2\ 548.87$$

$$u'=h'-p_1v'=584.45-0.35\times0.0.001\ 079\times10^3=584.1$$

$$u_1=584.1+0.4\times(2\ 548.87-584.1)\ \mathrm{kJ/kg}=1\ 370\ \mathrm{kJ/kg}$$

$$v_1=0.001\ 079+0.4\times(0.524\ 1-0.001\ 079)\mathrm{m^3/kg}=0.210\ 3\ \mathrm{m^3/kg}$$

故

$$m=\frac{V}{v}=\frac{0.085}{0.210\ 3}\ \mathrm{kg}=0.404\ \mathrm{kg}$$

代入式(a)得到

$$420=0.404\times(u_2-137\ 0)$$

所以

$$u_2=2\ 409.6\ \mathrm{kJ/kg}$$

所以蒸汽的终了状态由 $u_2=2\ 409.6\ \mathrm{kJ/kg}$ 和 $v_2=v_1=0.210\ 3\ \mathrm{m^3/kg}$ 所决定。由饱和蒸汽表可以看出,这一状态仍然是湿饱和蒸汽的混合物。

利用蒸汽表中的数据求 p_2 和 x_2 时,要用试算法(需要迭代),步骤如下:先假定一个压力,因为 v_2 已知,故可利用对应于假定压力下的饱和数据求得 x_2 的试算值。然后据以按照对应于所假定压力下的饱和数据求得 u_2。如果所假定的压力正确的话,u_2 必然等于 2 409.6 kJ/kg。按照这一步骤求得

$$p_2 = 0.83\ \text{MPa}$$

和

$$x_2 = 0.916$$

例题 4.7 一刚性容器充满着 0.101 3 MPa，30 ℃的水 20 kg。如果密闭在容器内的水由于意外能量输入（如突然出现火）的原因，温度上升到 40 ℃，试求：

(1)造成这一温升所加入的能量；

(2)对于这一意外的情况，容器应能承受多大的压力才安全？

解 选择的研究系统为刚性容器内的 20 kg 水。

过程特征：$v_2 = v_1$(图 4.10)。

理想化：H_2O 为单纯可压缩物质。

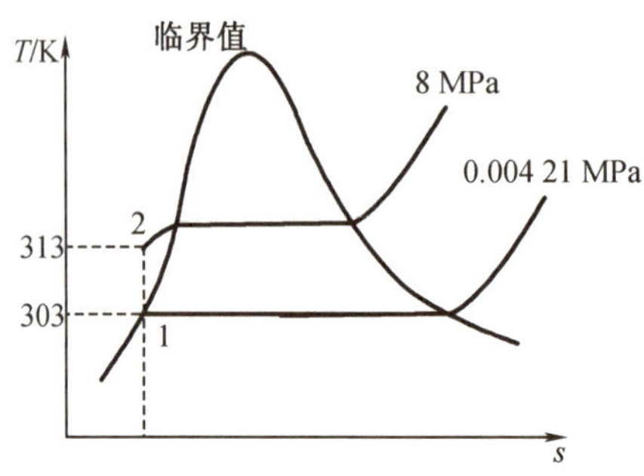

图 4.10 例题 4.7 图

根据热力学第一定律有

$$\text{输入的能量}\ Q = U_2 - U_1 = m(u_2 - u_1) \tag{a}$$

由于 0.1013 MPa，30 ℃的水只受到了很小的压缩，因而可以当作

$$30\ ℃\text{的}\ u' = 125.71\ \text{kJ/kg}$$

$$30\ ℃\text{的}\ v' = 0.001\ 004\ 4\ \text{m}^3/\text{kg}$$

状态 2：由 $T_2 = 40$ ℃和 $v_2 = v_1 = 0.001\ 004\ 4\ \text{m}^3/\text{kg}$ 所确定(图 4.10)。

则

$$p_2 = 8\ \text{MPa}\ \text{和}\ h_2 = 174.6\ \text{kJ/kg}$$

因而

$$u_2 = h_2 - p_2 v_2 = 174.6 \times 8 \times 1\ 000 \times 0.001\ 004\ 4 = 166.56\ \text{kJ/kg}$$

代入式(a)求得

$$\text{输入的能量} = 20 \times (166.56 - 125.71)\ \text{kJ} = 817\ \text{kJ}$$

因为水的压力能够达到 8 MPa，所以容器也必须至少能承受 8 MPa 的压力。

注释：从这一例题可以看出，密闭于容器内的水，其温度稍有升高，就会导致压力迅速增大。总的来说，对于液体确是如此。但是一位有经验的工程师不会去设计一个只承受 8 MPa 压力的容器，而很可能是设计成稍高的压力，比方说 10 MPa，并且在容器上配备一个安全阀。

4.5.2　定压过程

(1)过程特点:对于定压过程,$dp=0$,其过程方程式为

$$p=\text{定值},\ p_1=p_2$$

(2)根据 p=定值及 $pv=R_g T$ 得出

$$\frac{v_1}{v_2}=\frac{T_1}{T_2} \tag{4.85}$$

(3)比热力学能 u、比焓 h、比熵 s 的计算。

比热力学能的变化量

$$\Delta u=c_v\Delta T=c_v(T_2-T_1)$$

比焓的变化量

$$\Delta h=c_p\Delta T=c_p(T_2-T_1) \tag{4.86}$$

比熵的变化量

$$\Delta s=s_2-s_1=c_p\ln\frac{T_2}{T_1} \tag{4.87}$$

(4)体积膨胀功 w、技术功 w_t 的计算

体积膨胀功

定压过程中压力不变,即

$$w=\int_{v_1}^{v_2}p\mathrm{d}v=p(v_2-v_1) \tag{4.88}$$

对于理想气体

$$w=R_g(T_2-T_1) \tag{4.89}$$

技术功

$$w_t=-\int_{p_1}^{p_2}v\mathrm{d}p=0$$

(5)热量计算

$$q_p=\Delta h=h_2-h_1 \tag{4.90}$$

即任何工质在定压过程中吸入的热量等于焓增,或放出的热量等于焓降。过程热量也可借助比热容计算

$$q_p=\Delta h=h_2-h_1=c_p(t_2-t_1) \tag{4.91}$$

热量可以用热力学第一定律方法计算,即

$$q_v=\Delta u+w=\Delta u_1=c_V(T_2-T_1) \tag{4.92}$$

(6)定压过程在 $p-v$ 图和 $T-s$ 图上的表示如图 4.11 所示。定压过程在 $p-v$ 图上是一条水平线,其过程水平投影的面积表示技术功为零,而垂直投影的面积表示容积功。

在 $T-s$ 图上,定压线是一条自左下向右上倾斜的曲线,其曲线的斜率可以由第一定律和第二定律计算热量的等价性进行推导,即在一个微元的定压过程中,有

$$\Delta q=T\mathrm{d}s=c_p\mathrm{d}t$$

则

$$\frac{dT}{ds}=c_p dT$$

可见,定压过程的曲线的斜率永远为正,且温度越高,斜率越大。

与定容过程相比,通过同一点1的定压过程线比定容过程线的斜率要小点,即定压线要平一点。

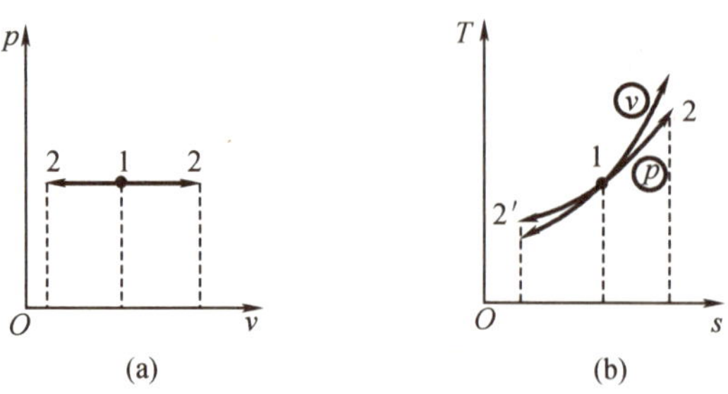

图 4.11 定压过程的 p-v 图和 T-s 图

例题 4.8 配备有活塞的气缸内装有 22.7 kg 的氨,初始温度和压力分别为 37.81 ℃和 0.414 MPa。如果氨经历一等压准静态过程直至其终温度达到 93.3 ℃,试求:

(1)氨的总传递功量;

(2)氨的总传递热量。

解 选择的研究系统为 22.7 kg 的氨。

过程特征:$p_2=p_1$;准静态。

理想化:氨为单纯可压缩物质。

(1)因为这是在闭口系统中进行等压准静态状态变化,故有

$$W_{12}=mp(v_2-v_1) \tag{a}$$

由氨特性参数表查得

$$v_1=0.353\ 7\ \text{m}^3/\text{kg}$$

$$v_2=0.424\ 4\ \text{m}^3/\text{kg}$$

代入式(a)有

$$W_{12}=22.7\times4.14\times10^5(0.424\ 4-0.353\ 7)\text{kJ}=664\ \text{kJ}$$

按照习惯,功的正值表示流体做了 664 kJ 的功,由 p-v 图上的阴影面积表示,如图 4.12 所示。

(2)对于封闭系统,由热力学第一定律有

$$Q_{12}=m(u_2-u_1)+W_{12}$$

对本题来说,

$$W_{12}=mp(v_2-v_1)$$

故

$$Q_{12}=\text{m}(u_2-u_1)+mp(v_2-v_1)=m(u_2+p_2v_2)-m(u_1+p_1v_1)=m(h_2-h_1) \tag{b}$$

式(b)是以前已经得出的结果。由氨特性参数表知

$$h_1=1\ 540\ \text{kJ/kg}$$

$$h_2 = 1\ 669\ \text{kJ/kg}$$

代入式(b)有

$$Q_{12} = 22.7(1\ 669-1\ 540) = 2\ 928\ \text{kJ}$$

按照惯例,正的量表示加给流体 2 928 kJ 的热量。这个热量由 $T-s$ 图上的阴影面积所表示,如图 4.13 所示。

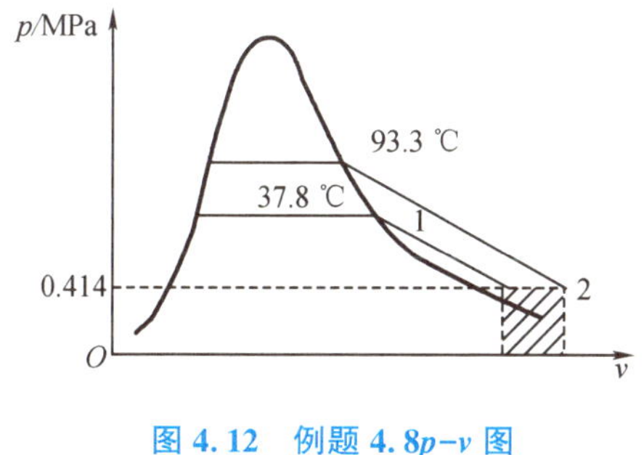

图 4.12　例题 4.8$p-v$ 图

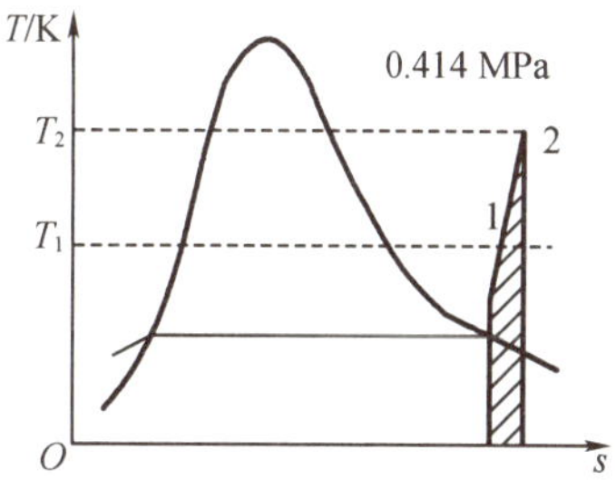

图 4.13　例题 4.8$T-s$ 图

例题 4.9　配备有活塞的气缸内装有 22.7 kg 的氨,初始温度和压力分别为 37.8 ℃和 0.414 MPa。如果加给氨 2 928 kJ 的热量,直至其终了压力和温度分别成为 0.414 MPa 和 104.4 ℃。试求流体所做的功。

解　选定的研究系统为 22.7 kg 的氨。

过程特征:$p_2=p_1$。

理想化:氨为单纯可压缩物质。

由热力学第一定律有

$$Q_{12}=m(u_2-u_1)+W_{12} \tag{a}$$

状态 1 和状态 2 题中均已给定,Q_{12} 和 m 也均为已知量。因此,式(a)中只有功一个未知数。

查氨热力性质表上的数据求得

$$u_1=h_l-p_1v_1=1\ 540-0.414\times1\ 000\times0.353\ 7\ \text{kJ/kg}=1\ 393.6\ \text{kJ/kg}$$

$$u_2=h_2-p_2v_2=1\ 694.7-0.414\times1\ 000\times0.438\ 1\ \text{kJ/kg}=1\ 513.3\ \text{kJ/kg}$$

代入式(a)得

$$2\ 928=22.7(1\ 513.3-1\ 393.6)+W_{12}$$

故

$$W_{12}=210.8\ \text{kJ}$$

注释:和例题 4.8 准静态等压过程的功量 644 kJ 相比,用同样的加热量和同样的初始条件,本题仅获得 210.8 kJ 的功量,这是内部不可逆(如扰动、摩擦、加速等)而“损失”了若干有用功的缘故。

4.5.3 定温过程

(1)过程特点:对于定温过程,系统的终温度和初温度相同,即 $T_1=T_2$。

(2)对于理想气体,根据状态方程 $pv=R_gT$,其方程式为

$$pv=定值,p_1v_1=p_2v_2 \tag{4.93}$$

(3)比热力学能 u、比焓 h、比熵 s 的计算。

对于理想气体,比热力学能和比焓都只是温度的函数,所以定温过程即为定热力学能过程、定焓过程,此时

$$\Delta u=0,\Delta h=0 \tag{4.94}$$

定温过程的比熵变量为

$$\Delta s=R_g\ln\frac{v_2}{v_1}=-R_g\ln\frac{p_2}{p_1} \tag{4.95}$$

(4)体积膨胀功 w、技术功 w_t 的计算。

定温过程体积膨胀功为

$$w=\int_1^2 p\mathrm{d}v=\int_1^2 pv\frac{\mathrm{d}v}{v}=\int_1^2 R_gT\frac{\mathrm{d}v}{v}=R_gT\ln\frac{v_2}{v_1}=p_1v_1\ln\frac{v_2}{v_1}=p_2v_2\ln\frac{v_2}{v_1}=-p_1v_1\ln\frac{p_2}{p_1} \tag{4.96}$$

定温过程技术功为

$$w_t=-\int_1^2 v\mathrm{d}p=-\int_1^2 pv\frac{\mathrm{d}p}{p}=\int_1^2 R_gT\frac{\mathrm{d}p}{p}=R_gT\ln\frac{p_1}{p_2}=p_1v_1\ln\frac{p_1}{p_2}=p_2v_2\ln\frac{p_1}{p_2}$$

(5)热量计算。

$$q_T=R_gT\ln\frac{v_2}{v_1}=p_1v_1\ln\frac{v_2}{v_1}=p_2v_2\ln\frac{v_2}{v_1}=-p_1v_1\ln\frac{p_2}{p_1} \tag{4.97}$$

理想气体定温过程的热量与过程功相等,且正负也相同。由于这时理想气体的热力学能不变,定温膨胀时吸热量全部转化为膨胀功;定温压缩时,消耗的压缩功全部转换成热量。

显然,理想气体等温稳定流经开口系时技术功与热量相同,由于这时 $p_1v_1=p_2v_2$,流动功为0,吸收的热量全部转化为技术功。

(6)定温过程在 $p-v$ 图和 $T-s$ 图上的表示如图4.14所示。显然,定温过程在 $T-s$ 是一条水平线,其过程垂直投影的面积即为过程的吸热量。

在 $p-v$ 图上,定温线是一条自左上向右下倾斜的曲线,在数学上称 $pv=C$ 这样的曲线为对称的双曲线,曲线的斜率可以由过程的性质决定。

由 $pv=R_gT=C$ 得

$$\frac{\mathrm{d}p}{\mathrm{d}v}=-\frac{p}{v}=-\frac{R_gT}{v^2}=-\frac{p^2}{R_gT} \tag{4.98}$$

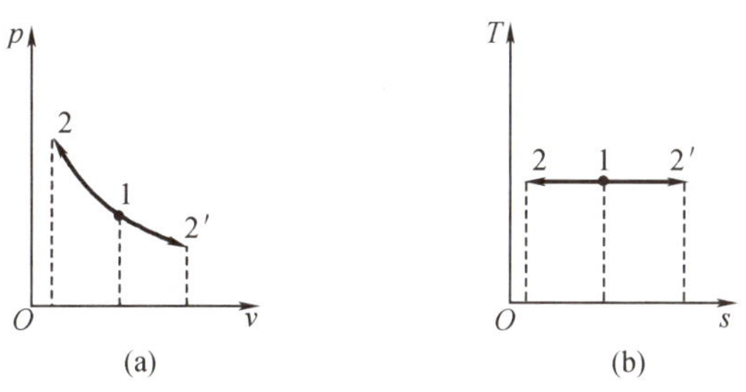

图 4.14　定温过程的 $p-v$ 图和 $T-s$ 图

可见，定温过程曲线的斜率永远为负，压力越大（或体积越小），斜率的绝对值就越大；压力越小（或体积越大），斜率的绝对值就越小，即曲线趋向平缓。

例题 4.10　0.9 kg 氧气被装于配备有活塞的气缸内，由初态 277.8 K, 6.9 MPa 至终态 277.8 K, 0.101 3 MPa 经历了一个准静态定温状态变化（图 4.15）。氧气只和 26.7 ℃的热源发生热交换，试求：

（1）氧气传递的总热量；

（2）氧气传递的总功量；

（3）证明过程是不可逆的，即使它是准静态的（内部可逆的）。

解　选定的研究系统为 0.9 kg 的氧气。

过程特征：准静态；$T_2=T_1$（图 4.16）。

理想化：氧是单纯可压缩物质。

（1）由热力学第二定律，有

$$Q_{12}=mT(s_2-s_1) \tag{a}$$

查氧气热力性质表查得

$$s_1=5.193\ \text{kJ/(kg·K)}$$
$$s_2=6.346\ \text{kJ/(kg·K)}$$

代入式（a）有

$$Q_{12}=0.9\times277.8\times(6.346-5.193)=288.3\ \text{kJ}$$

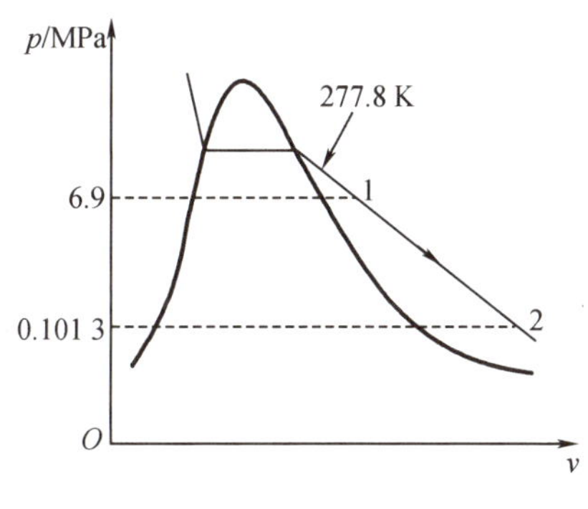

图 4.15　例题 4.10 $p-v$ 图

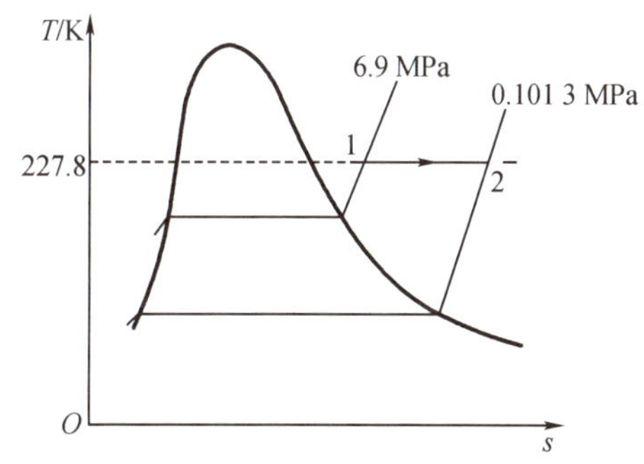

图 4.16　例题 4.11 $T-s$ 图

（2）根据热力学第一定律，有

$$Q_{12}=m(u_2-u_1)+W_{12} \tag{b}$$

氧气看成是理想气体,有

$$u_2=u_1$$

所以

$$Q_{12}=W_{12}=288.3\ \text{kJ}$$

(3)由热力学第二定律

$$\Delta S_{\text{iso}}=\Delta S_{\text{气体}}+\Delta S_{\text{热源}} \tag{c}$$

对于氧气,有

$$s_2-s_1=(6.346-5.193)\ \text{kJ/(kg·K)}=1.153\ \text{kJ/(kg·K)}$$

对于 26.7 ℃的热源,有

$$\Delta S_{\text{热源}}=\frac{Q_{\text{热源}}}{T_{\text{热源}}}=-\frac{288.3}{299.7}\ \text{kJ/K}=-0.962\ \text{kJ/K}$$

代入式(c)得

$$\Delta S_{\text{iso}}=0.9\times1.153-0.962\ \text{kJ/K}=0.0757\ \text{kJ/K}$$

因为 ΔS_{iso} 为正,所以过程是不可逆的。如果热源的温度是 277.8 K,则过程便不仅是内部可逆的,而且是外部可逆的。

例题 4.11 有质量为 1 kg 的空气,在气缸-活塞装置内被准静态地由 0.1 MPa、27 ℃等温压缩到 0.5 MPa、27 ℃。设空气为理想气体,试求:

(1)空气所传递的热量;

(2)空气所传递的功量。

解:选择的研究系统为空气。

过程特征:准静态;$T_2=T_1$(图 4.17)。

理想化:空气为理想气体。

(1)由热力学第二定律可知

$$q_{12}=T(s_2-s_1) \tag{a}$$

则

$$s_2-s_1=\int_1^2\frac{c_p\text{d}T}{T}-R_g\ln\frac{p_2}{p_1}$$

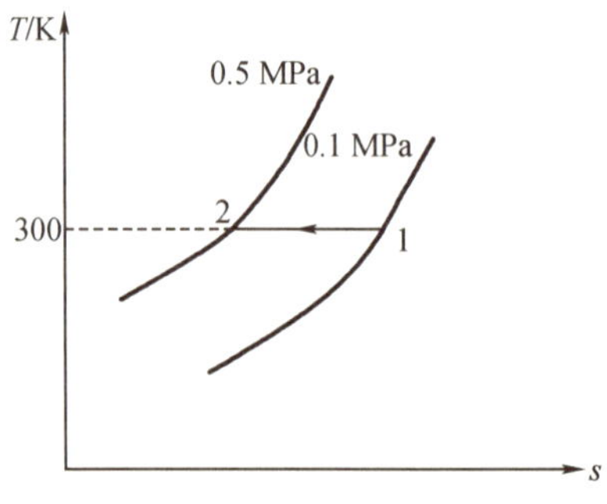

图 4.17 例题 4.11*T*-*s* 图

由于 $T_2=T_1$,故

$$s_2-s_1=-R_g\ln\frac{p_2}{p_1}$$

空气的分子量为 28.9,则

$$s_2-s_1=-8.314\times\ln\frac{5}{1}\ \mathrm{kJ/(kg\cdot K)}=-13.38\ \mathrm{kJ/(kg\cdot K)}$$

代入式(a)得

$$q_{12}=300\times(-13.38)\ \mathrm{kJ/(kg\cdot K)}=-4\ 014\ \mathrm{kJ/kg}$$

负号表示气体放热。

(2)由热力学第一定律可知

$$q_{12}=u_2-u_1+w_{12}$$

对于理想气体,如果 $T_2=T_1$,则 $u_2=u_1$。故

$$w_{12}=q_{12}=-4\ 014\ \mathrm{kJ/kg}$$

负功说明外界对气体做了功,这一结论正好是所预期的。

注释:如果空气由 0.5 MPa、27 ℃准静态地膨胀到 0.1 MPa、27 ℃,加给空气的热量为 4 014 kJ/kg,这时空气便要做出 4 014 kJ/kg 的功。也就是说加给空气的热量将全部变作了有用功。这是否违反开尔文-普朗克对热力学第二定律的说法?

4.5.4　绝热过程

系统与外界没有热量交换情况下所进行的状态变化过程,即 $\delta q=0$ 及 $q=0$ 称为绝热过程。

(1)过程特点:过程中没有热量变化,比熵保持不变,即 $s_2-s_1=C$,所以,绝热过程也称定熵过程。

绝热过程是为了便于分析计算而进行的简化和抽象,它又是实际过程的一种近似。当过程进行得很快,工质与外界来不及交换热量时,例如,叶轮式压气机和气流流经喷管的过程等均可以近似看作绝热过程处理。

绝热过程的过程方程式。理想气体绝热过程方程式可根据过程特点从能量方程导出:

$$\delta q=\mathrm{d}u+p\mathrm{d}v=c_v\mathrm{d}T+p\mathrm{d}v=0 \tag{4.99}$$

将 $T=\dfrac{pv}{R}$代入式(4.99)得

$$c_v\mathrm{d}\left(\frac{pv}{R}\right)+p\mathrm{d}v=c_v\frac{p\mathrm{d}v+v\mathrm{d}p}{R}+p\mathrm{d}v=0 \tag{4.100a}$$

即

$$(c_v+R)p\mathrm{d}v+c_vv\mathrm{d}p=0 \tag{4.100b}$$

或

$$c_pp\mathrm{d}v+c_vv\mathrm{d}p=0 \tag{4.100c}$$

整理得出

$$\frac{c_p}{c_v}\cdot\frac{\mathrm{d}v}{v}+\frac{\mathrm{d}p}{p}=0 \tag{4.101}$$

由于$\frac{c_p}{c_V}=\kappa$,κ为等熵指数,对于理想气体,等熵指数κ等于比热容比γ,因此如果近似地把比热容比当作定值,则$\kappa\ln v+\ln p=$常数,也是定值。对式(4.101)积分得

$$\kappa\ln v+\ln p=\text{常数} \tag{4.102}$$

$$\ln(pv^{\kappa})=\text{常数} \tag{4.103}$$

或

$$pv^{\kappa}=\text{常数} \tag{4.104}$$

式(4.104)即为绝热过程方程式。

(2)对于理想气体,根据状态方程有

$$\frac{p_1v_1}{T_1}=\frac{p_2v_2}{T_2} \tag{4.105}$$

和过程方程式

$$p_1v_1^{\kappa}=p_2v_2^{\kappa}$$

$$\frac{p_2}{p_1}=\left(\frac{v_1}{v_2}\right)^{\kappa}$$

联立求解得各状态参数关系为

$$\frac{T_2}{T_1}=\left(\frac{v_1}{v_2}\right)^{\kappa-1} \tag{4.106}$$

$$\frac{T_2}{T_1}=\left(\frac{p_2}{p_1}\right)^{\frac{\kappa-1}{\kappa}} \tag{4.107}$$

以上关系式说明,当系统中气体可逆绝热膨胀时,p、T均降低;当系统中气体被绝热压缩时,p、T均升高。

(3)比热力学能u、比焓h计算。

比热力学能和焓的变化:

$$\mathrm{d}u=c_V\cdot\mathrm{d}T$$

$$\mathrm{d}h=c_p\cdot\mathrm{d}T$$

(4)体积膨胀功w、技术功w_t的计算。

体积膨胀功:

气体在定熵过程中所做膨胀功为

$$w=\int_1^2p\mathrm{d}v \tag{4.108}$$

根据$p_1v_1^{\kappa}=pv^{\kappa}$得$p=\frac{p_1v_1^{\kappa}}{v^{\kappa}}$代入式(4.108)并积分得

$$w=p_1\cdot v_1^{\kappa}\int_1^2\frac{\mathrm{d}v}{v^{\kappa}}=\frac{1}{\kappa-1}(p_1v_1-p_2v_2)=\frac{R_g}{\kappa-1}(T_1-T_2) \tag{4.109}$$

根据式(4.106)、式(4.107)又可得出

$$w=\frac{R_gT_1}{\kappa-1}\left[1-\left(\frac{p_2}{p_1}\right)^{\frac{\kappa-1}{\kappa}}\right] \tag{4.110}$$

及

$$w=\frac{R_g T_1}{\kappa-1}\left[1-\left(\frac{v_1}{v_2}\right)^{\kappa-1}\right] \tag{4.111}$$

以上各式在应用时，可视给出条件选用其中任何一式。绝热过程的膨胀功还可直接从热力学第一定律能量方程导出：

$$q=\Delta u+w=0 \tag{4.112}$$

$$w=u_1-u_2=c_v(T_1-T_2) \tag{4.113}$$

式(4.113)表明，绝热过程中气体所做膨胀功等于气体内能的减小；如外界对气体做压缩功，将全部用于增加气体的内能。

技术功：

令稳态稳流能量方程式 $q=0$，则得

$$w_t=-\Delta h=h_1-h_2 \tag{4.114}$$

即工质经绝热过程所做的技术功等于焓的减少(简称绝热焓降)，这一结论对任何工质的可逆或不可逆过程都适用。

对于定比热理想气体，式(4.114)可写为

$$w_t=c_p(T_1-T_2)=\frac{\kappa}{\kappa-1}R(T_1-T_2)=\frac{\kappa}{\kappa-1}(p_1v_1-p_2v_2) \tag{4.115}$$

此式适用于定比热理想气体的可逆或不可逆绝热过程。将可逆绝热过程方程式代入式（4.115)可得

$$w_t=\frac{\kappa}{\kappa-1}R_g T_1\left[1-\left(\frac{p_2}{p_1}\right)^{\frac{\kappa-1}{\kappa}}\right] \tag{4.116}$$

比较膨胀功式(4.108)与技术功式(4.116)，得

$$w_t=\kappa\cdot w$$

即绝热过程的技术功等于膨胀功的 κ 倍。

最后还必须指出：当利用 pv^κ = 常数，以及由此而推得的其他结论，对绝热过程进行数值计算时，由于把比热当作定值，计算结果往往不够准确，尤其是当过程初、终温度变化范围较大时，有较大的误差。因此，在热力发动机要求准确度很高的设计计算中，现在一概应用图表计算法，而不应用这些公式。但 pv^κ = 常数这个公式形式简单，用以做过程分析以求得各种因素的影响，并由此而对热机的工作过程做定性分析时极其方便，用作近似计算也有一定的实用价值。

(5)过程热量。

过程热量为零，即

$$\delta q=0 \text{ 及 } q=0 \tag{4.117}$$

例题 4.12 1 kg 质量的空气从 0.1 MPa、27 ℃被准静态地、绝热地压缩到 0.5 MPa。设空气具有理想气体性质，其 $c_V=0.716$ kJ/(kg·K)、$c_p=1.005$ kJ/(kg·K)，试求外界对空气传递的功量。

解 选择的研究系统为空气。

过程特征:准静态的;绝热的。

理想化:空气为具有定比热的理想气体。

因为没有热量传递,故由热力学第一定律有

$$w_{12}=-(u_2-u_1) \tag{a}$$

按定比热理想气体的特性关系式有

$$u_2-u_1=c_V(T_2-T_1)$$

故

$$w_{12}=-c_V(T_2-T_1) \tag{b}$$

由于我们研究的过程是具有定比热的理想气体所经历的等熵状态变化,所以

$$\frac{T_2}{T_1}=\left(\frac{p_2}{p_1}\right)^{(\kappa-1)/\kappa} \tag{c}$$

求得 T_2,由式(c)得

$$T_2=T_1\left(\frac{p_2}{p_1}\right)^{(\kappa-1)/\kappa}=300\left(\frac{5}{1}\right)^{(1.4-1)/1.4}=475\ \text{K}$$

代入式(b),求得

$$w_{12}=-0.716(475-300)\ \text{kJ/kg}=-125.3\ \text{kJ/kg}$$

注释:和例题 4.11 进行比较,可以看出,等熵压缩所需的功比准静态等温压缩所需的功少。这可以由 $p-v$ 图的两条过程线得到证实(图 4.18)。过程线下面的面积表示闭口系统的准静态功。路线 Ⅰ 是等温的,路线 Ⅱ 是等熵的。前面已讲过,在 $p-v$ 图上等熵线的坡度较等温线陡。

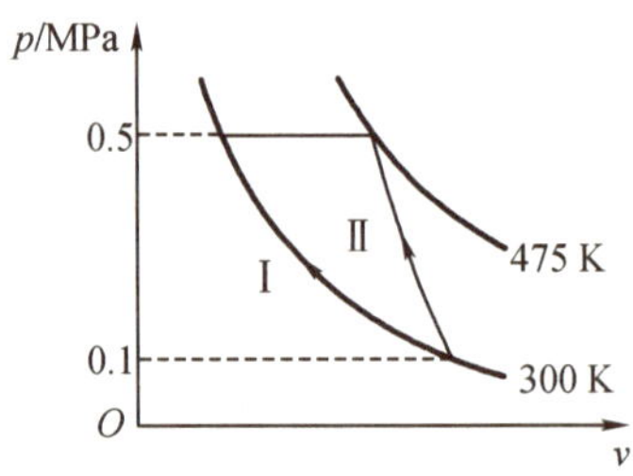

图 4.18 例题 4.12$p-v$ 图

例题 4.13 水蒸气在气缸-活塞装置内由 4 MPa、500 ℃绝热膨胀到 0.007 MPa。试求 1 kg 水蒸气所能做的最大功(图 4.19)。

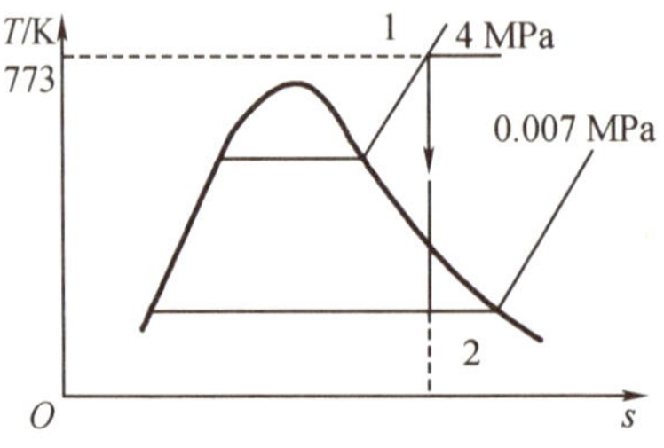

图 4.19 例题 4.13$T-s$ 图

解　选择的研究系统为水蒸气。

过程特征:绝热的。

理想化:水蒸气为单纯可压缩物质。

由于没有热量传递,故由热力学第一定律有

$$w_{12}=u_1-u_2 \tag{a}$$

想要得到最大功,不仅要求过程是绝热的,而且要求是准静态的,即过程必须是等熵的。因此,u_2 由 $p_2=0.007\ \text{MPa}$ 和 $s_2=s_1$ 所确定。由蒸汽表知

$$h_1=3\ 445\ \text{kJ/kg}$$

$$v_1=0.086\ 42\ \text{m}^3/\text{kg}$$

$$s_1=7.087\ \text{kJ/(kg·K)}$$

故

$$u_1=h_1-p_1v_1=3\ 445-4\times1\ 000\times0.086\ 42=3\ 099\ \text{kJ/(kg·K)}$$

从而可以看出状态 2 为湿饱和状态。所以

$$0.007\ \text{MPa 下的 } s_2=s'+x_2(s''-s')$$

$$0.007\ \text{MPa 下的 } u_2=u'+x_2(u''-u')$$

利用蒸汽表上的数据求得

$$x_2=\frac{s_2-s'}{s''-s'}=\frac{7.087-0.559\ 1}{8.274-0.559\ 1}=0.846$$

$$u_2=163.42+0.846(2\ 428-163.42)\text{kJ/kg}=2\ 079\ \text{kJ/kg}$$

代入式(a)得到每千克蒸汽的最大功为

$$w_{12}=3\ 099-2\ 079\ \text{kJ/kg}=1\ 020\ \text{kJ/kg}$$

4.6　理想气体的可逆多变过程

4.6.1　理想气体多变过程方程式

工程中有多种多样的热力过程,像汽车发动机工作过程中,气缸内压力和气缸容积的关系,大部分过程中气体的基本状态参数满足 $pv^n=$常数,即

$$p_1v_1^n=p_2v_2^n \tag{4.118}$$

式中,n 为常数。这样的可逆过程称为多变过程,n 称为多变指数,可以是$-\infty\sim+\infty$间的任意值。

考虑到热力过程中每一平衡态气体均需满足状态方程式 $pv=R_gT$,代入式(4.118)可得 $Tv^{n-1}=$常数,即

$$T_1v_1^{\ n-1}=T_2v_2^{\ n-1} \tag{4.119}$$

及 $Tp^{\frac{n-1}{n}}=$常数,即

$$T_1p_1^{\frac{n-1}{n}}=T_2p_2^{\frac{n-1}{n}} \tag{4.120}$$

式(4.118)~式(4.120)即可逆多变过程基本状态参数变化关系。

$n=0$ 时,由式(4.118)可得 $p=$ 常数,变化过程中压力不变;$n=1$ 时,由式(4.118)可得 $pv=$ 常数,考虑到理想气体状态方程 $pv=R_gT$,即表示过程中温度不变;式(4.118)两侧开 n 次方,并令 $n\to\infty$,可得 $v=$ 常数,即定比体积过程(或称定容过程);$n=\kappa$ 时,理想气体的基本热力过程是可逆多变过程的特例。

实际过程往往更为复杂。例如,汽车发动机气缸的压缩过程,开始时工质温度低于缸壁,随吸热压缩而温度升高,高于缸壁温度后则边压缩边放热,整个过程若可用多变过程描述,其 n 大约从 1.6 变化到 1.2。至于膨胀过程,由于存在后燃及高温时离解气体的复合放热现象,情况更为复杂,其散热规律的研究已不属于热力学范围。对于多变指数 n 变化的实际过程,若 n 的变化范围不大,则可用一个不变的平均值近似地代替实际变化的 n;若 n 的变化较大,则将实际过程分成数段,每一段近似为 n 值不变。

4.6.2 多变指数

对式(4.118)求微分,整理后可得

$$n=\frac{\ln p_2-\ln p_1}{\ln v_2-\ln v_1}=\frac{\ln(p_2/p_1)}{\ln(v_2/v_1)} \tag{4.121}$$

类似地,也可以由式(4-19)或式(4-20)推得用 T_2、T_1 及 v_2、v_1 和 T_2、T_1 及 p_2、p_1 表达的求取 n 的式子。

4.6.3 多变过程的 p-v 图及 T-s 图

可逆过程在 p-v 图及 T-s 图上可用连续实线表示,根据数学知识,求得各点的斜率即可画出该曲线。因此,只要求得 $\left(\frac{\partial p}{\partial v}\right)_n$ 和 $\left(\frac{\partial T}{\partial s}\right)_n$,即可在 p-v 图及 T-s 图上画出多变过程曲线,如图 4.20 所示。

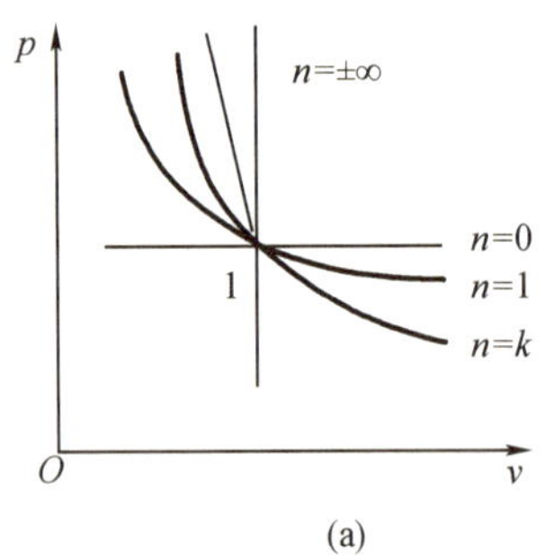

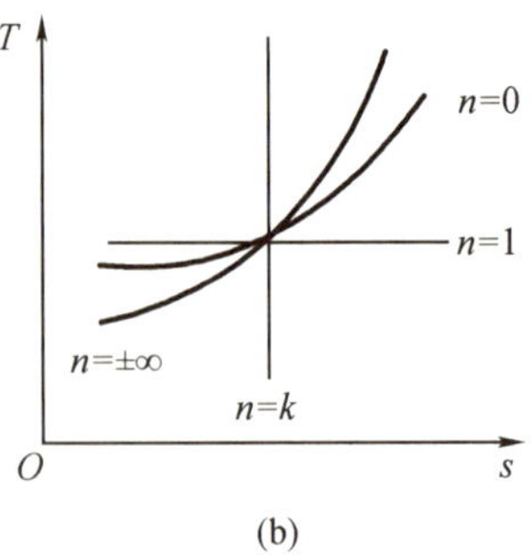

图 4.20 多变过程的 p-v 图及 T-s 图

由 $pv^n=$ 常数,可得

$$\left(\frac{\partial p}{\partial v}\right)_n=-n\frac{p}{v} \tag{4.122}$$

根据熵的定义,可逆过程中

$$\delta q = T\mathrm{d}s \tag{4.123}$$

而由多变过程比热容的概念可知

$$\delta q = c_n \mathrm{d}T \tag{4.124}$$

式中，c_n 为多变过程的比热容，本节最后可证得 $c_n = \frac{n-\kappa}{n-1}c_V$。

联立求解式(4.123)和式(4.124)，得

$$\left(\frac{\partial T}{\partial s}\right)_n = \frac{T}{c_n} = \frac{(n-1)T}{(n-\kappa)c_v} \tag{4.125}$$

4.6.4 多变过程功、技术功及过程热量

可逆多变过程的过程功计算式可按 $w = \int_1^2 p\mathrm{d}v$ 积分确定，将 $pv^n = p_1 v_1^n$ 代入得

$$w = \int_1^2 p\mathrm{d}v = p_1 v_1^n \int_1^2 \frac{\mathrm{d}v}{v} = \frac{1}{n-1}(p_1 v_1 - p_2 v_2) \tag{4.126}$$

或

$$w = \frac{1}{n-1}R_g(T_1 - T_2) = \frac{\kappa-1}{n-1}(T_1 - T_2) \tag{4.127}$$

$$w = \frac{1}{n-1}R_g T_1\left[1-\left(\frac{p_2}{p_1}\right)^{\frac{n-1}{n}}\right] \tag{4.128}$$

对于稳定流动开口系，其技术功则可按 $w_t = -\int_1^2 v\mathrm{d}p$ 积分求得

$$\begin{aligned} w_t &= -\int_1^2 v\mathrm{d}p \\ &= -\int_1^2 [\mathrm{d}(pv) - p\mathrm{d}v] = p_1 v_1 - p_2 v_2 + \int_1^2 p\mathrm{d}v \\ &= p_1 v_1 - p_2 v_2 + \frac{1}{n-1}(p_1 v_1 - p_2 v_2) \end{aligned}$$

所以

$$w_t = \frac{n}{n-1}(p_1 v_1 - p_2 v_2) \tag{4.129}$$

或

$$w_t = \frac{n}{n-1}R_g(T_1 - T_2) \tag{4.130}$$

$$w_t = \frac{n}{n-1}R_g\left[1-\left(\frac{p_2}{p_1}\right)^{\frac{n-1}{n}}\right] \tag{4.131}$$

与多变过程功比较，技术功是过程功的 n 倍，即

$$w_t = nw \tag{4.132}$$

定值比热容时的多变过程的热力学能变量仍为 $\Delta u = c_V(T_2 - T_1)$，在求得 w 和 Δu 后，过程热量可直接由热力学第一定律确定：

$$q=\Delta u+w=c_V(T_2-T_1)+\frac{\kappa-1}{n-1}c_V(T_2-T_1)=\frac{n-\kappa}{n-1}c_V(T_2-T_1) \tag{4.133}$$

引入多变过程比热容的概念，则

$$q=c_n(T_2-T_1)$$

与式(4.133)比较，可得多变过程的比热容为

$$c_n=\frac{n-\kappa}{n-1}c_V \tag{4.134}$$

上述讨论，n 取各特定值时即可得基本热力过程的各种关系。

4.7 理想气体热力过程综合分析

多变过程是一般化的可逆过程，服从过程方程 pv^n = 定值，当 $n=\pm\infty$ 、0、1、κ 时分别表示定容、定压、定温和绝热(定熵)四个基本过程。下面讨论多变指数变化时过程线及能量转换的变化趋势。

4.7.1 过程线的分布规律和过程特性

对于多变过程，只要根据式(4.133)和式(4.134)计算各点的 $\left(\frac{\partial p}{\partial v}\right)_n$ 及 $\left(\frac{\partial T}{\partial s}\right)_n$ 即可在 $p-v$ 图和 $T-s$ 图上画出该过程的过程线。仔细观察 $p-v$ 图和 $T-s$ 图上从同一状态 1 出发的四种基本热力过程线图(图 4.121)，可以发现，过程线在状态参数坐标图上的分布是有规律的：指数 n 的值按顺时针时方向逐渐增大——由 $-\infty\to 0\to\kappa\to+\infty$ 。因此，对于任何一多变过程，若已知多变指数 n 值，就能确定其在图上的相对位置。

由式(4.133)，多变过程在 $p-v$ 图上的斜率 $\left(\frac{\partial p}{\partial v}\right)_n=-n\frac{p}{v}$，同一状态的 p、v 值相同，斜率只与 n 有关，指数越大，则过程线斜率的绝对值也越大。例如：定压时 $n=0$，$\left(\frac{\partial p}{\partial v}\right)_p=0$，定压线为水平线；定容时 $n=\to\pm\infty$，$\left(\frac{\partial p}{\partial v}\right)_v\to\mp\infty$，定容线为垂线。当 $n>0$ 时，$\frac{\mathrm{d}p}{\mathrm{d}v}<0$，$\mathrm{d}p$ 与 $\mathrm{d}v$ 反号，压缩时压力升高。膨胀时压力降低，工程上多为这类过程；而$\frac{\mathrm{d}p}{\mathrm{d}v}>0$，$\mathrm{d}p$ 与 $\mathrm{d}v$ 同号，压缩时压力降低，膨胀时压力升高，这类过程工程上很少见。

$T-s$ 图上多变过程的斜率 $\left(\frac{\partial T}{\partial s}\right)_n=\frac{T}{c_n}=\frac{(n-1)T}{(n-\kappa)c_V}$，同样也与 n 有关。例如：定温时 $n=1$，$\left(\frac{\partial T}{\partial s}\right)_T=0$，$c_T\to\infty$，因而定温线是水平线；定熵时 $n=\kappa$，$\left(\frac{\partial T}{\partial s}\right)_s=0$，$c_s\to\infty$，定熵线是垂直线。

$p-v$ 图上温度和比熵的变化趋势和 $T-s$ 图上压力及比体积的变化趋势如图 4.21 所示。过程项的位置在 $p-v$ 图、$T-s$ 图上确定后，可分析过程特性及过程中能量的传递方向。过程功的正负以定容线为分界，如图 4.21 所示，定容线右侧($p-v$ 图)或右下区域($T-s$

图)的各个过程 $w>0$,即工质膨胀对外输出功;反之则 $w<0$,即工质被压缩消耗外功。

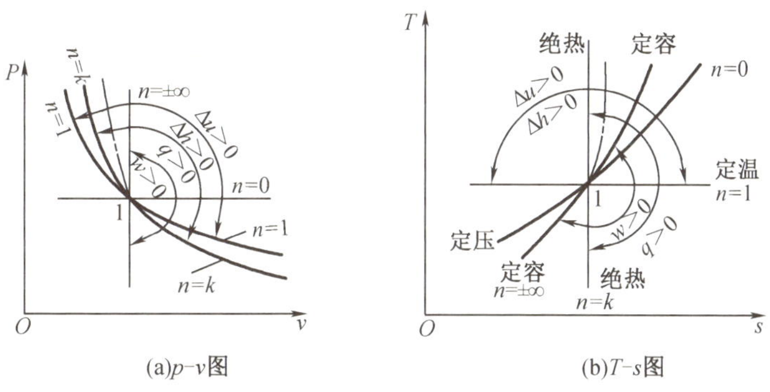

(a)$p-v$图　　(b)$T-s$图

图 4.21　几种过程的 $p-v$ 图及 $T-s$ 图

过程热量的正负以定熵线为分界,定熵线右侧($T-s$ 图)或右上区域($p-v$ 图)的各过程 $\Delta s>0,q>0$,是加热过程;反之则 $\Delta s<0,q<0$,是放热过程。

理想气体的热力学能(或焓)仅是温度的函数,过期增减以定温线为分界,定温线上侧($T-s$ 图)或右上区域($p-v$ 图)的各过程 $\Delta u>0$(或 $\Delta h>0$),工质的热力学能(或焓)是增大的;反之则 $\Delta u<0$(或 $\Delta h<0$),工质的热力学能(或焓)减小。

例如,$\kappa=1.4$ 的某种气体,进行 $n=1.6$ 的多变过程,因压缩 $dv<0$ 及 $\kappa<n<\infty$,可在 $p-v$ 图或 $T-s$ 图上定性画出过程线,如图 4.21 中点画线所示,该过程线处于 $w<0$、$q>0$ 的区域,故为耗功、吸热、升温、升压过程。

习惯上,常认为气体吸热则温度升高,放热则温度降低,其实不然,只是具有某些特征的过程有此特性。

4.7.2　过程能量转换规律

将多变过程计算式(4.127)和热量计算式(4.133)代入比值 w/q,可得

$$\frac{w}{q}=\frac{\kappa-1}{\kappa-n} \tag{4.135}$$

因此等熵指数 κ 恒大于 1,故 $\kappa-1>0$,因而 w/q 取决于 n 和 κ 的关系

1. $n<\kappa$ 的多变过程

这时$\dfrac{\kappa-1}{\kappa-n}>0$,$\dfrac{w}{q}>0$,即 w 与 q 正负相同:膨胀过程($w>0$),必须对气体加热($q>0$);压缩过程($w<0$),气体必定对外放热($q<0$)。

若 $0<n<\kappa$,则$\dfrac{\kappa-1}{\kappa-n}>1$,$\dfrac{w}{q}>1$,则不仅 w 与 q 符号相同,且 $|w|>|q|$。这种多变膨胀过程输出的过程功大于气体的吸热量,根据能量守恒原则,气体的热力学能一定减少,故温度降低;反之,多变过程消耗的过程功大于气体的放热量,热力学能一定增大,故温度升高。因此气体吸热温度升高,放热则温度降低,只是那些位于 $T-s$ 图上斜率为正值区间的过程才有的特性,这时 $c_n>0$,dT 与 ds(因而 δq)同号,当 $1<n<\kappa$,$c_n<0$ 时,$T-s$ 图上斜率为负值,dT

与 δq 反号，加热而降温，故放热反升温。

例如，柴油机内气体的膨胀过程，开始时气体温度达到 1 800 ℃左右，膨胀终了仍有 600 ℃。在此范围内，气体的平均定熵指数 $k_{av}=1.32\sim1.33$，而该过程的平均多变指数为 $n=1.22\sim1.28$，故 $1<n<\kappa_{av}$。因 $w>0$，所以输出的功大于气体的吸热量，气体的热力学能一定减少，温度降低。又如柴油机的压缩过程，气体温度通常不超过 300～400 ℃，这时 $k\approx1.4$，而平均压缩多变指数为 $n=1.32\sim1.37$，$n<\kappa$，因 $w<0$，故为放热过程。表明该过程以气体向冷却水放出热量为主。

2. $n>\kappa$ 的多变过程

这时则 $\dfrac{\kappa-1}{\kappa-n}<0$，$\dfrac{w}{q}<0$，$w$ 与 q 正负相反：膨胀过程（$w>0$），气体对外放热（$q<0$）；压缩过程（$w<0$），对气体加热（$q>0$）。

例题 4.14 试确定下列多变指数 n，并将过程绘于同一 $p-v$ 图和 $T-s$ 图上，并判定过程特性：吸热还是放热？输出功还是耗功？热力学能增大还是减少？设工质为空气，比定容热容 $c_V=0.77\ \text{kJ/(kg·K)}$。（1）用示功器测得某气缸中气体的一组 $p-v$ 数据，画在 $\lg p-\lg v$ 图上为一直线，其中两个状态为 $p_1=0.09$ MPa、$v_1=436.2\ \text{cm}^3/\text{kg}$，$p_2=0.966\ 7$ MPa、$v_2=72.7\ \text{cm}^3/\text{kg}$。（2）已知是多变过程，测得吸热量 $q=650$ kJ/kg，温差 $\Delta T=150$ K。

解 （1）该过程在 $\lg p-\lg v$ 图上为一直线，则 $\lg p+n\lg v=$定值，其斜率为 $-n$，故

$$n_{(1)}=-\frac{\lg p_2-\lg p_1}{\lg v_2-\lg v_1}=-\frac{\lg\dfrac{p_2}{p_1}}{\lg\dfrac{v_2}{v_1}}=-\frac{\lg\dfrac{0.966\ 7}{0.09}}{\lg\dfrac{72.7}{463.2}}=1.325$$

（2）多变过程热量 $q=c_n(T_2-T_1)=\dfrac{n-\kappa}{n-1}c_v(T_2-T_1)$，故 $\dfrac{n-\kappa}{n-1}=\dfrac{q}{c_v\Delta T}$。又空气的 $k=1.4$，即

$$\frac{n_{(2)}-1.4}{n_{(2)}-1}=\frac{650}{0.717\times150}$$

解得

$$n_{(2)}=0.92$$

根据 $p_2<p_1$，$v_2<v_1$，且 $1<n_{(1)}<\kappa$，可在 $p-v$ 图上得出过程线 $1—2_{(1)}$，以及相应 $T-s$ 图上的过程线 $1—2_{(1)}$。该过程为耗功、放热、升温升压过程，$\Delta u>0$。根据 $q>0$，$0<n_{(2)}<1$，在 $T-s$ 图上画出过程线 $1—2_{(2)}$，然后在 $p-v$ 图上画出相应过程线 $1—2_{(2)}$。该过程为吸热、膨胀、升温过程，$\Delta u>0$，如图 4.22 所示。

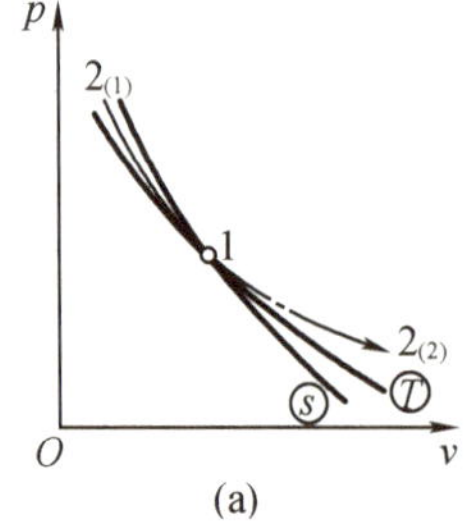

(a)

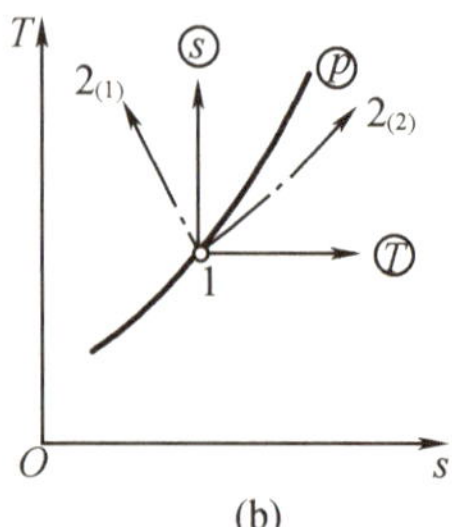

(b)

图 4.22　例题 4.14 图

例题 4.15 在 T-s 图上用图形面积表示某种理想气体可逆过程 a—b(图 4.23)的焓差 h_a-h_b 和技术功值。

解 通过 b 点做等温线与通过 a 点的等压线交于 c 点。因 T-s 图上过程线下面的面积可以表示过程的热量,所以图中面积 $abde$ 即为过程 a—b 的热量。

根据热力学第一定律,$q=\Delta h+w_t$,过程的技术功为

$$w_t=q-\Delta h=q+(h_a-h_b)$$

考虑沿等压线进行过程 c—a,该过程的热量 $q_{c-a}=h_a-h_c$,可用面积 $aefc$ 表示。由于 $T_c=T_b$,理想气体的焓只是温度的函数,所以 $h_c=h_b$。因此,面积 $aepc$ 也表示 h_a-h_b 的大小,于是面积 $abdefc$ 就可以表示过程 a—b 的技术功值。

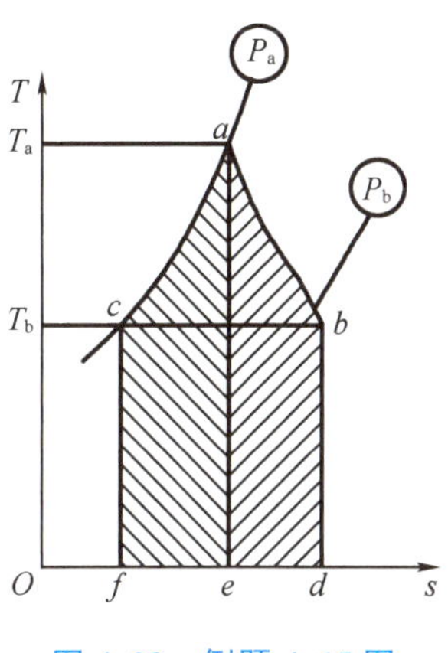

图 4.23 例题 4.15 图

4.8 理想气体的混合过程

4.8.1 等容混合过程

如图 4.24(a)所示,一个容积为 V 的绝热刚性容器被一块隔板分隔成两部分,其左边是参数为(m_1,n_1,p_1,T_1)的理想气体,右半部分是参数为(m_2,n_2,p_2,T_2)的理想气体,两边气体的种类不同。若将隔板迅速抽去,则两边气体发生一个混合过程,直至两边气体均匀地分布在整个容器中,如图 4.24(b)所示。

图 4.24 理想气体绝热混合过程

由于容器绝热,且总体上对外没有做功,因此对容器而言,由闭口系统热力学第一定律

第一解析式 $Q=\Delta U+W$ 得绝热混合过程的能量方程式

$$\Delta U=0 \tag{4.136}$$

混合后容器内两种气体的温度相等,假设为 T,根据式(4.135)则有

$$m_1c_{V,1}(T-T_1)+m_2c_{V,2}(T-T_2)=0$$

故混合后混合气体的温度为

$$T=\frac{m_1c_{V,1}T_1+m_2c_{V,2}T_2}{m_1c_{V,1}+m_2c_{V,2}} \tag{4.137}$$

混合前两种气体的体积为

$$V_1=\frac{n_1RT_1}{p_1}$$

$$V_2=\frac{n_2RT_2}{p_2}$$

混合后,混合气体的体积

$$V=V_1+V_2 \tag{4.138}$$

第一种气体混合后的分压力为

$$p_1'=\frac{n_1RT_1}{V}$$

第二种气体混合后的分压力为

$$p_2'=\frac{n_2RT_2}{V}$$

容器内的总压力为两种分压力之和,则

$$p=p_1'+p_2' \tag{4.139}$$

系统总熵变为

$$\Delta S=m_1\Delta s_1+m_2\Delta s_2=m_1\left(c_{p,1}\ln\frac{T}{T_1}-R_{g,1}\ln\frac{p_1'}{p_1}\right)+m_1\left(c_{p,2}\ln\frac{T}{T_2}-R_{g,1}\ln\frac{p_2'}{p_2}\right) \tag{4.140}$$

由于 $p_1>p_1'$,$p_2>p_2'$,则 $\Delta S>0$,可见等容混合过程是一个不可逆过程。

若隔板原来处于窗口的正中间,混合前两种气体的温度和压力都相等(由阿伏加德罗定律,此时两种气体的物质的量相等),则混合后的温度为

$$T=\frac{m_1c_{v,1}T_1+m_2c_{v,2}T_2}{m_1c_{v,1}+m_2c_{v,2}}=T_1=T_2 \tag{4.141}$$

可见,同温度的气体绝热等容混合,混合前后的温度不变。

4.8.2 流动混合过程

如图 4.25 所示,两根支管内分别有两种不同的理想气体在流动,其参数分别为(m_1,n_1,p_1,T_1)和(m_2,n_2,p_2,T_2),支管合二为一,两种气体合流后进入同一管道,混合后具有相同的温度 T,混合后压力为 p,流动混合过程中各点参数不随时间的变化而变化,是典型的稳定流动。

图 4.25 流动混合过程

则流动混合过程能量方程为

$$Q=m_1\left(\Delta h+\frac{\Delta c^2}{2}+g\Delta Z-w_s\right)_{13}+m_2\left(\Delta h+\frac{\Delta c^2}{2}+g\Delta Z-w_s\right)_{23} \tag{4.142}$$

当管道外有良好的保温时，该混合过程为绝热混合，气体在管道中流动，没有做功对象，轴功为零，忽略动能和位能差，则式(4.142)变为

$$\Delta H=m_1\Delta h_{13}+m_2\Delta h_{23}=0 \tag{4.143}$$

由式(4.141)得混合后气体的温度为

$$m_1c_{p,1}(T-T_1)+m_2c_{p,2}(T-T_2)=0 \tag{4.144}$$

则

$$T=\frac{m_1c_{p,1}T_1+m_2c_{p,2}T_2}{m_1c_{p,1}+m_2c_{p,2}} \tag{4.145}$$

若混合前两种气体的温度和压力都相等，物质的量也相等，且混合前后的压力相等(无摩擦流动)，则混合后的温度为

$$T=\frac{m_1c_{p,1}T_1+m_2c_{p,2}T_2}{m_1c_{p,1}+m_2c_{p,2}}=T_1=T_2 \tag{4.146}$$

可见，同温度的气体绝热流动混合，混合前后的温度不变。

4.9 理想气体的充放气过程

在工程和生活实践中，经常会遇到一类开口系的问题。如，在金属加工时需要氧气进行切割，氧气流出氧气瓶的过程是一个工质流出开口系的过程；氧气用完后，氧气瓶需要到工厂进行灌装，此时又是一个工质流进开口系的过程。

4.9.1 充气过程

顾名思义，充气过程是只有工质流进开口系而无工质流出的过程，一般可以用图 4.26 所示，图中容积为 V_0 的容器接在一根管道上，该管道为干管，管内气体压力和温度永远保持(p_0，T_0)，干管和容器之间有一阀门，可对气体的流进和流出进行控制。以图 4.26 中虚线框内的空间作为研究对象(忽略阀门到容器的连接管的容积)，则有

$$\delta Q=\left(h_2+\frac{c_2^2}{2}+gz_2\right)\delta m_2-\left(h_1+\frac{c_1^2}{2}+gz_1\right)\delta m_1+\mathrm{d}E+\delta W_s \tag{4.147}$$

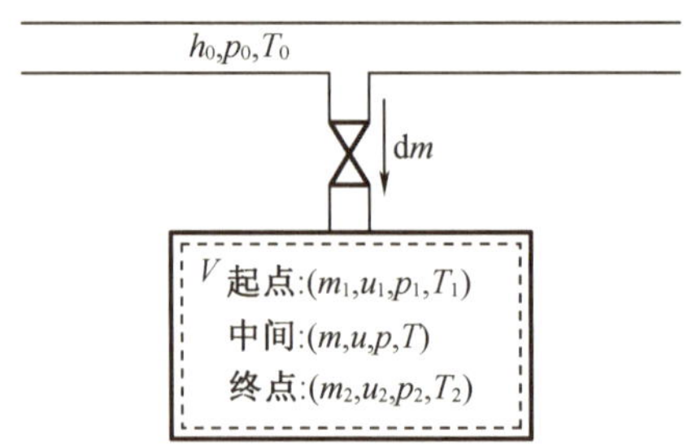

图 4.26　充气过程

由于只有气体流入系统,且没有轴功的存在,忽略气体的动能和位能差,忽略开口系内气体的宏观动能和宏观位能,并且流入开口系的工质焓为 h_0,质量为 δm,则有

$$\delta Q=-h_0\delta m+\mathrm{d}(mu) \tag{4.148}$$

对式(4.148)积分

$$Q=-h_0\int_1^2\delta m+\int_1^2\mathrm{d}(mu)=-h_0(m_2-m_1)+m_2u_2-m_1u_1 \tag{4.149}$$

式(4.149)为充气过程的能量方程。

在进行充放气过程的分析时经常用到下面的参数关系。根据理想气体状态方程,结合理想气体热力学能和温度的关系,有

$$mu=c_V\frac{pV}{R_\mathrm{g}} \tag{4.150}$$

下面对两种特殊情况下的充气过程进行分析。

1. 绝热充气

如果容器有很好的保温或充气进行得非常快,以至于容器和外界来不及交换热量,则该充气过程是绝热的。此时,充气过程从起始参数(p_1,T_1)充至终点压力 p_2,终点的温度由压力决定。

根据式(4.147),当容器和外界无热交换时

$$Q=-h_0(m_2-m_1)+m_2u_2-m_1u_1=0$$

则

$$h_0(m_2-m_1)=m_2u_2-m_1u_1 \tag{4.151}$$

式(4.151)说明,充入容器的气体的焓在进入容器后转变为容器内工质的热力学能。

利用式(4.150)和式(4.151)可以求得充入容器的气体的质量为

$$\begin{aligned}\Delta m&=m_2-m_1\\&=\frac{m_2u_2-m_1u_1}{h_0}\\&=\frac{\dfrac{c_Vp_2V}{R_\mathrm{g}}-\dfrac{c_Vp_1V}{R_\mathrm{g}}}{c_pT_0}\\&=\frac{c_V(p_2-p_1)V}{c_pR_\mathrm{g}T_0}\end{aligned}$$

$$=\frac{V}{\kappa R_g T_0}(p_2-p_1) \tag{4.152}$$

由此可见,充入容器的气体的质量由其起点和终点的压力差决定。

利用式(4.150)可以求得容器充气终点的温度

$$T_2=\frac{p_2}{\dfrac{p_1}{T_1}+\dfrac{p_2-p_1}{\kappa T_0}} \tag{4.153}$$

由于充气过程终点的压力 p_2 总是高于起点的压力 p_1,因此从式(4.153)可知,充气过程终点的温度 T_2 总是高于起点的温度 T_1。当容器内原有气体为真空时,终点温度 T_2 为

$$T_2=\kappa T_0 \tag{4.154}$$

2. 非绝热充气

如果容器没有良好的保温,则充气过程中容器和外界有良好的热交换,使终态参数为 (p_2,T_2),注意此时终点的温度和压力都是已知的。

利用理想气体状态方程可以计算得到充气量

$$\Delta m=m_2-m_1=\frac{p_2V}{R_gT_2}-\frac{p_1V}{R_gT_1} \tag{4.155}$$

充气过程中热量可以由式(4.149)计算。

3. 等温充气

如果充气过程进行得缓慢,或容器和外界有良好的热交换,则充气过程中容器内的气体能够保持一个恒定的温度,称为等温充气。

利用式(4.152)可以计算等温充气的充气量,即

$$\Delta m=m_2-m_1=\frac{p_2V}{R_gT_1}-\frac{p_1V}{R_gT_1}=\frac{V}{R_gT_1}(p_2-p_1) \tag{4.156}$$

利用式(4.149)可以计算等温充气过程中的热量,即

$$Q=-h_0(m_2-m_1)+m_2u_2-m_1u_1=(m_2-m_1)(u_1-h_0) \tag{4.157}$$

4.9.2 放气过程

放气过程只有工质流出开口系而无工质流入的过程,一般可以由图4.27进行分析。

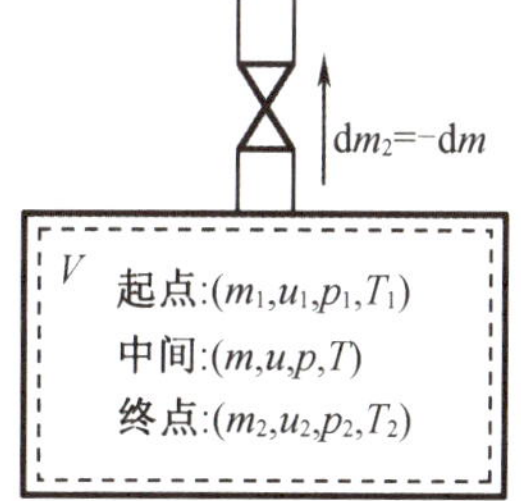

图4.27 放气过程

图4.27中,容积为 V 的容器通过一个阀门和外界相通,以图中虚线框内空降的气体为研究对象(忽略阀门到容器的连接管容积),其质量的变化量 δm 和流出开口系的气体质量 δm_2 间有如下关系:

$$\delta m=-\delta m_2=\mathrm{d}\left(\frac{pV}{R_gT}\right)=\frac{V}{R_g}\mathrm{d}\left(\frac{p}{T}\right) \tag{4.158}$$

考虑只有气体流出的开口系,且没有轴(自然没有轴功)的存在,忽略动能差和位能差,忽略开口系内气体的宏观动能和宏观位能,则开口系统能量方程为

$$\delta Q=-h\delta m+\mathrm{d}(mu) \tag{4.159}$$

式(4.159)中的焓 h 对应流出开口系时的焓，是一个变量而非常量。

对式(4.159)积分的放气过程的能量方程为

$$Q = -\int_1^2 h\delta m + m_2 u_2 - m_1 u_1 \tag{4.160}$$

1. 绝热放气

如果容器有很好的保温或者放气进行得非常快，以至于容器和外界来不及交换热量，则该放气过程是绝热的。

对该放气过程，以放气终点时残留在容器中的气体为研究对象，则在放气起点时，这部分气体只占据容器内部分容积，如图4.28中虚线框所示，但放气终点压力为 p_2（该压力一定抑制2，否则终点无法确定）时这部分气体膨胀至充满整个容器。假设这一膨胀过程是绝热可逆的，则放气终点的温度 T_2 为

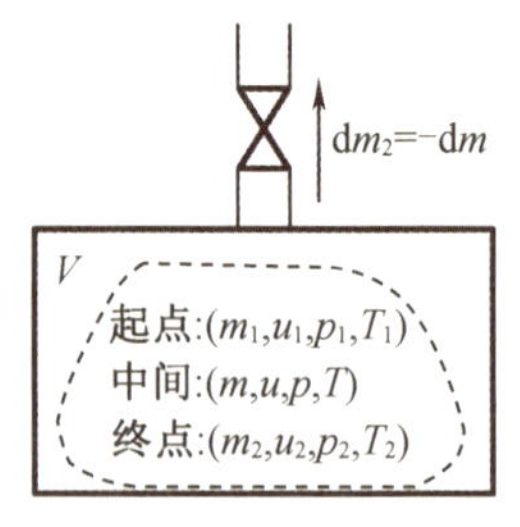

图4.28　绝热放气过程

$$T_2 = T_1\left(\frac{p_2}{p_1}\right)^{\frac{\kappa-1}{\kappa}} \tag{4.161}$$

由式(4.161)可知，由于放气终点的压力总低于起点的压力，所以放气终点的温度总是低于起点的温度。如果一个常温容器内的气体向外快速放出，则该容器的温度会下降很多，以至于空气中的水蒸气会冷凝于容器壁上，甚至会出现结冰现象。

利用理想气体状态方程，可计算绝热放气的放气量为

$$\Delta m = m_2 - m_1 = \frac{p_2 V}{R_g T_2} - \frac{p_1 V}{R_g T_1} < 0 \tag{4.162}$$

2. 等温放气

如果放气过程进行得非常缓慢或容器和外界有良好的热交换，则放气过程中容器内的气体保持一个恒定的温度，称为等温放气。

利用理想气体状态方程，可计算等温放气的放气量

$$\Delta m = m_2 - m_1 = \frac{p_2 V}{R_g T_1} - \frac{p_1 V}{R_g T_1} = \frac{V}{R_g T_1}(p_2 - p_1) < 0 \tag{4.163}$$

利用式(4.160)可以计算等温放气过程中热量

$$\begin{aligned} Q &= -\int_1^2 h\delta m + \int_1^2 \mathrm{d}(mu) \\ &= -\int_1^2 \mathrm{d}(mh - mu) \\ &= -\int_1^2 \mathrm{d}(mpv) \\ &= -\int_1^2 \mathrm{d}(pV) \\ &= V(p_2 - p_1) \end{aligned} \tag{4.164}$$

由于放气过程终点压力小于起点压力，由式(4.164)可知，等温放气需要向容器提供热量。

3. 等温等容放气

工程中有一类设备叫真空泵，如图4.29所示，其作用是把某容器中的气体抽出，使该容器能够维持比外界更低的压力。真空泵抽气过程可以认为是一个容积速率恒定的过程，即单位时间内真空泵能够从容器内抽出的气体容积($\dot{V}$)是恒定的，但是由于容器内温度压力的变化，抽出气体的质量速率是不相等的。

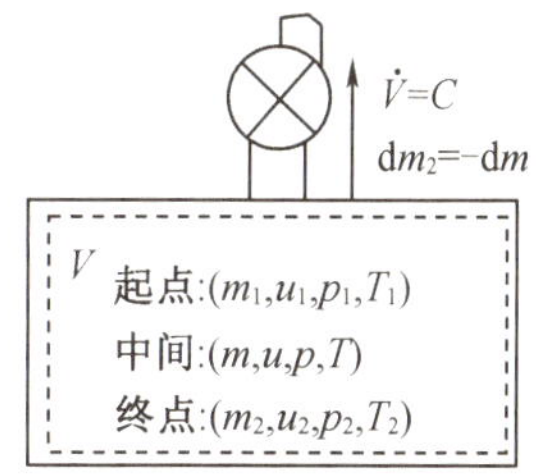

图4.29　等温等容放气过程

为了简化计算，假设抽气过程中容器内工质的温度保持不变，则单位时间内真空泵从容器抽出的气体质量为

$$\delta m_2=\frac{p\dot{V}\mathrm{d}\tau}{R_gT} \tag{4.165}$$

抽出气体的质量在数量上等于容器内工质质量的减少量，即

$$\delta m=\mathrm{d}\left(\frac{pV}{R_gT}\right)=\frac{V\mathrm{d}p}{R_gT} \tag{4.166}$$

根据式(4.158)有

$$\delta m=-\delta m_2 \tag{4.167}$$

则

$$\frac{V\mathrm{d}p}{R_gT}=-\frac{p\dot{V}\mathrm{d}\tau}{R_gT} \tag{4.168}$$

从而得到

$$\frac{\mathrm{d}p}{p}=-\frac{V}{\dot{V}}\mathrm{d}\tau \tag{4.169}$$

两边积分，可使容器内压力从p_1下降到p_2，所需要的时间τ为

$$\tau=-\frac{V}{\dot{V}}\int_1^2\frac{\mathrm{d}p}{p}=-\frac{V}{\dot{V}}\ln\frac{p_2}{p_1} \tag{4.170}$$

抽气过程中的热量可以用式(4.164)计算。

4. 等压放气

工程中有一类设备叫安全阀，它安装于被加热的管道或容器上，当管道或容器内的压力高于一定的限值时，安全阀能自动打开，把工质释放至外界，直至压力低于这一限值，如图4.30所示。因此安全阀有保证管道或容器内压力不超过限值的作用，保证压力容器的工作安全。

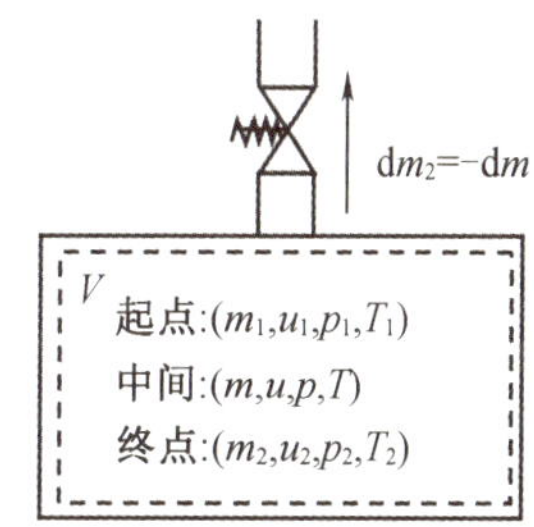

图4.30　等压放气过程

显然，安全阀工作时经历了一个放气过程，为分析简单，假设放气过程中容器内的压力维持不变，放气终点温度T_2已知(否则放气终点无法确定)，则放气量为

$$\Delta m=m_2-m_1=\frac{p_1V}{R_gT_2}-\frac{p_1V}{R_gT_1}=\frac{p_1V}{R_g}\left(\frac{1}{T_2}-\frac{1}{T_1}\right)<0 \tag{4.171}$$

放气过程中容器内工质的温度在升高，压力保持不变，其总热力学能为

$$mu = mc_V T = c_V \frac{p_1 V}{R_g} = C \tag{4.172}$$

说明等压放气过程的总热力学能是不变的。

根据式(4.160)和式(4.172)，放气过程中的热量为

$$\begin{aligned} Q &= -\int_1^2 h\delta m \\ &= -\int_1^2 c_p T \mathrm{d}\left(\frac{p_1 V}{R_g T}\right) \\ &= \int_1^2 \frac{\kappa}{\kappa - 1} \frac{p_1 V}{R_g} \frac{\mathrm{d}T}{T} \\ &= \frac{\kappa}{\kappa - 1} p_1 V \ln \frac{T_2}{T_1} > 0 \end{aligned} \tag{4.173}$$

如果把放气过程分解成一个一个微元等压过程，则热量分析计算如下：

$$\delta Q = mc_p \mathrm{d}T$$

$$\begin{aligned} Q &= \int_1^2 mc_p \mathrm{d}T \\ &= \int_1^2 \frac{p_1 V}{R_g T} c_p \mathrm{d}T \\ &= \frac{p_1 V}{R_g} c_p \int_1^2 \frac{\mathrm{d}T}{T} \\ &= \frac{p_1 V}{R_g} c_p \ln \frac{T_2}{T_1} \\ &= \frac{\kappa}{\kappa - 1} p_1 V \ln \frac{T_2}{T_1} \end{aligned} \tag{4.174}$$

习　　题

4.1　已知 N_2 的摩尔质量 $M = 28.1\times10^{-3}$ kg/mol，求：

(1) N_2 的气体常数 R_g；

(2) 标准状态下 N_2 的比体积 v_0 和密度 ρ_0；

(3) 标准状态下 1 m^3 的 N_2 的质量 m_0；

(4) $p = 0.1$ MPa、$t = 500$ ℃时 N_2 的比体积 v 和密度 ρ；

(5) 上述状态下的摩尔体积 V_m。

4.2　压力表测得储气罐中丙烷(C_3H_8)的压力为 4.4 MPa，温度为 120 ℃，求这时的比体积多大？若要储气罐存 1 000 kg 这种状态的丙烷，求储气罐的体积需多大？

4.3　供热系统矩形风管的边长为 100 mm×175 mm，40 ℃、102 kPa 的空气在管内流

动，其体积流量是 0.018 5 m^3/s，求空气的流速和质量流量。

4.4　一些大中型柴油机压缩空气启动。若启动柴油机用空气瓶的体积 $V=0.3\ m^3$，内装有 $p_1=8$ MPa、$T_1=303$ K 的压缩空气，启动后品种空气压力降低为 $p_2=0.46$ MPa，$T_2=303$ K，求用去空气的质量。

4.5　截面积 $A=100\ cm^2$ 的气缸内充有空气，活塞距底面 $p_b=750$ mmHg 高度 $h=10$ cm，活塞及负载的总质量是 195 kg（图 4.31）。已知当地大气压 $p_0=771$ mmHg，环境温度 $t_0=27$ ℃，气缸内空气与外界处于热力平衡状态，现将其负载取去 100 kg，活塞将上升，最后与环境重新达到热力平衡。设空气可以通过气缸壁充分与外界换热，达到热力平衡时空气的温度等于环境大气的温度。求活塞上升距离、空气对外做功以及与环境的换热量。

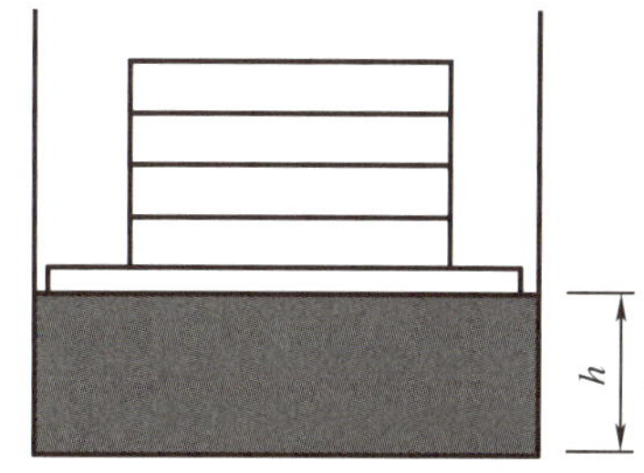

图 4.31　习题 4.5 附图

4.6　空气压缩机每分钟从大气中吸入温度 $t_b=17$ ℃、压力等于当地大气压的空气 0.2 m^3，充入体积 $V=1\ m^3$ 的储气罐中。储气罐中原有空气的温度 $t_1=17$ ℃，表压为 $p_{e1}=0.05$ MPa。问经过多长时间储气罐的气体压力才能提高到 $p_2=0.7$ MPa，温度 $T_2=50$ ℃？

4.7　2 kg 理想气体，定容下吸热量 $Q_V=367.6$ kJ，同时输入搅拌功 468.3 kJ。该过程气体的平均比热容 $c_p=1\ 124$ J/(kg · K)，$c_V=934$ J/(kg · K)。已知初态温度 $t_1=280$ ℃，求：

(1)终态温度 t_2；

(2)热力学能、焓、熵的变化值 ΔU、ΔH、ΔS。

4.8　5 g Ar，初始状态时 $p_1=0.6$ MPa、$T_1=600$ K，经历一个热力学能不变的过程膨胀到 $V_2=3V_1$。Ar 可作为理想气体，且热容可看作定值，求终态温度 T_2、终压 p_2 及总熵变 ΔS。

4.9　初始时 $p_1=0.1$ MPa、$t_1=27$ ℃的 CO_2 体积 $V_1=0.8\ m^3$，经历某种状态变化过程，其熵变 $\Delta S=0.242$ kJ/K（精确值），终压 $p_2=0.1$ MPa，求终态温度 t_2。

4.10　一绝热刚性容器，中间隔板将容器一分为二，左侧为 0.05 kmol 的 300 K、2.8 MPa 的高压空气，右侧为真空。抽出隔板后空气充满整个容器，并达到新的平衡状态，求容器中空气的熵变。

4.11　1 kg 空气，初始温度为 40 ℃，在气缸内以 0.5 MPa 的恒定压力膨胀到容积成为原来的 2 倍。设空气为理想气体，具有定比热容 $c_p=1.005$ kJ/(kg · K) 和 $c_V=0.716$ kJ/(kg · K)，试求：

(1)终温度；

(2)空气所做的功；

(3)传给空气或空气传出的热量。

4.12　一定量的单原子理想气体在气缸内做等压准静态膨胀。若气体所做的功是 5 000 kJ，试问传给气体或气体传出的热量是多少？

4.13　气缸内 30 kg 分子量为 30 的理想气体在 90 ℃下由 1 大气压被等温压缩到 5 大气压。压缩过程中,热量从气体流向 30 ℃的热源。实际所需的功比同一压缩条件下的可逆功大 20%,试计算:

(1)从气体带走的热量;

(2)系统中的熵增。

4.14　某理想气体在气缸内准静态地、等温地由 0.1 MPa、0.5 m^3,被压缩到 0.5 MPa,试计算传递的功量和热量。

4.15　初始为 260 ℃的饱和水蒸气在气缸内准静态地等温膨胀到 0.7 MPa,试计算每千克水蒸气所传递的功量和热量。

4.16　NH_3 在气缸内由-6.67 ℃的饱和蒸汽状态被绝热压缩到 0.69 MPa。实际所需的功为同一压缩条件下可逆绝热功的 115%,试求:

(1)终温度;

(2)1 kg NH_3 在系统中的熵增。

4.17　水蒸气在气缸内被准静态地绝热压缩。过程开始时水蒸气的温度和压力分别为 100 ℃和 0.101 3 MPa。过程终了时水蒸气的压力为 0.4 MPa,试求 1 kg 水蒸气所需的压缩功。

4.18　F-12 在气缸内被压缩。过程开始时,流体为-23.3 ℃的干饱和蒸汽。过程终了时,流体的压力和温度分别为 0.69 MPa 和 60 ℃,所需的压缩功为 93 kJ/kg。

(1)试求每千克 F-12 所放出的热量;

(2)假如压缩过程当中热量从流体流向 26.7 ℃的热源,试证明压缩过程是不可逆的。

4.19　某理想气体在气缸内进行准静态绝热膨胀。当容积成为 2 倍的时候,温度由 40 ℃下降到-40 ℃。过程中气体做了 60 kJ/kg 的功。设为定比热容,试求 c_V 和 c_p 值。

4.20　一个 5 kg 的铜块被投入装有 30 ℃的水的保温桶内。铜块初始温度为 260 ℃。最后铜块和水的平衡温度是 40 ℃,试求桶内水的质量。铜的内能由下式给出:

$$\bar{u}=\bar{u}_0+24.54T\ \text{kJ/kmol}$$

式中,$\bar{u}_0$ 为常数,T 单位为 K。

4.21　N_2 在气缸内由 13.8 MPa、300 K 膨胀到 1.38 MPa、300 K。气体做的功为 163 kJ/kg。用气体实际所做的功小于从气体可获得的最大有用功的办法来证明膨胀过程是不可逆的。设外界的压力和温度为 0.101 3 MPa 和 26.7 ℃。

4.22　NH_3 在气缸内由-6.67 ℃的干饱和蒸汽被压缩到压力为 0.69 MPa,温度为 48.9 ℃。加给流体的功为 116 kJ/kg。用实际所加的功在数值上大于压缩过程所需最小功的办法来证明压缩过程是不可逆的。设周围环境的压力和温度为 0.101 3 MPa 和 26.7 ℃。

4.23　容量为 1.5 m^3 的刚性罐装有 0.207 MPa、260 ℃的空气。如果某发动机系统可设计成利用罐内的空气作为热源,试问当空气温度降到环境温度 26.7 ℃时,从空气中可能得到的最大有用功是多少?

第 5 章　蒸汽的热力性质和热力过程

热能动力装置选用的工质是空气、烟气等理想气体，它们简单易得，成本极低，但是由于它们的比热容比较小，一定温度变化对应的热量比较小，所以想要获得较大的做功总量，工质的质量流量就必须很大；同时由于气体密度较小，因此体积流量很大，在循环中迫使工质流动需要消耗的功量也较大，设备的投资相应也增大。

如果选用液体或液体汽化形成的蒸气作工质，则汽化过程对应的热量比气体温度变化对应的吸热或放热要大得多，且液体的密度大，体积流量小，使工质循环的耗功比气体循环得多。因此，在需要大功率输出的动力装置中，通常更倾向选择液体及其蒸气作为工质，典型的如动力工程中的水及水蒸气，以及制冷和低温工程中的氟利昂等。

5.1　实际气体的状态方程

H_2、O_2、N_2 等气体，在常温常压下，分子间距通常达到分子直径的 10 倍，分子之间的作用力非常微弱，且分子间发生的碰撞通常都是弹性碰撞，因此可以做如下三条理想化的处理：

(1)分子无大小；

(2)分子间无作用力；

(3)分子间的碰撞是弹性碰撞。

如果气体满足这三条性质，则称其为理想气体，且其必然满足理想气体状态方程：

$$pv=R_gT$$

从 17 世纪开始，人们开始对气体的状态变化规律进行研究，波意耳、查理和盖 · 吕萨克发现了气体的三大定律，并且由此总结出了理想气体状态方程，它们在常温常压下对 CO_2、O_2、N_2 等气体的适用性很好。但不久人们通过各种实验发现，低温和高密度状态的气体以及刚刚由液态汽化生成的气体和理想气体状态方程之间的误差越来越大。是什么原因导致理想气体状态方程失效了呢？

很容易想到，如果理想气体方程失效的话，说明理想气体的三条处理对上述气体不太满足了。例如，常温下 CO_2 分子间作用力可能很大，不能忽略；高压下 O_2 密度变大，分子间距变小，分子本身的体积相对其活动空间不能忽略了；刚汽化的分子“浑身湿漉漉”的，两个分子一碰，可能粘在一起，此时，不能认定它们之间的碰撞是弹性碰撞。

荷兰物理学家范德瓦耳斯认为，如果针对上述不合理之处，做相应的修补和改造，应把理想气体状态方程的应用范围拓展到更多的工质和更大的参数范围。1873 年他以《论气态和液态的连续性》为题完成了博士论文，该论文立即使他名列一流物理学家之列，并使他获得了 1910 年的诺贝尔物理学奖。

范德瓦耳斯对理想气体方程的改造基于以下理由：

第一，既然气体在某些状态下分子间距比较小，说明分子体积相对还是比较大的，分子体积将使分子能够活动的空间变小，以 1 kg 气体来讲，原来存在于 v（单位：m^3）的容器中，就认为它的活动范围是 v，但实际上 1 kg 分子自己要占掉 b（单位：m^3）的空间，则分子能够活动的范围只有 $v-b$ 了，按这样的思路，理想气体状态方程应该改写成

$$p(v-b)=R_g T \tag{5.1}$$

举例说，1 000 个座位的图书馆中只有一位学生（他还经常无规律地在 1 000 个座位中换着坐）时，你完全可以无视这位同学的存在，在 1 000 个座位中随便选座和换座，但如果有 200 位同学在 1 000 个座位中动来动去，则你能自由选座的范围只有 1 000-200=800 个座了，你再也不能忽略已经存在的 200 位同学。

第二，理想气体状态方程中的压力 p 是怎样产生的？分子运动论的解释是：气体分子对容器壁面或压力测试仪表的连续不断的打击力，如图 5.1 所示，不断运动的气体分子从左向右撞向容器壁面（或撞向压力测量仪表）的力即为测量压力 p。由于分子之间存在着引力，向右撞向器壁的分子会被它左边的分子吸引，使撞击力减小 Δp。于是，分子之间真实的由撞击引起的压力（图 5.1 中 p_{in}）应是测量压力和减小压力之和，即 $p_{in}=p+\Delta p$。减小的压力 Δp 和撞击壁面的分子数成正比，也和吸引撞击的分子数成正比，若比例系数为 a，则有

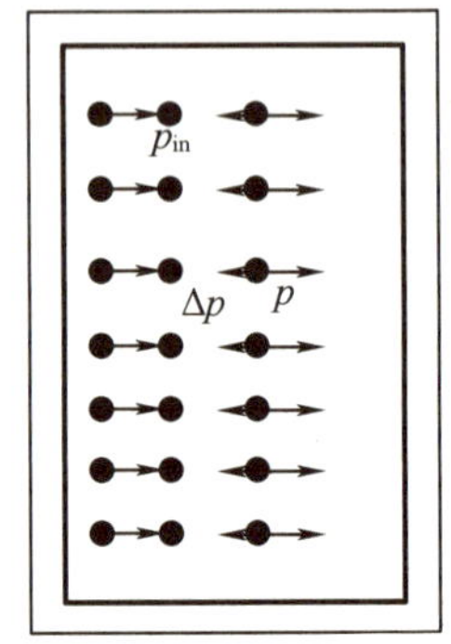

图 5.1　气体的真实压力与测量压力

$$\Delta p=\frac{a}{v^2}$$

$$p_{in}=p+\Delta p=p+\frac{a}{v^2}$$

范德瓦耳斯用气体的真实内部压力 p_{in} 代替理想气体状态方程中的测量压力 p，结合对气体活动空间减小的考虑，改造理想气体状态方程，得到了著名的以他名字命名的范德瓦耳斯方程，即

$$\left(p+\frac{a}{v^2}\right)(v-b)=R_g T \tag{5.2}$$

式(5.2)中的常数 a 和 b 称为范德瓦耳斯常数，其中，a 是反映不同气体分子间引力大小的特性常数，b 是反映不同气体分子体积大小的特性常数，约为分子本身体积的 4 倍，两个常数的大小与温度都没有关系。

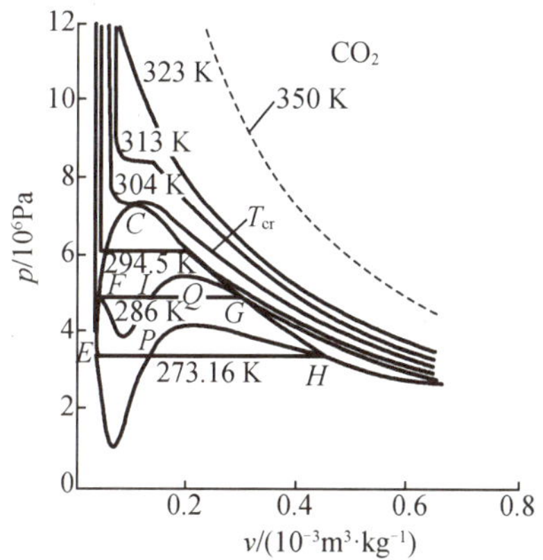

图 5.2　CO_2 的等温线

范德瓦耳斯修正后得到的方程不仅适用于更广参数的气体,还能适用于液体。液态水的比体积 v 为 0.001 m^3/kg 左右,所以 a/v^2 这一项大得惊人,达 1 700 MPa 级别,因此,当压力从 1 MPa 加大到 10 MPa 时,$(p+a/v^2)$ 仅改变千分之五,体积的改变量仅为十万分之三,因此水通常表现出不可压缩性。但标准状态下 O_2 的比体积 v 为 0.7 m^3/kg,它的 a/v^2 仅为 275 Pa,压力从 1 MPa 加大到 2 MPa 时,体积就会缩小至原来的一半。

将范德瓦耳方程按 v 的降次排列,可写成

$$v^3-\left(b+\frac{R_g T}{p}\right)v^2+\frac{a}{p}v-\frac{ab}{p}=0$$

该式是 v 的三次方程式。随着 p 和 T 不同,v 可以有三个不等的实根、三个相等实根或一个实根两个虚根。实验也说明了这个现象。在各种温度下定温压缩某种工质,例如 CO_2,测定 p 与 v,在 $p-v$ 图上画出 CO_2 的定温线,当温度低于临界温度 T(304 K)时,定温线中间有一段是水平线。这些水平线段相当于 CO_2 气体凝结成液体的过程。在点 H、G 等处开始凝结,到点 E、F 等处则凝结完毕。温度等于 304 K 时等温线上不再有水平线段,而在 C 处有一转折点。点 C 的状态即为临界状态,当温度大于临界温度时,等温线中不再有水平段,意味着压力再高,气体也不能液化。

从图 5.2 可见,当温度高于临界温度时,对于每个压力 p,只有一个 v 值,即只有一个实根。当温度低于临界温度时,与一个压力值对应的有三个 v 值,其中最小值是饱和液线上饱和液的摩尔体积,最大值为饱和干蒸气线上饱和蒸汽的摩尔体积。由于图中 P—I—Q 是违反稳定平衡态判据的,因此是不可能的,故而中间的那个 v 值是没有意义的。当温度等于临界温度时,三个实根合并为一个,即相对于 p_{cr},v 有三个相等的实根。

把范德瓦耳斯方程式(式(5.2))与理想气体状态方程式 $pv=nRT$ 做比较得出:比体积 v 越大,两者之间的差别就越小。而随着压力的降低与温度的升高,比体积变大。因此,当压力越低,温度越高时,实际气体的性质越接近于理想气体。这与在温度远高于临界温度的区域范德瓦耳斯方程与实验结果符合较好,但在较低压力和较低温度时,范德瓦耳斯方程与实验结果符合不好是一致的。

5.2 水蒸气的饱和状态和相图

水蒸气是人类在热力发动机中最早广泛应用的工质,由于水蒸气具有容易获得、有适宜的热力性质及不会污染环境等优点,至今仍是热力系统中应用的主要工质。在热力系统中用作工质的水蒸气距液态不远,工作过程中常有集态的变化,故不宜作理想气体处理。工程计算中,水和水蒸气的热力参数以前采用查取有关水蒸气的热力性质图表的办法,现在也可借助计算机对水蒸气的物性及过程做高精度的计算。

众所周知,水由液态转变为气态的过程称为汽化,汽化又有蒸发和沸腾之分。在水表面进行的汽化过程称为蒸发;在水表面和内部同时进行的强烈汽化过程称为沸腾。物质由气相转变为液相的过程称为凝结,凝结是汽化的反过程。

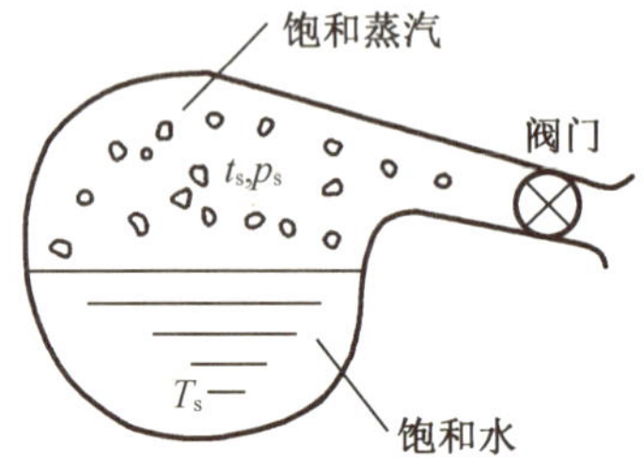

图 5.3　饱和状态

液态水分子和气体分子一样,都处于紊乱的热运动中。液态水放置于一个压力的容器内时(图 5.3),随时有液体表面附近的动能较大的分子克服表面张力及其他分子的引力飞散到上面空间,同时也有空间内的蒸汽分子碰撞回到液面,凝成液态水。液体的温度愈高,分子运动愈剧烈,水面附近动能较大的分子挣脱水面变成水蒸气的分子数愈多。假设容器空间没有其他气体,随着容器空间的水蒸气分子逐渐增多,液面上蒸汽压力也将逐渐增大,水蒸气的压力愈高,密度愈大,水蒸气的分子与液面碰撞愈频繁,变为水分子的水蒸气分子数也愈多。到一定状态时,这两种方向相反的过程就会达到动态平衡。此时,这两种过程仍在不断进行,但宏观结果是状态不再改变。这种液相和气相处于动态平衡的状态称为饱和状态。处于饱和状态的蒸汽称为饱和蒸汽,液体称为饱和液体。此时,气、液的温度相同,称为饱和温度,用 T_s 表示;蒸汽的压力称为饱和压力,用 p_s 表示。饱和蒸汽的特点是在一定容积中不能再含有更多的蒸汽,即蒸汽压力与密度为对应温度下的最大值。

若温度升高并且维持一定值,则汽化速度加快,空间内蒸汽密度亦将增加。当增加到某一确定数值时,在液体和蒸汽间又建立起新的动态平衡,此时蒸汽压力对应于新的温度下的饱和压力。对一定温度的液态水减压,也可使水达到饱和状态。这时,汽化所需能量由液态水本身的热力学能供给,因此液体的温度要降低,但仍满足饱和压力与饱和温度的对应关系。不同温度水对应的饱和压力见表 5.1。

水的气、液饱和状态概念可以推广到所有的纯物质,并且这种液相和气相动态相平衡的概念可以进一步推广到固相和气相以及固相和液相,它们的饱和压力与饱和温度也是一一对应的,克拉贝隆方程描述了饱和状态下饱和压力和饱和温度的依变关系。表示饱和压力和饱和温度关系的状态参数图(p-T 图)称为相图,大多数纯物质的相图如图 5.4 所示。相图中,气固、液固和气液相平衡只是表示了饱和压力和饱和温度的对应关系,在某确定的饱和压力(或饱和温度)两相成分可自由变化。图中 T_{tp} 为三相点,C 为临界点。$T_{tp}A$、$T_{tp}B$ 和 $T_{tp}C$ 分别为气固、液固和气液相平衡曲线。三条相平衡曲线的交点称为三相点,三相点状态是物质气、液、固三相平衡共存的状态。

表 5.1　不同温度水的饱和压力

温度 t/℃	饱和压力 p_s/kPa	温度 t/℃	饱和压力 p_s/kPa
-10	0.26	50	12.35
0	0.61	100	101.3(1 atm)
10	1.23	150	475.8
20	2.34	200	1 554
30	4.25	250	3 973
40	7.38	300	8 581

水的 p-T 图如图 5.5 所示。由于液态水凝固时容积增大,依据克拉贝隆方程固液相平衡曲线 $T_{tp}B$ 的斜率为负。水的三相点的平衡压力和温度分别是 $p_{tp}=611.659$ Pa、$T_{tp}=273.16$ K($t_{tp}=0.01$ ℃)。同平衡曲线上各点一样,三相点的成分可以变化,故三相点的比体积不是定值,但三相点各相的比体积是确定值,其液相比体积 $v'_{tp}=0.000\ 100\ 21\ m^3/kg$。表 5.2 是一些物质三相点的温度和压力。

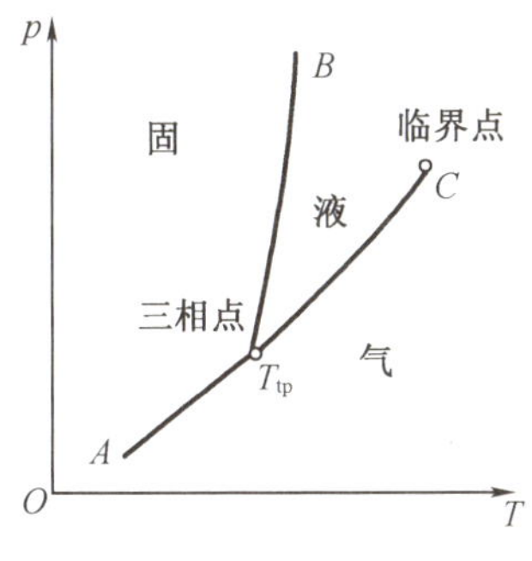

图 5.4　纯物质的相图

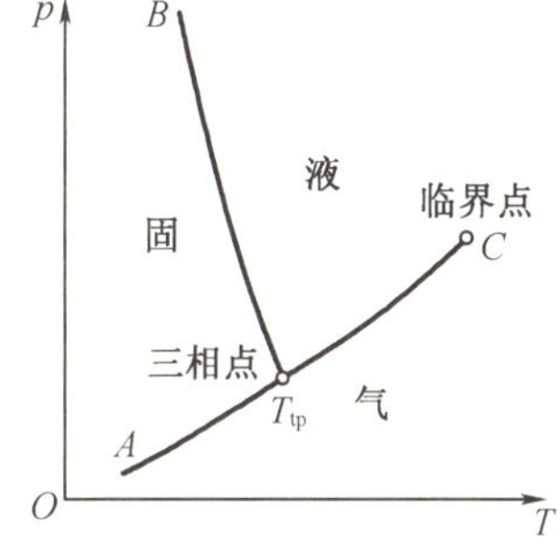

图 5.5　水的相图

表 5.2　一些物质三相点的温度和压力

物质	t_{tp}/℃	p/kPa	物质	t_{tp}/℃	p/kPa
氢	-259	7.194	水	0.01	0.611 3
氧	-291	0.15	锌	419	5.066
氮	-210	12.53	银	961	0.01
二氧化碳	-56.4	520.8	铜	1 083	0.000 079
汞	-39	0.000 000 13			

5.3 水的汽化过程和临界点

工程上所用的水蒸气通常是水在保持压力近似不变的条件下沸腾汽化而产生的。为形象化起见,假设水是在气缸内进行定压加热,其原理如图 5.6 所示。

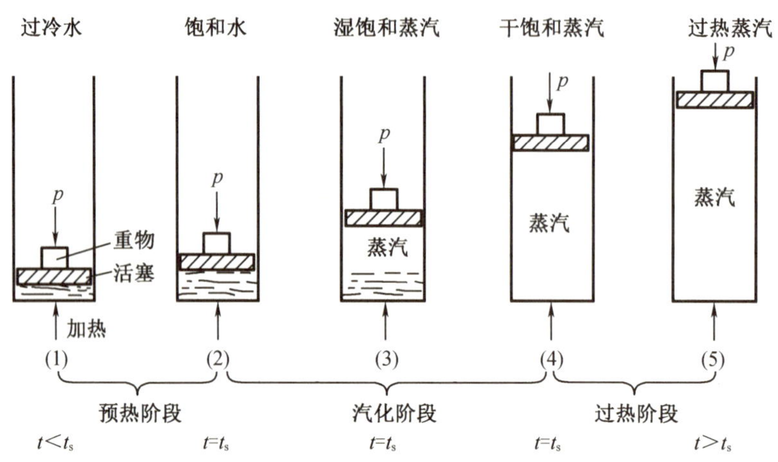

图 5.6　水的定压汽化原理

设气缸内有 1 kg、0 .01 ℃的纯水,通过增减活塞上重物可使水处在指定压力下定压吸热。当水温低于饱和温度时称为过冷水,或称未饱和水,如图 5.6 中(1)所示。对未饱和水加热,水温逐渐升高 ,水的比体积稍有增大。当水温达到压力 p 对应的饱和温度 t_s 时,水成为饱和水,如图 5.6 中(2)所示。水在定压下从未饱和状态加热到饱和状态称为预热阶段,所需热量称为液体热,用 q_l 表示。

对达到饱和温度的水继续加热,水开始沸腾汽化。这时,饱和压力不变,饱和温度也不变。这种蒸汽和水的混合物称为湿饱和蒸汽 (简称湿蒸汽),如图 5.6 中(3)所示。随着加热过程的继续进行,水逐渐减少,蒸汽逐渐增多,直至水全部变成蒸汽,这时的蒸汽称为干饱和蒸汽(简称饱和蒸汽),如图 5.6 中(4)所示。在由饱和水定压加热为干饱和蒸汽的过程中工质的比体积随蒸汽增多而迅速增大,但汽、液温度不变,所吸收的热量转变为蒸汽分子的内位能的增加及比体积的增加而对外做出的膨胀功。这一热量即为汽化潜热 r。1 kg 饱和蒸汽等压冷凝放出的热量与同温下的汽化潜热相等。

对饱和蒸汽继续定压加热,蒸汽温度将升高,比体积增大,这时的蒸汽称为过热蒸汽,如图 5.6 中(5)所示。其温度超过饱和温度之值称为过热度,过热过程中蒸汽吸收的热量称为过热热,用 q_{sup} 表示。

上述由过冷水定压加热为过热蒸汽的过程在 $p-v$ 图及 $T-s$ 图上可用 $1_0 1'1''1$ 表示,如图 5.7 和图 5.8 所示。各个阶段中所吸收的热量可用图 5.8 中过程线下的面积表示。

改变压力 p 可得类似上述的汽化过程 $2_0 2'2''2$、$3_0 3'3''3$ 等,如图 5.7 和图 5.8 中各相应线段所示。

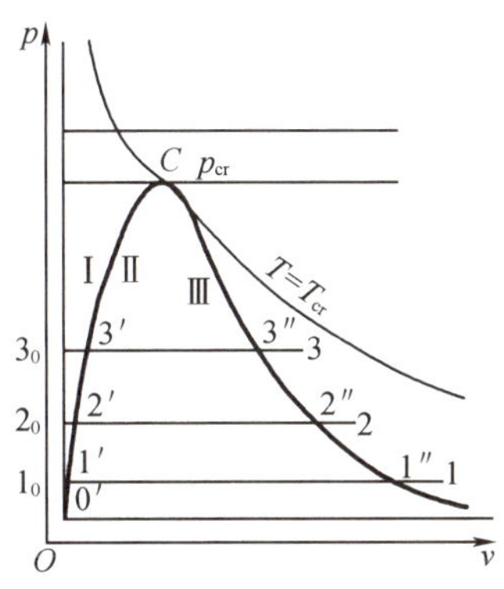

图 5.7 水定压汽化过程的 p–v 图

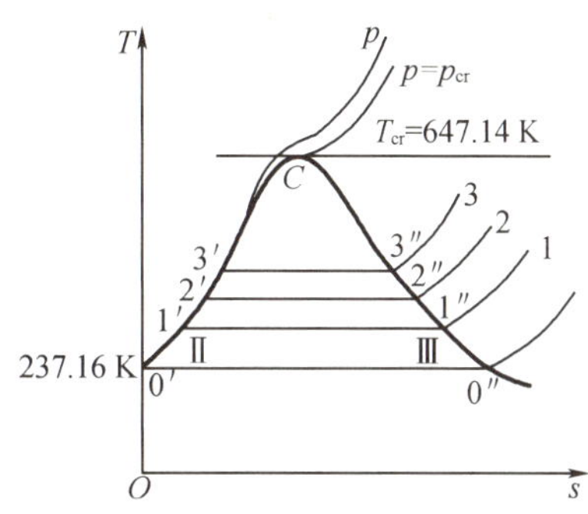

图 5.8 水定压汽化过程的 T–s 图

液态水的比体积随温度升高而明显增大,但随压力的增大变化并不显著。所以在 p–v 图(图 5.7)上 0.01 ℃时各种压力下的水的状态点 1_0、2_0、3_0 等几乎在一条垂直线上,而饱和水的状态点 1′、2′、3′等的比体积因其相应的饱和温度 T_s 的增大而逐渐增大。点 1″、2″、3″等为干饱和蒸汽状态,压力对蒸汽体积的影响比温度大,所以虽然饱和温度随压力增大而升高,但 v' 与 v''之间的差值随压力的增大而减少。1′—1″、2′—2″、3′—3″等之间各状态点均为湿蒸汽,点 1、2、3 等为过热蒸汽状态。当压力升高到 22.064 MPa 时,T_s = 373.99 ℃,$v'=v''$ = 0.003 106 m^3/kg,如图 5.8 中点 C 所示。此时饱和水和饱和蒸汽已不再有分别,该点称为水的临界点,其压力、温度和比体积分别称为临界压力、临界温度和临界比体积,分别用 p_{cr}、T_{cr} 和 v_{cr} 表示。当 $T>T_{cr}$ 时,不论压力多大,也不能使蒸汽液化。

连接不同压力下的饱和水的状态点 1′、2′、3′…得曲线 C–Ⅱ,称为饱和水线,或称下界限线。连接干饱和蒸汽的状态点 1″、2″、3″…得曲线 C–Ⅲ,称为饱和蒸汽线,或称上界限线。两曲线汇合于临界点 C,并将 p–v 图分成三个区域:下界限线左侧为未饱和水(或过冷水),上界限线右侧为过热蒸汽,而在两界限线之间则为水、汽共存的湿饱和蒸汽。湿蒸汽的成分用干度 x 表示,即在 1 kg 湿蒸汽中含有 x kg 的饱和蒸汽,而余下的$(1-x)$kg 则为饱和水。由于水的压缩性很小,压缩后升温极微,所以在 T–s 图(图 5.8)上的定压加热线与下界限线很接近,作图时可以近似认为两线重合。水受热膨胀的影响大于压缩的影响,故饱和水线向右方倾斜,温度和压力升高时,v' 和 s'都增大。对于蒸汽则受热膨胀的影响小于压缩的影响,故饱和蒸汽线向左上方倾斜,表示 p_s 升高时 v''和 s''均减小。所以随饱和压力 p_s 和饱和温度 t_s 的升高,汽化过程的 v''—v' 逐渐减小,汽化潜热也逐渐减小,到临界点时为零。而液体热随着饱和压力和饱和温度的增大而逐渐增大。

因此,水的状态(在 p–v 图和 T–s 图上)可归纳为三个区:过冷水区、湿蒸汽区(简称湿区)和过热蒸汽区(简称过热区)。两条线:饱和水线和饱和蒸汽线。五个状态:过冷水、饱和水、湿饱和蒸汽、干饱和蒸汽和过热蒸汽。

5.4 水和水蒸气的状态参数

动力工程中应用的水和水蒸气，因其压力较高，通常不能利用理想气体的关系确定其 p、v、t、h、s 等参数。以往，工程实际计算根据图或表确定水及水蒸气的各种状态参数，随着计算机日益普及，已有许多计算水及水蒸气的各种状态参数的软件。本节及以后几节介绍水和水蒸气的各种状态参数间的一般关系、水和水蒸气的图表以及根据图表查得必要数据后进行的辅助性计算。

1. 零点的规定

与理想气体一样，在热工计算中关心的是水及水蒸气的 h、s、u 在过程中的变化量，故可规定一任意起点。根据国际水蒸气会议的规定，选定水的三相点即 273.16 K 的液相水作为基准点，规定在该点状态下的液相水的比热力学能和比熵为零，即对于 $p_0=p_{tp}=611.659\ \text{Pa}$、$t_0=t_{tp}=0.01\ ℃$ 的饱和水

$$u_0'=0,\ s_0'=0$$

此时，水的比体积 $v_0'=0.001\ 000\ 21\ \text{m}^3/\text{kg}$，焓可通过 $h=u+pv$ 来计算，得

$$h_0'=u_0'+p_0v_0'=0+611.659\ \text{Pa}\times 0.001\ 000\ 21\ \text{m}^3/\text{kg}=0.611\ 7\ \text{J/kg}$$

2. 温度为 0.01 ℃、压力为 p 的过冷水

温度为 0.01 ℃、压力为 p 的过冷水可以认为是相对三相点液态水压缩得到。忽略水的压缩性，且可认为温度不变，水的比体积不变，所以 $v_0\approx 0.001\ \text{m}^3/\text{kg}$，故在压缩过程中 $w\approx 0$。又因为温度不变，比体积不变，则热力学能也不变，即 $u_0=u_0'=0$。进而，$q=0$，比熵也未变，$s_0\approx s_0'=0$。而 $h_0=u_0+p_0v_0$，当压力不高时，$h_0\approx 0$。

3. 温度为 t、压力为 p 的饱和水

温度为 0.01 ℃、压力为 p 的过冷水在定压下加热至 t_s 即得压力为 p 的饱和水，所加入的热量（液体热）q_1 相当于图 5.8 中加热线 0′—1′下面的面积：

$$q_1=\int_{273.16\ \text{K}}^{T_s}c_p\text{d}T$$

q_1 随着压力的升高而增大。如果把水的 c_p 当作定值，则 $q_1\approx c_pt_s$。当水的温度小于 100 ℃时，它的平均比热容 $c_p\approx 4.186\ 8\ \text{kJ/(kg·K)}$。此时

$$h'=h_{0.01}'+q_1\approx 4.186\ 8\{t_s\}_{℃}\ \text{kJ/kg} \tag{5.3}$$

$$s'=\int_{273.16\text{K}}^{T_s}c_p\frac{\text{d}T}{T}=4.186\ 8\ln\frac{\{T_s\}_{\text{K}}}{273.16}\text{kJ/(kg·K)} \tag{5.4}$$

在压力与温度较高时，水的 c_p 变化较大，且 h_0' 也不能再认为是零，故不能用式（5.3）和式（5.4）计算 q_1 和 s'。

4. 压力为 p 的干饱和蒸汽

加热饱和水，全部汽化后成为压力为 p、温度为 t_s 的干饱和蒸汽，其各参数以 v''、h''、s''、

u''表示。汽化过程中加入的热量(汽化潜热)r,即图 5.8 中过程线 1′—1″下面的面积:

$$r=T_s(s''-s')=h''-h'=(u''-u')+p(v''-v')$$

式中,$(u''-u')$表示用于增加热力学能的热量;$p(v''-v')$表示汽化时比体积增大而做的膨胀功。

干饱和蒸汽的比焓 h''为 h'和 r 之和,即 $h''=h'+r$。式中,h'随 t_s 及 p 的增大而增大,r 则反之(图 5.9)。h''初时增大,约至压力为 3.0 MPa 时达到最大值。图 5.9 表示了在不同压力 p 下,h''、h'及 r 变化情况。

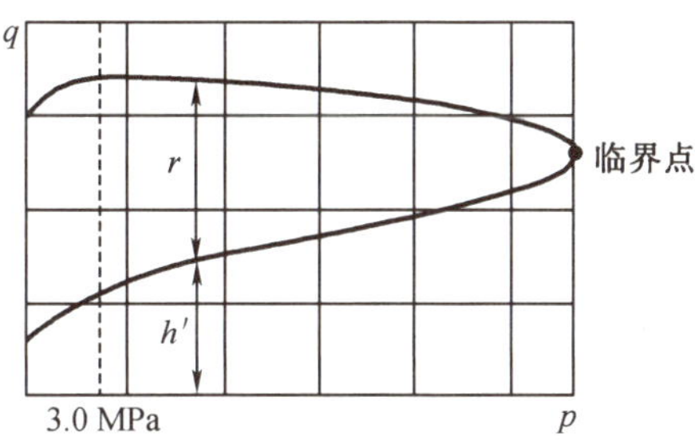

图 5.9　水的 h''、h'、r

干饱和蒸汽的比热力学能 $u''=h''-pv''$,因为汽化过程中温度保持不变,加入的热量为 r,所以干饱和蒸汽的比熵 $s''=s'+r/T_s$。

5. 压力为 p 的湿饱和蒸汽

当汽化已经开始而尚未完毕时,部分为水,部分为蒸汽,此时温度 t 为对应于 p_s 的饱和温度,即 $t=t_s$。因 t 与 p 为互相对应的数值,不是相互独立的参数,故此时仅知 p_s 及 t_s 不能决定其状态,必须另有一个独立参数才能决定其状态,通常用干度 x。于是

$$v_x=xv''+(1-x)v' \tag{5.5}$$

当 p 不太大(其时 $v'\ll v''$)、x 不太小时($(1-x)v'\ll xv''$), 有

$$v_x\approx xv'' \tag{5.6}$$

$$h_x=xh''+(1-x)h' \text{ 或 } h_x=h'+xr \tag{5.7}$$

$$s_x=xs''+(1-x)s' \text{ 或 } s_x=s'+x\frac{r}{T_s} \tag{5.8}$$

$$u_x=h_x-pv_x \tag{5.9}$$

湿蒸汽的 p 与 t 值,均为饱和值已如前述,其 h、s、u、v 之值均介于饱和水和饱和蒸汽各相应参数之间。如已知某一状态下蒸汽的上述参数大于带“′”的值而小于带“″”的值,即可断定此蒸汽为湿蒸汽,并根据上列公式可算出 x 值,如

$$x=\frac{v_x-v'}{v''-v'} \tag{5.10}$$

6. 压力为 p 的过热蒸汽

当饱和蒸汽继续在定压下加热时,温度开始升高,超过 t_s 而成为过热蒸汽。其超过 t_s

之值称为过热度，即 $\Delta t=t-t_s$。过热热量 $q_{sup}=\int_{T_s}^{T}c_p\mathrm{d}T$，因过热蒸汽的 c_p 是 p、t 的复杂函数，故此式不宜用于工程计算。

过热蒸汽的比焓 $h=h''+q_{sup}$，其比熵为

$$s=\int_{273.16\ \mathrm{K}}^{T_s}c\frac{\mathrm{d}T}{T}+\frac{r}{T_s}+\int_{T_s}^{T}c_p\frac{\mathrm{d}T}{T}$$

式中，c 为水的比热容；c_p 为过热蒸汽的比热容。

在一定压力下的过热蒸汽，其 t、v、h、s、u 均大于同压力下饱和蒸汽的相应参数 t_s、v''、h''、s''、u''。如已知某压力下蒸汽的上述任一参数大于同压力下的带“″”的值时，即可断定其为过热蒸汽。

5.5 水蒸气表和图

水蒸气的参数均系用实验和分析方法求得，列成数据表，以供工程计算用。由于各国在进行实验建立水蒸气状态方程式时所采用的理论与方法不同，测试技术有差异，其结果也不免有异。因此，通过国际会议的研究和协商制定了水蒸气热力性质的国际骨架表。1963 年召开的第六届国际水和水蒸气性质会议上，规定了水的三相点时液相水的比热力学能和比熵值为零，并且以此为起点，编制的骨架表的参数已达 100 MPa 和 800 ℃。1985 年第十届国际水蒸气性质大会公布了新的骨架表，规定了新的更严格的允差。此项研究还在继续进行，参数范围还在不断扩大。

为适应计算机的使用，在第六届国际水和水蒸气会议上，成立了国际公式化委员会（简称 IFC），该委员会先后发表了“工业用 1967 年 IFC 公式”和“科学用 1968 年 IFC 公式”。现在各国使用的水和水蒸气图表就是根据这些公式计算而编制的。工程上目前还广泛使用图表，本节介绍图表的构成及使用。

5.5.1 水蒸气表

水蒸气表分“饱和水和干饱和蒸汽表”“未饱和水和过热蒸汽表”两种。前者又分两种：一种是按温度排列，依次列出各个不同温度下的 p_s、v'、v''、h'、h''、r、s'、s''。另一种是以压力 p 为独立变数，依次列出不同压力下的 t_s、v'、v''、h'、h''、s'、s''。u 则需依 $u=h-pv$ 计算而得。湿蒸汽的各个参数可根据 x 依式(5-5)~式(5-8)算出。“未饱和水和过热蒸汽表”以压力和温度为独立变数，列出未饱和水和过热蒸汽的 v、h、s、u 亦依 $u=h-pv$ 计算而得。两表的节录分别如表 5-3 和表 5-4 所示。

例题 5.1 利用水蒸气表，确定下列各点的状态和 h、s 的值：

(1) $t=45.8$ ℃，$v=0.001\ 01\ \mathrm{m^3/kg}$；

(2) $t=200$ ℃，$x=0.9$；

(3) $p=0.5$ MPa，$t=165$ ℃；

(4) $p=0.5$ MPa，$v=0.545\ \mathrm{m^3/kg}$。

解 (1) 由已知温度，查得 $v'=0.001\ 01\ \mathrm{m^3/kg}=v$，确定该状态为饱和水，由同表查得

$p_s = 0.01\ \text{MPa} \quad h = 191.76\ \text{kJ/kg} \quad s = 0.649\ 1\ \text{kJ/(kg·K)}$

表 5.3　饱和水和干饱和蒸汽表(节录)

(一)依温度排列

$\{t\}_{℃}$	$\{p\}_{\text{MPa}}$	$\{v'\}_{\text{m}^3/\text{kg}}$	$\{v''\}_{\text{m}^3/\text{kg}}$	$\{h'\}_{\text{kJ/kg}}$	$\{h''\}_{\text{kJ/kg}}$	$\{r\}_{\text{kJ/kg}}$	$\{s'\}_{\text{kJ/(kg·K)}}$	$\{s''\}_{\text{kJ/(kg·K)}}$
0	0.000 611 2	0.001 000 22	206.154	-0.05	2 500.51	2 500.6	-0.000 2	9.154 4
0.01	0.000 611 7	0.001 000 18	206.012	0.00	2 500.53	2 500.5	0.000 0	9.154 1
5	0.000 872 5	0.001 000 08	147.048	21.02	2 509.71	2 488.7	0.076 3	9.023 6
15	0.001 705 3	0.001 000 94	77.910	62.96	2 528.07	2 465.1	0.224 8	8.779 4
25	0.003 168 7	0.001 003 02	43.362	104.77	2 546.29	2 441.5	0.367 0	8.556 0
35	0.005 626 3	0.001 006 05	25.222	146.59	2 564.38	2 417.8	0.505 0	8.351 1
70	0.031 178	0.001 022 76	5.044 3	293.01	2 626.10	2 333.1	0.955 0	7.754 0
110	0.143 243	0.001 051 56	1.210 6	461.33	2 691.26	2 229.9	1.418 6	7.238 6
150	0.475 71	0.001 090 46	0.392 86	632.28	2 746.35	2 114.1	1.842 0	6.838 1
200	1.553 66	0.001 156 41	0.127 32	852.34	2 792.47	1 940.1	2.330 7	6.431 2
250	3.973 51	0.001 251 45	0.050 112	1 085.3	2 800.66	1 715.4	2.792 6	6.071 6
300	8.583 08	0.001 403 69	0.021 669	1 344.0	2 748.71	1 404.7	3.253 3	5.704 2
350	16.521	0.001 740 08	0.008 812	1 670.3	2 563.39	893.0	3.777 3	5.210 4
373.99	22.064	0.003 106	0.003 106	2 085.9	2 085.87	0.0	4.409 2	4.409 2

(二)依压力排列

$\{p\}_{\text{MPa}}$	$\{t\}_{℃}$	$\{v'\}_{\text{m}^3/\text{kg}}$	$\{v''\}_{\text{m}^3/\text{kg}}$	$\{h'\}_{\text{kJ/kg}}$	$\{h''\}_{\text{kJ/kg}}$	$\{r\}_{\text{kJ/kg}}$	$\{s'\}_{\text{kJ/(kg·K)}}$	$\{s''\}_{\text{kJ/(kg·K)}}$
0.001	6.949 1	0.001 000 1	129.185	29.21	2 513.29	2 484.1	0.105 6	8.973 5
0.003	24.114 2	0.001 002 8	45.666	101.07	2 544.68	2 443.6	0.354 6	8.575 8
0.004	28.953 3	0.001 004 1	34.796	121.30	2 533.46	2 432.2	0.422 1	8.472 5
0.005	32.879 3	0.001 005 3	28.191	137.72	2 560.55	2 422.8	0.476 1	8.383 0
0.01	45.798 8	0.001 0103	14.673	191.76	2 583.72	2 392.0	0.649 0	8.148 1
0.02	60.065 0	0.001 017 2	7.649 7	251.43	2 608.90	2 357.5	0.832 0	7.906 8
0.05	81.338 8	0.001 029 9	3.240 9	340.55	2 645.31	2 304.8	1.091 2	7.592 8
0.1	99.634	0.001 043 2	1.694 3	417.52	2 675.14	2 257.6	1.302 8	7.358 9
0.2	120.240	0.001 060 5	0.885 85	504.78	2 706.53	2 201.7	1.530 3	7.127 2
0.5	151.867	0.001 092 5	0.374 86	640.35	2 748.59	2 108.2	1.861 0	6.821 4
1.0	179.916	0.001 127 2	0.194 38	762.35	2 777.67	2 014.8	2.138 8	6.585 9
2.0	212.417	0.001 176 7	0.099 588	908.64	2 798.66	1 890.0	2.447 1	6.339 5
3.0	233.893	0.001 216 6	0.066 662	1 008.2	2 803.19	1 794.9	2.645 4	6.185 4
5.0	263.980	0.001 286 2	0.039 439	1 154.2	2 793.64	1 639.5	2.920 1	5.972 4
22.064	373.99	0.003 106	0.003 106	2 085.87	2 085.87	0.0	4.409 2	4.409 2

注:本表摘自参考文献[23]。

表 5.4　未饱和水和过热蒸汽表(节录)

	p=0.01 MPa			p=0.1 MPa		
饱和参数	t_s=45.798 8 ℃ v'=0.001 010 3 m³/kg h'=191.76 kJ/kg s'=0.649 0 kJ/(kg·K) v''=14.673 m³/kg h''=2 583.72 kJ/kg s''=8.148 1 kJ/(kg·K)			t_s=99.634 ℃ v'=0.001 043 2 m³/kg h'=417.52 kJ/kg s'=1.302 8 kJ/(kg·K) v''=1.694 3 m³/kg h''=2 675.14 kJ/kg s''=7.358 9 kJ/(kg·K)		
t/℃	v/(m³/kg)	h/(kJ/kg)	s/[kJ/(kg·K)]	v/(m³/kg)	h/(kJ/kg)	s/[kJ/(kg·K)]
0	0.001 000 2	-0.04	-0.000 2	0.001 000 2	0.05	-0.000 2
10	0.001 000 3	42.01	0.151 0	0.001 000 3	42.01	0.151 9
20	0.001 001 8	83.87	0.296 3	0.001 001 8	83.96	0.296 3
30	0.001 004 4	125.68	0.436 6	0.001 004 4	125.77	0.436 5
40	0.001 007 9	167.51	0.572 3	0.001 007 8	167.59	0.572 3

	p=0.01 MPa			p=0.1 MPa		
饱和参数	t_s=45.798 8 ℃ v'=0.001 010 3 m³/kg h'=191.76 kJ/kg s'=0.649 0 kJ/(kg·K) v''=14.673 m³/kg h''=2 583.72 kJ/kg s''=8.148 1 kJ/(kg·K)			t_s=99.634 ℃ v'=0.001 043 2 m³/kg h'=417.52 kJ/kg s'=1.302 8 kJ/(kg·K) v''=1.694 3 m³/kg h''=2 675.14 kJ/kg s''=7.358 9 kJ/(kg·K)		
t/℃	v/(m³/kg)	h/(kJ/kg)	s/[kJ/(kg·K)]	v/(m³/kg)	h/(kJ/kg)	s/[kJ/(kg·K)]
50	14.869	2 591.8	8.173 2	0.001 012 1	209.40	0.703 7
60	15.336	2 610.8	8.231 3	0.001 017 1	251.22	0.831 2
70	15.802	2 629.9	8.287 6	0.001 022 7	293.07	0.954 9
80	16.268	2 648.9	8.342 2	0.010 290	334.97	1.075 3
90	16.732	2 667.9	8.395 4	0.001 035 9	379.96	1.192 5
100	17.196	2 686.9	8.447 1	1.696 1	2 675.9	7.360 9
110	17.660	2 706.2	8.600 8	1.744 8	2 696.2	7.414 6
120	18.124	2 725.1	8.546 6	1.793 1	2 716.3	7.466 5
130	18.587	2 744.2	8.594 5	1.841 1	2 736.3	7.516 7
140	19.059	2 763.3	8.744 7	1.888 9	2 756.2	7.565 4
150	19.513	2 782.5	8.790 5	1.936 4	2 776.0	7.612 8

注：本表摘自参考文献[23]。

(2)$0<x<1$,故该状态为湿蒸汽,由已知温度查饱和水和干饱和蒸汽表得

$$h'=852.34\ \text{kJ/kg}、h''=2\ 792.47\ \text{kJ/kg}$$

$$s'=2.330\ 7\ \text{kJ/(kg·K)}、s''=6.431\ 2\ \text{kJ/(kg·K)}$$

$$\begin{aligned}h_x&=xh''+(1-x)h'\\&=0.9\times2\ 792.47\ \text{kJ/kg}+(1-0.9)\times852.34\ \text{kJ/kg}\\&=2\ 598.5\ \text{kJ/kg}\end{aligned}$$

$$\begin{aligned}s_x&=xs''+(1-x)s'\\&=0.9\times6.431\ 2\ \text{kJ/(kg·K)}+(1-0.9)\times2.330\ 7\ \text{kJ/(kg·K)}\\&=6.021\ 2\ \text{kJ/(kg·K)}\end{aligned}$$

(3)$p=0.5$ MPa 时,$t_s=151.867$ ℃。现 $t>t_s$,所以为过热蒸汽状态。查未饱和水和过热蒸汽表,得

$p=0.5$ MPa、$t=165$ ℃时

$$h=2\ 767.2\ \text{kJ/kg}$$

$$s=6.864\ 7\ \text{kJ/(kg·K)}$$

$p=0.5$ MPa、$t=170$ ℃时

$$h=2\ 789.6\ \text{kJ/kg}$$

$$s=6.916\ 0\ \text{kJ/(kg·K)}$$

题给 $t=165$ ℃,故 h 和 s 可从上面两者之间按线性插值求得

$$h=2\ 778.7\ \text{kJ/kg}$$

$$s=6.890\ 4\ \text{kJ/(kg·K)}$$

(4)$p=0.5$ MPa 饱和蒸汽的比体积 $v''=0.374\ 90\ \text{m}^3/\text{kg}$,因 $v>v''$。所以该状态为过热蒸汽状态。查未饱和水和过热蒸汽表,$p=0.5$ MPa、$t=320$ ℃时:

$$v=0.541\ 64\text{m}^3/\text{kg}$$

$$h=3104.9\ \text{kJ/kg}$$

$$s=7.529\ 7\ \text{kJ/(kg·K)}$$

$$p=0.5\ \text{MPa}$$

$$t=330\ ℃$$

$$v=0.551\ 15\ \text{m}^3/\text{kg}$$

$$h=3\ 125.6\ \text{kJ/kg}$$

$$s=7.564\ 3\ \text{kJ/(kg·K)}$$

按线性插值求得:$t=323.5$ ℃,$h=3\ 112.2$ kJ/kg,$s=7.541\ 9$ kJ/(kg·K)。

例题 5.2　储存氟利昂 134a 的刚性容器内,初始温度为 5 ℃,干度 $x=0.945$,由于加热,温度升高 15 ℃,求终态时容器内工质的状态。

解　有关水蒸气性质的讨论同样适用于其他物质,所以氟利昂 134a 状态的确定原则、方法可以仿照水蒸气。初态时,由 $t=5$ ℃查氟利昂 134a 的饱和性质表,得

$$p_s=349.96\ \text{kPa}$$

$$v'=0.000\ 783\ 84\text{m}^3/\text{kg}$$

$$v''=0.057\ 470\ \text{m}^3/\text{kg}$$

$v_1 = x_1 v'' + (1 - x_1) v'$

$= 0.945 \times 0.057\ 470\ \mathrm{m^3/kg} + (1 - 0.945) \times 0.000\ 783\ 84\ \mathrm{m^3/kg}$

$= 0.054\ 35\ \mathrm{m^3/kg}$

因是刚性容器，故 $v_2 = v_1 = 0.054\ 35\ \mathrm{m^3/kg}$。$t_2 = 5\ ℃ + 15\ ℃ = 20\ ℃$，由氟利昂 134a 的饱和性质表查得 $t = 20\ ℃$ 时 $v'' = 0.035\ 576\ \mathrm{m^3/kg}$。$v_2 > v''$，所以终态为过热蒸汽。查过热氟利昂 134a 蒸汽的热力性质表，得 $h = 413.51\ \mathrm{kJ/kg}$、$s = 1.757\ 8\ \mathrm{kJ/(kg \cdot K)}$、$p = 0.40\ \mathrm{MPa}$。

5.5.2 T-s 图

水蒸气的 T-s 图如图 5.10 所示，图中示出界限曲线将全图划分成湿区（曲线中间部分）和过热区（曲线右上部分）。此外还有定干度线（x = 定值）和定压线（在湿区就是定温线，呈水平；在过热区向右上斜），在详图上还有定容（v = 定值）线和定热力学能（u = 定值）线，故可据任意两个已知状态参数求得其他各参数，焓值则按 $h = u + pv$ 计算得到。在进行循环分析时 T-s 图尤显重要。

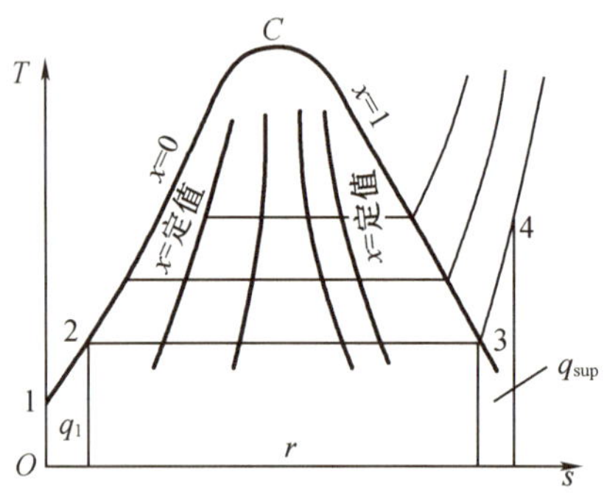

图 5.10 水蒸气的 T-s 图

5.5.3 h-s 图

T-s 图在分析过程和循环时虽有特殊优点，但由于热量和功在 T-s 图上均以面积表示，故而作数值计算时有其不便之处。而 h-s 图因可以用线段长度表示热量和功而得到广泛应用。据热力学第一定律，定压过程的热量等于焓差；绝热过程的技术功也等于焓差。由于水蒸气的产生过程可看作等压过程，而水蒸气在汽轮机内膨胀及水在水泵内加压均可作为绝热过程，所以计算水蒸气循环中的功、热量及热效率等利用 h-s 图将是方便的。h-s 图也称莫里尔图，是德国人莫里尔在 1904 年首先绘制的。

h-s 图的示意图如图 5.11 所示，图中粗线为界限曲线，其上为过热蒸汽区，其下为湿（蒸汽）。在湿区有定压线和定干度线，在过热区有定压线和定温线。$T\mathrm{d}s = \mathrm{d}h - v\mathrm{d}p$，定压线斜率 $\left(\frac{\partial h}{\partial s}\right)_p = T$，在湿区定压即定温，$T$ 不变，所以定压线在湿区为倾斜直线。进入过热区后，定压加热时温度将要升高，故其斜率亦逐渐增加。在交界处平滑过渡，此处曲线与直线的斜率相等，直线恰为曲线之切线。定温线在接近饱和区处向右上倾斜，表明在定温下压力降低时 h 将增加，这说明蒸汽的 h 不仅是 T 的函数，而且与 p 或 v 有关；当向右远离饱和区后,即过热度增加时逐渐平坦(上斜减少),最后接近水平线。这说明过热度高时,水蒸气的性质趋近于理想气体,它的焓值取决于 T,而与 p 的关系减小。

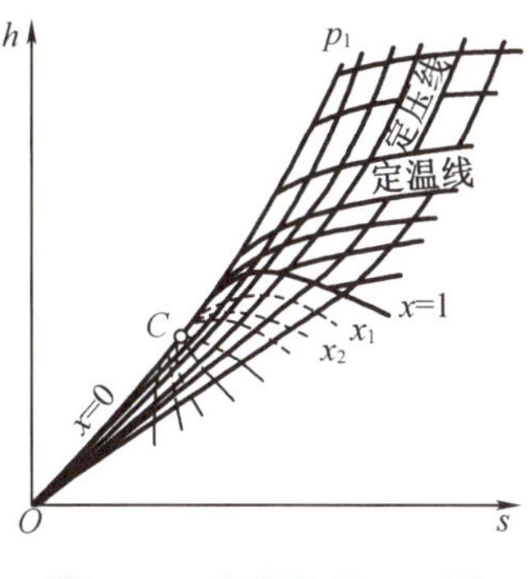

图 5.11　水蒸气的 h-s 图

5.6　水蒸气的基本过程

水蒸气的基本热力过程也是定容、定压、定温和绝热四种。计算水蒸气热力过程的任务与求解理想气体热力过程一样,即要求确定:(1)过程初态与终态的参数;(2)过程中的热量、功量和内能的变化量。但在方法上却与理想气体完全不同,主要是蒸汽没有适当而简单的状态方程式,较难用分析方法求得各个参数;再因蒸汽的 c_p、c_V、以及 h 和 u 都不是温度的单值函数,而是 p 或 v 和 T 的复杂函数,所以不采用分析法计算求解,而采用查图、表的方法。因此应用蒸汽性质图表,再结合热力学的基本公式来计算蒸汽的热力过程是准确、实用的工程计算方法。

分析蒸汽热力过程的一般步骤为:

①用蒸汽图表由初态的两个已知参数求其他参数。

②根据题示的过程性质,如压力不变、容积不变、温度不变和绝热(可逆绝热即为熵不变)等,加上另一个终态参数即可在图上确定进行的方向和终态,并读得终态参数。以上查得的初终态参数可在图(h-s 图、T-s 图、p-v 图)上标出。采用何种图视解题要求而定。

③根据已求得的初、终态参数,应用热力学第一和第二定律等基本方程计算 q、w。下面在 h-s 图上逐一分析水蒸气的四个基本过程

5.6.1　定压过程

如图 5.12 所示:

$$q=\Delta h=h_2-h_1$$

$$\Delta u=h_2-h_1-p(v_2-v_1)$$

$$w=q-\Delta u \text{ 或 } w=p(v_2-v_1)$$

$$w_t=-\int v\mathrm{d}p=0$$

5.6.2 定容过程

如图 5.13 所示：

$$w = \int p\mathrm{d}v = 0$$

$$q = \Delta u$$

$$\Delta u = h_2 - h_1 - v(p_2 - p_1)$$

$$w_t = -\int v\mathrm{d}p = v(p_1 - p_2)$$

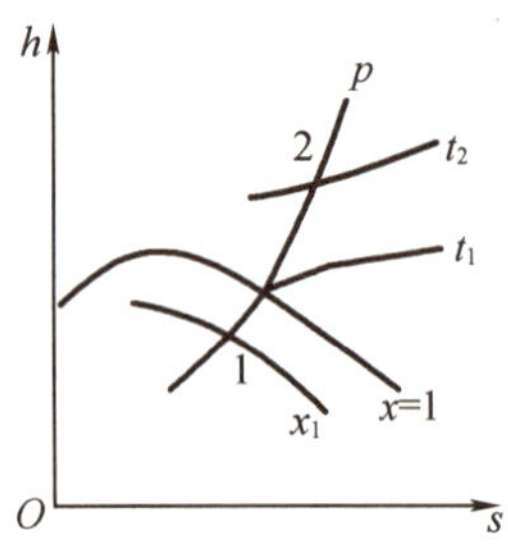

图 5.12　水蒸气的定压过程

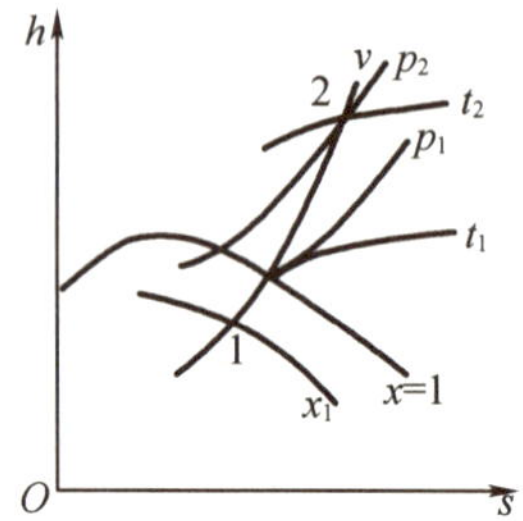

图 5.13　水蒸气的定容过程

5.6.3 定温过程

如图 5.14 所示：

$$q = T(s_2 - s_1)$$

$$w = q - \Delta u$$

$$w_t = q - \Delta h$$

$$\Delta u = h_2 - h_1 - (p_2 v_2 - p_1 v_1)$$

从图 5.14 可以看出，湿蒸汽定温膨胀时，起初是沿定压线(即定温线)变为干饱和蒸汽，并且保持压力不变。变为干饱和蒸汽后，若再膨胀则压力下降，并且变为过热蒸汽。

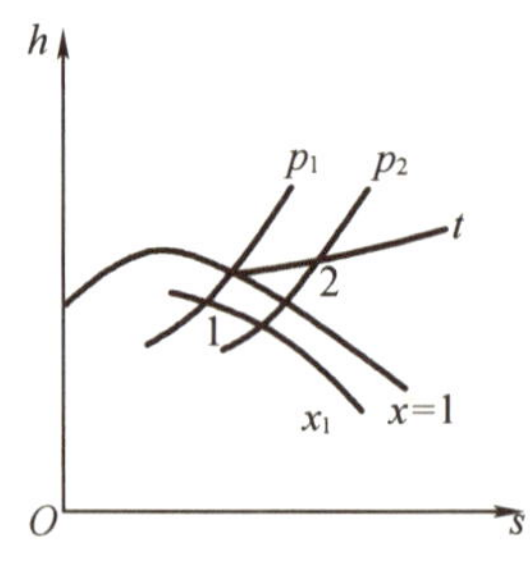

图 5.14　水蒸气的定温过程

5.6.4 绝热过程

对可逆绝热过程(定熵线)如图 5.15 所示，若过程不可逆，则确定过程变化方向和终态时尚需知道不可逆过程的比熵增 s_2-s_1，如图 5.16 所示。

$$q=0$$

$$w=-\Delta u$$

$$w_t=-\Delta h$$

$$\Delta u=h_2-h_1-(p_2v_2-p_1v_1)$$

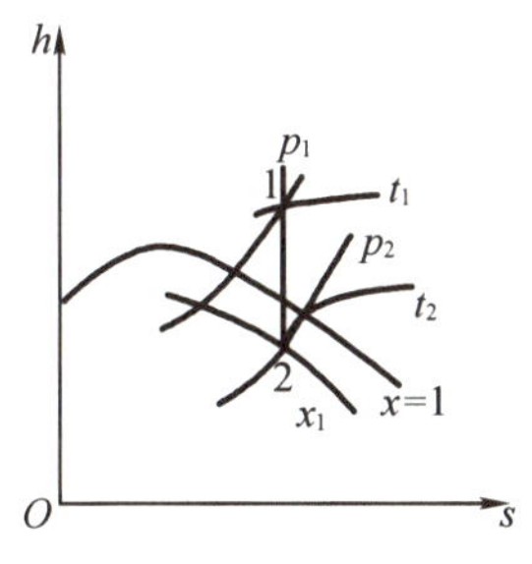

图 5.15　水蒸气的绝热过程

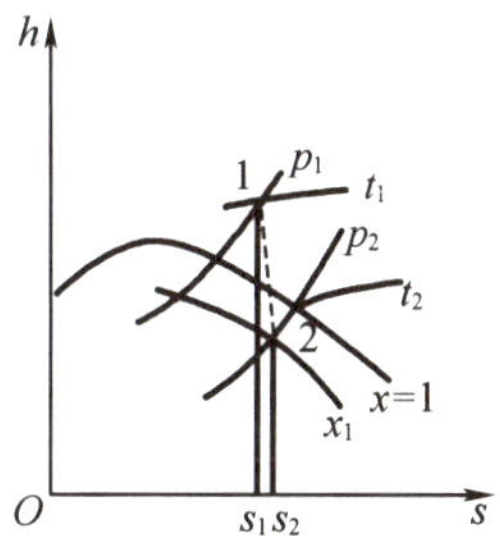

图 5.16　不可逆绝热过程

从图 5.15 和图 5.16 可以看出，若蒸汽初态为过热蒸汽，经绝热膨胀，过热度减小，逐渐变为干饱和蒸汽。若继续膨胀，则变为湿蒸汽，同时干度会随着减小。

例题 5.3　过热蒸汽在 0.6 MPa 压力下，从 200 ℃定压加热至 300 ℃，试求此过程中热量、功量及内能的变化量。

解　根据 p_1、t_1 及 t_2 在 $h-s$ 图上确定初、终二态(点 1 及点 2)，如图 5.17 所示，并查得

$$h_1=2\ 850\ \text{kJ/kg}$$

$$v_1=0.35\ \text{m}^3/\text{kg}$$

$$h_2=3\ 060\ \text{kJ/kg}$$

$$v_2=0.44\ \text{m}^3/\text{kg}$$

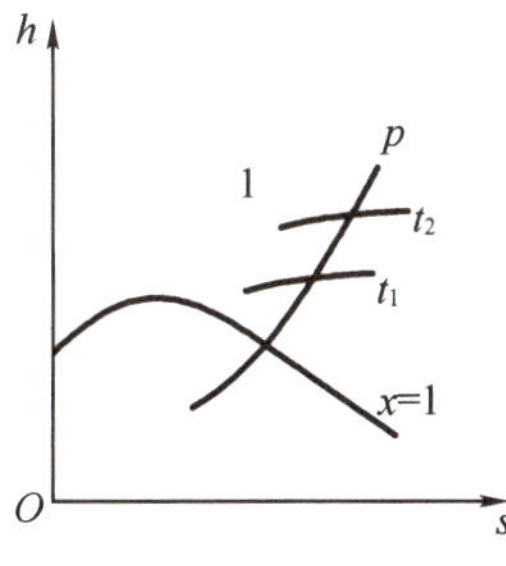

图 5.17　例 5.3 图

定压过程中

$$q=h_2-h_1=3\ 060-2\ 850=210\ \text{kJ/kg}$$

$$w=p(v_2-v_1)=0.6\times10^6\times(0.44-0.35)=0.54\times10^6\ \text{J/kg}=54\ \text{kJ/kg}$$

$$\Delta u=q-w=210-54=156\ \text{kJ/kg}$$

例题 5.4　某锅炉，由锅筒出来的蒸汽，经测定其压力 $p=0.8$ MPa，干度 $x=0.9$，进入过热器在定压下加热，温度升高至 $t_2=250$ ℃，求每千克蒸汽在过热器中的吸热量。

解　根据 p 和 x 在 $h-s$ 图上确定点 1，沿定压线与 t_2 相交于 2 点，并查得以下参数：

$$h_1 = 2\ 570\ \text{kJ/kg}$$

$$h_2 = 2\ 955\ \text{kJ/kg}$$

蒸汽在过热器中吸收得热量为

$$q = h_2 - h_1 = 2\ 955 - 2\ 570 = 385\ \text{kJ/kg}$$

例题 5.5 0.1 kg 的水盛于一绝热刚性容器中,工质的压力为 0.3 MPa,干度为 0.763。一搅拌轮置于容器中,由外面的马达带动旋转,直到水全部变成饱和蒸汽。求:(1)水蒸气最终的压力和温度;(2)完成此过程所需的功。

解 取容器内的工质为热力系统。

(1)因为是刚性容器,终态与初态比容相等,对于初态 $p_1 = 0.3$ MPa,$x_1 = 0.763$ 得

$$v_1 = (1 - x_1)v' + xv'' = (1 - 0.763) \times 0.001\ 074 + 0.763 \times 0.605\ 8 = 0.464\ 3\ \text{m}^3/\text{kg}$$

所以得

$$v_1 = v_2 = 0.464\ 3\ \text{m}^3/\text{kg}$$

由饱和水和饱和蒸汽表查得在 $v_2 = 0.464\ 3\ \text{m}^3/\text{kg}$ 时

$$p_2 = 0.4\ \text{MPa}$$

$$t_2 = 143.62\ ℃$$

(2)由于系统绝热 $q = 0$ 由热力学第一定律

$$W = \Delta U = m(u_1 - u_2)$$

$$h_1 = (1 - x_1)h' + xh'' = (1 - 0.763) \times 561.4 + 0.763 \times 2\ 725.5 = 2\ 212.6\ \text{kJ/kg}$$

$$u_1 = h_1 - p_1 v_1 = 2\ 212.6 - 0.3 \times 10^6 \times 0.464\ 3 \times 10^{-3} = 2\ 074\ \text{kJ/kg}$$

$$W = -m(u_2 - u_1) = -0.1(2\ 553.6 - 207\ 4) = -48\ \text{kJ}$$

5.7 有机工质的热物性

除了水和水蒸气以外,还有有机工质,有机工质沸点较低,其热力特性类似水和水蒸气。由于使用水蒸气的朗肯循环,水的沸点温度较高(标准状态 100 ℃),无法有效回收温度较低的热源热量即低品位热能。而采用沸点较低(几十摄氏度到负几十摄氏度)的有机工质。朗肯循环可以有效回收低品位热源的热量。

目前,用于低品位热能利用的有机工质种类繁多,包括卤代烃(HFC、FIC)和碳氢化合物,以及使用两种或三种工质组成的混合工质。混合工质可以通过改变各组分的摩尔浓度配比得到所期望的特性,从而提高系统性能和增加工质选择范围,混合工质可分为三类:共沸、近共沸和非共沸混合工质。

HFC 包括了 R23, R32, R125, R134a 和 R152a 等,这些碳氢化合物分子中包括氟而不包括氯和溴。HFC 的化学性质稳定,释放后可以聚集,这类碳氢化合物分子有可能加速导致全球变暖,目前已经被禁止或限制使用。

FIC 是一组新的化学物质,含有氟、碘和碳,被认为是氯氟烃和卤素的替代品。FIC 的生存期非常短,对臭氧层破坏程度为零,温室效应指数可以忽略不计。

碳氢化合物对于某些适合使用 CFC 的场合,没有被卤化的物质(通常是碳氢化合物)也

可以应用。这些物质包括链烷烃、酮类、酒精和醚类。

共沸混合工质发生相变时,每个组分在液相和气相中的浓度不变,就像单相一 样。大多数普通共沸工质在定压下有着低泡点温度,共沸工质的浓度是温度的函数。

近共沸混合工质为有着相近沸点的混合物,在液相和气相的平衡状态下沸点只有很小的差异,近共沸混合工质有极大的发展潜力,但是在泄漏的情况下其组成可能会改变。

非共沸工质在蒸发和冷凝过程中温度和浓度变化很大,它们在改善系统性能方面有巨大的潜力。提高混合工质的循环效率主要依赖工质流体温度与热源流体温度之间的合理匹配。

5.7.1 有机工质的热物性

有机工质种类多,热物性相差大,常见的热物性有机工质的沸点温度、临界温度、临界压力、汽化潜热、饱和温度和压力等参数对采用有机工质的低温热能利用系统的性能影响很大,表5.5是一些常见有机工质的主要热物性。

表5.5 一些工质主要热物性表

工质	化学式	临界温度 T_k/K	临界压力 p_k/MPa	沸点 T_k/K	汽化潜热 r/(kJ/kg)
R11	CCbF	471.11	4.41	296.86	181.36
R141b	CCI_2FCH_3	479.96	4.46	305.2	222.9
R123	$CHCI_2CF_3$	456.83	3.66	300.97	170.19
R600	$CHa-2(CH_2)-CH_3$	425.13	3.80	272.6	385.01
R113	$CCI2FCCIF_2$	487.21	3.39	320.74	144.32
R245ca	$CHF_2CF_2CH_2F$	447. 57	3.93	298.28	200.96
R245fa	$CF_3CH_2CHF_2$	427.2	3.64	288.05	196.69
R114	$CCIF_2CCIF_2$	418. 83	3.26	276.74	135.93
R142b	GH_3CIF_2	410. 26	4.07	264.10	222.08
R600a	$CH(CH_3)3$	407. 82	3.64	261.48	365.94
R236ea	$CF_3CHFCHF_2$	412. 44	3.50	279.34	165.16
R236fa	$CF_3CH_2CF_3$	398.07	3.2	271.71	160.32
R124	$CHC1FCF_3$	395.43	3.62	261.19	165.84
R152a	CHF_2CH_3	386. 41	4.52	249.13	329.91
R12	$CC1_2F_2$	385. 12	4.14	243.40	166.17
RC318	C_4F_8C	388. 38	2.78	233.35	116.75
R227ea	CF_3CHFCF_3	374.8	2.93	256.7	131.42
R134a	CF_3CH_2F	374. 21	4.06	247.08	216.97
R115	$CC1F_2CF_3$	353.1	3.12	234.21	125.38
R218	$CF_3CF_2CF_3$	345.1	2.67	236.32	105.2

5.7.2 饱和性质

由于有机物朗肯循环设备密封和安全的限制,需要工作在合适的工作压力下,因此需要工质的饱和性质符合低品位热能温度和冷却流体温度的要求。具体来讲,在蒸发器侧,当取定蒸发压力(由工质泵决定,通常在1~5 MPa之间)后,需要保证有机工质能在低品位热能温度下被加热成过热蒸气;而在冷凝器侧,冷凝压力通常与冷凝器的冷却能力以及膨胀机膨胀比等有关,当冷凝压力(通常大于大气压)确定之后,需要保证冷却流体能在该冷凝压力下把膨胀机出口的蒸气冷却成过冷的液体。

一些工质的饱和温度压力关系如图5.18所示。从图中可以看出,位于上方的水,其适用的热源温度高,接下来依次为R113, R123, R245fa, R114, R600a等。一般认为,R113适合回收温度为160~210 ℃或者更高的热能,R123适合回收温度为140~180 ℃的热能,而R245fa为120~140 ℃,R600a为90~130 ℃;当然,这些工质的适用范围并不是绝对的,需要综合考虑其他方面的因素。需要注意的是,上述的分析都是基于中小型的热能发电系统,结构相对简单;而对于大型电站系统,设备比小型系统复杂很多,因此其蒸发压力可以达到10 MPa以上;而冷凝压力可以由专门的真空引射泵进行保证,可以低于大气压。

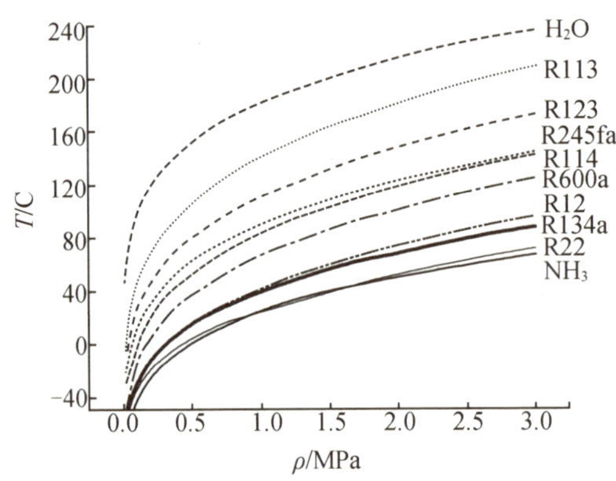

图5.18 工质饱和温度压力关系

5.7.3 干湿性

工质以较高压过热蒸气的形式进入膨胀机做功,后以低压过热蒸气状态排出。工质的状态参数在 T–s 图中表现出温度下降,比熵增大的趋势。为保证膨胀机安全、稳定、高效工作,避免工质在膨胀过程中进入湿蒸气区(带液工作),工质应全程保持过热蒸气状态,在 T–s 图中表现为在工质饱和蒸汽线右侧。

考察 T–s 图上工质饱和蒸汽线的斜率(ds/dT),定义斜率的倒数 $\xi=ds/dT$ 作为工质饱和蒸汽线的分类标准止 $\xi>0$ 为干性工质,即随着蒸发温度的下降,工质饱和汽相线向着闪光减小的方向发展;$\xi<0$ 为湿性工质,即随着蒸发温度的下降,工质饱和汽相线向着熵增加的方向发展;$\xi=0$ 为绝热工质,即在一定的蒸发温度范围内,工质饱和汽相线为等熵线。图5.19为上述3种类型的工质饱和线 T–s 图。

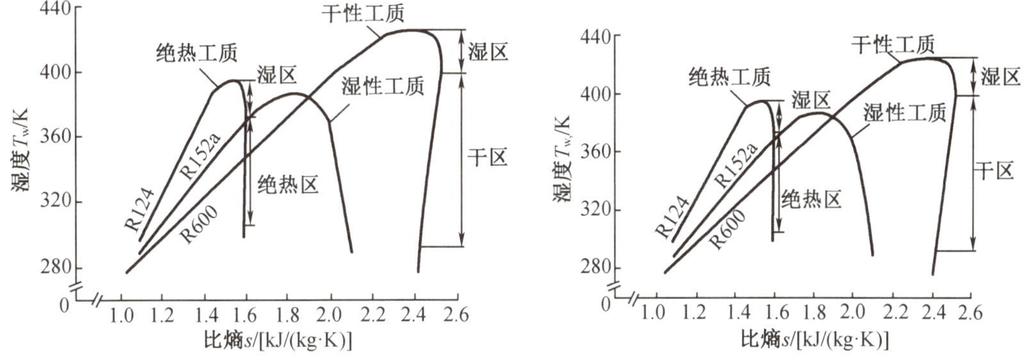

图 5.19　种工质饱和汽相线的性质分类

衡量工质干湿性程度可以用 ξ 值表示，即

$$\xi=\frac{\mathrm{d}s}{\mathrm{d}T}=\frac{C_p}{T_{\mathrm{evap}}}-\frac{\dfrac{nT_r}{1-T_r}+1}{T_{\mathrm{evap}}^2}H_{\mathrm{latent}} \tag{5.11}$$

从式(5.11)中可以看出，工质的汽化潜热值越大，ξ 越有可能成为负值(湿性工质)，反之则更有可能为干性工质。式(5.11)作为估算式仅在工质的标准沸点附近有较好的实验验证结果，故要得出较为准确的 ξ 值，可以根据工质性质计算得出(表5.6)。

表 5.6　亚临界工质干湿性转换点

工质	R114	R123	R124	R227ea	R245fa	R600	R600a	R601a	R152a
T/K	444.5	397.5	356.6	349.1	403.8	398.6	381.4	444.9	—
p/MPa	2.64	2.23	1.66	1.70	2.36	2.43	2.29	2.66	—

对于亚临界循环如图5.20所示，若采用湿性工质，工质需要更大的过热度以避免在膨胀过程中进入湿蒸气区，在透平进口温度一定的情况下，这样做会降低蒸发器内平均吸热温度，降低系统循环效率，若采用较小过热度则有可能对透平的绝热效率上限有一定要求，这也会限制系统循环效率；若采用干性工质，则工质在膨胀过程中不会进入两相区，而且对工质过热度要求较小，至于冷凝器预冷段的热量可以用于减少蒸发器预热段的热负荷；若采用绝热工质，则在简单循环模式下可以达到循环效率最大化。

5.7.4　有机工质与纯水的比较

图5.21给出了在相同的工作条件下(蒸发温度120 ℃，冷凝温度50 ℃，过热度20 K，过冷度5 K，膨胀机绝热效率0.9)，采用R245fa为工质的有机物朗肯循环和水为工质的朗肯循环在 $\log(p)-h$ 图上循环的比较，从中可以得到有机工质在低品位热能方面相比较水蒸气朗肯循环的优势和区别。

(1)工作压力的区别。水蒸气朗肯循环在该蒸发温度下的压力为 $1.986\,7\times10^5$ Pa，而冷凝压力为 1.235 2×10^4 Pa,其冷凝压力远低于大气压力,将使得系统低压侧的密封要求极高,需要专门的设备(如真空泵)来保证冷凝压力,这带来了额外的成本和维护,不适合于中小型系统。而 R245fa 的有机物朗肯循环,其工作压力在本节给定的工作参数下,为 0.345 MPa 和 1.92 MPa 之间,这样的压力对系统设备的要求不高,是非常适宜的。

(2)工质干湿性的区别。如上所述,R245fa 为干工质,而水为湿工质。因此,从图 5.21 中可以看到,采用 R245fa 工质的膨胀过程(1—2)都处于饱和蒸汽线的右侧,即都是气态工作的;而水蒸气朗肯循环,尽管在循环中过热都有 20 K,大部分的膨胀过程都处在两相区内,这对膨胀机的安全是不利的。

(3)焓降的区别。可以发现,水蒸气朗肯循环的焓降比有机物朗肯循环大很多,这就使得水蒸气朗肯循环的膨胀机(主要是透平)的设计较为复杂;而有机物朗肯循环由于焓降较低,其膨胀机设计相对较为简单。当然,这也导致输出同样的功率,有机物朗肯循环需要的工质的流量更大,带来了较大的流动损失和泵功率消耗。但是,综合考虑上述优点,有机物朗肯循环比水蒸气朗肯循环在利用低品位热能方面具有更大的优势。

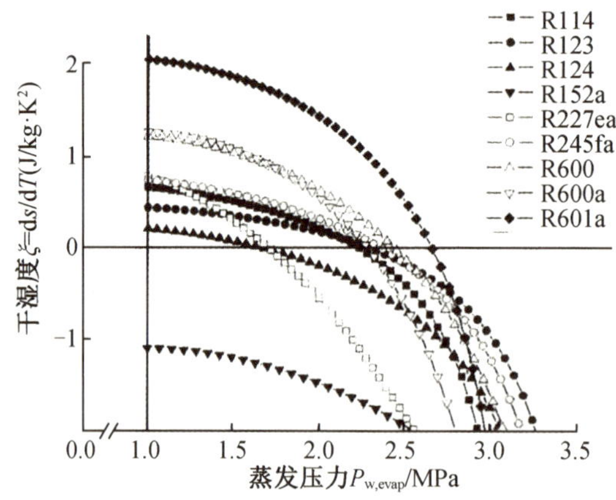

图 5.20 亚临界工质饱和蒸汽相线 ξ 值随蒸发压力变化的曲线

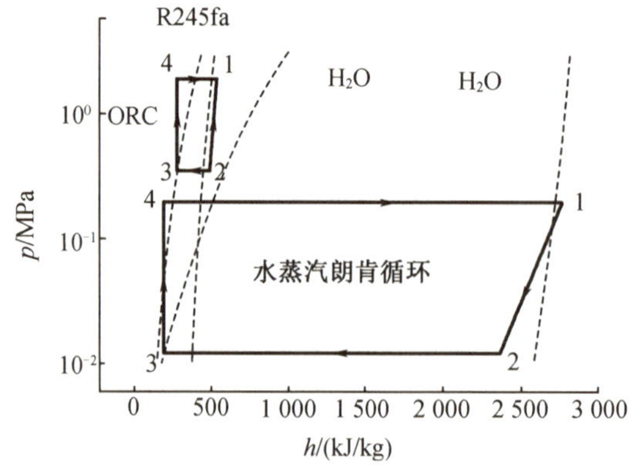

图 5.21 有机工质与水的朗肯循环

5.7.5　有机工质近临界特性

有机工质的热物性和传输特性在近临界区随温度变化很剧烈。图 5.22 表示压力为 3.5 MPa 时，工质 R142b 的密度 ρ、黏度 μ、导热系数 λ 和定压比热容 c_p 随温度的变化情况。由图 5.22 可见，R142b 各物性数值在近临界区变化剧烈。

5.7.6　有机工质超临界特性

当有机工质超过临界温度及临界压力以上时，有机物的气相与液相的性质会趋近于类似，达成一个均匀相，此时有机物流体类似气体具有可压缩性，可以像气体一样发生泄漏，而且又兼具有类似流体的流动性，密度一般都介于 0.1 到 1.0 g/mL 之间。表 5.7 示出了典型的液体、气体和超临界流体的密度、扩散系数和黏度。

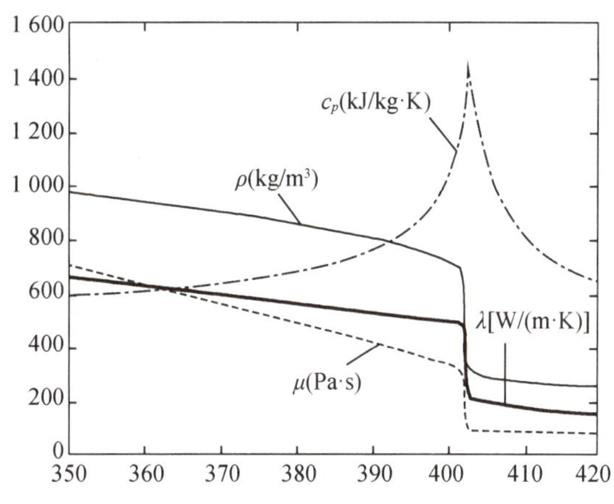

图 5.22　R142b 的密度、比热、黏度、导热系数

表 5.7　液体、气体和超临界流体的参数比较

有机工质	密度 ρ/(kg/m³)	黏度 μ/(Pa·s)	扩散系数/(mm²/s)
气体	1	10	1～10
超临界流体	100～1 000	50～100	0.01～0.1
液体	1 000	500～1 000	0.001

当有机工质作为工作蒸气进入超临界区时，工质的干湿性对循环参数的影响较大。图 5.23 中，工质 R227ea 为干性工质，R134a、R500 为绝热工质，其余工质都为湿性工质，尤其是工质 R32 湿性很强，从图可知，对于湿性强的工质，应注意提升透平进口温度，使其在膨胀过程中远离饱和蒸汽线。

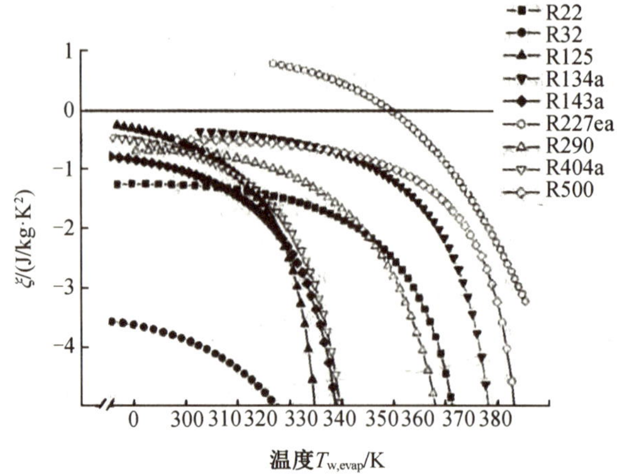

图 5.23　超临界工质饱和汽相线 & 值随饱和温度变化的曲线

设定透平进口温度 $T_{w,t,in}=393$ K，冷凝温度 $T_{cond}=308$ K，透平绝热效率 $\eta_t=0.8$，取 R227ea 和 R134a 作为超临界工质分析对象，可以分析干、湿性工质应用于超临界循环的不同表现如图 5.24 所示。

对于超临界循环，若采用干性工质（R227ea），需考虑避免工质在膨胀过程中进入湿蒸气区，在 $T-s$ 图上，工质温度一旦低于干湿性转换点，工质过热度会迅速增加，在透平出口处将会有很大的过热度，这一部分热量可以通过再热循环中的换热器交换以减少蒸发器预热段的热负荷，若不考虑再热循环，则会增加冷凝器预冷段乃至全段冷负荷，系统循环热效率降低；若采用湿性工质（R134a），需考虑避免工质在膨胀过程末段进入湿蒸气区，需要更大的对比温度，故在已设定热源物性参数的情况下，需要选取临界温度更低的工质，工质在透平出口过热度较小，冷凝器火用损失降低，再热循环对提升系统热效率作用不大；绝热工质的循环性能介于干、湿工质之间。

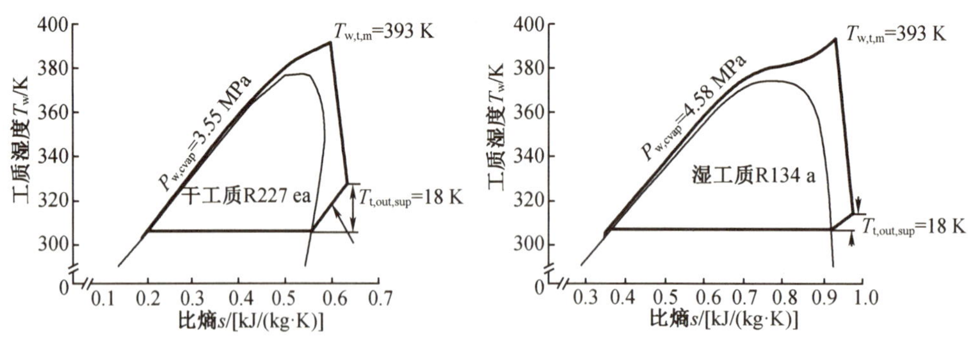

图 5.24　干、湿性工质应用于超临界循环的表现

习　　题

5.1　已知 N_2 的摩尔质量 $M=28.1\times10^{-3}$ kg/mol，求：(1)N_2 的气体常数 R_g；(2)标准状态下 N_2 的比体积 v_0 和密度 ρ_0；(3)标准状态下 1 m^3N_2 的质量 m_0；(4)$p=0.1$MPa、$t=500$ ℃时 N_2 的比体积 v 和密度 ρ；(5)上述状态下的摩尔体积 V_m。

5.2　压力表测得储气罐中丙烷(C_{38}^{H})的压力为 4.4 MPa，温度为 120 ℃，问这时的比体积多大？若要储气罐存 1 000 kg 这种状态的丙烷，问储气罐的体积需多大？

5.3　供热系统矩形风管的边长为 100 mm×175 mm，40 ℃、102 kPa 的空气在管内流动，其体积流量是 0.018 5 m^3/s，求空气的流速和质量流量。

5.4　一些大中型柴油机压缩空气启动。若启动柴油机用空气瓶的体积 $V=0.3$ m^3，内装有 $p_1=8$ MPa、$T_1=303$ K 的压缩空气，启动后品种空气压力降低为 $p_2=0.46$ MPa，$T_2=303$ K，求用去空气的质量。

5.5　截面积 $A=100$ cm 的气缸内充有空气，活塞距底面 $p_b=750$ mmHg 高度 $h=10$ cm，活塞及负载的总重量是 195 kg(图 5.25)。已知当地大气压 $p_0=771$ mmHg，环境温度为 $t_0=27$ ℃，气缸内空气与外界处于热力平衡状态，现将其负载取去 100 kg，活塞将上升，最后与环境重新达到热力平衡。设空气可以通过气缸壁充分与外界换热，达到热力平衡时空气的温度等于环境大气的温度。求活塞上升距离、空气对外做功以及与环境的换热量。

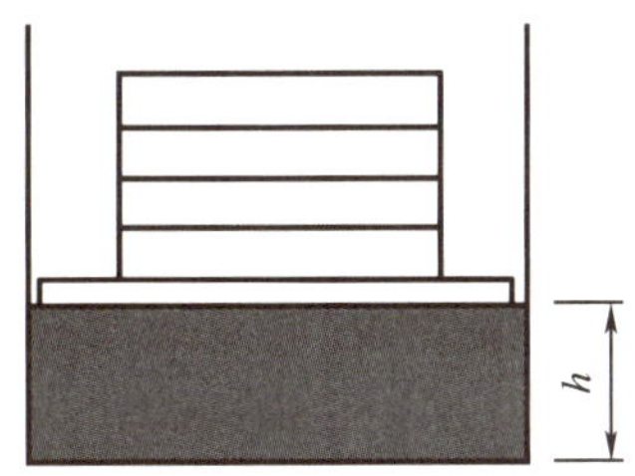

图 5.25　题 5.5 附图

5.6　空气压缩机每分钟从大气中吸入温度 $t_b=17$ ℃、压力等于当地大气压的空气 0.2 m^3，充入体积 $V=1$ m^3 的储气罐中。储气罐中原有空气的温度 $t_1=17$ ℃，表压为 $p_{e1}=0.05$ MPa。问经过多长时间储气罐的气体压力才能提高到 $p_2=0.7$ MPa，温度 $T_2=50$ ℃？

5.7　2 kg 理想气体，定容下吸热量 $Q_V=367.6$ kJ，同时输入搅拌功 468.3 kJ。该过程气体的平均比热容 $c_p=1$ 124 J/(kg·K)，$c_v=934$ J/(kg·K)。已知初态温度 $t_1=280$ ℃，求：(1)终态温度 t_2；(2)热力学能、焓、熵的变化值 ΔU、ΔH、ΔS。

5.8　5 g Ar，初始状态时 $p_1=0.6$ MPa、$T_1=600$ K，经历一个热力学能不变的过程膨胀到 $V_2=3V_1$。Ar 可作为理想气体，且热容可看做定值，求终态温度 T_2、终压 p_2 及总熵变 ΔS。

5.9　初始时 $p_1=0.1$ MPa、$t_1=27$ ℃的 CO_2 体积 $V_1=0.8$ m^3，经历某种状态变化过程，其熵变 $\Delta S=0.242$ kJ/K(精确值)，终压 $p_2=0.1$ MPa，求终态温度 t_2。

5.10　一绝热刚性容器，中间隔板将容器一分为二，左侧为 0.05 kmol 的 300 K、

2.8 MPa 的高压空气,右侧为真空。抽出隔板后空气充满整个容器,并达到新的平衡状态,求容器中空气的熵变。

5.11 湿饱和蒸汽,$x=0.95$、$p=14$ MPa,应用水蒸气表求 t_s、h、u、v、s,再用 $h-s$ 图求上述参数。

5.12 过热蒸汽,$p=3$ MPa、$t=400$ ℃,根据水蒸气表求 h、u、v、s 和过热度,再用 $h-s$ 图求上述参数。

5.13 已知水蒸气的压力 $p=0.5$ MPa,比体积 $v=0.35\ \mathrm{m^3/kg}$,这是不是过热蒸汽?如果不是,那是饱和蒸汽还是湿蒸汽?用水蒸气表求出其他参数。

第 6 章　热力学第二定律和熵

根据积累的大量实验证据,推断出热力系统中的能量必然是守恒的这一科学事实。热力学第一定律阐明了各种热过程中能量的数量关系,为热工计算提供了重要的理论依据。但是热力学第一定律不能够说明下面这样一些物理现象:热能不可能以 100%的转变效率连续不断地转变为功;热量不可能自发地由低温区域流向高温区域;空气会自发地充进真空容器中;水和盐会自发地形成溶液,如果不用某些附加的办法是不可能把这种溶液分离开的;球落在地板上终究会停止跳动;振动着的弹簧最后终究会自己达到静止状态。热力学第一定律并不能给出能量转换过程的全部特性,需要有另外的基本原理,用来阐明能量传递或转化的方向、条件和限度。热力学第二定律就是解决与热现象有关的过程进行的方向问题的规律,其中最根本的是方向问题,是热力学的又一基本定律。它和热力学第一定律组成了热力学的重要理论基础。自然过程的方向性普遍存在,因而热力学第二定律的意义远远超出了热力学的范围,被广泛应用于化学、生物学及其他科学领域。

本章主要阐明热力学第二定律的基本内容,建立其数学表达式,根据第二定律导出状态参数熵,并讨论卡诺循环、卡诺定理和熵增原理。

6.1　热力学第二定律

6.1.1　自然过程的不可逆性

对于可逆过程,当过程沿逆向不留下任何痕迹地回复到原来状态时,不但要求工质内部是可逆的,而且要求外部也是可逆的。事实上,一切自然过程由于不可避免地存在着种种不可逆因素,所以自然过程都是不可逆的。

1. 摩擦现象

处于气缸与活塞间的气体对外膨胀做功时,膨胀着的气体内部,气体与活塞、气缸之间的摩擦都会消耗一定量的功,使对外输出的有效功减少。摩擦愈严重,消耗的功就越多,输出的有效功就越少。当气体被压缩时,摩擦同样也要消耗功。因此,有摩擦就会消耗功,摩擦使过程成为不可逆的。

2. 自由膨胀

假定有一刚性绝热容器被隔板分成两部分。一部分内充满空气,另一部分被抽成真空,如图 6.1(a)所示。现在我们把隔板拿去使其进行自由膨胀过程。实验事实告诉我们,瞬刻之间空气就充满了整个容器,如图 6.1(b)所示。这个过程完全不是准静态的。既然空气没有和任何外界发生作用,所以自由膨胀必然是不可逆的。

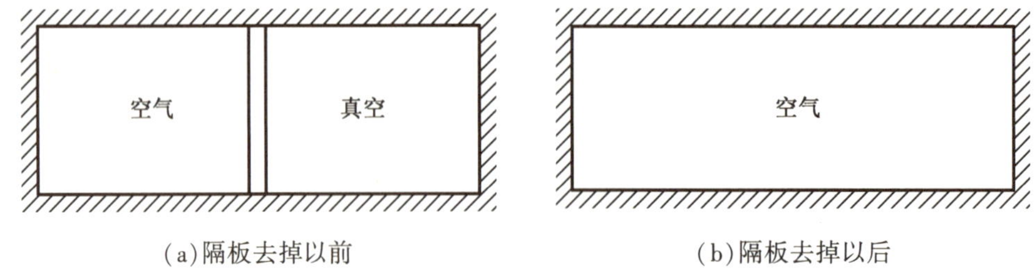

(a)隔板去掉以前　　(b)隔板去掉以后

图 6.1　自由膨胀——一个不可逆过程

3. 温差传热

经验指出,温度不同的两个物体接触时,热量总是自动地由高温物体传给低温物体。要使热量自动地从低温物体传给高温物体,则不可能实现,必须由外界消耗功(如制冷机的工作过程)才能将热量从低温物体传给高温物体。这说明温差下的热量传递也是不可逆的。

以上所讨论的仅是热功转换过程中三个典型的不可逆实例。工程实际中的不可逆过程还有很多,如流体的混合、扩散、燃烧、爆炸、电生热等。显然,一切自然过程都是不可逆的,只是不可逆的程度有所不同。

必须指出,自然过程的不可逆性并不是说自然界中凡有关热现象的过程都不能反向进行。这种反向过程是可以实现的,但必须有另外的补偿过程存在。例如,要使热量由低温物体传给高温物体,通过制冷机消耗一定量的净功之后就能实现,这种消耗的过程就是补偿过程。所消耗的功转变为热量,这时热量传递才可以反向进行。

6.1.2　热力学第二定律的表述

在能量转换过程中,热力学第一定律说明了能量传递和相互转换时的数量关系,但并没有叙述过程进行的方向和限度问题。热力学第二定律的实质是指出了过程进行的可能方向和达到平衡的必要条件,以及不可逆性对过程性能的影响。所谓方向性和不可逆性,是指在各种过程中热力系总是从不平衡状态朝着平衡状态的方向进行。当热力系达到平衡状态后,则一切的变化也就停止了。自然过程是不可逆的,决不会使已经达到平衡状态的系统,重新自发地变为不平衡状态。正如两个温度相等已经取得热平衡的物体,决不会自发地一个温度升高,另一个温度降低。因此,从本质上说,热力系趋于平衡就是自然过程的方向。

热力学第二定律如何阐明过程进行的方向和条件?

针对各种具体过程,热力学第二定律可有不同的表述方式。由于各种表述方式所阐明的是同一客观规律,所以它们是彼此等效的。下面只介绍热力学第二定律关于热功转换和热量传递的两种经典说法。

1. 开尔文-普朗克(Kelvins-P1anek)说法

“不可能制成一种循环动作的热机,只从一个热源吸取热量,使之完全变为有用的功,而其他物体不发生任何变化”。或者说:“第二类永动机是不可能制成的”。

人们把从单一热源取得热量并使之完全变为机械能而不引起其他变化的循环发动机

叫作第二类永动机。这种永动机并不违反热力学第一定律,因为它在工作中能量是守恒的,但却违反了热力学第二定律。例如,利用海水作为热源而进行热力循环的设想,并不违反热力学第一定律,但实际上这种循环发动机是无法实现的,因为在自然界中找不到比海水温度更低的自然冷源,它违反了热力学第二定律。

2. 克劳修斯(Clausius)说法

"热量不可能自动地无偿地从低温物体传至高温物体"。

克劳修斯说法表明,高温物体向低温物体传热与低温物体向高温物体传热是性质完全不同的两类过程。前者属于自发的不可逆过程,后者则不能自发进行。但通过制冷机(或热泵),消耗了一定量的机械能之后,可以从低温物体取得热量而送向高温物体。克劳修斯说法的本身,就是反映了自然过程的方向性与不可逆性。

上述两种经典说法是根据热力学第二定律对各种特殊过程所做出的具体叙述。热力学第二定律的说法虽然各不相同,但可以证明其实质是一致的。现用反证法来证明上述两种经典说法的一致性;若克劳修斯说法不成立,则开尔文-普朗克说法也不成立,反之亦然。如图6.2(a)所示,假如与克劳修斯说法相反,热量 Q_2 能自发地从低温热源流向高温热源,并且另有一热机A从高温热源吸收热量 Q_1,并使其传给低温热源的热量正好等于 Q_2,这样热机A将做净功 $W=Q_1-Q_2$。取高、低温热源及热机为一热力系,则整个热力系在完成一个循环时,所产生的唯一结果就是热机A从单一热源取得热量 (Q_1-Q_2),全部变为循环功 W,即整个热力系变成了第二类永动机。这也违反了开尔文-普朗克说法。

反之,如果热机A能够只从一个热源吸取热量而循环做功(参阅图6.2(b)),这时可利用这一热机A来驱动制冷机B,将热量从低温热源传至高温热源,这显然违反克劳修斯说法。

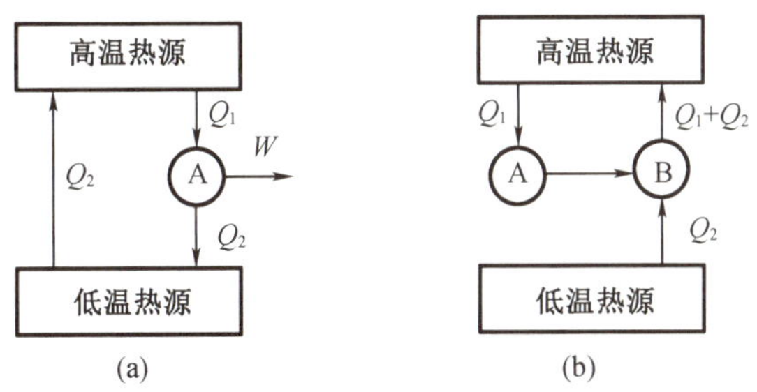

图6.2 热力学第二定律两种说法是一致的

显然,开尔文-普朗克说法和克劳修斯说法是一致的,即一种说法不成立时,另一说法也不成立。

热力学第二定律和第一定律一样,不能从任何更普遍的定律中推导出来。它是大量实验事实的概括。正如制造第二类永动机的一切尝试都以失败告终一样,实践是检验真理的唯一标准。整个热力学的发展过程令人信服地表明热力学第二定律的一切推论都是符合客观实际的,它是反映客观规律的真理。

6.2 可逆循环及其热效率

卡诺在力求提高热机效率的研究中，发现任何不可逆因素都会引起功损失。不同温度物体之间直接传热引起的损失实质上也是功损失，因此它们之间本来可以利用一台动力机使部分热转化为功，而热量不可逆的传递使这部分可能得到的机械功没有得到。因而，设想工质在与热源同样温度下定温吸热，在与冷源同样温度下定温放热，就可以避免损失，最为理想。

6.2.1 卡诺循环

卡诺循环是工作于温度分别为 T_1 和 T_2 的两个热源之间的正向循环，由两个可逆定温过程和两个可逆绝热过程组成。

工质为理想气体时卡诺循环的 $p-v$ 图和 $T-s$ 图如图 6.3 所示。图中：$d—a$ 为可逆绝热压缩过程；$a—b$ 为可逆定温吸热过程；$b—c$ 为可逆绝热膨胀过程；$c—d$ 为可逆定温放热过程。

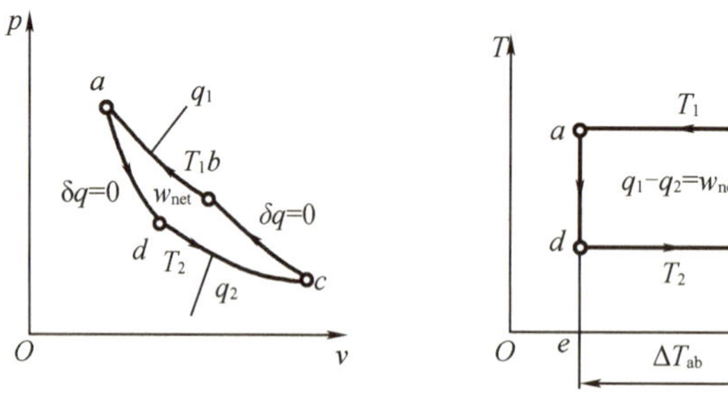

图 6.3 卡诺循环

根据定义，循环热效率为

$$\eta_t = \frac{w_{\text{net}}}{q_1} = 1 - \frac{q_2}{q_1} \tag{6.1}$$

理想气体可逆定温过程热量计算式用于 $a—b$、$c—d$ 过程，得

$$q_1 = R_g T_1 \ln \frac{v_b}{v_a} \tag{6.2}$$

$$q_2 = R_g T_2 \ln \frac{v_c}{v_d} \tag{6.3}$$

利用绝热过程状态参数间的关系，对于 $b—c$、$d—a$ 过程可写出

$$\frac{T_1}{T_2} = \frac{T_b}{T_c} = \left(\frac{v_c}{v_b}\right)^{\kappa-1}$$

$$\frac{T_1}{T_2} = \frac{T_a}{T_d} = \left(\frac{v_d}{v_a}\right)^{\kappa-1}$$

故

$$\frac{v_c}{v_b}=\frac{v_d}{v_a} \tag{6.4}$$

将式(6.2)、式(6.3)、式(6.4)代入式(6.1),经整理后得出卡诺循环的热效率

$$\eta_c=1-\frac{T_2}{T_1} \tag{6.5}$$

分析卡诺循环热效率公式,可得出如下几点重要结论:

(1)卡诺循环的热效率只取决于高温热源和低温热源的温度,也就是工质吸热和放热时的温度;提高 T_1、降低 T_2,可以提高热效率。

(2)卡诺循环的热效率只能小于1,绝不能等于1,因为 $T_1=\infty$ 或 $T_2=0$ 都不可能实现。这就是说,在循环发动机中,即使在理想情况下也不可能将热能全部转化为机械能。热效率当然更不可能大于1。

(3)当 $T_1=T_2$ 时,循环热效率 $\eta_c=0$。它表明,在温度平衡的体系中热能不可能转化为机械能,热能产生动力一定要有温度差作为热力学条件,从而验证了借助单一热源连续做功的机器是制造不出的,或第二类永动机是不存在的。

卡诺循环及其热效率公式在热力学的发展上具有重大意义。首先,它奠定了热力学第二定律的理论基础;其次,卡诺循环的研究为提高各种热动力机热效率指出了方向:尽可能提高工质的吸热温度和尽可能降低工质的放热温度,使放热在接近可自然得到的最低温度——环境温度时进行。卡诺循环中所提出的,利用绝热压缩以提高气体吸热温度的方法,至今在以气体为工质的热动力机中普遍采用。

虽然至今为止未能制造出严格按照卡诺循环工作的热力发动机,但是卡诺循环是实际热机选用循环时的最高理想。以气体为工质时实现卡诺循环的困难在于:第一,要提高卡诺循环热效率,T_1、T_2 的相差要大,因而需要有很大的压力差和体积压缩比,结果造成 p_a 很高,或者 v_c 极大,这两点都给实际设备带来很大的困难。这时的卡诺循环在 p-v 图上的图形显得狭长,循环功不大,因而摩擦损失等各种不可逆损失所占的比例相对很大,根据动力机传到外界的轴功而计算的有效效率,实际上不高。第二,气体的定温过程不易实现,不易控制。

6.2.2　概括性卡诺循环

工作于两个恒温热源间的可逆循环,除了卡诺循环外是否还有其他循环?答案是肯定的,这即是双热源间的极限回热循环,称为概括性卡诺循环。它由两个可逆定温过程 a—b、c—d 以及两个同类型其他可逆过程 d—a、b—c 组成。工质是理想气体时,这两个过程的多变指数 n 相同,如图6.4所示。借助温度由 T_1 到 T_2(或 T_2 到 T_1)连续变化的蓄热器,可以满足 b—c 和 d—a 过程按无温差传热。工质在可逆过程 b—c 中放给蓄热器的热量(面积 $bcmnb$),在可逆过程 d—a 中又从蓄热器收回(面积 $daghd$)。蓄热器不是热源,经过一个循环,蓄热器无所得失。

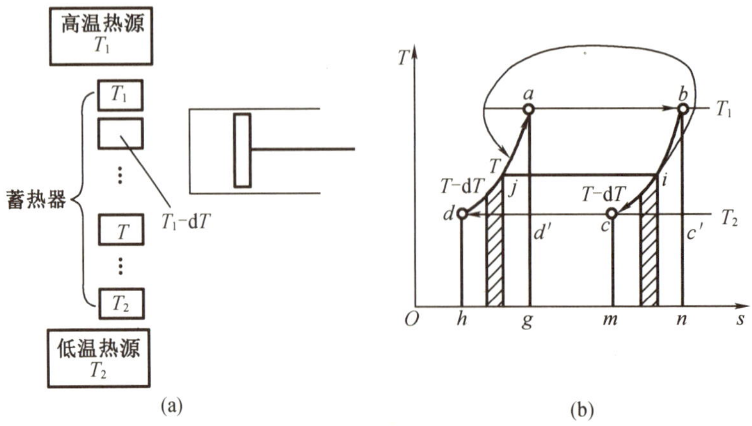

图 6.4　概括性卡诺循环

该循环仍然只有两个温度分别为 T_1、T_2 的热源。循环中工质的吸热量 $q_1=T_1\Delta s_{ab}$，放热量 $q_2=T_2\Delta s_{dc}=T_2\Delta s_{ab}$（$T$-$s$ 图上线段 $ab=ji=dc$），循环净功 $w_{net}=q_1-q_2=(T_1-T_2)\Delta s_{ab}$，循环热效率

$$\eta_t=1-\frac{q_2}{q_1}=1-\frac{T_2\Delta s_{ab}}{T_1\Delta s_{ab}}=1-\frac{T_2}{T_1}=\eta_c \tag{6.6}$$

显然，概括性卡诺循环的热效率与卡诺循环相同。多变指数 n 可以为任何自然数，因而在 T_1 和 T_2 之间工作的可逆循环有无数个。这种利用工质原本排出的热量来加热工质本身的方法称为回热。回热可有多种方法，借助蓄热器就是其中一种。回热是提高热效率的一种行之有效的方法，被广泛采用。由两个定容过程和两个定温过程组成的斯特林发动机循环，以及近代燃气轮机装置和大、中型蒸汽动力装置已普遍地采用回热。

6.2.3　逆向卡诺循环

按与卡诺循环相同的路线而反方向进行的循环即逆向卡诺循环。如图 6.5 中 a—d—c—b—a，它按逆时针方向进行。各过程中功和热量的计算式与正向卡诺循环相同，只是传递方向相反。

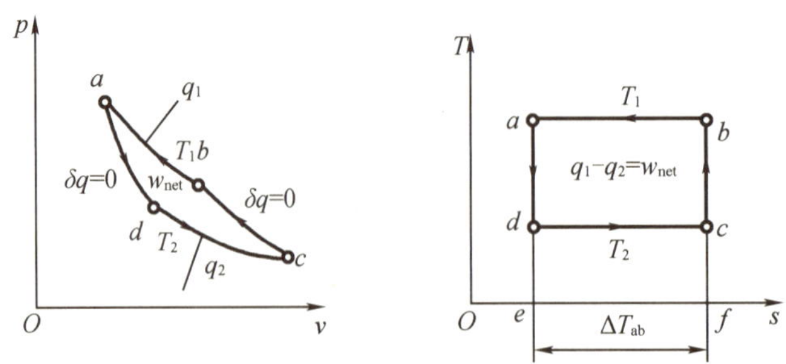

图 6.5　逆向卡诺循环

采用类似的方法，可以求得逆向卡诺循环的经济指标：逆向卡诺制冷循环的制冷系数为

$$\varepsilon_c = \frac{q_2}{w_{\text{net}}} = \frac{q_2}{q_1 - q_2} = \frac{T_2}{T_1 - T_2} \tag{6.7}$$

逆向卡诺热泵循环的供暖系数为

$$\varepsilon_c' = \frac{q_1}{w_{\text{net}}} = \frac{q_1}{q_1 - q_2} = \frac{T_1}{T_1 - T_2} \tag{6.8}$$

制冷循环和热泵循环的热力循环特性相同,只是二者工作温度范围有差别。制冷循环以环境大气作为高温热源向其放热;而热泵循环通常以环境大气作为低温热源从中吸热。对于制冷循环,降低环境温度 T_1,提高冷库温度 T_2,则制冷系数增大;对于热泵循环,提高环境温度 T_2,降低室内温度 T_1,供暖系数增大,且 ε' 总是大于 1。

逆向卡诺循环是理想的、经济性最高的制冷循环和热泵循环。由于种种困难,实际的制冷机和热泵难以按逆向卡诺循环工作,但逆向卡诺循环有着极为重要的理论价值,它为提高制冷剂和热泵的经济性指出了方向。

6.2.4　多热源的可逆循环

可以证明,热源多于两个的可逆循环,其热效率低于同温限间工作的卡诺循环。如图 6.6 所示,在吸热过程 $e—h—g$ 和放热过程 $g—l—e$ 中工质的温度都在变化,要使循环过程可逆,必须有无穷多个热源和冷源,热源的温度依次自 T_e 逐个连续升高到 T_h,再降低到 T_g;冷源则从 T_g 逐个连续降低到 T_l,再升高到 T_e。任何时候工质和热源间均保持无温差传热。例如工质温度变化到 T_i 时向温度为 T_i 的热源吸取热量,$\delta q = T_i \mathrm{d}s$,从而保证了循环 $e—h—g—l—e$ 实现可逆。可逆循环的热效率为

$$\eta_t = 1 - \frac{q_2'}{q_1'} = 1 - \frac{\text{面积 } gnmelg}{\text{面积 } ehgnme}$$

工作在 $T_1 = T_h$、$T_2 = T_l$ 的卡诺循环 $A—B—C—D—A$ 的热效率

$$\eta_c = 1 - \frac{q_2}{q_1} = 1 - \frac{\text{面积 } DCnmD}{\text{面积 } ABnmA}$$

由于 $q_1' < q_1$,$q_2' > q_2$,所以 $\eta_t < \eta_c$。

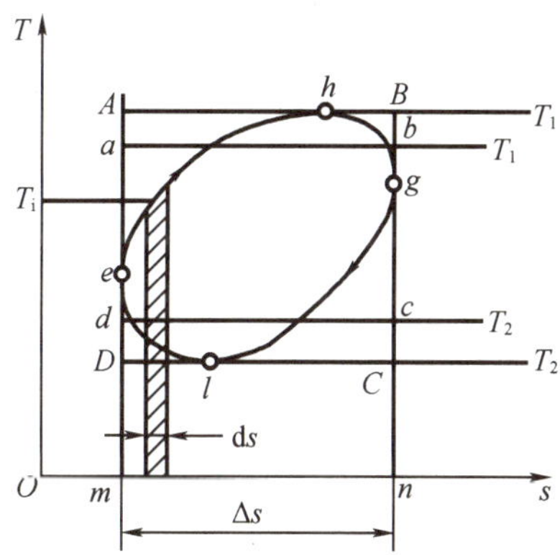

图 6.6　多热源可逆循环

为了便于分析比较任意可逆循环的热效率，热力学中引入平均温度的概念，T-s 图上的热量以当量矩形面积代替时，矩形高度即平均温度 $\overline{T}$。图 6.6 中可逆循环 $e—h—g—l—e$ 的平均吸热温度和平均放热温度分别为 $\overline{T}_1$ 和 $\overline{T}_2$，其热效率也可以表示为

$$\eta_t = 1-\frac{q_2'}{q_1'} = 1-\frac{\overline{T}_2\Delta s}{\overline{T}_1\Delta s} = 1-\frac{\overline{T}_2}{\overline{T}_1}$$

显然，$\overline{T}_1<T_1$，$\overline{T}_2>T_2$，与卡诺循环的 $\eta_c = 1-\dfrac{T_2}{T_1}$ 比较，同样得到 $\eta_t<\eta_c$。

由此可得出结论：工作于两个热源间的一切可逆循环（包括卡诺循环）的热效率高于相同温限间多热源的可逆循环。

6.3 卡诺定理

上节已论述了以理想气体为工质的卡诺循环与极限回热的概括性卡诺循环，其热效率相同，同为 $\eta_c = 1-\dfrac{T_2}{T_1}$。现在的问题是在两个热源间工作的一切可逆循环的热效率是否都相同？如果采用其他工质呢？不可逆循环的热效率又如何？上述这些正是卡诺循环要阐明的问题。本节将根据热力学第二定律及不可逆的定义，采用“反证法”对卡诺定理给予论证。卡诺定理包括两个分定理：

定理一 在相同温度的高温热源和相同温度的低温热源之间工作的一切可逆循环，其热效率相等，与可逆循环的种类无关，与采用哪一种工质也无关。

设有两台可逆机 A 和 B，A 是用理想气体作为工质的卡诺循环，B 是应用实际气体作为工质的其他可逆机。它们都在相同的高温热源 T_1 和低温热源 T_2 间工作。适当地调节两台机器的容量，使它们的循环吸热量相同为 Q_1。当 A 和 B 都按正向循环工作时（图 6.7(a)），根据循环过程的热力学第一定律，它们各自的循环净功为 $W_A = Q_1 - Q_{2A}$、$W_B = Q_1 - Q_{2B}$，热效率分别为：$\eta_A = \dfrac{W_A}{Q_1}$，$\eta_B = \dfrac{W_B}{Q_1}$。比较其大小，有三种可能：(1) $\eta_A>\eta_B$；(2) $\eta_A<\eta_B$；(3) $\eta_A=\eta_B$。如果否定其中的两种，余下的另一种就是唯一可能成立的。

先假定 $\eta_A>\eta_B$，因为 Q_1 相同，可知 $W_A>W_B$ 及 $Q_{2A}<Q_{2B}$。既然 A 和 B 都是可逆机，现在令 B 循原路线按反向运行，见图 6.7(b)，B 成为制冷机将从 T_2 吸热 Q_{2B}，向 T_1 排热 Q_1，消耗循环净功 W_B，W_B 由热机 A 提供，它只占 W_A 中的一部分。热机 A 与制冷机 B 联合运行一个循环后总的结果是：A 和 B 中工质经过循环都回复原状，高温热源无所得失，低温热源净失热量 $Q_{2B}-Q_{2A}$，复合系统对外输出净功 W_A-W_B，此外没有其他变换。根据能量守恒原则，$W_A-W_B=Q_{2B}-Q_{2A}$，因此总效果相当于取出低温热源的热量 $Q_{2B}-Q_{2A}$ 转化为 W_A-W_B，这将违反热力学第二定律的开尔文说法，因此假定 $\eta_A>\eta_B$ 的条件是不成立的。

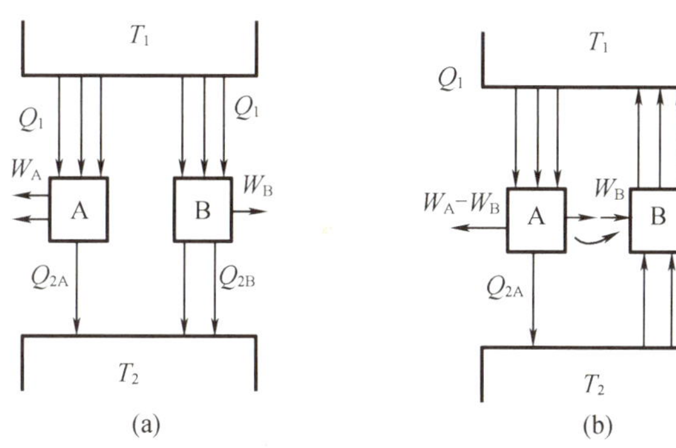

图 6.7　卡诺定理证明图

再假定 $\eta_B>\eta_A$，这时令 A 按反向运行，可逆热机 B 带动可逆制冷机 A，按类似的方法和步骤，也可得出总效果为低温热源净失热量 $Q_{2A}-Q_{2B}$ 转化为功 W_B-W_A。这就违反了热力学第二定律的结论，$\eta_B>\eta_A$ 同样被否定。

因而，唯一的可能是 $\eta_A=\eta_B$。A 是卡诺机，所以在 T_1 和 T_2 之间工作的所有可逆热机的热效率均为 $\eta_c=1-\dfrac{T_2}{T_1}$。

卡诺循环揭示出一个普遍规律，在热源条件相同时，各种不可逆循环，因其不可逆因素和不可逆程度可以各不相同，所以各个不可逆循环的热效率可能完全不相同。但对于各种可逆循环，因都不存在任何不可逆损失，这是热能向机械能转化的规律，即它们的热效率只由热源条件所决定。当只有两个热源 T_1 和 T_2 时，其间无论进行哪一种可逆循环，热效率自然都一样。上一节所证明的概括性卡诺循环与卡诺循环的热效率相等，只是卡诺定理的一个具体例证。

定理二　在温度同为 T_1 的热源和同为 T_2 的冷源间工作的一切不可逆循环，其热效率必小于可逆循环。

仍参见图 6.7。设 A 为不可逆机（参数右上角加"′"以示区别），B 是可逆机。假定 $\eta'_A\geqslant\eta_B$，令不可逆机 A 按正向循环工作带动按逆向循环工作的可逆机 B。若 $\eta'_A>\eta_B$，会得出冷源失去的热量转化为功而不留下其他变化的结果，违反了热力学第二定律。若 $\eta'_A=\eta_B$，经过一个循环将得出：A 和 B 中的工质、热源、冷源及相关的功源全部恢复原状而不留下其他变化，该结果与 A 是不可逆热机的假设相矛盾，因为系统中出现了不可逆过程，则系统与相关物体以及外界不可能全部复原而无任何改变。因而，这两种假定都不能成立。唯一可能的只有 $\eta'_A<\eta_B$。

由以上论证得知，卡诺循环的总体内容是：工作在两个恒温热源（T_1 和 T_2）之间的循环，不管采用什么工质，具体经历什么循环，如果是可逆的，其热效率均为 $1-\dfrac{T_2}{T_1}$；如果是不可逆的，其热效率恒小于 $1-\dfrac{T_2}{T_1}$。

卡诺定理有着广泛和重要的意义，任何一种热能转化为机械能、电能或其他能量的转化装置（包括热力循环机、温差电池等）都受到热力学第二定律的制约，都必须有热源和冷源,其热效率均不可能超过相应的卡诺循环。

综合以上两节的讨论,可得出几点有关热效率方面的重要结论:

(1)在两个热源间工作的一切可逆循环,它们的热效率都相同,与工质的性质无关,只决定于热源和冷源间的温度,热效率都可以表示为 $\eta_c = 1-\dfrac{T_2}{T_1}$;

(2)温度界限相同,但具有两个以上热源的可逆循环,其热效率低于卡诺循环;

(3)不可逆循环的热效率必定小于同样条件下的可逆循环。

例题 6.1 设工质在 $T_H = 1\ 000$ K 的恒温热源和 $T_L = 300$ K 的恒温冷源间按热力循环工作(图 6.8),已知吸收热量为 1 000 kJ,求循环热效率和净功。

(1)理想情况无任何不可逆损失;

(2)吸热时有 200 K 温差,放热时有 100 K 温差。

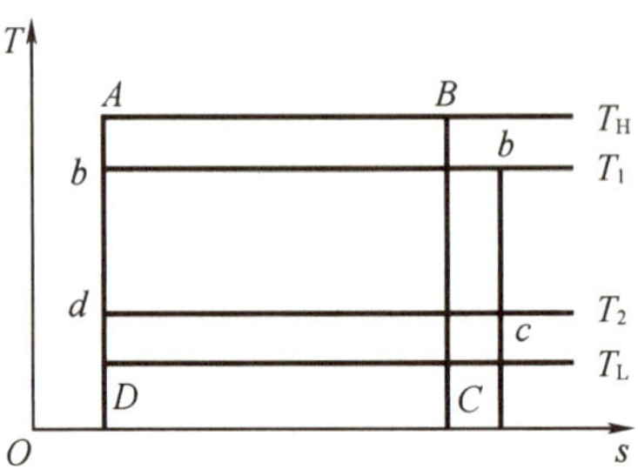

图 6.8 例 6.1 附图

解 (1)在两个热源间工作的可逆循环热效率与卡诺循环相同,有

$$\eta_c = 1-\frac{T_2}{T_1} = 1-\frac{300\ \text{K}}{1\ 000\ \text{K}} = 70\%$$

又因

$$\eta_t = \frac{W_{\text{net}}}{Q_1}, W_{\text{net}} = \eta_t Q$$

所以

$$W_{\text{net}} = 0.7\times100\ \text{kJ} = 70\ \text{kJ}$$

也是最大循环净功 $W_{\text{net,max}}$

(2)这时工质的吸热和放热温度分别为 $T_1 = 800$ K、$T_2 = 400$ K,与热源间存在传热温差。设想在热源和工质间插入中间热源,比如热阻板,使与热源接触的一侧温度接近 T_H,与工质接触的另一侧温度接近 T_1。将不可逆循环问题转化为工质与 $T_1 = 800$ K,$T_2 = 400$ K 的两个中间热源换热的内可逆循环,因而热效率

$$\eta_c = 1-\frac{T_2}{T_1} = 1-\frac{400\ \text{K}}{800\ \text{K}} = 0.5$$

净功

$$W_{\text{net}} = \eta_t Q_t = 0.5\times100\ \text{kJ} = 50\ \text{kJ}$$

计算结果 $\eta_t<\eta_c$,即在 T_H 和 T_L 下进行的不可逆循环的热效率低于可逆循环。验证了

卡诺循环定理二。

6.4 熵、热力学第二定律的数学表达式

6.4.1 状态参数熵的导出

熵是与热力学第二定律紧密相关的状态参数。它为判别实际过程的方向、过程能否实现、是否可逆提供了判据;在过程不可逆程度的量度、热力学第二定律的量化等方面同样有着至关重要的作用。

熵是在热力学第二定律基础上导出的状态参数。热力学第二定律有各种表述方式,状态参数熵的导出也有各种方法。有从物系出发,直接用第二定律的喀喇氏(Caratheodory)表述导出熵的公理法,也有从循环出发,利用卡诺循环及已被第二定律证明的卡诺定理而导出的克劳修斯法等。本书介绍后一种方法,它更为简单、直观。

分析任意工质进行的一个任意可逆循环。如图 6.9 中循环 1—A—2—B—1,为了保证循环可逆,需要与工质温度变化相对应的无穷多个热源。

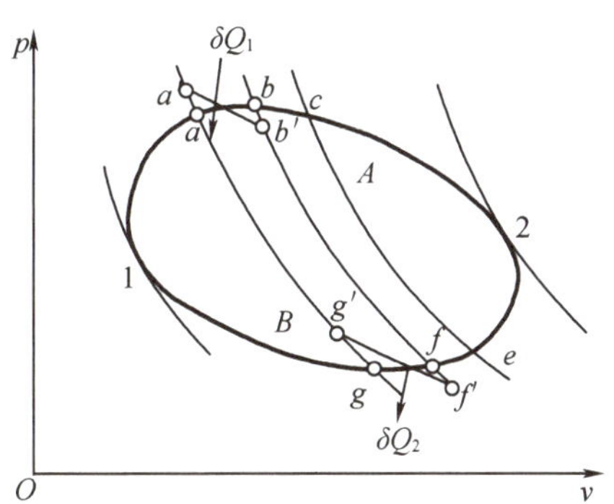

图 6.9 熵参数导出用图

用一组可逆绝热线将它分割成许多个微小循环,这些微小循环的总和构成了循环 1—A—2—B—1。可以证明,可逆过程 a—b 可以用可逆等熵过程 a—a'、可逆等温过程 a'—b' 和可逆等熵过程 b'—b 取代。同样,过程 f—g 也可以也可用一组等熵(f—f')、等温(f'—g')、等熵(g'—g)过程取代。这样小循环 a—b—f—g—a 就可用卡诺循环 a'—b'—f'—g'—a'代替。同理,循环 b—c—e—f—b 等都可用相应的卡诺循环代替,这些微小卡诺循环的总和也构成了循环 1—A—2—B—1。

在任一卡诺循环,如 b'—f'—g'—a'中,a'—b'是定温过程吸热过程,工质与热源温度相同、都是 T_{r1},吸热量为 δQ_1;f'—g'是定温放热过程,工质与冷源温度相同都是 T_{r2},放热量为 δQ_2,热效率为

$$1-\frac{\delta Q_2}{\delta Q_1}=1-\frac{T_{r2}}{T_{r1}}$$

即

$$\frac{\delta Q_1}{T_{r1}}=\frac{\delta Q_2}{T_{r2}}$$

式中，δQ_2 为绝对值，若改用代数值，δQ_2 为负值，上式要加“-”号，因而得

$$\frac{\delta Q_1}{T_{r1}}+\frac{\delta Q_2}{T_{r2}}=0$$

令可逆绝热线数量趋向无穷大，任意相邻两根可逆绝热线之间相距无穷小，则所有小循环都可用微元卡诺循环替代。对全部微元卡诺循环积分求和，即得出

$$\int_{1-A-2}\frac{\delta Q_1}{T_{r1}}+\int_{2-B-1}\frac{\delta Q_2}{T_{r2}}=0 \tag{6.9}$$

式中，δQ_1、δQ_1 都是工质与热源间的换热量，既然采用了代数值，可以统一用 δQ_{rev} 表示；T_{r1}、T_{r2} 是换热时热源温度，统一用 T_r 表示。式(6.9)改写为

$$\int_{1-A-2}\frac{\delta Q_{rev}}{T_r}+\int_{2-B-1}\frac{\delta Q_{rev}}{T_r}=0 \tag{6.10a}$$

即

$$\oint\frac{\delta Q_{rev}}{T_r}\text{或}\oint\frac{\delta Q_{rev}}{T}=0 \tag{6.10b}$$

用文字表达为：任意工质经任一可逆循环，微小量$\frac{\delta Q_{rev}}{T}$沿循环的积分为零。积分$\oint\frac{\delta Q_{rev}}{T}$由克劳修斯首先提出，称为克劳修斯积分。式(6.10b)称为克劳修斯积分等式。

根据状态函数的数学特征，可以断定被积函数$\frac{\delta Q_{rev}}{T}$是某个状态参数的全微分。1865年，克劳修斯将这个新的状态参数定名为熵(entropy)，以符号 S 表示，即

$$dS=\frac{\delta Q_{rev}}{T_r}=\frac{\delta Q_{rev}}{T} \tag{6.11}$$

式中，δQ_{rev} 表示可逆过程换热量，T_r 为热源温度。因为此微元换热过程可逆，无温差传热，故热源温度 T_r 也等于工质温度 T，这就是熵参数的定义式。1 kg 工质的比熵变为

$$ds=\frac{\delta q_{rev}}{T_r}=\frac{\delta q_{rev}}{T} \tag{6.12}$$

因为循环 1—A—2—B—1 是可逆的，过程 1—B—2 与 2—B—1 是在同一途径上正、反方向的两个可逆过程，对应微元段的 δQ_{rev} 数值相等，符号相反，故有 $\int_{2-B-1}\frac{\delta Q_{rev}}{T_r}=-\int_{1-B-2}\frac{\delta Q_{rev}}{T_r}$，代入式(6.10a)，得

$$\int_{1-A-2}\frac{\delta Q_{rev}}{T_r}=\int_{1-B-2}\frac{\delta Q_{rev}}{T_r}=\int_1^2\frac{\delta Q_{rev}}{T_r}=\int_1^2\frac{\delta Q_{rev}}{T} \tag{6.13}$$

1—A—2、1—B—2 是任意的两个可逆过程，式(6.13)表明：从状态 1 到状态 2，无论沿

那一条可逆路线，$\frac{\delta Q_{rev}}{T_r}$的积分值都相同，故可写作 $\int_1^2 \frac{\delta Q_{rev}}{T_r}$ 或 $\int_1^2 \frac{\delta Q_{rev}}{T}$，这正是状态参数的特征。将熵的定义式(6.11)代入式(6.10a)和式(6.13)，得

$$\oint ds = 0 \tag{6.14}$$

$$\Delta S = \int_1^2 dS = \int_1^2 \frac{\delta Q_{rev}}{T} \tag{6.15}$$

式(6.15)提供了计算任意可逆过程熵变的途径。

6.4.2　热力学第二定律的数学表达式

如上所述，任意工质经过任一可逆循环，微小量$\frac{\delta Q_{rev}}{T}$沿循环的积分为零，即克劳修斯积分等式 $\oint \frac{\delta Q_{rev}}{T} = 0$ 是循环可逆的一种判据，那么如何判断循环不可逆呢？

循环过程只是一种特殊的热力过程。自然界中有着大量的各种形式的热过程，实际热过程是不可逆过程，都有一定的方向性。寻求更为一般的、适用于一切热过程进行方向的判据，或者说建立其热力学第二定律的相应的数学判据是进一步需要解决的问题。

1. 克劳修斯积分不等式

如果循环中全部或部分是不可逆过程，即为不可逆循环。见图6.10中1—A—2—B—1，类似上述方法，令一组可逆绝热线将循环分割成无数多个小循环，其中部分为可逆的卡诺循环，求和则有 $\oint \frac{\delta Q_{rev}}{T} = 0$。余下的那部分微元不可逆循环，根据卡诺定理可知，其热效率小于微元卡诺循环的热效率，即 $1-\frac{\delta Q_2}{\delta Q_1}<1-\frac{T_{r2}}{T_{r1}}$。同样考虑 δQ_2 用代数值，统一用 δQ 表示，对所有的微元不可逆循环求和，则 $\sum \frac{\delta Q}{T_r} < 0$。综合全部微元循环，包括可逆的和不可逆的全部相加。令微元循环数目趋向无穷多，用积分代替求和，即得出

$$\oint \frac{\delta Q}{T_r} < 0 \tag{6.16}$$

表明：工质经过任意不可逆循环，微量$\frac{\delta Q}{T_r}$沿整个循环的积分必小于零。式(6.16)即为著名的克劳修斯积分不等式。

2. 热力学第二定律的数学表达式

归并式(6.10a)和式(6.16)，得出

$$\oint \frac{\delta Q}{T_r} \leqslant 0 \tag{6.17}$$

这就是用于判断循环是否可逆的热力学第二定律的数学表达式。克劳修斯积分 $\oint \frac{\delta Q}{T_r}$ 等于零为可逆循环，小于零为不可逆过程，而大于零的循环不可能实现。

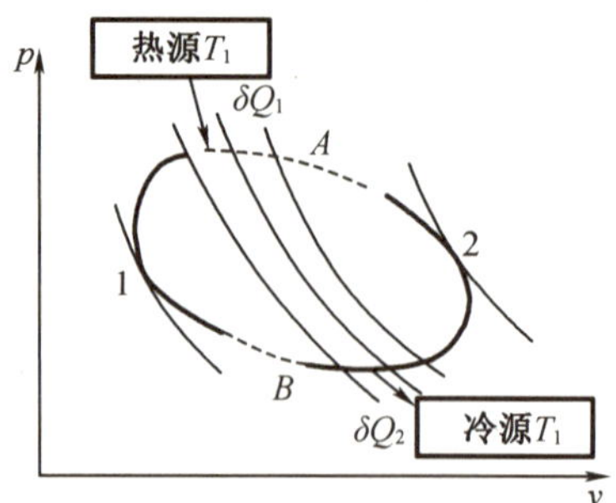

图 6.10 克劳修斯积分不等式导出图

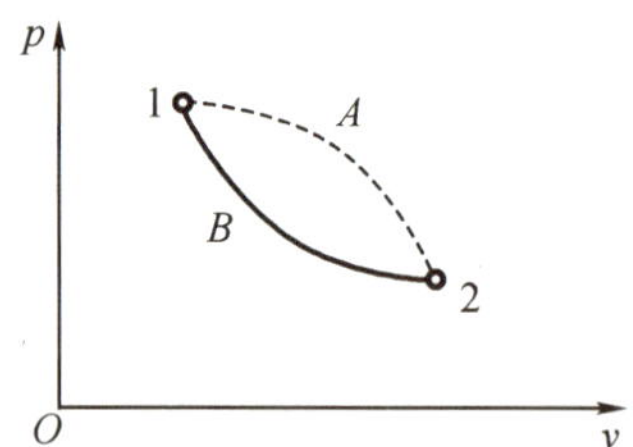

图 6.11 克劳修斯积分不等式导出图

式(6.15)已经给出了可逆过程的熵变 ΔS_{1-2} 与积分 $\int_1^2 \frac{\delta Q_{\text{rev}}}{T}$ 之间是等式关系,经过不可能过程又如何呢?如图 6.11 所示,设工质由平衡的初态 1 分别经可逆过程 1—B—2 和不可逆过程 1—A—2 到达平衡状态 2。因 1—B—2 可逆,故有 $\int_{1-B-2} \frac{\delta Q}{T_r} = -\int_{2-B-1} \frac{\delta Q}{T_r}$。已知 1 和 2 是平衡态,$S_1$ 和 S_2 各有一定的数值,据式(6.9),此可逆过程熵变

$$\Delta S_{1-2} = S_2 - S_1 = \int_1^2 \frac{\delta Q}{T} = \int_{1-B-2} \frac{\delta Q}{T_r} = -\int_{2-B-1} \frac{\delta Q}{T_r} \tag{6.18}$$

1—A—2—B—1 为一不可逆循环,应用克劳修斯积分不等式 $\oint \frac{\delta Q}{T_r} < 0$,即

$$\int_{1-A-2} \frac{\delta Q}{T_r} + \int_{2-B-1} \frac{\delta Q}{T_r} < 0 \text{ 或 } -\int_{2-B-1} \frac{\delta Q}{T_r} > \int_{1-A-2} \frac{\delta Q}{T_r}$$

将式(6.18)代入,即得

$$S_2 - S_1 > \int_{1-A-2} \frac{\delta Q}{T_r}$$

或写作

$$S_2 - S_1 > \int_1^2 \frac{\delta Q}{T_r}\bigg|_{\text{不可逆}} \tag{6.19}$$

式(6.19)表明:初、终态是平衡态的不可逆过程,熵变量大于不可逆过程中工质与热源交换的热量与热源温度比值的积分。

式(6.15)、(6.19)归并为一,即

$$S_2 - S_1 \geqslant \int_1^2 \frac{\delta Q}{T_r} \tag{6.20}$$

式(6.20)即为用于判断热过程是否可逆的热力学第二定律数学表达式的积分形式。任何不可逆过程的熵变大于$\int_1^2 \frac{\delta Q}{T_r}$；极限状况(可逆)时相等；不可能出现小于$\int_1^2 \frac{\delta Q}{T_r}$的过程。

对于1 kg工质，则为

$$s_2 - s_1 \geqslant \int_1^2 \frac{\delta q}{T_r} \tag{6.21}$$

式(6.19)的微分形式为$dS > \left.\frac{\delta Q}{T_r}\right|_{\text{不可逆}}$，与熵的定义式$dS = \frac{\delta Q_{rev}}{T_r} = \frac{\delta Q_{rev}}{T}$一起归并为

$$dS \geqslant \frac{\delta Q}{T_r} \tag{6.22}$$

对于1 kg工质，则为

$$ds \geqslant \frac{\delta q}{T_r} \tag{6.23}$$

式(6.22)、(6.23)是判断微元过程是否可逆的热力学第二定律的数学表达式。

式(6.17)、(6.20)和式(6.22)这三个热力学第二定律数学表达式中的δQ表示系统与外界间的实际微元传热量；T_r为热源温度。式中等号适用于可逆过程，不等式适用于不可逆过程。

6.4.3　不可逆绝热过程的熵增

闭口系绝热过程，无论是否可逆，均有$\delta Q = 0$。代入式(6.20)和式(6.22)可得

$$\Delta S_{ad} \geqslant 0$$

$$dS_{ad} \geqslant 0$$

据熵的定义，可逆绝热过程有

$$dS = 0, S_2 - S_1 = 0, S_2 = S_1$$

而由式(6.20)，不可逆绝热过程有

$$dS > 0, S_2 - S_1 > 0, S_2 > S_1$$

可见，闭口系可逆绝热过程中熵不变，是定熵过程；不可逆过程中，工质的熵必定增大。可以断定，从同一初始状态出发，经不可逆过程达到的终态与可逆时不一致，分别以“2”和“2_s”表示，则$S_2 > S_{2_s}$。

理想气体经可逆和不可逆绝热过程膨胀到相同终态($p_2 = p_{2_s}$)的参数变化如图6.12所示，$T-s$图上点2位置在2_s的右上方(因$s_2 > s_{2_s}$)，且$t_2 > t_{2_s}$。由此可知，不可逆绝热过程终态的比体积大，即$v_2 > v_{2_s}$，$p-v$图上点2位置在2_s的右侧。

闭口系内不可逆绝热过程中熵之所以增大，是由于过程中存在不可逆因素引起耗散效应，使损失的机械功转化为热量(耗散热)被工质吸收。这部分由耗散热产生的熵增量，叫作熵产，以S_g表示。绝热闭口系通过边界与外界不交换热量，也不交换物质，虽可以与外界交换功，不过可逆功不会引起熵的变化。因此，内部存在不可逆耗散效应是绝热闭口系熵增大的唯一原因，其熵变等于熵产，即

$$dS_{ad} = \delta S_g \geqslant 0 \tag{6.24}$$

$$\Delta S_{ad}=S_g \geqslant 0 \tag{6.25}$$

过程中不可逆损失愈大,耗散热愈大,熵产也愈大。熵产是不可逆性对系统熵变的“贡献”,熵产可作为过程不可逆程度的度量。熵产只可能是正值,极限情况(可逆过程)为零。

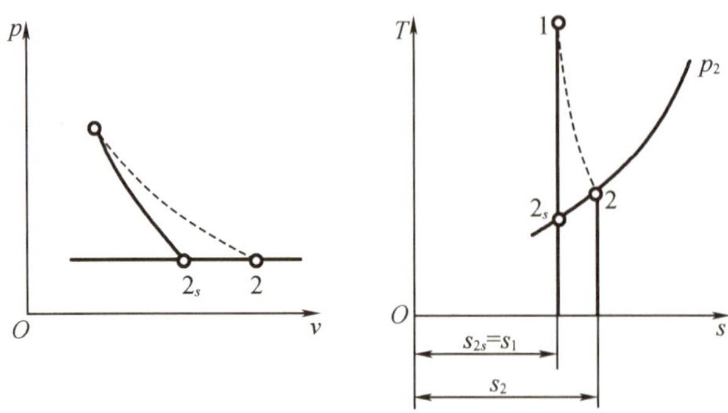

图 6.12　可逆绝热过程

6.4.4　相对熵及熵变量计算

假设纯物质在热力学温度为 0 K(绝对温度零度)时的熵为零,以此为起点的熵成为绝对熵。对化学成分发生变化的化学反应物系等,必须采用绝对熵计算。

通常的热力过程计算中,工质化学成分不变,往往只需确定初、终态的熵差 ΔS_{1-2},这时可以采用相对熵,这种人为规定一个参照状态(基准点)下的熵值 $S_{基准点}=0$(或等于某一定值),从而得出的熵的相对值称为相对熵。在 P、T 状态下的比熵相对值为

$$s_{p,T}=s_{基准点}+\int_{基准点}^{p,T}\frac{\delta q}{T} \tag{6.26}$$

基准点选得不同,熵的相对值可能不同。但是熵变值相同,它与基准点的选择无关。通常,理想气体选择标准状态时 $S_{基准点}=0$;水和水蒸气取三相点($p_{tp}=0.611\ 2\times10^{-3}$ MPa,$T_{tp}=273.16$ K)时的液态水的熵为零。

熵是状态参数,只有系统的状态 1 和 2 是平衡状态,无论 1 到 2 经历的途径是何种过程,是否可逆,都有确定的 S_1 和 S_2 值。可以通过 1 和 2 的任何可逆过程,按式(6.26) $\Delta S_{1-2}=\int_1^2\frac{\delta Q_{rev}}{T}$ 计算。这是计算熵变量的原则方法。两个状态之间可以设想出许多可逆途径,按各种可逆途径积分得出的熵变结果应该相同。

如果有相变过程出现,如固体溶解、液体汽化、蒸气凝结或凝固,在定压相变的过程中,工质的饱和温度 T_s 保持不变,这时整个过程的熵变量必须分段计算。以 1 kg 温度为 T_1 的液体定压加热到温度为 $T_2(T_2>T_s)$ 的蒸气为例,过程的熵变量等于液体的熵变、汽化过程熵变及蒸气的熵变之总和。即 $\Delta s=\Delta s_l+\Delta s_{l,v}+\Delta s_v$。

若工质为水和水蒸气,选择三相态时液态水的比熵值为零,即 $T=273.16$ K 时 $s_0=0$。水的熵变为 $\mathrm{d}S_l=\frac{\delta Q}{T}$,$\Delta s_l=\int_{T_0}^{T}\frac{c_{p,l}\mathrm{d}T}{T}$,温度范围不大时水的比热容可近似取为定值,因而从温度 T_1 定压加热到 T_s 时水的熵变为

$$\Delta s_l = \int_{T_0}^{T_s} \frac{c_{p,l}\mathrm{d}T}{T} - \int_{T_0}^{T_1} \frac{c_{p,l}\mathrm{d}T}{T} = c_{p,l}\ln\frac{T_s}{T_1}$$

从而得出

$$\Delta s = c_{p,l}\ln\frac{T_s}{T_1} + \frac{r}{T_s} + c_{p,v}\ln\frac{T_2}{T_s} \tag{6.27}$$

式中：T_s 和 r 分别为汽化温度和汽化潜热；$c_{p,l}$、$c_{p,v}$ 分别为水和蒸气的比定压热容。

例题 6.2　有人设计一台热泵装置，它在 393 K 和 300 K 两个热源之间工作，热泵消耗的功由一台热机装置供给。已知热机在温度为 1 200 K 和 300 K 的两个恒温热源之间工作，吸热量 $Q_H = 1\ 100$ kJ，循环净功 $w_{net} = 742.5$ kJ，如图 6.13 所示。

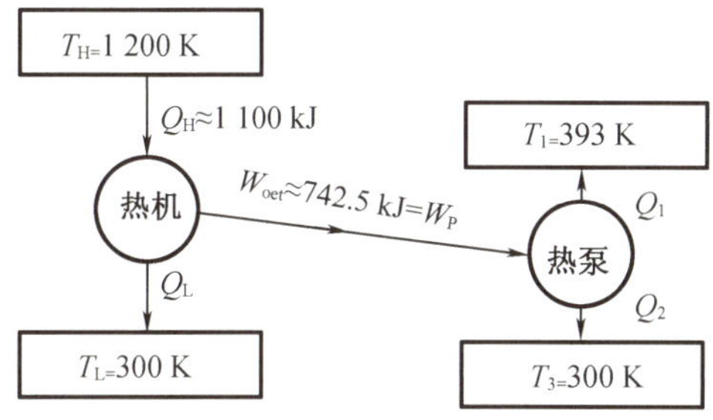

图 6.13　例 6.2 附图

问：

(1)热机循环是否可行？是否可逆？

(2)若热泵设计供热量 $Q_1 = 2\ 400$ kJ，问该热泵循环是否可行？是否可逆？

(3)求热泵循环的理论最大供热量 $Q_{1,\max}$。

解　(1)根据循环的能量守恒，确定热机循环的放热量

$$Q_L = Q_H - W_{net} = 1\ 100\ \text{kJ} - 742.5\ \text{kJ} = 357.5\ \text{kJ}$$

循环判据

$$\oint \frac{\delta Q}{T_r} = \frac{Q_H}{T_H} + \frac{Q_L}{T_L} = \frac{1\ 100\ \text{kJ}}{1\ 200\ \text{K}} + \frac{-357.5\ \text{kJ}}{300\ \text{K}} = -0.275\ \text{kJ/K} < 0$$

由此判断，该热机循环是不可逆循环。

(2)已知热泵循环的 $T_1 = 393$ K，$T_2 = 300$ K，$W_p = W_{net} = 742.5$ kJ，$Q_1 = 2\ 400$ K，则

$$Q_2 = Q_1 - W_P = 2\ 400\ \text{kJ} - 742.5\ \text{kJ} = 1\ 675.5\ \text{kJ}$$

循环判据

$$\oint \frac{\delta Q}{T_r} = \frac{Q_1}{T_1} + \frac{Q_2}{T_2} = \frac{-2\ 400\ \text{kJ}}{393\ \text{K}} + \frac{1\ 657.5\ \text{kJ}}{300\ \text{K}} = -0.581\ 9\ \text{kJ/K} < 0$$

由此判断，该热泵循环可以实现，是不可逆循环。

(3)理想情况按可逆循环工作。由克劳修斯积分等式 $\oint \frac{\delta Q}{T_r} = 0$ 确定 $Q_{1,\max}$：

$$\frac{Q_{1,\max}}{T_1} - \frac{Q_{1,\max} - W_P}{T_2} = 0, \frac{Q_{1,\max}}{393\ \text{K}} - \frac{Q_{1,\max} - 742.5\ \text{kJ}}{300\ \text{K}} = 0$$

得

$$Q_{1,\max}=-3\ 137.7\ \text{kJ}$$

负值表示循环工质向热源 T_1 放热。

需要强调指出:循环过程能量守恒式 $Q_1=Q_2+W_{\text{net}}$ 中的 Q_1 和 Q_2 是绝对值,而热力学第二定律判据 $\oint\frac{\delta Q}{T_r}\leqslant 0$ 的 Q_1 和 Q_2 均用代数值。同时,这里应该以循环工质为系统,而不是以热源为系统决定 Q_1 和 Q_2 的正负。

例题 6.3 初态为 0.1 MPa、15 ℃的空气在压缩机中被绝热压缩到 0.5 MPa,终温为(1)150 ℃(423 K);(2)217 ℃(490 K),问过程是否可行?是否可逆?设空气的气体常数 $R_g=287$ kJ/(kg·K),比热容按定值计算 $c_p=1.005$ kJ/(kg·K)。

解 方法一:根据绝热过程 $\Delta s_{ad}\geqslant 0$ 来确定。

(1)已知 $p_1=0.1$ MPa、$T_1=288$ K,$p_2=0.5$ MPa、$T_2=423$ K。而

$$\begin{aligned}\Delta s_{1-2}&=\Delta s_{ad}=c_p\ln\frac{T_2}{T_1}-R_g\ln\frac{p_2}{p_1}\\&=1\ 005\ \text{J/(kg·K)}\times\ln\frac{423\ \text{K}}{288\ \text{K}}-287\ \text{J/(kg·K)}\times\ln\frac{0.5\ \text{MPa}}{0.1\ \text{MPa}}\\&=-75.6\ \text{J/(kg·K)}<0\end{aligned}$$

绝热过程中工质熵变小于零的过程是不可能实现的,故该过程不存在。

(2)已知 $p_1=0.1$ MPa、$T_1=288$ K,$p_2=0.5$ MPa、$T_2=490$ K。而

$$\begin{aligned}\Delta s_{1-2}&=\Delta s_{ad}\\&=c_p\ln\frac{T_2}{T_1}-R_g\ln\frac{p_2}{p_1}\\&=1\ 005\ \text{J/(kg·K)}\times\ln\frac{490\ \text{K}}{288\ \text{K}}-287\text{J/(kg·K)}\times\ln\frac{0.5\ \text{MPa}}{0.1\ \text{MPa}}\\&=72.2\ \text{J/(kg·K)}>0\end{aligned}$$

该绝热过程可行,是不可逆绝热压缩过程。

方法二:计算由同样的初态 p_1,T_1 压缩到终压 p_2 时,经可逆绝热压缩的终温 T_{2_s},与实际终温 T_2 比较,因 $s_2\geqslant s_{2_s}$,据

$$\Delta s=c_p\ln\frac{T_2}{T_1}-R_g\ln\frac{p_2}{p_1}$$

故 T_2 只能大于 T_{2_s},极限情况(可逆压缩)相等,不可能出现 T_2 小于 T_{2_s} 的绝热过程。可逆绝热压缩终温

$$T_{2_s}=T_1\left(\frac{p_2}{p_1}\right)^{\frac{\kappa-1}{\kappa}}=288\ \text{K}\times\left(\frac{0.5\ \text{MPa}}{0.1\ \text{MPa}}\right)^{\frac{1.4-1}{1.4}}=456.14\ \text{K}$$

(1)$T_2<T_{2_s}$,过程不存在。

(2)$T_2<T_{2_s}$,过程可行,是不可逆绝热压缩过程。

例题 6.4 有 1 mol 某种理想气体,从状态 1 经过一个不可逆过程变化到 2。已知状态

1 的压力、体积和温度分别为 p_1、V_1 和 T_1，状态 2 的体积 $V_2=2V_1$，温度 $T_2=T_1$。若设比热容为定值，求熵差 $S_{m,2}-S_{m,1}$。

解 为了通过此例熟悉熵差的计算方法，并进一步理解熵是状态参数，选择两种可逆途径来计算。

(1)因 $T_2=T_1$，状态 1 和 2 一定在一条定温线上，如图 6.14 所示，所以可以借助一可逆的定温过程来计算。1 mol 气体的熵变为

$$S_2-S_1=M\left(c_v\ln\frac{T_2}{T_1}+R_g\ln\frac{V_2}{V_1}\right)=R\ln\frac{V_2}{V_1}$$

已知$\dfrac{V_2}{V_1}=2$，所以 $S_2-S_1=R\ln 2$。

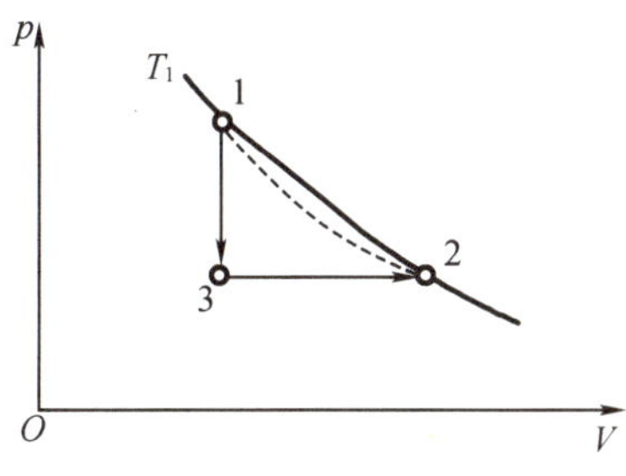

图 6.14 例 6.4 附图

(2)选另一可逆途径：由状态 1 经可逆的定容过程到达状态 3，再经可逆的定压过程到达状态 2。

$$S_2-S_1=S_2-S_3+S_3-S_1=M\left(c_p\ln\frac{T_2}{T_3}-R_g\ln\frac{p_2}{p_3}+c_v\ln\frac{T_3}{T_1}+R_g\ln\frac{V_3}{V_1}\right)$$

由于 $p_2=p_3$，$V_3=V_1$，$T_2=T_1$，代入上式得

$$S_2-S_1=M(c_p-c_v)\ln\frac{T_1}{T_3}$$

根据理想气体状态方程，由 $V_2=2V_1$，$T_2=T_1$，得 $p_2=\dfrac{1}{2}p_1$；由 $p_3=p_2=\dfrac{1}{2}p_1$，$V_3=V_1$ 得 $T_3=\dfrac{1}{2}T_1$。另外，$M(c_p-c_v)=MR_g=R$，一起代入上式。则

$$S_2-S_1=R\ln 2$$

两种途径计算结果相同，还有其他许多的可选途径，不论选择哪条途径，熵变计算结果都相同。

6.5 熵方程

上一节由克劳修斯积分等式导出了新的状态参数熵，由克劳修斯积分等式和不等式得出了过程判据。本节将根据热力学第二定律数学式导出各种热力系的熵方程，进一步揭示过程不可逆性、方向性和熵的内在联系，得出热现象又一重要原理—孤立系统熵增原理。

6.5.1 闭口系（控制质量）熵方程

据上节微元过程热力学第二定律表达式（6.22）

$$\mathrm{d}S \geqslant \frac{\delta Q}{T_{\mathrm{r}}}$$

其中，等号用于可逆过程，不等号用于不可逆过程，表明不可逆微元过程的熵变大于过程中 $\frac{\delta Q}{T_{\mathrm{r}}}$，其差值即为不可逆因素造成的熵产 δS_{g}，即

$$\delta S_{\mathrm{g}} = \mathrm{d}S - \frac{\delta Q}{T_{\mathrm{r}}} \geqslant 0 \text{ 或 } \delta S = \frac{\delta Q}{T_{\mathrm{r}}} + \delta S_{\mathrm{g}} \tag{6.28}$$

其中，$\frac{\delta Q}{T_{\mathrm{r}}}$ 是系统与外界换热量与热源温度的比值，称热熵流，简称熵流，用 $\delta S_{\mathrm{f,Q}}$ 表示，它是系统与外界换热引起的系统熵变，可正、可负、可为零，视系统吸热、放热还是绝热而定。系统吸热，$\delta S_{\mathrm{f,Q}}$ 为正；系统放热，$\delta S_{\mathrm{f,Q}}$ 为负；过程绝热，$\delta S_{\mathrm{f,Q}}$ 为零。因而闭口系统的熵变

$$\mathrm{d}S = \delta S_{\mathrm{g}} + \delta S_{\mathrm{f,Q}} \tag{6.29}$$

或

$$\Delta S = S_{\mathrm{g}} + S_{\mathrm{f,Q}}$$

式(6.29)就是闭口系（控制质量）的熵方程。它表示闭口系的熵变等于热熵流和熵产之和。

若闭口系绝热，则热熵流为零，式(6.29)就化简为式(6.24)，由于熵产大于等于零，故不可逆绝热中，工质的熵必定增大。

这里需要强调以下几点：

(1)系统的熵变只取决于系统的初、终态，可正可负；熵流和熵产不只取决于系统的初、终态，与过程也有关。

(2)熵产是非负的，任何可逆过程中均为零，不可逆过程中永远大于零；熵流取决于系统与外界的换热情况，系统吸热为正，放热为负，绝热为零。

(3)系统与外界传递任何形式的可逆功时，都不会因此而引起系统熵变化，也不会引起外界熵变化。

6.5.2 开口系（控制体积）熵方程

下面分析开口系的熵变构成。显然，物质流进（出）系统，其自身的熵就带进系统造成熵的增减。其次，据熵流、熵产的概念，系统与外界换热和系统发生了不可逆过程也会造成

系统熵的增减。考察图 6.15 所示的开口系，初始时刻 τ 系统的熵为 S，在微元时间段内向系统输入质量 $\sum_i \delta m_i$，系统向外界输出质量 $\sum_j \delta m_j$，系统与温度为 $T_{r,l}$ 的热源交换热量为 $\sum_l \delta Q_l$，交换功的代数和为 δW_{tot}。经 $d\tau$ 时间后该系统熵变为

$$\delta S_{CV} = \sum_i s_i \delta m_i - \sum_j s_j \delta m_j + \sum_l \frac{\delta Q_l}{T_{r,l}} + \delta S_g$$

或

$$\delta S_{CV} = \delta S_{f,m} + \delta S_{f,Q} + S_g \tag{6.30}$$

式中，$\delta S_{f,m} = \sum_i s_i \delta m_i - \sum_j s_j \delta m_j$ 成为质熵流，$\sum_i s_i \delta m_i$ 是输入系统的质量带进的熵，$\sum_j s_j \delta m_j$ 是离开系统物质带走的熵，$\delta S_{f,Q} = \sum_l \frac{\delta Q_l}{T_{r,l}}$ 是熵流的代数和；δS_g 是熵产。式(6.30)表明：控制体积的熵变等于熵流与熵产之和。开口系中熵流包括热熵流和质熵流，后者是因物质迁移而引起的。式(6.30)即为一般开口系的熵方程。

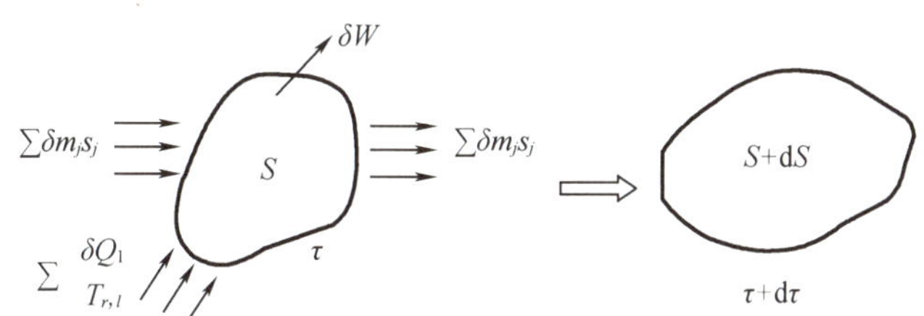

图 6.15　开口系统熵方程导出模型

对于闭口系，因系统与外界无质量交换，式(6.30)即退化为闭口系熵方程式(6.28)。

考虑工程上最常见的一股流体流入、一股流体流出的稳态稳流系(图 6.16)。因稳定，所以 $dS_{CV}=0$，$\delta m_1=\delta m_2=\delta m$，带入式(6.30)，得其熵方程为

$$\delta S_g = \delta m(s_2 - s_1) - \delta S_{f,Q}$$

或

$$S_g = m(s_2 - s_1) - S_{f,Q}$$

$$s_2 - s_1 = s_g + s_{f,Q}$$

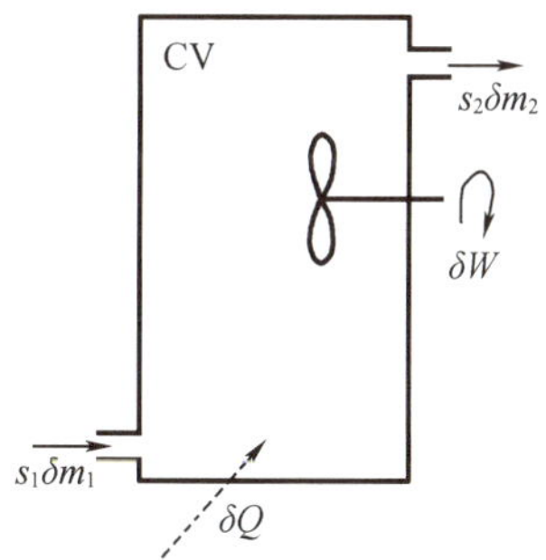

图 6.16　稳态稳流装置示意图

对于绝热的稳态稳流过程有

$$s_2-s_1=s_g\geqslant 0 \tag{6.31}$$

式中，s_1 和 s_2 分别是进、出口截面上工质的比熵。

式(6.31)表明，可逆绝热的稳态稳流过程中，开口系统的总熵保持不变，即 $\Delta S_{CV}=0$，进口界面上的比熵等于出口截面上的比熵；不可逆绝热的稳态稳流过程中，虽然开口系统的总熵仍然保持不变，即 $\Delta S_{CV}=0$，但由于工质在过程中的不可逆性，出口截面上的比熵大于进口截面上的比熵。

例题 6.5 1 kg 温度为 100 ℃的水在温度恒为 500 K 的加热器内在标准大气压力下定压加热，完全汽化为 100 ℃的水蒸气。已知需要加入热量 $q=2\ 257.2$ kJ/kg。试求：(1) 水在汽化过程中比熵变 Δs_{1-2}；(2) 过程的熵流和熵产；(3) 恒温加热器温度为 880K 时水的熵变及过程中的熵流和熵产。

解 (1) 取容器中的工质为热力系，它是闭口系。在定压的汽化过程中工质温度不变，$T=(100+273.15)\text{ K}=373.15$ K。已知热源温度 $T_r=500$ K，加热量 $q=2\ 257.2$ kJ/kg。显然 $T_r=T$，有限温差传热是不可逆过程，但工质的比熵变是无法利用不可逆过程关系式 $\Delta s_{1-2}>q/T_r$ 求出。如图 6.17 所示，设想一个中间热源，热量 q 有热源先传给中间热源，再由它传给系统。中间热源的温度与水温相同，$T'=T$，他们之间是可逆传热过程。而中间热源的温度与热源不同，他们之间是不可逆传热过程。因而转化为热力系统内部可逆、外部不可逆问题，按式(6.23)积分，得

$$\Delta s_{1-2}=\int\frac{\delta q}{T_r}=\frac{q}{\ }=\frac{q}{T}=\frac{2\ 257.2\ \text{kJ/kg}}{373.15\ \text{K}}=6.049\ 0\ \text{kJ/(kg·K)}$$

对于无摩擦损耗，只存在温差传热的不可逆问题，都可以按此方法处理。式(6.12)、式(6.13)对闭口系可逆过程和内部可逆过程都适用。如果在吸热过程中工质温度是变化的，则需要设置无数多个中间热源，随时都与工质温度相同，工质比熵变仍按 $\Delta s_{1-2}=\int_1^2\frac{\delta q}{T}$ 计算。

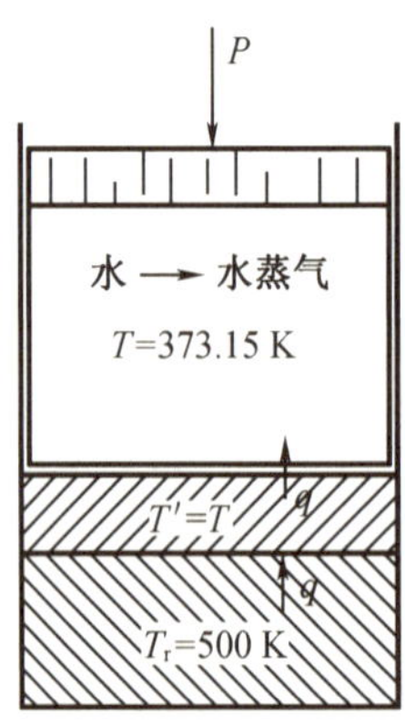

图 6.17　例 6.5 附图

(2)由闭口系的熵方程,式(6.29)

$$\Delta s_{1-2}=s_g+s_{f,Q}$$

其中熵流

$$s_{f,Q}=\int_1^2\frac{\delta q}{T_r}=\frac{q}{T_r}=\frac{2\ 257.2\ \mathrm{kJ/kg}}{500\ \mathrm{K}}=4.514\ 4\ \mathrm{kJ/(kg\cdot K)}$$

熵产

$$s_g=\Delta s_{1-2}-s_{f,Q}=6.049\ 0\ \mathrm{kJ/(kg\cdot K)}-4.514\ 4\ \mathrm{kJ/(kg\cdot K)}=1.534\ 6\ \mathrm{kJ/(kg\cdot K)}>0$$

熵产 $s_g>0$,验证了温差传热是不可逆过程。

(3)若 $T_r=800$ K,其他条件不变。这是仍设想一个温度 $T'=T$ 的中间热源,工质的熵变仍为6.049 0 kJ/(kg·K)。由于热源温度改变,故熵流

$$s_{f,Q}=\int_1^2\frac{\delta q}{T_r}=\frac{q}{T_r}=\frac{2\ 257.2\ \mathrm{kJ/kg}}{800\ \mathrm{K}}=2.821\ 5\ \mathrm{kJ/(kg\cdot K)}$$

熵产

$$s_g=\Delta s_{1-2}-s_{f,Q}=6.049\ 0\ \mathrm{kJ/(kg\cdot K)}-2.8215\ \mathrm{kJ/(kg\cdot K)}=3.227\ 5\ \mathrm{kJ/(kg\cdot K)}>0$$

讨论:计算结果(1)和(3)的 Δs_{1-2} 相同。热源温度不同并不影响热力系的熵变,因为热力系的熵变是状态参数,两个不同的不可逆过程可以借助同样的内可逆过程计算 Δs_{1-2}。

由(2)和(3)的计算结果 $s_{g(3)}>s_{g(2)}$,表明传热温差大,不可逆程度也严重,可见过程的熵产是不可逆程度的量度。

例题6.6　体积为 V 的刚性容器,初态为真空,打开阀门,大气环境中参数为 p_0、T_0 的空气充入。设容器壁具有良好的传热性能,充气过程中容器内空气保持和环境温度相同,最后达到热力平衡,即 $T_2=T_0$、$p_2=p_0$。试证明非稳态定温充气过程是不可逆过程。

解　取容器内空间为控制体积,先求出通过边界面的传热量 Q。根据控制体积能量方程的一般表达式

$$\delta Q=\mathrm{d}U_{CV}+h_jm_j-h_im_i+\delta W_i$$

已知容器为刚性,$\delta W_i=0$,无气体流出 $\delta m_j=0$,流入空气量等于控制体积内空气的增量,$\delta m_j=\mathrm{d}m$ 且 $h_i=h_0$,故上式简化为

$$\delta Q=\mathrm{d}U_{CV}-h_0\mathrm{d}m$$

积分上式得

$$Q_{1-2}=U_2-U_1-h_0(m_2-m_1)$$

将 $m_1=0$、$U_1=0$、$u_2=u_0$、$h_0-u_0=p_0v_0$ 带入,则

$$Q_{1-2}=u_2m_2-u_2h_0=(u_2-h_0)m_2=-p_0v_0m_2=-p_0V$$

根据控制体熵方程式

$$\mathrm{d}S_{CV}=\sum_j s_j\delta \mathrm{m}_j-\sum_i s_i\delta \mathrm{m}_i+\sum_l\frac{\delta Q_l}{T_{r,l}}+\delta S_g$$

又因 $\delta m_j=0$,代入后积分得

$$(S_2-S_1)_{CV}=\frac{Q_{1-2}}{T_0}+s_0(m_2-m_1)+S_g$$

初态真空,$m_1=0$,$S_1=0$,且 $S_2=m_2s_2=m_2s_0$,$Q_{1-2}=-p_0V$,故

$$S_g=\frac{p_0V}{T_0}>0$$

由 $S_g>0$ 可以断定充气过程是不可逆过程。

6.6 孤立系统熵增原理

6.6.1 孤立系统熵增原理

任何一个热力系，总可以将它连同与其相互作用的一切物体组成一个复合系统(图 6.18)。根据熵的可加性，该复合系统总熵变等于各子系统熵变的代数和。该系统不再与外界有任何形式的能量交换和质量交换，称此系统为孤立系统。孤立系统当然是闭口绝热系，从式(6.24)可得

$$dS_{iso}=\delta S_g\geqslant 0 \tag{6.32}$$

或

$$\Delta S_{iso}=S_g\geqslant 0 \tag{6.33}$$

上式含义为：孤立系内部发生变化时，孤立系的熵增大，$dS_{iso}>0$；极限情况(发生可逆变化)熵保持不变，$dS_{iso}=0$，使孤立系熵减少的过程不可能出现。简言之，孤立系统的熵可以增大，或保持不变，但不可能减少。这一结论即孤立系统熵增原理，简称熵增原理。

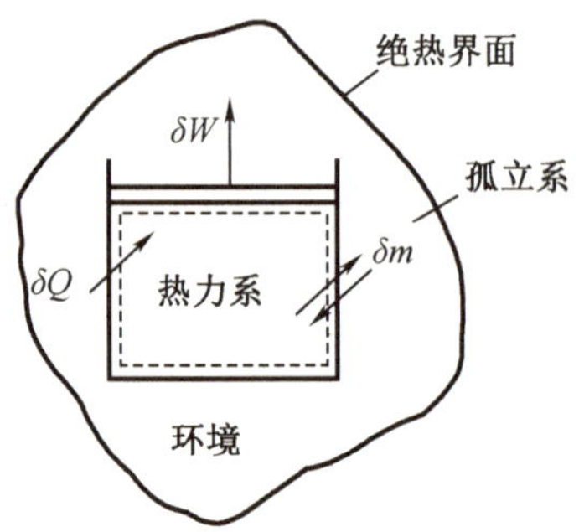

图 6.18 复合系统熵增

下面以几个常见的热力过程具体说明孤立系统熵增原理。

1. 单纯的传热过程

孤立系中有两个物体 A 和 B，温度各为 T_A 和 T_B，这时孤立系的熵增

$$dS_{iso}=dS_A+dS_B \tag{6.34}$$

微元过程中物体 A 放热，故熵变为 $dS_A=-\frac{\delta Q}{T_A}$，物体 B 吸热，故熵变为 $dS_B=\frac{\delta Q}{T_B}$，得

$$dS_{iso}=-\frac{\delta Q}{T_A}+\frac{\delta Q}{T_B}$$

若为有限温差传热，$T_A>T_B$，有 $\frac{\delta Q}{T_A}<\frac{\delta Q}{T_B}$，$dS_{iso}>0$；若为无限小温差传热，$T_A=T_B$，有 $\frac{\delta Q}{T_A}=\frac{\delta Q}{T_B}$，

故 $dS_{iso}=0$。可见，不可逆的有限温差传热，孤立系总熵变 $dS_{iso}>0$；可逆等温传热，$dS_{iso}=0$。

2. 热转化为功

可以通过两个温度为 T_1、T_2 的恒温热源间工作的热机实现热能转化为功，这时孤立系熵变包括热源、冷源的熵变和循环热机中工质的熵变，即

$$\Delta S_{iso}=\Delta S_{T_1}+\Delta S+\Delta S_{T_2} \tag{6.35}$$

热源放热，熵变 $\Delta S_{T_1}=\dfrac{-Q_1}{T_1}$；冷源吸热，熵变 $\Delta S_{T_2}=\dfrac{Q_2}{T_2}$（$Q_1$ 和 Q_2 均为绝对值）。工质在热机中完成一个循环，$\Delta S=\oint dS=0$。将以上关系式带入式(6.35)，得

$$\Delta S_{iso}=-\frac{Q_1}{T_1}+0+\frac{Q_2}{T_2}=\frac{Q_2}{T_2}-\frac{Q_1}{T_1}$$

热机进行可逆循环时，$\dfrac{Q_1}{T_1}=\dfrac{Q_2}{T_2}$，所以 $\Delta S_{iso}=0$。进行不可逆循环时，因热效率低于卡诺循环，$1-\dfrac{Q_2}{Q_1}<1-\dfrac{T_2}{T_1}$，故$\dfrac{Q_1}{T_1}<\dfrac{Q_2}{T_2}$，所以 $\Delta S_{iso}>0$。再次验证了孤立系统中进行可逆变化总熵不变，进行不可逆变化，则系统总熵必增加。

3. 耗散功转化为热

由于摩擦等耗散效应而损失的机械功成为耗散功，以 W_1 表示。孤立系统内部因不可逆耗散效应，耗散功转化为热量成为耗散热，以 Q_g 表示。在耗散功转化为热时有 $Q_g=W_1$，它由孤立系统内某个(或某些)物体吸收，引起物体的熵增大，即为熵产 S_g。可逆过程无耗散热，故熵产为零。设吸热时物体温度为 T，则 $dS=\dfrac{\delta Q_g}{T}=\dfrac{\delta W_1}{T}=\delta S_g>0$，这是孤立系统内部存在耗散损失而产生的唯一后果。因而，孤立系的熵增等于不可逆过程造成的熵产，且不可逆时恒大于零，即 $\Delta S_{iso}=S_g\geqslant 0$ 或 $dS_{iso}=\delta S_g\geqslant 0$

可见，孤立系统内只要有机械功不可逆地转化为热能，系统的熵必定增大。

必须指出，耗散功转化的热能，如果全部被一个温度与环境温度 T_0 相同的物体吸收，它将不再具有做出有用功的能力，或者说作功能力丧失殆尽。作功能力损失以 $dI=\delta W_1$ 表示，因而得出孤立系统的熵增与作功能力损失的关系为

$$dS_{iso}=\frac{dI}{T_0} \tag{6.36}$$

上述示例概括了大多数热力过程，尤其示例三有着极其深刻的内涵，因为任何一种不可逆变化，都意味着机械功损失，也都可以归结于示例三。不可逆循环显然有机械功损失；不等温传热也意味着机械功损失，因为低温物体与大气环境间作功能力要比高温物体与环境间做功能力低，热量直接从高温物体不可逆地传给低温物体同样意味着机械功损失。因此，孤立系统中的各种不可逆因素，都表现为系统的机械功损失，最后的效果总可以归结为机械功不可逆地转化为热，使孤立系统的熵增大。也就是说，这是一切不可逆过程的共性。

最后应强调指出：熵增原理只适用于孤立系统。至于非孤立系统，或者孤立系中某个物体，他们在过程中可以吸热也可以放热，所以他们的熵可以增大，可能不变，也可能减小。

6.6.2 熵增原理的实质

熵增原理指出:凡是使孤立系统总熵减少的过程都是不可能发生的,理想可逆情况也只能实现总熵不变,实际过程都不可逆,所以实际热力过程总是朝着使孤立系统总熵增大的方向进行,即 $dS_{iso}>0$。熵增原理阐明了过程进行的方向。

熵增原理给出了系统达到平衡状态的判据。孤立系统内部存在由不平衡向平衡发展,总熵增大,使孤立系统总熵达到最大值时,过程停止进行,系统达到相应的平衡状态,这时 $dS_{iso}=0$,即为平衡判据。因而熵增原理指出了过程进行的限度。

熵增原理还指出:如果某一过程的进行,会导致孤立系统中各物体的熵同时减少,或者各有增减但总和使系统的熵减少,则这个过程不能单独进行,除非有熵增大的过程作为补偿,使孤立系统总熵增大,至少保持不变。从而,熵增原理揭示了热过程进行的条件。例如,热转功,或热量由低温传向高温,这类过程会使系统总熵减小,所以不能单独进行,必须有导致熵增大的过程作为补偿;而功转热,或热量由高温传向低温,这类过程本身就导致孤立系统总熵增大,故不需要补偿,能单独进行,并且还可以用作补偿过程。非自发过程必须有自发过程相伴而行,原因就在于此。孤立系统熵增原理全面地、透彻地揭示了热过程进行的方向、限度和条件,这些正是热力学第二定律的实质。由于热力学第二定律的各种说法都可以归结为熵增原理,又总能将任何物体与相关物体、相关环境一起归入一个孤立系统,所以可以认为(6.32),即 $dS_{iso}\geqslant 0$,是热力学第二定律数学表达式的最基本的形式。

例题 6.7 有一台同时能产生冷、热空气的设备,参数如图 6.19 所示。设各股空气均按稳定情况流动,且不计入口、出口处动能差和位能差。已知空气的摩尔定压热容 $C_{p,m}=29.3\ \text{J/(mol·K)}$,环境温度 $T_0=273.15\ \text{K}$。(1)推断此装置进行的过程能否实现?(2)若两股流出气流的温度分别为 $t_b=-15\ ℃$ 和 $t_c=60\ ℃$,求流入气流的最低温度。

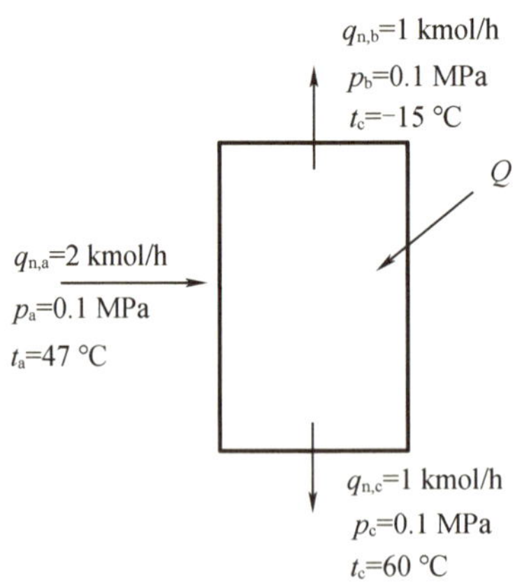

图 6.19 例 6.7 附图

解 (1)取装置内的空间为控制体积。

这是开口系稳定流动问题,据题意 $T_a=320.15\ \text{K}$,$T_b=258.15\ \text{K}$,$T_c=333.15\ \text{K}$。该装置对外不做功,$W_i=0$,由热力学第一定律稳定流动能量方程,可得

$$q_Q=\Delta\dot{H}=(\dot{H}_b+\dot{H}_c)-\dot{H}_a$$
$$=C_{p,m}(q_{n,b}T_b+q_{n,c}T_c-q_{n,a}T_a)$$
$$=29.3\ \text{J/(mol}\cdot\text{K}\times(1\times10^3\ \text{mol/h}\times258.15\ \text{K}+1\times10^3\ \text{mol/h}\times333.15\ \text{K}-2\times10^3\ \text{mol/h}\times320.15\ \text{K})$$
$$=-1\ 435.7\ \text{kJ/h}$$

负值表示过程中系统对外放热。

由稳定流动系的熵方程 $S_g=\Delta S-S_{f,Q}$，ΔS 为进、出口的熵差，可以看作各 1kmol/h 空气分别由 $a\to b$ 和 $a\to c$ 的熵差之和，故

$$\Delta\dot{S}=q_{n,b}(s_b-s_a)+q_{n,c}(s_c-s_a)$$
$$=q_{n,b}\left(C_{p,m}\ln\frac{T_b}{T_a}-R\ln\frac{p_b}{p_a}\right)+q_{n,c}\left(C_{p,m}\ln\frac{T_c}{T_a}-R\ln\frac{p_c}{p_a}\right)$$
$$=q_{n,b}C_{p,m}\ln\frac{T_bT_c}{T_a^{\ 2}}$$
$$=1\times10^3\ \text{mol/h}\times0.029\ 3\ \text{kJ/(mol}\cdot\text{K)}\times\ln\frac{258.15\ \text{K}\times333.15\ \text{K}}{(320.15\ \text{K})^2}$$
$$=-5.140\ 6\ \text{kJ/(K}\cdot\text{h)}$$

熵流：

$$\dot{S}_{f,Q}=\frac{q_Q}{T_r}=\frac{q_Q}{T_0}=\frac{-1\ 435.7\ \text{kJ/h}}{273.15\ \text{K}}=-5.256\ 1\ \text{kJ/(K}\cdot\text{h)}$$

熵产：

$$\dot{S}_g=\Delta\dot{S}-\dot{S}_{f,Q}=-5.140\ 6\ \text{kJ/(K}\cdot\text{h)}-[-5.256\ 1\ \text{kJ/(K}\cdot\text{h)}]=0.115\ 5\ \text{kJ/(K}\cdot\text{h)}>0$$

熵产 $\dot{S}_g>0$，过程可能实现，是不可逆过程。

(2) 用类似的方法，根据理想可逆情况下 $\dot{S}_g=0$，求出最低进口温度 $T_{a,\min}$。

由

$$q_Q=C_{p,m}(q_{n,b}T_b+q_{n,c}T_c-q_{n,a}T_a)$$
$$=29.3\ \text{J/(mol}\cdot\text{K}\times(1\times10^3\ \text{mol/h}\times258.15\ \text{K}+1\times10^3\ \text{mol/h}\times333.15\ \text{K}-2\times10^3\ \text{mol/h}\times T_{a,\min}$$
$$q_Q=29.3\times(591.3-2T_{a,\min})\ \text{kJ/h}$$

$$q_Q=q_{n,b}C_{p,m}\ln\frac{T_bT_c}{T_{a,\min}^2}$$
$$=1\times10^3\ \text{mol/h}\times0.029\ 3\ \text{kJ/(mol}\cdot\text{K)}\times\ln\frac{258.15\ \text{K}\times333.15\ \text{K}}{(T_{a,\min})^2}\tag{6.37}$$

$$\dot{S}_{f,Q}=\frac{q_Q}{T_0}=\frac{29.3\times(591.3-2T_{a,\min})\ \text{kJ/h}}{273.15\text{K}}\tag{6.38}$$

$$\dot{S}_g=\Delta\dot{S}-\dot{S}_{f,Q}=0,\ \Delta\dot{S}=\dot{S}_{f,Q}$$

根据式(6.37)和式(6.38)

$$29.3\ \text{kJ/(mol}\cdot\text{K)}\times\ln\frac{258.15\text{K}\times333.15\text{K}}{(T_{a,\min})^2}=\frac{29.3\times(591.3-2T_{a,\min})\ \text{kJ/h}}{273.15\text{K}}$$

迭代得出 $T_{a,\min}=316.3K t_{a,\min}=43.15$ ℃。

例题 6.8 气体在气缸中被压缩，其熵和热力学能的变化分别为-0.289 kJ/(kg·K)和45 kJ/kg，外界对气体做功165 kJ/kg。过程中气体至于大气交换热量，环境温度为300 K，问该过程是否能够实现？

解 气缸内气体与外界（本题是环境大气）共同组成的一个孤立系。已知 $\Delta u=45$ kJ/kg，$w=-165$ kJ/kg，$\Delta s=-0.289$ kJ/(kg·K)，由能量守恒式

$$q=\Delta u+w=45\ \text{kJ/kg}-165\ \text{kJ/kg}=-120\ \text{kJ/kg}$$

q 为负值表示工质放热，环境吸热，吸热量 $q_{sur}=-q=120$ kJ/kg，故

$$\Delta s_{sur}=\frac{q_{sur}}{T_{sur}}=\frac{120\ \text{kJ/kg}}{300\ \text{K}}=0.4\ \text{kJ/(kg·K)}$$

孤立系的熵增 $\Delta s_{iso}=\Delta s+\Delta s_{sur}$，故

$$\Delta s_{iso}=-0.289\ \text{kJ/(kg·K)}+0.4\ \text{kJ/(kg·K)}=0.111\ \text{kJ/(kg·K)}>0$$

该过程可以实现，是不可逆过程。

值的指出：应用孤立系熵增原理计算每一物体熵变时，必须以该对象为主体来确定热量的符号。

例题 6.9 利用稳定供应的0.69 MPa、26.8 ℃的空气源和-196 ℃的冷源，生产0.138 MPa、-162.1 ℃的空气流，质量流量 $q_m=20$ kg/s。装置示意图如图6.20所示。求：(1)冷却器的每秒放热量 q_Q；(2)整个系统熵增，判断该方案是否能实现。假设低温空气流最终返回空气源。已知空气的气体常数 $R_g=0.287$ kJ/(kg·K)，定压比热容 $c_p=1.004$ kJ/(kg·K)，绝热指数 $\kappa=1.4$。

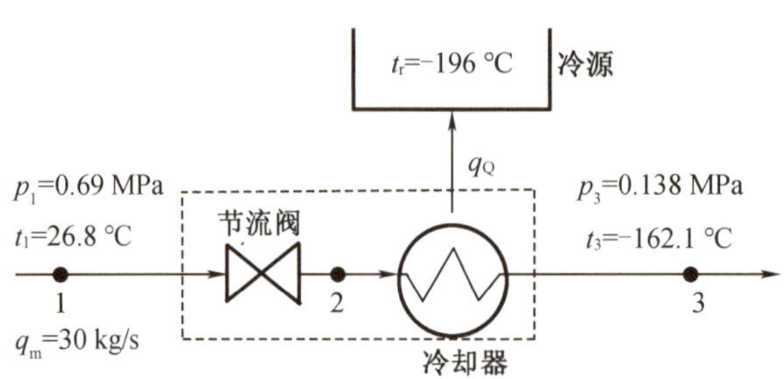

图 6.20 例 6.9 附图

解 $T_1=(26.8+273.15)\text{K}=299.95\ \text{K}$，$T_3=(-162.1+273.15)\text{K}=111.05\text{K}$，$T_r=(-196+273.15)\text{K}=77.15\text{K}$

(1)由热力学第一定律能量守恒式确定热流量 q_Q。

节流前后焓值相同，故 $h_2=h_1$。有理想气体的焓值取决温度，所以 $T_2=T_1=299.95$ K。冷却器不对外做功，放热量等于焓降，所以

$$\begin{aligned}q_Q&=q_m(h_3-h_2)\\&=q_m c_p(T_3-T_2)\\&=20\ \text{kg/s}\times1.004\ \text{kJ/(kg·K)}\times(111.05\ \text{K}-299.95\ \text{K})\\&=-3\,973.11\ \text{kJ/s}\end{aligned}$$

(2)取图6.20中虚线为控制体积,有控制体积、冷源、空气源组成一个孤立系,孤立系的熵变等于三者熵变的代数和:

$$\Delta\dot{S}_{iso}=\Delta\dot{S}_{r}+\Delta\dot{S}_{CV}+q_m(s_3-s_1)$$

其中,因稳定流动

$$\Delta\dot{S}_{CV}=0$$

$$\Delta\dot{S}_{r}=\frac{-q_Q}{T_r}=\frac{3\ 793.11\ \text{kJ/s}}{77.15\ \text{K}}=49.165\ \text{kJ/(K}\cdot\text{s)}$$

$$\begin{aligned}\Delta S_{1\text{-}3}&=q_m(s_3-s_1)\\&=q_m\left(c_p\ln\frac{T_3}{T_1}-R_g\ln\frac{p_3}{p_1}\right)\\&=20\ \text{kg/s}\times\left[1.004\ \text{kJ/(kg}\cdot\text{K)}\times\ln\frac{111.05\ \text{K}}{299.95\ \text{K}}-0.287\ \text{kJ/(kg}\cdot\text{K)}\times\ln\frac{0.138\ \text{MPa}}{0.69\ \text{MPa}}\right]\\&=-10.714\ \text{kJ/(K}\cdot\text{s)}\end{aligned}$$

$$\Delta\dot{S}_{iso}=49.165\ \text{kJ/(K}\cdot\text{s)}-10.714\ \text{kJ/(K}\cdot\text{s)}=38.45\ \text{kJ/(K}\cdot\text{s)}>0$$

该方案能够实现,是不可逆过程。

6.7　㶲与烋

㶲与烋是近来在热力学及能源科学领域中广泛用来评价能量利用价值的新参数。㶲是能量可用性、有用功、有效能的统称,它把能量的“量”和“质”结合起来评价能量的价值,更深刻地揭示了能量在传递和转换过程中能质退化的本质,为合理用能、节约用能指明了方向。

6.7.1　㶲与烋的定义

能量“质”的指标是根据它的做功能力来判断的,因此,可以按能量转换能力将能量分为三种类型:

(1)可以完全转换的能量,如机械能、电能等,理论上可以百分之百地转换为其他形式的能量,这种能量的“量”和“质”完全统一,它的转换能力不受约束。

(2)可部分转换的能量,如热能、内能等,这种能量的“量”和“质”不完全统一,它的转换能力受热力学第二定律约束。

(3)不能转换的能量,如环境的内能,这种能量只有“量”没有“质”。

由于能量的转换与环境条件及过程特性有关,为了衡量能量的最大转换能力,人们规定环境状态为基态(其能质为零),而转换过程应为没有热力学损失的可逆过程,由此得出㶲的定义。

当系统由任意状态可逆转变到与环境状态相平衡时,能量可最大限度转换为“可无限转换的能量”的那部分能量称为㶲(exergy)。

不能转换的那部分能量称为𬉼(anergy)。

显然,按能量转换能力分类的第一种能量便是㶲,第三种能量为𬉼,第二种能量包含㶲和𬉼即

$$能量=㶲+𬉼$$

$$E_n=E_x+A_n \tag{6.39}$$

应用㶲和𬉼的概念可将能量转换规律表述为:

热力学第一定律:能量守恒,即㶲和𬉼的总量守恒,可表示为$(\Delta E_x+\Delta A_n)_{\text{iso}}=0$。

热力学第二定律:一切实际热力过程中不可避免地发生部分㶲退化为𬉼,而𬉼不能再转化为㶲,可称为孤立系统㶲降原理,并表示为$\Delta E_{x\text{iso}}\leqslant 0$。

由此可见,㶲和𬉼都可作为过程方向性及热力学性能完善性的判断。

6.7.2 热量㶲和冷量㶲

(1)热量㶲:当热源温度(T)高于环境温度(T_0)时,从热源取得热量 Q,通过可逆热机可能对外界做出的最大功称为热量㶲。

如图 6.21 所示,可逆循环做最大功为

$$E_{xQ}=\int_{(Q)}\delta W_{\max}=\int_{(Q)}\left(1-\frac{T_0}{T}\right)\delta Q=Q-T_0S_t \tag{6.40}$$

式中 $S_t=\int_{(Q)}\frac{\delta Q}{T}$——随热流携带的熵流。

热量㶲除与热量有关外,还与温度有关,在环境温度 T_0 一定时,T 越高,转换能力越强,热量中的㶲值越高。

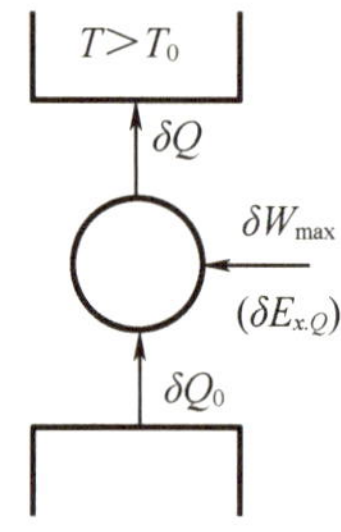

图 6.21 热量㶲

热量𬉼:

$$A_{nQ}=Q-E_{xQ}=T_0S_t \tag{6.41}$$

式(6.41)表明,在 T_0 一定的情况下,热量火无与熵流成正比。𬉼是不可用能(或称无效能),因此,𬉼从能量转换的角度可以理解为不可用能的度量。对系统加热,既增加了系统的可用能,也增加了系统的不可用能。

单位质量物质的热量㶲与热量𬉼在 $T-S$ 图上表示,如图 6.22 所示。

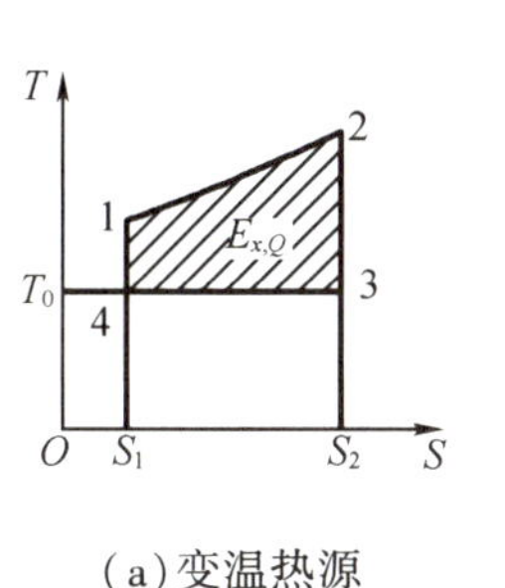

(a)变温热源

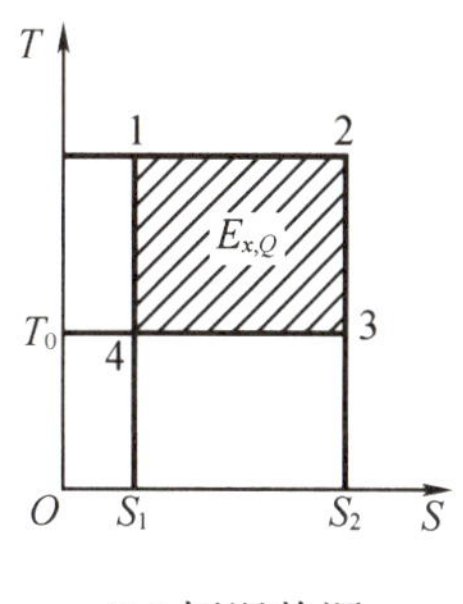

(b)恒温热源

图 6.22　热量㶲与热量𬀩

(2)冷量㶲:当系统温度(T)低于环境温度(T_0)时,从制冷角度理解,按逆循环进行,从系统(冷源)获取冷量 Q_0,外界消耗一定量的功,将 Q_0 连同消耗的功一起移到环境中去。在可逆条件下,外界消耗的最小功即为冷量㶲。反之,如果低于环境温度的系统吸收冷量 Q_0 时,向外界提供冷量㶲,即可以用它做出有用功。

如图 6.23 所示,按逆卡诺循环:

$$\varepsilon_c=\frac{\delta Q_0}{\delta W_{\min}}=\frac{T}{T_0}=T$$

即

$$\delta E_{xQ_0}=\delta W_{\min}=\frac{T_0-T}{T}\delta Q_0=\left(\frac{T_0}{T}-1\right)\delta Q_0$$

或

$$E_{xQ_0}=T_0S_f-Q_0 \tag{6.42}$$

式中:$S_f=\int_{(Q_0)}\frac{\delta Q_0}{T}$——冷量㶲中携带熵流。

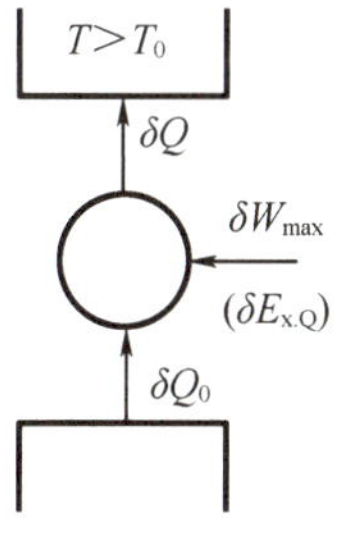

图 6.23　冷量㶲

冷量𬀩:由热力学第一定律,$Q=Q_0+E_{xQ_0}=T_0S_f$,该能量是为获取制冷量 Q_0 而必须传给环境的能量,此能量不能再转化为㶲,称为冷量𬀩。即

$$A_{nQ_0}=T_0S_f \tag{6.43}$$

单位质量工质的冷量、冷量㶲与冷量𬀩在 $T-S$ 图上,如图 6.24 所示。

由 $T-S$ 图可见,系统温度越低,冷量㶲越大,即外界消耗的功越多。工程上冷库在满足工艺要求的低温条件下，为了节约能源不要使系统维持在更低的低温下进行。同时，要重视回收利用低温物质存在的㶲值。

还需指出，由于热量或冷量是过程量，因此，热量㶲、冷量㶲及其𬉼都是过程量。

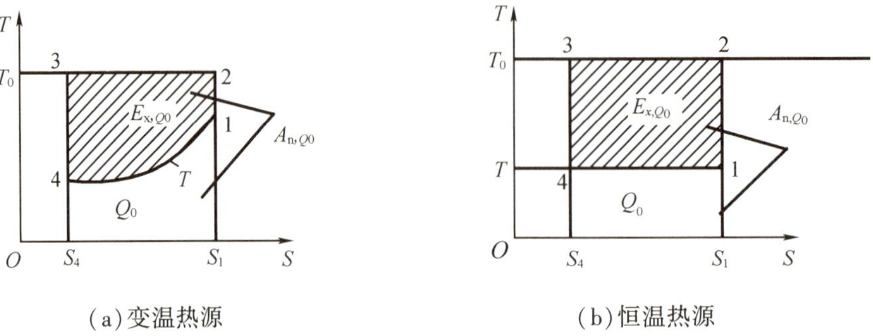

图 6.24　冷量㶲与冷量𬉼

6.7.3　热力学能㶲

当闭口系统所处状态不同于环境状态时都具有做功能力，即有㶲值。闭口系统从给定状态(p,T)可逆地过渡到与环境状态(p_0,T_0)相平衡，对外所做最大有用功称为热力学能㶲。

如图 6.25 所示，设系统状态高于环境状态，为了保证系统与环境之间实现可逆换热条件，系统必须首先进行绝热膨胀，当系统温度达到与环境温度相等时，才能进行可逆换热。因此，系统可逆过渡到环境状态，首先经历一个定熵过程，然后是定温过程。

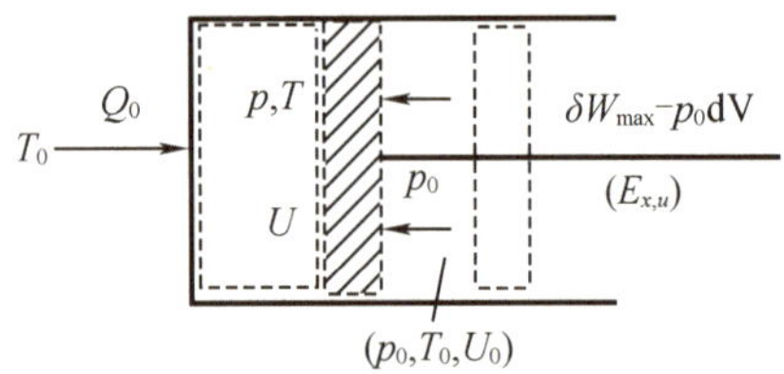

图 6.25　热力学能㶲

考虑到系统膨胀时对环境做功 p_0dV 不能被有效利用，故最大有用功（即热力学能㶲）为

$$\delta W_{\max,u}=\mathrm{d}E_{x,u}=\delta W_{\max}-p_0\mathrm{d}V$$

按热力学第一定律：

$$\delta Q=\mathrm{d}U+\delta W_{\max}=\mathrm{d}U+p_0\mathrm{d}V+\delta W_{\max,u} \tag{6.44}$$

按热力学第二定律：由闭口系统与环境组成的孤立系统，进行可逆过程其熵增为零，即 $\mathrm{d}S_{iso}=\mathrm{d}S+\mathrm{d}S_{sur}=0$，由此可得出

$$\delta Q=T_0\mathrm{d}S \tag{6.45}$$

合并式(6.44)、(6.45)，并由初态(p,T)积分至终态(p_0,T_0)，得

$$T_0(S_0-S)=(U_0-U)+p_0(V_0-V)+\delta W_{\max,u}$$

或

$$E_{x,u}=W_{\max}=(U-U_0)-T_0(S-S_0)+p_0(V-V_0) \tag{6.46}$$

当环境状态一定时，热力学能㶲仅取决于系统状态，因此热力学能㶲是状态参数。

热力学能㶲的微分形式为

$$\mathrm{d}E_{x,u}=\mathrm{d}U-T_0\mathrm{d}s+p_0\mathrm{d}V \tag{6.47}$$

单位质量热力学能㶲的微分形式为

$$\mathrm{d}e_{x,u}=\mathrm{d}u-T_0\mathrm{d}s+p_0\mathrm{d}v \tag{6.48}$$

热力学能㶲表示在 $p-V$ 图，$T-S$ 图上，如图 6.26 所示。

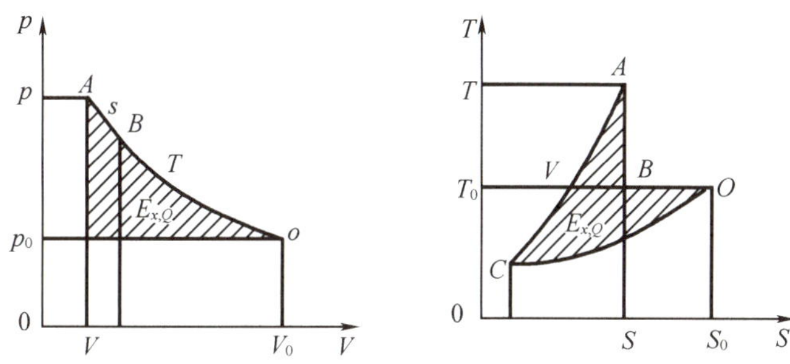

图 6.26 热力学㶲 $p-V$，$T-S$ 图

图 6.26 中，A 为系统所处初状态(p,T)；O 为环境状态(p_0,T_0)。

系统首先进行定熵过程（A—B），然后进行定温过程（B—O）可逆过渡到环境状态。图 6.26 中带有斜影线的面积为热力学能 $E_{x,u}$

热力学能

$$A_{n,u}=(U-U_0)-E_{x,u}=T_0(S-S_0)-p_0(V-V_0)\mathrm{d}A_{n,u}=T_0\mathrm{d}s-p_0\mathrm{d}V \tag{6.49}$$

6.7.4 焓㶲

开口系统稳定流动工质的总能量包括焓、宏观动能和势能，其中动能和势能属机械能，本身便是㶲，为稳定流动工质的焓㶲，故不考虑工质动能、位能及其变化。

如图 6.27 所示，忽略动能、位能变化、工质流从初态(p,T)可逆过渡到环境状态(p_0,T_0)，单位工质焓降$(h-h_0)$可能做出的最大技术功便是工质流的焓㶲。

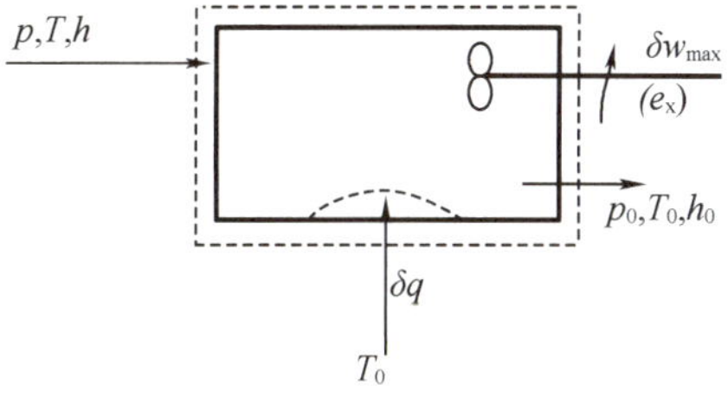

图 6.27 焓㶲

同样,为了使系统与环境之间进行可逆换热,工质首先必须进行一个定熵过程,温度达到 T_0,然后再与环境进行定温换热。总之,过程仍然是先定熵,后定温。

按热力学第一定律,有

$$\delta q = dh + \delta w_{max,t} \tag{6.50}$$

按热力学第二定律,有

$$\delta q = T_0 ds \tag{6.51}$$

合并式(6.50)、式(6.51),并从工质流初态(p,T)积分至环境状态(p_0,T_0),得焓烟为

$$e_x = w_{max,t} = (h-h_0) - T_0(s-s_0) \tag{6.52}$$

微分形式为

$$de_x = dh - T_0 ds \tag{6.53}$$

当环境状态一定时,焓、熵为状态参数。工程上遇到的大多数是稳定流动工况,因此式(6.52)有着广泛应用。

焓烟在 $p-v$ 图与 $T-s$ 图上表示,如图 6.28 所示。图中,1 为工质流的初态(p,T),0 为环境状态(p_0,T_0),1—2 为定熵线,2—0 为定温线,5—0 为定焓线(h_0),5—1 为定压线。图中斜影线面积所示为焓烟。

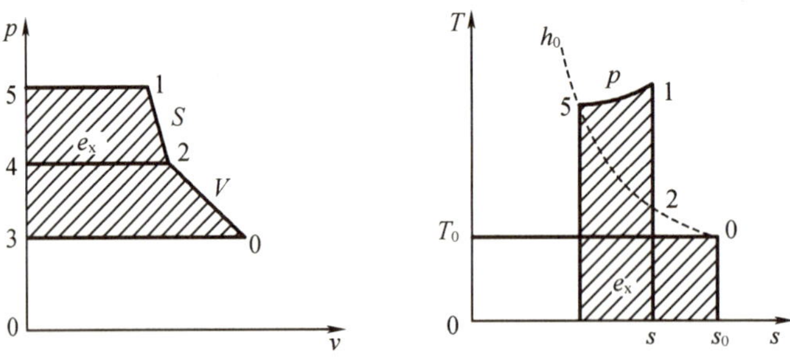

图 6.28　焓烟 $p-v$ 图,$T-s$ 图

稳定流动工质所携带的能量(焓)中,不能转换为有用功(烟)的那部分能量即为焓

$$a_n = (h-h_0) - e_x = T_0(s-s_0) \tag{6.54}$$

或

$$da_n = T_0 ds \tag{6.55}$$

例题 6.10　体积 $V=0.3\ m^3$ 的刚性容器中储有空气,初态 $p_1=3$ MPa,$t_1=t_0=25$ ℃。当连接容器的阀门打开后,空气压力迅速降低至 $p_2=1.5$ MPa,然后关闭阀门。试求:(1)容器中空气为初态的烟值;(2)刚关闭阀门时空气的烟值。设环境状态 $p_0=100$ kPa,$T_0=298$ K。

解　(1)空气初态的烟值。

取刚性容器为系统,空气烟值为闭口系统的热力学能烟。

容器中空气初态质量为

$$m_1 = \frac{p_1 V}{RT_1} = \frac{3\ 000 \times 0.3}{0.287 \times 298} = 10.523\ kg$$

初态空气比体积为

$$v_1=\frac{V}{m_1}=\frac{0.3}{10.523}=0.028\ 5\ \mathrm{m^3/kg}$$

空气初态㶲值

$$E_{x_1}=m_1e_{x_1}$$

$$\begin{aligned}E_{x_1}&=m_1[(u_1-u_0)+p_0(v_1-v_0)-T_0(s_1-s_0)]\\&=m_1[c_v(T_1-T_2)+p_0(v_1-v_0)-T_0(c_p\ln\frac{T_1}{T_0}-R\ln\frac{p_1}{p_0})]\\&=10.523[0+100(0.028\ 5-0.855\ 3)-298(0-0.287\ln\frac{3}{0.1})]\\&=219\ \mathrm{kJ}\end{aligned}$$

(2)刚关闭阀门时空气的㶲值

迅速排气可理想化为可逆绝热过程,空气终态温度

$$T_2=T_1\left(\frac{p_2}{p_1}\right)^{\frac{k-1}{k}}=298\left(\frac{1.5}{3}\right)^{\frac{1.4-1}{1.4}}=244-4\ \mathrm{K}$$

终态比体积

$$v_2=\frac{RT_2}{p_2}=\frac{0.287\times244.4}{1\ 500}=0.046\ 8\ \mathrm{m^3/kg}$$

终态空气质量

$$m_2=\frac{V}{v}=\frac{0.3}{0.046\ 8}=6.41\ \mathrm{kg}$$

终态㶲值

$$E_{x_2}=m_2e_{x_2}$$

$$\begin{aligned}E_{x_2}&=6\ 041\times\left[0.716\ 5(244.4-298)+100(0.046\ 8-0.855\ 3)-298\left(1.004\ln\frac{244.4}{298}-0.287\ln\frac{1.5}{0.1}\right)\right]\\&=110\ \mathrm{kJ}\end{aligned}$$

例题 6.11　质量流量为 $m=12.5$ kg/s 的烟气,定压地流过换热器,温度从 300 ℃降低至 200 ℃。设烟气比定压热容 $c_p=1.09$ kJ/(kg·K),环境温度 $t_0=25$ ℃。试求烟气流过换热器前、后的㶲值。

解　烟气稳态稳流通过换热器烟气的㶲值为焓㶲。流进换热前㶲值

$$E_{x_1}=me_{x_1}$$

$$\begin{aligned}E_{x_1}&=m[(h_1-h_0)-T_0(S_1-S_0)]\\&=m\left[c_p(T_1-T_0)-T_0\left(c_p\ln\frac{T_1}{T_0}\right)\right]\\&=12.5\left[1.09(573-298)-298\times\left(1.09\ln\frac{573}{298}\right)\right]\\&=1\ 092.4\ \mathrm{kW}\end{aligned}$$

通过热器后的㶲值

$$E_{x_2}=me_{x_2}$$

$$E_{x_2}=12.5\left[1.09(473-298)-298\left(1.09\ln\frac{473}{298}\right)\right]=508.5\ \mathrm{kW}$$

6.8 㶲分析与㶲方程

正如一切不可逆过程要产生熵一样，一切不可逆过程都会造成㶲损失。二者从不同角度揭示不可逆过程中能质的退化、贬值。利用熵分析法与㶲分析法得到的结果是一致的。

6.8.1 㶲分析与能量分析的比较

对能量系统进行用能分析，通常有两种方法：其一，依据热力学第一定律的能量分析法；其二，依据热力学第二定律的熵分析法或热力学第一定律与热力学第二定律相结合的㶲分析法。下面举例说明能量分析法与㶲分析法的区别。

如图 6.29 所示，为工质稳态流动。

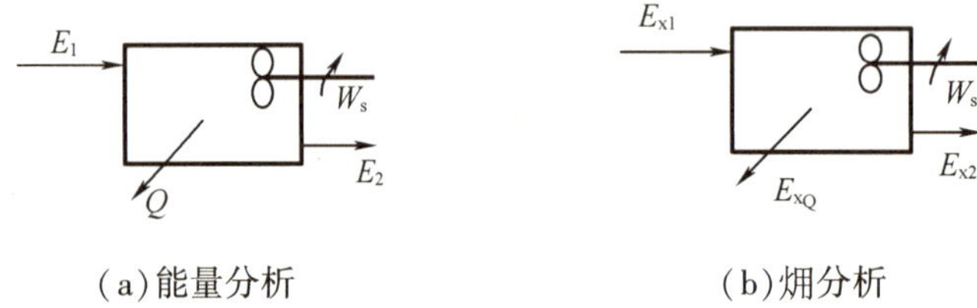

图 6.29　㶲分析与能量分析比较

图 6.29(a)表示控制体输入能量(E_1)和输出能量(E_2,W_S,Q)的数量关系；图 6.29(b)表示对应图(a)各项能量的㶲值，输出项中除对外做功 W_S 为有效利用能量外，其余各项均作为控制体的能量或㶲的损失。两种分析见表 6.1。

表 6.1　能量分析与㶲分析比较表

名称	能量分析	㶲分析
依据	热力学第一定律	热力学第一定律、第二定律
平衡式	$E_1=W_S+E_2+Q$	$E_{x_1}=W_S+E_{x_2}+E_{x_Q}+\sum L_i$
效率	$\eta=\frac{W_S}{E_1}=1-\frac{Q+E_2}{E_1}$	$\eta_{ex}=\frac{W}{E_{x_1}}=1-\frac{E_{x_2}+E_{x_Q}+\sum L_i}{E_{x_1}}$

注：$\sum L_i$ 表示控 制体内各项㶲损失；η_{ex} 表示㶲效率，η_{ex}=收益㶲/支付㶲。

从表中可以看出两种分析方法具有下述不同特点。

(1)能量分析中是功量、热量等不同质的能量的数量平衡或比值，而㶲分析是同质能量的平衡式或比值，说明㶲分析比能量分析更科学、合理。

(2)能量分析仅反映出控制体输出外部能量的损失，如 Q, E_2；而㶲分析除反映控制输出外部的㶲损失 $E_{x_1}E_{x_Q}$ 外，还能反应控制体内各种不可逆因素造成的损失 $\sum L_i$。说明㶲分析比能量分析更全面，更能深刻揭示能量损耗的本质，找到各种损失的部位、大小、原因，从而指明减少损失的方向与途径。

由于能量分析存在局限性，有时可能得出错误的信息。例如，现代化电站锅炉能量分析其热效率高达90%以上，似乎能量已被充分利用，节能已无多少潜力可挖；然而，按㶲分析效率约为40%，锅炉内部的燃料燃烧及烟气与水之间的温差传热造成很大的不可逆㶲损失，表明直接采用燃料燃烧加热水产生蒸汽的方式不是最理想的用能方式。再如蒸汽动力循环按能量分析，其最大能量损失发生在凝汽器（约占50%）；而按㶲分析凝汽器中虽然损失的能量数量很大，但因其温度接近环境温度，㶲损失却很少（占1%~2%），已没有多大利用价值。可见两种分析方法所得结论可能完全不同，㶲分析更科学、更全面。

尽管能量分析存在一定的缺陷，但是，它确定系统能量的外部损失，为节能指明了一定方向，同时，能量分析也为㶲分析提供能量平衡的依据，因此对用能系统的全面分析须同时作能量分析和㶲分析，以寻求提高用能效率和节能的有效途径。

6.8.2　㶲方程

对能量系统进行㶲分析时，必须确定各部位的㶲损失，采用类似于建立能量方程和㶲方程的方法建立㶲方程，这时需将㶲损失当作系统输出部分列入方程中。其一般形式为

$$\text{输入㶲}-\text{输出㶲}-\text{㶲损失}=\text{系统㶲变}$$

或

$$\text{㶲损失}=\text{输入㶲}-\text{输出㶲}-\text{系统㶲变}$$

1. 闭口系统㶲方程

如图6.30所示，取气缸中气体做系统，气体由初态 (p_1, T_1) 膨胀到终态 (p_2, T_2)，系统与外界有热量和功量交换，输入系统㶲为热量㶲 E_{x_Q}，输出㶲为 $(W-p\Delta V)$，其中 $p\Delta V$ 是系统对环境做功，不能被有效利用。

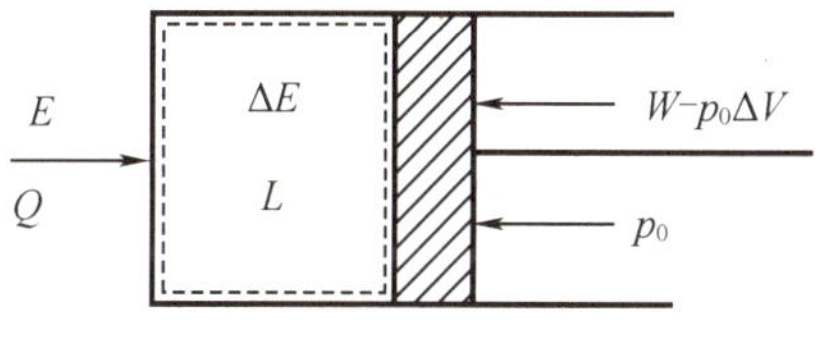

图6.30　闭口系统㶲方程

按㶲方程的一般形式可写成

$$\text{㶲损失 } L=E_{x_Q}-(W-p\Delta V)-\Delta E_x \tag{6.56}$$

式中　E_{x_Q}——热量㶲，kK；

ΔE_x——系统熵变，kJ。

$$\Delta E_x = (U_2 - U_1) - T(S_2 - S_1) + p_0(V_2 - V_1) \tag{6.57}$$

$$E_{x_Q} = Q - T_0 S_1 \tag{6.58}$$

$$Q = (U_2 - U_1) + W \tag{6.59}$$

将式(6.57)(6.58)(6.59)代入式(6.56),经整理得

$$L = T_0[(S_2 - S_1) - S_f] = T_0 S_g \tag{6.60}$$

式(6.60)表明,闭口系统内不可逆过程造成的㶲损失等于环境(T_0)与系统熵产的乘积。该式与由熵产求做功能力损失的式(6.29)相同,说明熵法与㶲法分析结果的一致性。

2. 开口系统㶲方程

如图 6.31 所示,设以稳定流动系统的进口参数为 p,T,S,H,流速为 c,相对某参考高度为 z;在环境为唯一热源的条件下,设流出稳定流动系统时的状态为环境状态,p_0,T_0,S_0,H_0,且 c_0,z_0 在微元状态变化的过程中从环境吸热 δQ_0,对外做有用功 δW_A(轴功 δW_s)。根据热力学第一定律,对稳定流动系统有

$$\delta Q = \mathrm{d}H + \frac{1}{2}m\mathrm{d}c^2 + mg\mathrm{d}z + \delta W_A$$

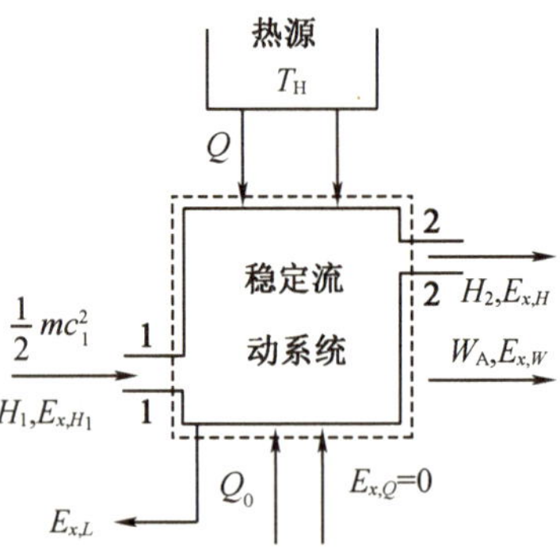

图 6.31 稳定流动开口系统㶲方程

对于如图 6.31 所示的仅有单一热源——环境的模型,根据热力学第一定律,可逆时有

$$\delta Q = -\delta Q_0 = T_0\mathrm{d}S$$

从而有

$$T_0\mathrm{d}S = \mathrm{d}H + \frac{1}{2}m\mathrm{d}c^2 + mg\mathrm{d}z + \delta W_{A,\max}$$

$$\delta W_{A,\max} = -\mathrm{d}H + T_0\mathrm{d}S - \frac{1}{2}m\mathrm{d}c^2 - mg\mathrm{d}z \tag{6.61}$$

已知环境状态下 $c_0=0,z_0=0$,从给定进口状态积分到出口环境状态的稳定物流的㶲为

$$E_{x,H} = W_{A,\max} = H - H_0 - T_0(S - S_0) + \frac{1}{2}m\mathrm{d}c^2 + mg\mathrm{d}z \tag{6.62}$$

单位质量稳定物流的比㶲为

$$e_{x,H} = w_{A,\max} = h - h_0 - T_0(s - s_0) + \frac{1}{2}\mathrm{d}c^2 + g\mathrm{d}z$$

相应的㶲为

$$A_{e,H}=H_0+T_0(S-S_0) \tag{6.63}$$

及

$$a_{x,H}=h_0+T_0(s-s_0)$$

当忽略稳定流动工质的宏观动能与位能时,或把工质的宏观动能和位能作为机械㶲处理时,稳定物流的㶲就仅考虑焓一种形式的能量的㶲,从而有

$$E_{x,H}=H-H_0-T_0(S-S_0) \tag{6.64}$$

$$e_{x,H}=h-h_0-T_0(s-s_0)$$

3. 孤立系统㶲方程

取闭口系统与开口系统进行㶲分析所得的㶲损失,仅是系统内部不可逆造成的可用能损失,不包括系统外部的㶲损失。欲求整个装置或全过程的㶲损失时,应取孤立系统进行㶲分析。孤立系统没有㶲的输入与输出,按㶲方程的一般形式可表示为

$$L_{\text{iso}}=-\Delta Ex_{\text{iso}}=\sum_{i=1}^{n}\Delta E_{x_i} \tag{6.65}$$

式中　ΔE_{x_i}——组成孤立系统的任一子系统的㶲降。

意即:孤立系统的不可逆损失(㶲损失)等于所有子系统㶲降之和。

孤立系统㶲损失也可以通过孤立系统熵增进行计算,即

$$L_{\text{iso}}=T_0\Delta S_{\text{iso}} \tag{6.66}$$

由于㶲损失 $L_{\text{iso}}\geqslant 0$,可逆时等于零,不可逆时大于零,因此,孤立系统㶲变 $\Delta E_{x_{\text{iso}}}\leqslant 0$,可逆时㶲不变,不可逆时㶲减小。一切实际过程都是不可逆过程,所以孤立系统的㶲只能减少,这就是孤立系统的㶲降原理。实际过程中能量数量总是守恒的,而㶲却不断地减少,节能实为节㶲。用能是要尽量减少㶲的损失,充分发挥㶲的效益。

例题 6.12　压气机空气入口处温度 $t_1=17$ ℃,压力 $p_1=100$ kPa,经不可逆绝热压缩至 $p_2=400$ kPa,$t_2=207$ ℃。设外界环境参数 $t_1=17$ ℃,$p_0=100$ kPa,空气比定压热容 $c_p=1.01$ kJ/kg · K。试求空气压缩过程的㶲损失和压气机的㶲效率。

解　取压气机为控制体,整个压气过程为稳态温流工况。

列能量方程:压气机轴功为

$$w_s=h_2-h_1=c_p(t_2-t_1)=1.01\times(207-17)=191.9\ \text{kJ/kg}$$

列㶲方程:

$$e_{x_1}+w_s-e_{x_2}-l=\Delta e_{x_{ec}}$$

由于是稳态温流工况,所以

$$\Delta e_{x_{ev}}=0$$

㶲损失:

$$\begin{aligned}l&=e_{x1}-e_{x_2}+w_s\\&=(h_1-h_2)-T_0(s_1-s_2)+h_2-h_1\\&=T_0(s_2-s_1)\end{aligned}$$

$$=T_0\left(c_p\ln\frac{T_2}{T_1}-R\ln\frac{p_2}{p_1}\right)$$

$$=290(1.01\ln\frac{480}{290}-0.287\ln\frac{400}{100})$$

$$=32.2\ \text{kJ/kg}$$

㶲效率:

$$h_{cv}=\frac{e_{x2}-e_{x1}}{w_s}=\frac{(h_2-h_1)-T_0(s_2-s_1)}{h_2-h_1}=1-\frac{T_0(s_2-s_1)}{h_2-h_1}=1-\frac{32.2}{191.9}=83.2\%$$

例题 6.13 为使刚性容器内的 1 kgN_2 从 $T_1=310$ K 升高至 $T_2=390$ K,可采用下面两种方案:其一,采用叶轮搅拌方法;其二,采用从 $T=450$ K 的热源对容器加热的方法。已知 N_2 的初压 $p_1=200$ kPa,比定容热容 $c_v=0.7442$ kJ/kg·K,环境温度 $T_0=298$ K。试从热力学观点分析两种方案的优劣。

解 取刚性容器为系统。

(1)按热力学第一定律分析,列能量方程。

方案一:$q=0$,加入轴功等于 N_2 内能的增加,$w_s=u_2=u_1$。

方案二:$w=0$,加入热量等于 N_2 内能的增加,$q=u_2-u_1$。

两种方案中 N_2 的初、终态均相同,加入能量的数量相同,即 $q=w_s$,因此,依据热力学第一定律分析,不能区别两种方案的优劣。

(2)按热力学第二定律分析,采用㶲分析法。

方案一:取刚性容器及相关外界(功源)为孤立系统,列㶲方程

$$\Delta e_{x_{\text{iso}}}=\Delta e_{x_{N_2}}+\Delta e_{x_{功}}$$

式中

$$\Delta e_{x_{N_2}}=(u_2-u_1)+p_0(v_2-v_1)-T_0(s_2-s_1)$$

对于刚性容器,有

$$v_2=v_1$$

$$\Delta e_{x_{功}}=-w_s=-(u_2-u_1)\text{(功源支付㶲,其㶲变为负值)}$$

$$\Delta e_{x_{\text{iso}}}=(u_2-u_1)-T_0(s_2-s_1)-(u_2-u_1)=-T_0(s_2-s_1)$$

$$-T_0c_v\ln\frac{T_2}{T_1}=-298\times0.7442\ln\frac{290}{310}=-50.91\ \text{kJ/kg}$$

即㶲损失

$$l_1=-\Delta e_{\text{iso}}=50.91\ \text{kJ/kg}$$

方案二:取刚性容器及相关外界(功源)为孤立系统,列㶲方程

$$\Delta e_{\text{iso}}=\Delta e_{x_{N_2}}=\Delta e_{x_{热源}}$$

式中,$\Delta e_{x_{N_2}}$ 同方案一:

$$\Delta e_{x_{热源}}=-e_{x_q}=-(q-T_0s_f)=-(u_2-u_1)+T_0\frac{q}{T}$$

因而可得

$$\Delta e_{x_{iso}} = (u_2-u_1) - T_0(s_2-s_1) - (u_2-u_1) + T_0\frac{q}{T}$$

$$= -T_0(s_2-s_1) + T_0\frac{q}{T}$$

$$= -50.91 + 298\times\frac{0.744\ 2\times(390-310)}{450}$$

$$= -11.48\ \text{kJ/kg}$$

即㶲损失

$$l_2 = -\Delta e_{x_{iso}} = 11.48\ \text{kJ/kg}$$

㶲分析表明，方案二的㶲损失小于方案一，且由计算公式可见㶲损失与热源温度 T 有关，T 越高，即传热温差越大，㶲损失也越大，但总比方案一好，从热力学第二定律分析，将功转换成热加以利用，不是用能的好办法。

习　题

6.1　一热机在耗费 100 kW 加热量的情况下发出 74 kW 的功率。试问热机的热效率是多少？热机排出的热量是多少？

6.2　一制冷机，性能系数为 4，以 200 kW 的流率从一冷物体带走热量。试问输入制冷机的功率是多少？

6.3　一房间的热损失为 100 kW，现在用一热泵用来维持房间的温度 20 ℃。如果室外温度为 0 ℃，试问驱动热泵所需的最小功率是多少？

6.4　如果用热效率为 30%的热机来拖动性能系数为 4 的制冷机，试问制冷机从冷体每带走 1 kJ 的热量需向热机输入多少热量？

6.5　循环工作的可逆热机，在 1 600 K 下从高温加热器接受能量，在 320 K 下向低温蓄热器排热。若每个循环加给热机的热量为 5 000 kJ，试求两个热源和总体的熵的变化。

6.6　一热机按某一循环工作，在 $T_{高}$ 下由高温热源接受热量，在 $T_{低}$ 下向低温热源排放热量如图 6.32 所示。试在下列情况下，确定是可逆的、不可逆的还是不可能实现的：

(1) $Q_{高}=1\ 000$ J，$Q_L=900$ J。(2) $Q_{高}=2\ 000$ J，$Q_L=300$ J。(3) $Q_{高}=1\ 500$ J，$Q_L=500$ J。

6.7　一制冷机按某一循环工作，在 $T_{低}$ 下从低温热源带走热量，在 $T_{高}$ 下向高温热源排放热量，如图 6.33 所示。试在下列情况下，确定此机器是可逆的、不可逆的，还是不可能实现的：

(1) $Q_{低}=1\ 000$ J，$W_{冷}=250$。(2) $Q_{低}=2\ 000$ J，$Q_{高}=2\ 400$ J。(3) $Q_{高}=3\ 000$ J，$W_{冷}=500$ J。

6.8　一内燃机每小时约耗汽油 180 g，如果汽油用作有用功的能量是 44 190 kW/kg，试问内燃机的能量转换效率是多少？

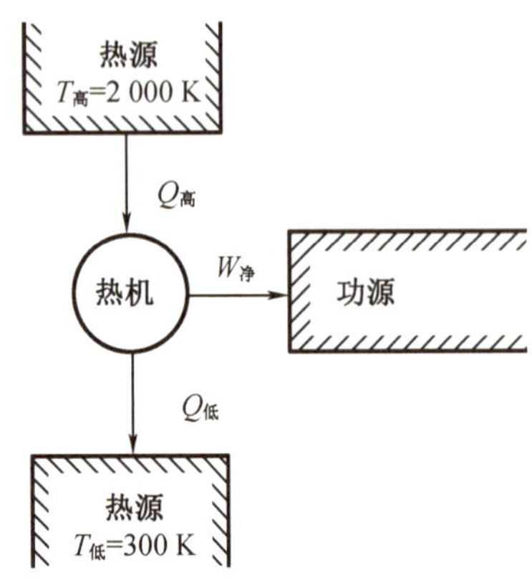

图 6.32 题 6.6 附图

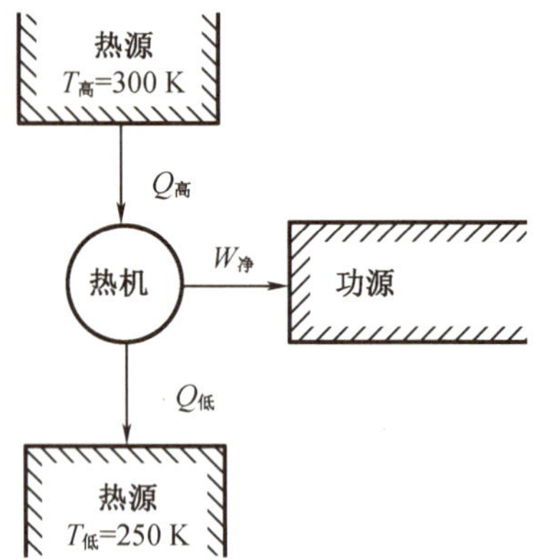

图 6.33 题 6.7 附图

第 7 章　气体的高速流动

在用稳定流动能量方程分析问题时，常把工质的宏观动能和宏观位能忽略掉，因为相对于气体的焓而言，这两项的值都不大。但是本章所研究的气体的流动，都是每秒几百米的高速流动，所以，气体的动能是一个相当大的数值，完全可以与气体的焓相比，而气体的位能仍可以忽略。

气体的流动相当复杂：速度有 x、y、z 三个方向的分量，不同部分间速度不一致，可以存在动量和能量的交换，因此，很难以简单的参数来对气体运动进行描述。现代计算科学的发展为研究气体流动提供了强大的工具。天气预报就是把地球的大气层作为热力系，把大气层分割成一定面积和一定高度的小体积，小体积内参数可认为是相同的，然后通过计算各个小体积之间的相互作用，得到其温度、湿度、压力、速度等参数的大小和变化趋势，并形成天气语言对外发布。

工程上，需要研究飞机发动机、火箭发动机、风机等设备，其中都需要用到气体高速流动的知识。当然，气体的高速流动主要由流体力学或气体动力学来研究，在热力学中只研究高速流动的能量转换特点。

7.1　一元流动基本方程

一元流动是指所研究的气体参数只在流动轴线方向上有变化，在垂直轴线的平面内认为由于温度压力的不同，一元流动各截面上的气体，其参数是均匀的。一元流动是一种理想化的流动，但因其方法简单，因此仍能在要求不高的场合使用。

描述一元流动时用到的参数如图 7.1 所示，包括流通管道的截面积 A、截面上气体的温度 T、压力 p、比体积 v、速度 c_f 和质量流量 q_m。

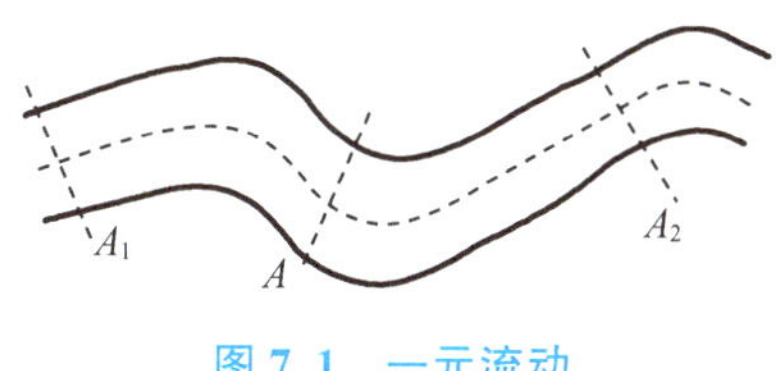

图 7.1　一元流动

7.1.1　质量方程，连续性方程

由于温度压力的不同，一元流动各截面上的体积流量是不相同的，但根据质量守恒定律，各截面上质量流量应该是相等的，即

$$q_m = \frac{Ac_f}{v} = C \tag{7.1}$$

对上式进行微分,可以得到连续性方程的微分形式

$$\ln A+\ln c_{\mathrm{f}}+\ln v=\ln C$$

$$\frac{\mathrm{d}A}{A}+\frac{\mathrm{d}c_{\mathrm{f}}}{c_{\mathrm{f}}}+\frac{\mathrm{d}v}{v}=\ln C \tag{7.2}$$

式(7.1)和式(7.2)是根据质量守恒推导出来的,对流动是否可逆没有要求。

7.1.2 能量方程

对气体的流动而言,正常工作时各截面上的参数不会随着时间变化而变化,是一个典型的稳定流动,满足稳定流动能量方程:

$$q=\Delta h+\frac{\Delta c_{\mathrm{f}}^2}{2}+g\Delta z+w_s$$

由于流通管道中没有做功对象,因此没有轴功,若忽略宏观位能,则有

$$q=\Delta h+\frac{\Delta c_{\mathrm{f}}^2}{2} \tag{7.3}$$

如果管道上有良好的保温,或者气体流动的速度相当快,以至于流动工质和外界来不及交换热量,则稳定流动能量方程可进一步简化为

$$0=\Delta h+\frac{\Delta c_{\mathrm{f}}^2}{2}$$

$$-\Delta h=\frac{\Delta c_{\mathrm{f}}^2}{2} \tag{7.4}$$

式(7.4)说明流动过程中气体的焓降转化成了气体的动能。对式(7.4)微分可得

$$-\mathrm{d}h=c_{\mathrm{f}}\mathrm{d}c_{\mathrm{f}} \tag{7.5}$$

上述几个公式只需要用到稳定流动的前提,对流动是否可逆没有要求。

7.1.3 其他方程

1. 状态方程

高速流动的工质可能是 O_2、N_2、H_2 等理想气体,也可能是其他一些非理想气体,甚至是一些液体,但无论哪种工质,其温度、压力和比体积参数之间都会有一些约束关系,称为状态方程,即

$$F(p,v,T)=0 \tag{7.6}$$

如果流动的气体是理想气体,则它满足理想气体状态方程:

$$pv=R_{\mathrm{g}}T$$

2. 过程方程

高速流动的气体,一般均可忽略其散热,在简化处理时,还可忽略气体不同部分间的内摩擦和气体与管壁间的摩擦,因此可以把气体高速流动过程视作等熵过程,满足等熵过程的方程:

$$pv^{\kappa}=C \tag{7.7}$$

$$\frac{\mathrm{d}p}{p}+\kappa\frac{\mathrm{d}v}{v}=0 \tag{7.8}$$

式中　κ——等熵指数。

对于理想气体,等熵指数就是比热容比 γ,即 $\kappa=\gamma$。对于其他气体,可以由过程特点归纳总结出等熵指数的值,例如过热水蒸气,等熵指数 $\kappa=1.3$。

3. 声速方程

流体力学分析得到声速的实质是:微弱扰动形成的压力波在介质中的传播速度,其计算公式为

$$c_s=\sqrt{(\partial p/\partial\rho)_s}=\sqrt{-v^2(\partial p/\partial v)_s} \tag{7.9}$$

声音的产生和传播过程满足绝热和可逆的特点,可视作等熵流动,满足式(7.8),此时有

$$\left(\frac{\partial p}{\partial v}\right)_s=-\kappa\frac{p}{v} \tag{7.10}$$

所以

$$c_s=\sqrt{\kappa pv}=\sqrt{\kappa R_g T} \tag{7.11}$$

式(7.11)仅适用于理想气体。由式(7.11)可知,理想气体的声速仅由温度决定,且随着温度的升高而增大,如:

国际民航组织采用的标准大气中,海平面空气温度为 15 ℃,对应声速为

$$c_s=\sqrt{\kappa R_g T}=\sqrt{1.4\times287.1\times(273.15+15)}=340\ \mathrm{m/s}$$

民航飞机经常飞行的 12 000 m 高空,空气温度为-56.5 ℃,对应声速为

$$c_s=\sqrt{\kappa R_g T}=\sqrt{1.4\times287.1\times(273.15-56.5)}=295.1\ \mathrm{m/s}$$

其他一些物质中的声速如下:蒸馏水(25 ℃)1 497 m/s;铜棒 3 750 m/s;铝棒 500 m/s;铁棒 5 200 m/s。

4. 马赫数方程

马赫数因奥地利物理学家马赫而得名,定义为气体或物体的实际速度和当地声速的比值,用 Ma 或 M 表示,即

$$Ma=\frac{c_f}{c_s} \tag{7.12}$$

要注意的是,式(7.12)分母中的声速是当地声速。一般地,被衡量的对象气体或物体的速度和温度、压力是变化的,在它速度为 c 的那个地方称为“当地”,根据当地的工质参数计算出的声速称“当地声速”,它不是一个常数。

一般把速度在 $Ma=0.8$ 以下的称为亚声速,$Ma=0.8\sim1.2$ 称为跨声速,$Ma=1.2\sim5$ 的为超声速,$Ma=5.0$ 以上的为高超声速。民用飞机飞行速度多为亚声速或高亚声速,军用战斗机可以达到 $Ma=3.0$ 或更高,最新高超声速飞机已达到 $Ma=7.0$,航天器返回进入大气层时可以达到 $Ma=25$ 以上。

人们在对高速流动的科学探索中,发现声速是一道极其重要的分水岭。在低于声速的流动中,其规律还是比较简单易理解的,但是在高于声速的流动中,出现了一些难以预测的

现象。例如,二战后期飞机速度已经很快,在做俯冲动作时甚至已经可以接近声速,这时会出现飞机剧烈抖动甚至解体的现象,以至于各国空军强制性地命令飞行员不得进行高速俯冲的战术动作。

现在知道,当物体在空气中的运动速度低于 $Ma=0.3$ 时,物体运动路径上的空气分子可以轻松自如地“闪开”,让出一条通道让物体通过;当物体运动速度大于 $Ma=0.3$ 时,物体前面的空气分子已经不能轻松闪开,会受到一定程度的压缩,其压力和密度出现增大;当物体达到或者超过声速时,物体前方的分子已经来不及让开,直接被物体推挤成一堵空气墙,其压力、密度等参数急剧升高,成为“音障” 。普通外形的飞机,如果运动速度达到声速,它就会一头撞在“音障”这堵墙上,自然免不了“机毁人亡”的结局,只有特殊设计的飞行器,才可以突破音障进行超声速飞行。

7.2 气体等熵流动的定性分析

7.2.1 等熵流动的基本规律

高速流动的气体适用稳定流动能量方程即式(7.5),若把流动中的 1 kg 气体作为研究对象,它经历的是一个闭口系热力过程,可以适用闭口系能量方程。从稳定流动和闭口系两个角度研究的结论应该是等价的,故有

稳定流动

$$q=\Delta h+\frac{\Delta c_{\mathrm{f}}^{2}}{2}$$

闭口系统

$$q=\Delta h-\int_{1}^{2}v\mathrm{d}p$$

二者等价,则

$$c_{\mathrm{f}}\mathrm{d}c_{\mathrm{f}}=-v\mathrm{d}p \tag{7.13}$$

式(7.13)可以根据气体流动的力学分析得到,有时也称为动量方程。

根据动量方程式(7.13) 、声速方程式(7.11)以及马赫数的定义方程式(7.12),可以做如下推导:

$$\frac{\mathrm{d}p}{p}=-\frac{\kappa c_{\mathrm{f}}^{2}\mathrm{d}c_{\mathrm{f}}}{\kappa pv\ c_{\mathrm{f}}}=-\kappa\ \frac{c_{\mathrm{f}}^{2}}{c_{s}^{2}}\frac{\mathrm{d}c_{\mathrm{f}}}{c_{\mathrm{f}}}=-\kappa Ma^{2}\ \frac{\mathrm{d}c_{\mathrm{f}}}{c_{\mathrm{f}}} \tag{7.14}$$

式(7.1 4)称为等熵流动的压力速度关系。从该式可知,等熵流动中,气体速度的增大必须依赖压力的降低。

由式(7.1 4),结合等熵流动的过程方程式(7.8),可以得到

$$\frac{\mathrm{d}v}{v}=Ma^{2}\ \frac{\mathrm{d}c_{\mathrm{f}}}{c_{\mathrm{f}}} \tag{7.15}$$

式(7.15)称为等熵流动的压力比体积的关系。从该式可知,等熵流动中,气体速度的增大必须依赖比体积的增大,但是,当 $Ma<1$ 时,比体积增大的比率比速度增大的比率要小;当 $Ma=1$ 时,比体积增大的比率等于速度增大的比率;当 $Ma>1$ 时,比体积增大的比率要大于速度增大的比率。

根据式(7.15),结合等熵流动必然满足的质量方程,带入式(7.2)有

$$\frac{dA}{A}=(Ma^2-1)\frac{dc_f}{c_f} \tag{7.16}$$

式(7.16)称为等熵流动的面积速度关系。

7.2.2　喷管

喷管依赖气体压力的降低来获得速度的增大。喷管进口的气体速度总是比较低的,甚至是没有速度的,然后通过一个等熵流动过程,在喷管内压力降低、速度增大。根据等熵流动规律,流动过程中比体积是增大的,因此体积流量必然增大。喷管的截面和比体积变化规律必须满足式(7.2)、式(7.15)和式(7.16),具体可分析如下。

1. 进口段(渐缩段)

由

$$Ma<1$$

得

$$\frac{dv}{v}=Ma^2\frac{dc_f}{c_f}<\frac{dc_f}{c_f}$$

$$\frac{dA}{A}=(Ma^2-1)\frac{dc}{c}<0$$

喷管进口段的马赫数 $Ma<1$,其截面积是逐渐减小的,称为渐缩段。在渐缩段,比体积增加比较慢,速度增加比较快,因此流通面积渐渐缩小。体积流量可以看作是流通截面和流动速度的乘积,即一个圆柱体。因此,渐缩段体积流量的圆柱体截面慢慢变小而长度迅速拉长,即变得细长。

2. 喉部

由

$$Ma=1$$

则

$$\frac{dv}{v}=Ma^2\frac{dc_f}{c_f}=\frac{dc_f}{c_f}$$

$$\frac{dA}{A}=(Ma^2-1)\frac{dc_f}{c_f}=0$$

随着速度的增加,马赫数也上升(稍后证明),当马赫数 $Ma=1$ 时,喷管截面不再变化(气体继续流动需要的截面积会扩大,因此处的截面是最小的,故称此处为喷管的喉部)。在喉部,比体积增加的比率正好等于速度增加的比率,故流通面积不需要变化。

3. 出口段(渐扩段)

由

$$Ma>1$$

则

$$\frac{dv}{v}=Ma^2\frac{dc_f}{c_f}>\frac{dc_f}{c_f}$$

$$\frac{dA}{A}=(Ma^2-1)\frac{dc_f}{c_f}>0$$

速度增加至马赫数 Ma>1 时,喷管转为渐渐扩大,形成渐扩段。在渐扩段,比体积增加很快,速度增加相对较慢,因此流通面积渐渐扩大,体积流量对应的圆柱体截面变大且长度也拉长。

综合上述的三种形状可知,气体从低速流经喷管至超声速时,需要一个渐缩—不变—渐扩的流道,称为缩放形喷管。

在喷管内,气体的压力一直下降,根据等熵的规律,其温度也下降,对应的声速下降,而速度一直上升,故马赫数 *Ma* 单向增大,各参数的变化趋势如图 7.2 所示。

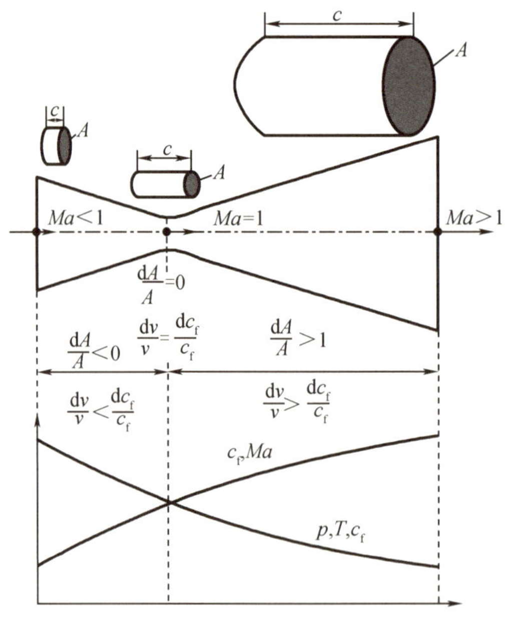

图 7.2　喷管的流动规律

7.2.3　扩压管

扩压管依赖气体速度的降低来获得压力的增加。扩压管进口的气体速度总是比较高的,甚至是超声速的,然后通过一个等熵流动过程,在扩压管内速度降低、压力增大,根据等熵流动规律,其比体积是变小的,因此体积流量必然也变小。喷管的截面和比体积变化规律必须满足式(7.15)和式(7.16),若进口气流速度为超声速,则扩压管具有以下特点。

1. 进口段(渐缩段)

$$Ma>1$$

则

$$\frac{dv}{v}=Ma^2\frac{dc_f}{c_f}<\frac{dc_f}{c_f}<0$$

$$\frac{dA}{A}=(Ma^2-1)\frac{dc_f}{c_f}<0$$

可见,若扩压进口段的马赫数 $Ma>1$,进口段的截面积是逐渐减小的。

2. 喉部

由

$$Ma=1$$

则

$$\frac{dv}{v}=Ma^2\frac{dc_f}{c_f}=\frac{dc_f}{c_f}<0$$

$$\frac{dA}{A}=(Ma^2-1)\frac{dc_f}{c_f}=0$$

可见,当马赫数降低至 $Ma=1$ 时,喷管截面不再变化,此处,比体积减小的比率正好等于速度减小的比率。

3. 出口段(渐扩段)

由

$$Ma>1$$

则

$$\frac{dv}{v}=Ma^2\frac{dc_f}{c_f}<\frac{dc_f}{c_f}<0$$

$$\frac{dA}{A}=(Ma^2-1)\frac{dc_f}{c_f}>0$$

可见,当马赫数降低至 $Ma<1$ 时,扩压管转为逐渐扩大。

综合上述三种形状可知,气体从超声速流经扩压管至低速时,需要一个渐缩—不变—渐扩的流道。

对上面讨论的喷管和扩压管两种情况,由于均为绝热可逆的等熵流动,因此若把图 7.2 中的出口气流转向,让其逆向流进流道,则一切规律也将反演,此时喷管就成了扩压管。在讨论等熵流动的规律时,需要注意两条:

(1)可以用反证法来分析问题,例如渐缩形喷管出口的流速能不能大于声速?如图 7.3 所示,假设渐缩形喷管出口达到 $Ma>1$,则喷管内部就该存在 $Ma=1$ 的点,而从 $Ma=1$ 加速至 $Ma>1$ 的喷管(图 7.3 中灰色段)必须是渐扩的,与渐缩的形状矛盾,因此渐缩形喷管出口的流速不能大于声速,最多等于声速。

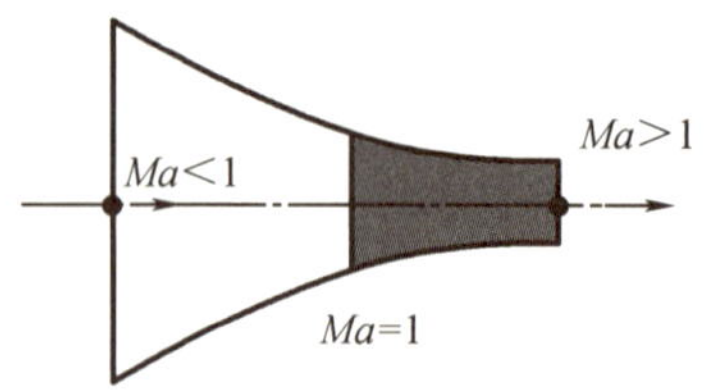

图 7.3　渐缩喷管出口 $Ma \leqslant 1$

(2)本节讨论的前提是等熵流动,在此前提下,如果是喷管,则渐缩段内流速是亚声速的,喉部是等于声速的,渐扩段内是超声速的,其他参数包括压力、截面积等参数的变化等都必须遵循等熵规律式(7.14)~式(7.16)。如果不满足等熵规律,例如"一个超声速气流冲进一个渐缩形的喷管会怎样呢?",这类问题只能由流体力学或气体动力学来解决,热力学对此无能为力。

7.3　气体等熵流动的定量分析

气体等熵流动的定量分析有两方面的内容:

一是计算给定喷管在给定工况下的运行情况,这时喷管的几何参数是已知的,工况条件如进口气流速度、温度、压力和出口温度或压力也是已知的,需要计算的参数主要是出口流速和流量。

二是喷管几何参数未定,但喷管的运行参数如进口气流速度、温度、压力和出口处的压力已知,要求设计一个喷管,包括其形状,进口段、喉部和出口段的截面积以及出口段的长度,使喷管能以定熵方式从进口压力运行至出口压力。

7.3.1　滞止参数的计算

在进行喷管的设计和计算时,都需要用到速度为0时的气体参数。在工程实践中,例如:一架飞机以一定速度飞行时,相当于空气以一定速度迎面而来,其中大部分空气会绕过飞机,但机头正对的空气会一头撞停在机头上,其情形如图7.4所示,称一定流速的气体从速度 c_{f1} 减速至0的过程为滞止过程。

对于滞止过程,由于其进行得很快,因此可以认为是绝热的,如果忽略其内部的摩擦,

则可以认为是等熵的。若气体的初始参数为(c_{f1},p_1,T_1,h_1)滞止过程应用稳定流动能量方程,则有

$$h^* = h_1 + \frac{c_{f1}^2}{2} \tag{7.17}$$

式中　h^*——滞止焓,有时也称为总焓。

对简单可压缩的工质,焓和热力学温度间存在 $dh = c_p dT$ 的关系,因此根据式(7.17)有

$$c_p(T^* - T_1) = \frac{c_{f1}^2}{2} \tag{7.18}$$

则

$$T^{*}=T_{1}+\frac{c_{f1}^{2}}{2c_{p}} \tag{7.19}$$

式中　T^{*}——滞止温度，有时也称为总温。

由于滞止过程是等熵过程，因此可由等熵关系求出滞止压力 p^{*}，有时也称为总压。

滞止过程在 $p-v$ 图和 $T-s$ 图上的表示如图7.4所示。对于空气，如果速度为50 m/s，则动能为1.25 kJ/kg，滞止温度和初温的差值为1.2 ℃，是一个很小的值，由此计算出的滞止压力和初压也相差无几。一般来讲，对速度小于50 m/s的气流，可以认为初始参数就是滞止参数；对速度大于50 m/s的气流，则需要计算滞止参数。等熵流动的计算，都是从滞止参数出发的，这是等熵流动分析的第一条原则。

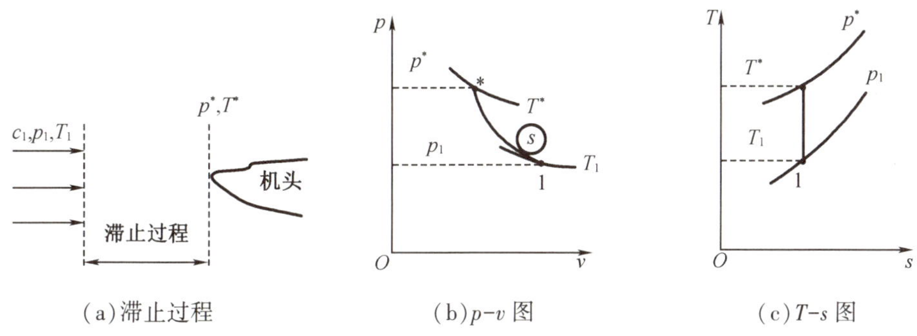

(a)滞止过程　(b) $p-v$ 图　(c) $T-s$ 图

图7.4　滞止过程及其 $p-v$、$T-s$ 图

7.3.2　喷管出口流速的计算

当已知喷管的进口滞止参数和出口焓 h_2 时，根据稳定流动能量方程可以求得出口速度 c_{f2} 即

$$c_{f2}=\sqrt{2(h^{*}-h_{2})} \tag{7.20}$$

若喷管出口的工质压力为 p_2 则，可以先行求得喷管的出口温度 T_2 即，

$$T_{2}=T^{*}\left(\frac{p_{2}}{p^{*}}\right)^{\frac{\kappa-1}{\kappa}} \tag{7.21}$$

如果工质是理想气体，则用比定压热容公式和理想气体的状态方程，可以求得出口速度 c_{f2} 即，

$$c_{f2}=\sqrt{2(h^{*}-h_{2})} \tag{7.22a}$$

$$=\sqrt{2c_{p}(T^{*}-T_{2})} \tag{7.22b}$$

$$=\sqrt{2\frac{\kappa}{\kappa-1}R_{g}(T^{*}-T_{2})} \tag{7.22c}$$

$$=\sqrt{2\frac{\kappa}{\kappa-1}R_{g}T^{*}\left(1-\frac{T_{2}}{T^{*}}\right)} \tag{7.22d}$$

$$=\sqrt{2\frac{\kappa}{\kappa-1}R_gT^*\left[1-\left(\frac{p_2}{p^*}\right)^{\frac{\kappa-1}{\kappa}}\right]} \tag{7.22e}$$

$$=\sqrt{2\frac{\kappa}{\kappa-1}p^*v^*\left[1-\left(\frac{p_2}{p^*}\right)^{\frac{\kappa-1}{\kappa}}\right]} \tag{7.22f}$$

式(7.22 a)和式(7.22b)是从能量方程出发的,具有普适性,式(7.22b)和式(7.22 c)用到了理想气体比定压比热容的计算公式,因此式(7.22 c)~式(7.22 e)都只适用于理想气体。但是,式(7.22 f)可以从普适的动量方程式(7.13)通过积分得到,因此它也有普适性,这一点需要特别注意。

对于理想气体,不建议用式(7.22 f),建议先用式(7.21)求出出口温度,然后再用式(7.22b)求出出口速度。虽然在对喷管进行分析时一般都已知喷管的出口压力,用式(7.22 f)可以直接得到出口速度,但是使用该式的计算量大,且易出错。对缺乏经验的研究人员而言,对式(7.22 f)式的计算结果是否合理没有什么感觉,而用式(7.22b)计算的话简单不易出错,而且研究人员对喷管出口的温度值能有良好的判断,对出口速度的合理性也会有更好的把握。

7.3.3 临界压力比的确定

从式(7.22 f)可知,等熵流动喷管出口的速度取决于进出口的压力比,若以β表示压力比,$\beta=\frac{p_2}{p^*}$,出口速度可以表示为

$$c_{f2}=\sqrt{2\frac{\kappa}{\kappa-1}p^{\kappa}v^{\kappa}(1-\beta^{\frac{\kappa-1}{\kappa}})} \tag{7.23}$$

如果研究对象是一个渐缩喷管,则其出口能达到的最大速度等于当地声速,即$c_2=c_s$或$Ma=1$(上节中用反证法证明了渐缩形喷管出口的流速不能大于声速,最多等于声速)。

通常称喷管中速度等于当地声速的状态为临界状态,用下标c(critical)表示,此时有

$$\sqrt{2\frac{\kappa}{\kappa-1}p^{\kappa}v^{\kappa}\left[1-\left(\frac{p_2}{p^*}\right)^{\frac{\kappa-1}{\kappa}}\right]}=\sqrt{\kappa p_c v_c} \tag{7.24}$$

利用等熵过程中压力和比体积的关系,经过推导,可以得到此时出口压力和滞止压力的比(称为临界压力比)β_{cr}为

$$\beta_{cr}=\frac{p_{cr}}{p^*}=\left(\frac{2}{\kappa+1}\right)^{\frac{\kappa}{\kappa-1}} \tag{7.25}$$

可以看出,临界压力比只和等熵过程的等熵指数有关:

若工质为单原子的理想气体,$\kappa=1.667$,$\beta_{cr}=0.487$;

若工质为双原子的理想气体,$\kappa=1.4$,$\beta_c=0.528$;

若工质为过热的水蒸气,$\kappa=1.3$,$\beta_{cr}=0.546$。

可见,要想让气体达到声速,只需要喷管出口的压力降到进口压力的一半左右,这是不难做到的。例如,人们甩动长鞭时鞭梢造成的空气运动速度即可达到声速,甚至在打一个

响指时,手指也能使空气达到了声速。

如果工质是理想气体,可以用简单的过程推导得到临界压力比的表达式,即

$$\left.\begin{aligned}&c_{f2}=\sqrt{2\frac{\kappa}{\kappa-1}R_g(T^*-T_{cr})}\\&c_s=\sqrt{\kappa R_g T_{cr}}\end{aligned}\right\}$$

$$\left.\begin{aligned}&\Rightarrow 2\frac{\kappa}{\kappa-1}R_g(T^*-T_{cr})=\kappa R_g T_{cr}\\&\Rightarrow\frac{T_{cr}}{T^*}=\frac{2}{\kappa+1}\\&\Rightarrow\frac{p_{cr}}{p^*}=\left(\frac{T_{cr}}{T^*}\right)^{\frac{\kappa}{\kappa-1}}\end{aligned}\right\}\tag{7.26}$$

在求出临界压力比后,可以求得喷管出口的最大速度即该地的声速,即

$$\begin{aligned}c_{f2}&=c_s\\&=\sqrt{2\frac{\kappa}{\kappa-1}p^\kappa v^\kappa\left[1-\left(\frac{2}{\kappa+1}\right)^{\frac{\kappa}{\kappa-1}\cdot\frac{\kappa-1}{\kappa}}\right]}\\&=\sqrt{2\frac{\kappa}{\kappa+1}p^\kappa v^\kappa}\\&=\sqrt{2\frac{\kappa}{\kappa+1}}c_s^*\end{aligned}\tag{7.27}$$

可见,喷管达到临界状态时的出口声速低于滞止状态对应的声速,对于双原子的空气,其比值为

$$c_{f2}=c_s=\sqrt{\frac{2}{1.4+1}}c_s^*=0.913c_s^*$$

7.3.4　喷管出口压力的确定

从式(7.23)可知,喷管出口的速度随着压力比β的降低而增大,当$\beta=1$时,对应喷管进出口的压力相等,计算得到的出口速度为0;当压力比下降至$\beta=0$,即喷管出口处为真空时,由式(7.23)可得到出口速度的最大值为

$$c_{f2,\max}=\sqrt{2\frac{\kappa}{\kappa-1}p^\kappa v^\kappa}=\sqrt{\frac{2}{\kappa-1}}\sqrt{kp^\kappa v^\kappa}=\sqrt{\frac{2}{\kappa-1}}c_s^*\tag{7.28}$$

对于空气,由式(7.28)计算得到的结果为

$$c_{f2,\max}=\sqrt{\frac{2}{1.4-1}}c_s^*=2.236c_s^*$$

这样对渐缩喷管就出现了一个难以理解的矛盾:降低喷管出口的压力至真空时,其出口速度为$2.236c_s{}^*$,而从等熵规律推出的渐缩喷管出口最大只能达到$0.913c_s{}^*$。

为此,必须引入背压的概念。背压指的是喷管出口远方的环境压力,如图7.5(a)所示,若渐缩喷管的出口与一个压力为p_b的容器相连,则p_b为喷管运行的背压。

前面在计算喷管出口速度时所用的出口压力 p_2 指的是喷管出口截面上的气体压力，它和背压的大小密切相关。如图 7.5(a)所示，当容器内的压力即背压 p_b 从等于进口滞止压力开始缓慢下降时，喷管出口速度逐渐变大，直至渐缩喷管的出口速度达到最大值即当地声速，此时背压 p_b、喷管出口压力 p_2 都降到等于临界压力。因此，对渐缩喷管，当 $p_b \geqslant p_{cr}$ 时，$p_2 = p_b$。

若继续降低容器内的压力即背压 p_b 时，喷管出口的压力仍将维持 p_2。由于喷管出口处的压力和喷管远方的压力之间存在压差，因此气体仍将膨胀加速，称为管外膨胀，但这时气体的膨胀加速不再受管壁的约束，且会和容器内其他的气体发生卷吸混合，是一个不可逆的过程。

总之，对渐缩喷管有：$p_2 = \max(p_b, p_{cr})$，图 7.5(b)表示了渐缩喷管背压 p_b、出口压力 p_2 和临界压力 p_{cr} 的关系。

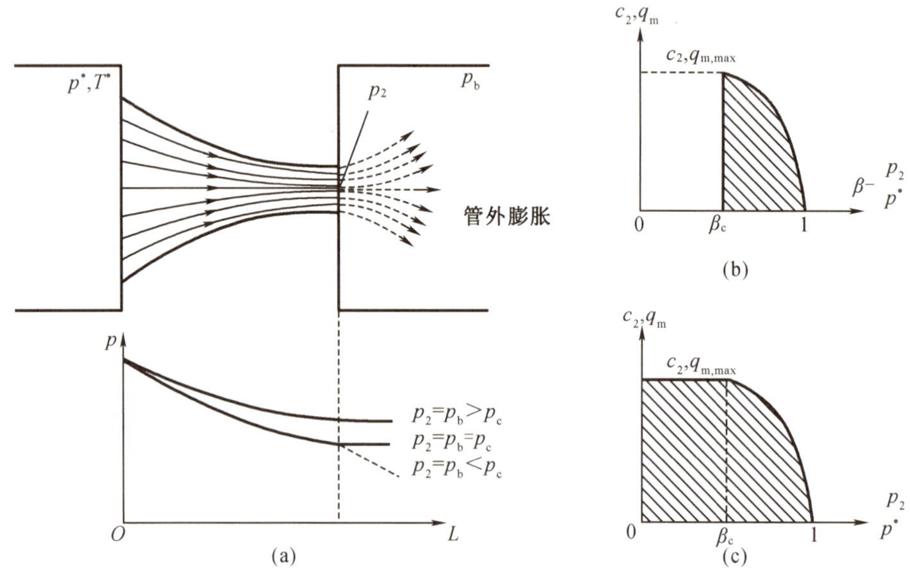

图 7.5　渐缩喷管流动和背压、出口压力的关系

总结出口压力比和出口速度之间的关系，表明渐缩喷管的出口压力比只能运行在 β_c 至 1 的区间。但背压与滞止压力的比值可以运行在 0~1 的区间，只是当该压力比小于 β_c 至时，出口速度一直维持在出口声速不再变化，如图 7.5(c)所示。

对于缩放喷管，其背压 p_b 出、口压力 p_2 和临界压力 p_{cr} 的关系非常复杂，无法用热力学的知识进行分析。

本节只讨论缩放喷管的等熵流动，此时喷管的背压一定低于临界压力，喷管的出口压力一定等于背压。根据等熵流动的规律式(7.14)~式(7.16)，喷管出口一定是超声速的，喷管的喉部正好达到临界状态。这种情况下，缩放喷管的参数可根据等熵流动规律计算。除了这种情况，其他情况的流动特性都应该由流体力学来解决。

根据背压 p_b 和临界压力 p_c 的关系确定出口压力 p_2 是等熵流动定量分析的第二条原则。

7.3.5　喷管流量的计算

在确定了渐缩喷管出口的压力后，喷管的流量如下式计算：

$$\left.\begin{aligned}&c_{f2}=f(p^*,T^*,p_2)\\&v_2=v^*\left(\frac{p_2}{p^*}\right)^{-\frac{1}{\kappa}}\\&A_2\text{ 已知}\end{aligned}\right\}\Rightarrow q_m=\frac{A_2c_{f2}}{v_2} \tag{7.29}$$

如果是理想气体，在用式(7.21)求出喷管出口的温度后，流量可以用下式计算：

$$\left.\begin{aligned}&c_{f2}=\sqrt{2c_p(T^*-T_2)}\\&v_2=\frac{R_gT_2}{p_2}\\&A_2\text{ 已知}\end{aligned}\right\}\Rightarrow q_m=\frac{A_2c_{f2}}{v_2} \tag{7.30}$$

这里体现了在等熵流动定量分析的分步计算，把大问题分解成小问题处理，同时体现了合理性检查原则，例如用式(7.30)计算出来的喷管出口速度一般在几百米/秒，出口处的比体积为 0.1~10 m^2/kg。与此对比式(7.29)归并成一个公式，其形式为

$$q_m=A_2\sqrt{\frac{2\kappa}{\kappa-1}\frac{p^*}{v^*}\left[\left(\frac{p_2}{p^*}\right)^{\frac{2}{\kappa}}-\left(\frac{p_2}{p^*}\right)^{\frac{\kappa+1}{\kappa}}\right]} \tag{7.31}$$

对渐缩喷管，随着出口压力比 β 的降低，出口流量逐渐增大，其规律和速度随出口压力变化的规律类似。当出口压力比 β 降至临界压力比时，渐缩喷管的流量达到最大值，此时

$$\left.\begin{aligned}&c_{f2}=\sqrt{2\frac{\kappa}{\kappa+1}p^*v^*}\\&v_2=v^*\left(\frac{2}{\kappa+1}\right)^{-\frac{1}{\kappa-1}}\end{aligned}\right\}\Rightarrow q_m=\frac{A_2c_2}{v_2}=A_2\sqrt{\kappa\left(\frac{2}{\kappa+1}\right)^{\frac{\kappa+1}{\kappa-1}}\frac{p^*}{v^*}} \tag{7.32}$$

可以看出，式(7.32)抽象复杂，因此，仍建议用临界参数代入式(7.29)或式(7.30)来计算喷管的最大流量。当然，最大流量的计算也可用对式(7.31)求导的方法，其结果和上述分析结果完全一致。

对于本节设定的缩放喷管的计算情形，其喉部正好达到临界状态，可以用喉部参数进行流量的计算。

7.3.6　喷管的设计

喷管的工作效果是借助压力的下降获得速度的提高，在工程中，压力差的获得是需要付出代价的，可以由压缩机压缩气体获得进口高压，或者由抽气机抽出出口气体获得低压。从经济性角度出发，人们总是希望喷管能尽可能地用足压力差，因此在设计喷管时总是首选等熵流动的形式。

喷管设计的核心同样是等熵流动的定量分析，同样需要贯彻五大原则。

第一，一切从滞止出发。

喷管设计时其进口参数是已知的,如果进口气体的速度超过 50 m/s,则需要考虑其初速度的动能,计算出滞止参数,作为计算的原始参数。

第二,分析背压 p_b 临界压力 p_{cr} 和出口压力 p_2 关系。

对喷管设计而言,出口压力和背压间永远有 $p_2=p_b$ 而。为了用足压力差,喷管的形状和进口滞止压力 p^* 及出口背压 p_b 间的关系为:若 $p_b \geqslant p_{cr}=\beta_{cr}p^*$,则选择渐缩形喷管;若 $p_b<p_{cr}=\beta_{cr}p^*$,则选择缩放形喷管。

第三,以温度作为计算的中间变量。

对渐缩形喷管,通过计算出口温度,可以获得出口速度和比体积;对缩放形喷管,另需要计算喉部温度以获得该处的临界速度和比体积。

第四,分步计算,由流量获得喷管几何参数。

设计喷管的另一个目标是要让一定流量的工质流过喷管,因此有一个喷管流通截面的计算,以圆形喷管为例:对渐缩形喷管,需要计算进口和出口的截面积及直径;对缩放形喷管,需要计算进口、喉部和出口的截面积及直径,出口段的长度。

如果已知条件中有进口速度的值,则进口直径是可以计算的,否则不需要计算。对于渐缩形喷管及缩放形喷管的渐缩段,一般采用光滑过渡即可,不需要计算长度,因为气体会被渐缩的形状强行约束,不致散开。缩放喷管的喉部正好是临界状态的,可以据此计算喉部的直径。缩放形喷管的渐放段需要根据一个张角 α 来确定长度 L,如图 7.6 所示,张角 α 一般为 8 °~1 2 °,其大小由流体力学的分析得到,角度太大的话,气流和管壁间会出现脱离形象。根据图 7.6,缩放形喷管的渐放段 L 可用下式计算:

$$L=\frac{d_2-d_c}{2\tan\frac{a}{2}} \tag{7.33}$$

第五,合理性检查,上述计算过程的参数都有一个合理的范围,需要随时检查以确定计算的正确性。

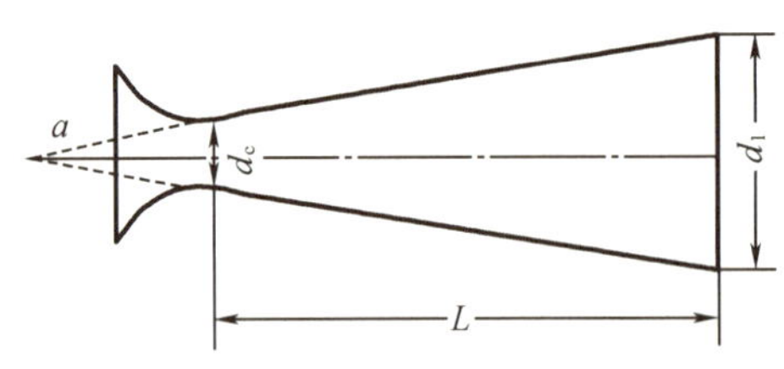

图 7.6　缩放喷管的几何参数

7.4　气体不可逆流动过程

气体的等熵流动有两个要求:流动过程中和外界没有热量交换以及气体内部或气体与管壁之间的摩擦可以忽略。通常气体高速流动时没有热量交换这一条是可以满足的,即使流通管道的保温不是特别好,高速气体也来不及和管壁有太多的热交换,但是正因为速度很快，气体和管壁之间的摩擦是一个不可忽略的因素，此时，流动就不可逆了。对于不可逆的流动，本节要讨论三种情况。

7.4.1　有摩擦的喷管

喷管内气体和管壁之间的摩擦会造成气体流速的下降，研究该问题通常采用在等熵流动结果上进行修正的方法。如图7.7(a)所示，喷管进口的参数为(p^*, T^*)，如果是等熵流动，出口的流速为c_2，由于有摩擦的存在，出口速度将下降至c'_{f2}，为了衡量速度下降的幅度，定义了速度系数φ，即

$$\varphi=\frac{c'_{f2}}{c_{f2}} \tag{7.34}$$

通常φ的值为0.92~0.98，它和喷管内工质的性质、喷管的尺寸、喷管的粗糙程度以及运行压力等参数有关，为经验数据，通常由试验确定，对渐缩喷管取较小的值，对缩放形喷取较大的值。

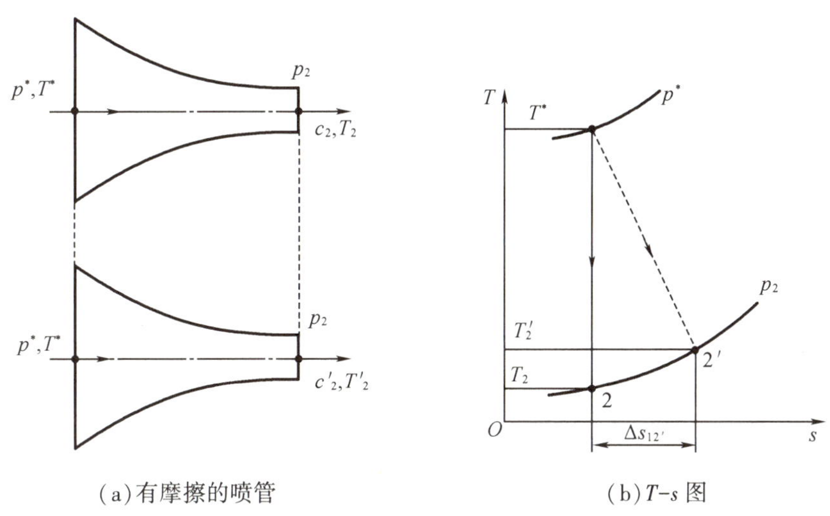

(a)有摩擦的喷管　　(b)T-s图

图7.7　有摩擦的喷管流动

由于φ的存在，在喷管内气体能够转换成动能的焓降也变小了，定义了一个参数η_N来描述焓降的变小的程度，称喷管效率，即

$$\eta_N=\frac{\frac{1}{2}c_{f2'}^2}{\frac{1}{2}c_{f2}^2}=\varphi^2 \tag{7.35}$$

由此可以计算得到有摩擦情况下的喷管出口的焓，即

$$\frac{c_{f2}^2}{2}=h^*-h_2 \qquad \frac{c_{f2'}^2}{2}=h^*-h'_2$$

$$\Rightarrow\eta_{\mathrm{N}}=\varphi^{2}=\frac{\frac{1}{2}c_{\mathrm{f2'}}^{2}}{\frac{1}{2}c_{\mathrm{f2}}^{2}}=\frac{h^{*}-h_{2}'}{h^{*}-h_{2}}\Rightarrow h_{2}'=h^{*}-\eta_{\mathrm{N}}(h^{*}-h_{2}) \tag{7.36}$$

如果工质为理想气体,则其出口温度、比体积和流量为

$$\left.\begin{aligned}T_{2}'&=\frac{h_{2}'}{c_{p}}=\frac{h^{*}-\eta_{\mathrm{N}}(h^{*}-h_{2})}{c_{p}}\\v_{2}'&=\frac{R_{\mathrm{g}}T_{2}'}{p_{2}}\\q_{\mathrm{m}}'&=\frac{A_{2}C_{2}'}{v_{2}'}\end{aligned}\right\} \tag{7.37}$$

如果工质为理想气体,则该流动的熵增为

$$\Delta s_{12'}=c_{p}\ln\frac{T_{2}'}{T^{*}}-R_{\mathrm{g}}\ln\frac{p_{2}'}{p^{*}} \tag{7.38}$$

当气体流动为等熵流动时有

$$0=c_{p}\ln\frac{T_{2}'}{T^{*}}-R_{\mathrm{g}}\ln\frac{p_{2}'}{p^{*}}\Rightarrow R_{\mathrm{g}}\ln\frac{p_{2}'}{p^{*}}=c_{p}\ln\frac{T_{2}'}{T^{*}} \tag{7.39}$$

此时(7-38)也可以表示为

$$\Delta s_{12'}=c_{p}\ln\frac{T_{2}'}{T^{*}}-c_{p}\ln\frac{T_{2}}{T^{*}}=c_{p}\ln\frac{T_{2}'}{T_{2}} \tag{7.40}$$

对于有摩擦喷管和无摩擦喷管的出口参数进行如下定性比较:

(1)两种喷管比较的前提是有相同的进口参数和相同的出口压力;

(2)有了摩擦后,出口速度下降;

(3)喷管获得的动能下降;

(4)动能来源于工质的焓降,因此工质焓降变小了,即出口的焓变大了;

(5)对理想气体而言,出口焓变大表明其温度升高;

(6)出口压力不变而温度升高,所以出口比体积变大;

(7)出口速度下降、比体积变大,所以其质量流量变小;

(8)根据式(7.40),有摩擦的喷管内发生了一个熵增加的不可逆过程;

(9)因此该过程存在可用能的损失。

有摩擦的喷管流动和无摩擦的喷管流动可以在同一个 T-s 图上进行比较,如图 7.7(b)所示。

7.4.2 进口有节流的喷管

工程上使用喷管的机器中,通常在喷管的进口安装一个阀门,通过阀门的开关或开度调节,实现对喷管运行工况的调节。从热力学第一定律的角度看,节流过程对工质的焓是没有变化的,但因为节流是一个熵增加的过程,因此若用热力学第二定律分析,这个过程会带来做功能力的损失。下面可以通过进口有节流的喷管来分析这一损失。如图 7.8(a)所

示，管道内工质保持恒定的参数，压力为 p_0，温度为 T_0，喷管通过一个阀门与管道连接，阀门开启时，喷管可以取得工质并将之转换成动能，由于阀门节流的存在，喷管前的参数为（p^*，T^*），喷管出口压力为 p_2。

图 7.8(b)的 T–s 图表示出了节流前后喷管工作情况的对比。为简单计，以理想气体为例，如果没有节流，喷管将从压力 p^* 降至压力 p_2，其工况过程为 0—1，现在喷管工作始点右移至 * 点，工况线为 *—2 线，可以看出 *—2 线的长度比 0—1 线的长度缩短了，说明节流后喷管能够实现的焓降变小了，工作终点的速度下降，温度上升，比体积变大，质量流量就小，总的动能（即可以转换成技术功的总量）变小，如果喷管对应一台机械，则这一台机械的输出功率就下降了。如果喷管内的摩擦不能忽略，则实际工况为 *—2 ′线，喷管的工作情况还将变差。

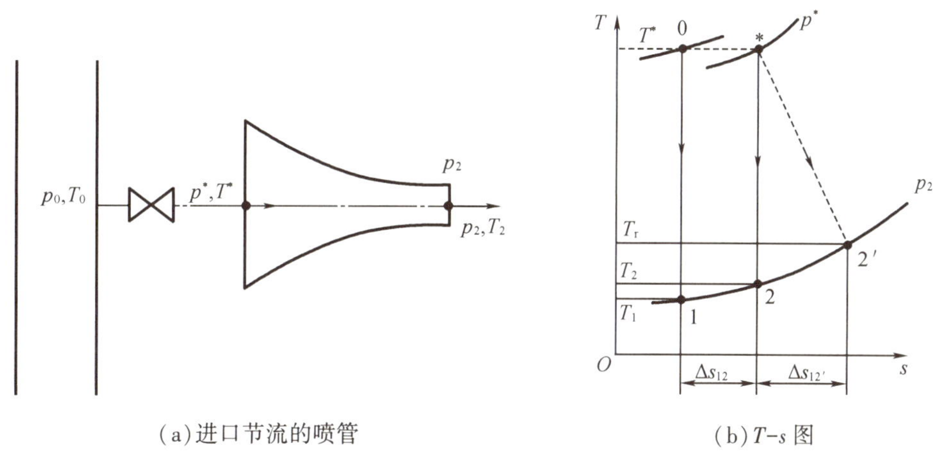

（a）进口节流的喷管　　（b）T–s 图

图 7.8　进口节流的喷管流动

需要指出的是，在工程实践中有一些设备的进口需要保持一部分的节流损失。例如，带动发电机的汽轮机实际上是一个通过喷管转换获得动能进而获得机械能的设备，通常电网中有很多台汽轮发电机组，其中部分机组的汽轮机进口会保持适度的节流，在事故工况下（例如某一台汽轮发电机组突然跳闸停机了），节流机组可以通过开大阀门来迅速地增加它的输出，以快速应对事故造成的影响。当然，进口有节流的机组数目不必太多，毕竟节流会带来长期的损失。

7.4.3　非喷管流动

在工程实践中还有一种常见的流动情况，例如，一个压力为 p_1 温，度为 T_1 的大容器。通过一根长长的管道向另一个容器输送工质，测量得到另一容器压力为 p_2 温，度为 T_2。由于管道很长，并且管道通常处于环境中，因此管道和外界的热量交换不能忽略。这种情况下管道内的流动肯定不是等熵流动（因为这根管道不可能满足等熵流动的定性条件，如变截面等）。

但不管流动是不是可逆，质量方程和能量方程总是可以用的，如果是理想气体，状态方程肯定也是满足的，但和等熵有关的方程，如过程方程式(7.8)，以及等熵流动定量分析中的结论都不适用了。

如图7.9所示，假设这一管道内的工质为理想气体，每千克理想气体从温度为 T_0 的环境中吸收热量为 q(从测量的角度讲，只能得到工质和外界交换的总热量，此时定量分析本问题需要用到迭代，故此处假设已知每千克理想气体的吸热量)，则联合使用质量方程、能量方程和理想气体状态方程，可以求出该流动的两个速度 c_1、c_2 和一个流量 q_m 即

$$\left.\begin{aligned} q&=h_2-h_1+\frac{c_{f2}^2-c_{f1}^2}{2}\\ v_1&=\frac{R_gT_1}{p_1}\\ v_2&=\frac{R_gT_2}{p_2}\\ q_m&=\frac{A_1c_{f1}}{v_1}=\frac{A_2c_{f2}}{v_2} \end{aligned}\right\}\Rightarrow\begin{cases} c_{f1}\\ c_{f2}\\ q_m \end{cases} \tag{7.41}$$

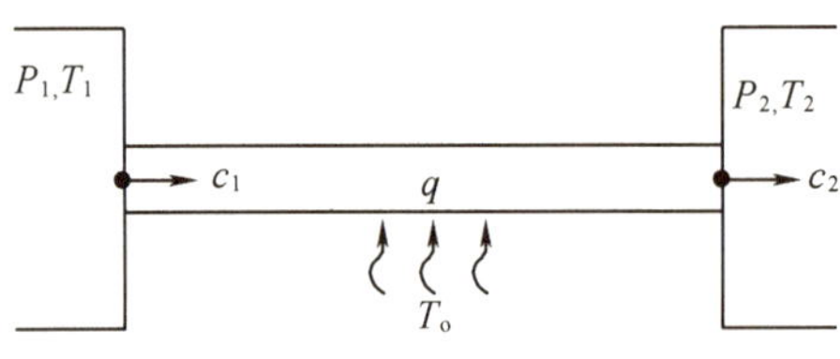

图7.9　非喷管流动

图7.9的研究对象包括了一根管道以及与气体进行热量交换的环境，因此系统的熵增为

$$\left.\begin{aligned} \Delta s_{12}&=c_p\ln\frac{T_2}{T_1}-R_g\ln\frac{p_2}{p_1}\\ \Delta s_0&=-\frac{q}{T_0} \end{aligned}\right\}\Rightarrow\begin{cases} \Delta s_{sys}=\Delta s_{12}+\Delta s_0\\ \Delta S_{sys}=q_m\Delta s_{sys} \end{cases} \tag{7.42}$$

则该流动导致可用能的损失为

$$\Delta E=T_0\Delta s_{sys} \tag{7.43}$$

习　题

本章习题若非特别指明，都视气体为定比热容的理想气体，参数可查参考文献[11]。

7.1　掌握下列基本概念：一元流动、声速、马赫数、喷管、扩压管、滞止参数、压力比、临界压力比、速度系数、喷管效率。

7.2　辨析下列概念：

(1)一元流动的质量方程只能用于可逆流动。

(2)一元流动的能量方程只能用于可逆流动。

(3)声音在空气中的传播速度是一个定值。

(4)马赫数是当地速度相对于 20 ℃空气声速的倍数。

(5)定熵流动时,渐缩喷管内部不会出现临界点。

(6)定熵流动时,要达到超声速,必须采用缩放形喷管。

(7)对定熵流动,喷管出口的流量随背压的降低单向增加。

(8)对定熵流动,喷管出口的压力永远等于背压。

(9)气体在有摩擦的喷管中的流动是一个不可逆流动。

(10)气体在进入喷管前经历一个节流过程,将使气体在喷管中的焓降变小。

7.3　西气东输的管道外径为 1 016 mm,壁厚为 26.2 mm,内部天然气的压力为 10 MPa,温度 20 ℃,若每年输送量为 120 亿 m^3(标准状态下,即 101 325 Pa,0 ℃时的体积),求气体在管道内的流速。

7.4　温度为 750 ℃、流速为 550 m/s 的空气流是超声速气流吗?温度为 20 ℃、流速为 380 m/s 的空气流是超声速气流吗?已知 750 ℃空气 $\gamma=1.335$,20 ℃空气 $\gamma=1.40$。

7.5　测得喷管某截面上空气的压力为 0.3 MPa,温度为 700 K,流速为 600 m/s,求滞止温度和滞止压力,并判断该测点在喷管的渐缩段还是渐放段。

7.6　欲使压力为 0.1 MPa、温度为 300 K 的空气流经扩压管后压力提高至 0.2 MPa,空气的初速至少应为多少?

7.7　空气流入一个渐缩喷管前的压力为 0.6 MPa、温度为 25 ℃、初速可以忽略,经喷管后压力降为 0.45 MPa,喷管的出口截面积为 300 mm^2。求出口截面上的压力、流速和流量。

7.8　同上题,若空气经喷管压力降为 0.1 MPa,求出口截面上的压力、流速和流量。

7.9　已知渐缩喷管进口处空气的滞止温度为 300 ℃,空气在出口处的实际流速为 350 m/s,求:

(1)喷管达到最大流速时的出口温度和可能的最大流速;

(2)该喷管的实际流量达到了最大流量的百分数。

7.10　空气进入喷管时的初速为 200 m/s,初温为 400 ℃。求喷管达到最大流量时出口截面上的流速、压力和温度。

7.11　设计一个喷管,工质为空气,要求流量为 3 kg/s,进口截面压力为 1 MPa、温度为 500 K,流速为 250 m/s,出口压力为 0.1 MPa。

7.12　一个空气罐经一段管路后,通过渐缩喷管流出至环境,罐内空气压力保持 0.17 MPa,温度为 350 K,环境压力为 0.1 MPa,求:

(1)完全理想情况下喷管出口空气流速;

(2)若喷管存在摩擦,使其速度系数降到 0.910,求此时的出口速度;

(3)现在管路上安装了一阀门,使喷管入口处的空气压力由于阀门节流降至

0.15 MPa,求此时的出口速度。

(4)在同一个 T-s 图表示上述三种情况。

7.13　一直径为 76 mm 的水平管道置于温度为 300 K 的环境中,空气稳定地流经该管道,测得管内某一截面 A 上空气的压力和温度分别为 0.2 MPa 和 100 ℃,在另一截面 B 上的压力和温度分别为 0.1 MPa 和 70 ℃,且在 AB 这段管长上测得空气有 10 kJ/kg 的散热,求:

(1)空气在两截面处的流速;

(2)管内空气的质量流量;

(3)该流动过程中系统的可用能损失。

第 8 章　压气机的热力过程

压缩气体在工程上有广泛的用途，例如动力工程中一些大、中型内燃机的启动需要高压空气，在冶金炉中鼓风也应用压缩空气。此外，在风动工具、化学工业，潜水作业、医疗及家庭生活上也广泛使用压缩气体。

压气机是生产压缩气体的设备，它不是动力机，通常消耗机械能（或电能）来得到压缩气体。压气机按其动作原理及构造可分为：活塞式压气机、叶轮式压气机以及特殊的引射式压缩器等。活塞式压气机和叶轮式压气机的结构和工作原理虽然不同，但从热力学观点来看，气体状态变化过程并没有本质的不同，都是消耗外功，使气体压缩升压的过程，在正常的工况下都可以视为稳定流动过程。本章以活塞式压缩机为重点，分析压缩气体生产过程的热力学特性。

8.1　气体压缩过程的一般分析

压缩机械消耗外界的功率，通过某一过程使气体的压力升高，在这一过程中，气体的参数不会随着时间的变化而变化，而只随着地点的变化而变化，是一个典型的稳定流动，满足稳定流动能量方程。气体在进入和离开压缩机械时的速度都不会太大，进出口的高度也不会相差太多，其宏观动能和宏观位能都可以忽略，因此对气体的压缩过程有

$$q=\Delta h+w_t \tag{8.1}$$

由于压缩机械都是耗功的机械，按稳定流动能量方程计算出的技术功应该是负值，因此习惯上用一个数量为正的参数 w_c 来代表压缩机械的耗功

$$w_c=-w_t=-(q-\Delta h) \tag{8.2}$$

从进入并离开压缩机械的工质的角度看，气体经过的压缩过程是一个闭口系过程，应该满足开口系方程，

$$q=\Delta h-\int v\mathrm{d}p \tag{8.3}$$

对比式(8.1)和式(8.2)可知，压缩机每压缩 1 kg 的气体，需要消耗的功量为

$$w_c=-(q-\Delta h)=\int v\mathrm{d}p \tag{8.4}$$

压缩机压缩 q_m 气体需要消耗的总功为

$$W_c=q_m w_c=q_m\int v\mathrm{d}p \tag{8.5}$$

式(8.4)和式(8.5)是计算压缩机械耗功的一般公式。在分析压缩过程时，一般都把气体看作是理想气体，因此，当知道气体经历的过程特点时，可以利用理想气体的性质和上述两个公式对压缩过程进行全面分析。压缩机消耗的外界功量，一方面用于提升气体的能

量,另一方面,部分耗功会转换成热量向外界放出,这部分热量的温度不高,有时可以用于供暖等方面,其值为

$$q=\Delta h+w_t=\Delta h-w_c \tag{8.6}$$

如果压缩机压缩气体的过程进行得非常快,且压缩机未采取良好的冷却措施,则气体经历的是一个绝热过程。若认为该压缩过程中没有摩擦等不可逆因素,则其耗功为

$$w_{c,s}=\Delta h=h_2-h_1=c_p(T_2-T_1) \tag{8.7}$$

采用绝热压缩过程的机械如航空发动机和发电用燃气轮机,首先把气体加速至一个高速,然后通过一个扩压过程使气体升压,由于气体速度快,流量大,气体和外界交换的热量总量很少,平均到 1 kg 气体上的热量几乎可以忽略,但这些机械中气体高速流动的内摩擦比较大,因此压缩过程是一个不可逆过程,其耗功为

$$w'_{c,s}=\Delta h'=h'_2-h_1=c_p(T'_2-T_1) \tag{8.8}$$

为衡量这种压缩过程中不可逆性的影响,引入了压缩机效率这个参数,它是可逆压缩耗功和不可逆压缩耗功的比值,对采用绝热压缩的机械,则称为绝热压缩效率。压缩机效率和绝热压缩效率的定义如下:

$$\eta_c=\frac{w_c}{w'_c}$$

$$\eta_{c,s}=\frac{w_{c,s}}{w'_{c,s}} \tag{8.9}$$

注意:对耗功机械的效率定义中,理想情况的耗功出现在分子上,实际耗功出现在分母上,这样计算出的效率小于1,符合人们对效率的习惯。同时强调一点,压缩机效率中两个耗功比较的始终点是相同的进口参数和相同的出口压力,对出口的温度不能作要求。

8.2 单级活塞式压气机

当要求压缩的气体压力比较高、流量不很大时,一般采用活塞式压缩机。活塞式压缩机有单级和多级之分,本节以单级活塞式压缩机为例对气体压缩过程进行分析。

8.2.1 单级活塞式压缩机的工作过程

单级活塞式压缩机的结构如图 8.1 所示,这是一个气缸-活塞系统,活塞一般由电动机通过曲轴机构做往复运动,气缸底部有两个开孔,通过丁字阀和外界或出口管道连通。两个丁字阀的安装方向是不同的,图中上面的进口丁字阀可以使气体由外向内单向流动,使本开孔成为进气门,而下面的出口丁字阀使气体只能由内向外流动,使本开孔成为排气门。

从安全和经济的角度出发,活塞式压缩机的缸体都是有冷却的,如图 8.1 中所示,缸体外的水套有冷却水进口和出口,通过冷水进热水出的方式,把压缩过程中的热量带走。单级活塞式压缩机的工作可分为三个过程。

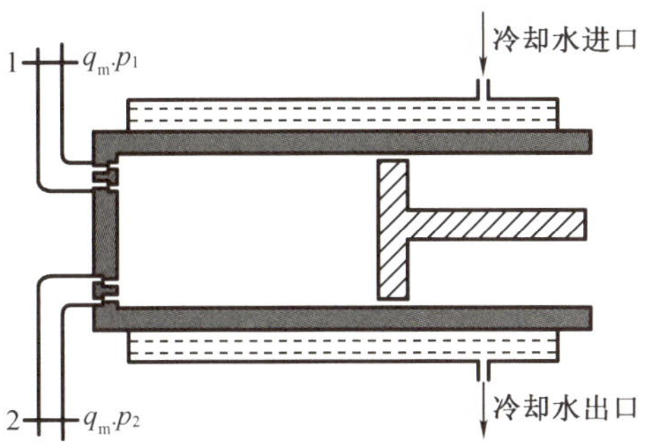

(a)工作过程

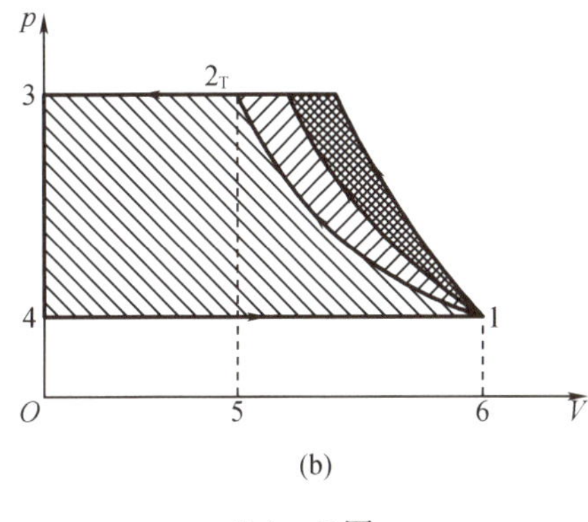

(b)$p-V$ 图

图 8.1　单级活塞式压缩机

1. 进气过程

活塞从气缸底部开始向右侧运动时，气缸内气体的压力会略低于外界大气压，因此外界压力为 p_1 的气体可以顶开上面的进口丁字阀而进入气缸，直至汽缸运动到最右侧的死点。在能量分析时，站在活塞的角度，可以假想汽缸内的气体压力略高于活塞右侧的气体压力，气缸内气体推动活塞向右运动，因此这一过程是气缸内气体做功、外界（即活塞）得到功的过程。进气过程中气缸内气体的压力保持在 p_1，其体积从 0 增大至 V_1 如图 8.1 中的 4—1 过程。

2. 升压过程

活塞运动到最右边后，将被曲轴带动往左运动，气缸内气体的压力升高，使上面的进口丁字阀关闭；出口丁字阀右侧的压力仍低于左侧压力，该丁字阀保持关闭，因此可以把气缸内的气体看作是与外界隔绝的封闭气体。随着活塞的左移，气缸内气体压力越来越高，直至达到出口管内的压力 p_2，升压过程如图 8.1 中的 1—2 所示（2 点可以是 2_T、2_n 和 2_s 中的任何一个）。

3. 排气过程

当活塞继续左行，使气缸内气体的压力稍高于出口管内压力 p_2 后，出口丁字阀被顶开，气缸内的气体被活塞推出而进入排气管，直至活塞运动到最左边的气缸底部，气体被排尽，如图 8.1 中的 2—3 过程所示。站在活塞的角度，可以看出，在 1—2 过程中，活塞从最左边被推到最右边，是一个获得功的过程，其功量为 $p-V$ 图中过程线 4—1 下的面积 A_{4160}；升压过程中活塞需要耗功，耗功量为过程线 12 下的面积 A_{1256}；排气过程中活塞的耗功为过程线 2—3 下的面积 A_{2305}。考虑得功和耗功后，三个面积相加，可得到压缩机在一个进气、升压、排气周期中的耗功量，正好为升压过程线左边的面积 A_{1234}，

$$W_C = A_{4160} + A_{1256} + A_{1234} = \int_1^2 V\mathrm{d}p \tag{8.10}$$

单级活塞式压缩机的进出口气流参数都是周期性波动的，但在离进出口阀门有一定距离的截面 1 和截面 2 处，受管道容积的缓冲作用，此处参数已经基本保持不变了，因此可以把截面 1 和截面间的系统看作是稳定流动，可以用式(8.3)和式(8.4)来计算压缩机的耗功，其结果与式(8.10)一致。

8.2.2 单级活塞式压缩机的能量分析

1. 三种工作方式

如果活塞式压缩机水套内冷却水的流量非常大，则气体在压缩过程中产生的热量马上可以被冷却水带走，因此其温度可以维持在进口温度(一般和冷却水的进水温度一样，都是环境温度)，此时气体经历一个等温压缩。如果冷却水流量很小甚至没有冷却水，则压缩过程中气体产生的热量只能通过缸壁自然散热的方式散出，其散热量很小，几乎可以忽略，此时可以认为气体经历一个绝热压缩过程。如果冷却水流量不大不小，则气体压缩过程是一个介于等温和绝热之间的过程，即多变过程。

如图 8.2 所示，在 p-v 图上，三种压缩方式的表示为：

12_T、12_n 和 12_s，注意图中的横坐标为比体积 v，进气过程和排气过程中气体的总体积在变化，但比体积是不变的，因此 p-v 图中的吸气过程 4—1 在 p-v 图中只对应点 1，排气过程 2—3 只对应点 2。

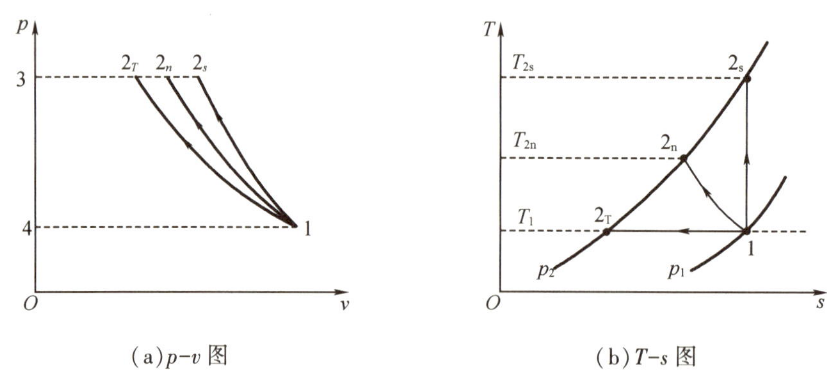

(a) p-v 图　　(b) T-s 图

图 8.2　单级活塞式压缩机三种压缩方式

2. 参数计算

压缩机工作的目标是把一定初压的气体升压至预定的终压，常定义一个参数即升压比 π 来衡量压缩机的工作目标，即

$$\pi = \frac{p_2}{p_1} \tag{8.11}$$

假设三种压缩方式都是理想化的，没有不可逆性因素，则可以把压缩过程视为可逆过

程，压缩终点的温度（参考理想气体的等温过程、等熵过程和多变过程）分别为

$$T_{2,T}=T_1$$

$$T_{2,n}=T_1\left(\frac{p_1}{p_2}\right)^{\frac{n-1}{n}}=T_1\pi^{\frac{n-1}{n}}$$

$$T_{2,s}=T_1\left(\frac{p_1}{p_2}\right)^{\frac{\kappa-1}{\kappa}}=T_1\pi^{\frac{\kappa-1}{\kappa}} \tag{8.12}$$

从图8.2中 T–s 图也可以看出，三种压缩方式下气体离开气缸的温度是不一样的，等温压缩的终点温度最低，而绝热压缩终点温度最高，多变压缩终点温度居中。三种压缩方式下每千克气体在进气升压排气周期中的耗功仍是过程线左边的面积，其量可以用式（6-3）进行计算，分别为

$$w_{C,T}=R_gT_1\ln\frac{p_2}{p_1}>0$$

$$w_{C,n}=\frac{n}{n-1}R_g(T_2-T_1)=\frac{n}{n-1}R_gT_1\left[\left(\frac{p_2}{p_1}\right)^{\frac{n-1}{n}}-1\right]>0$$

$$w_{C,s}=\frac{\kappa}{\kappa-1}R_g(T_2-T_1)=\frac{\kappa}{\kappa-1}R_gT_1\left[\left(\frac{p_2}{p_1}\right)^{\frac{\kappa-1}{\kappa}}-1\right]>0 \tag{8.13}$$

式（8.13）计算的结果都是正值，因为该式中的功已明确为耗功。从图8.2中 p–v 图也可以看出，三种压缩方式下等温压缩的耗功最少，绝热压缩的耗功最多，多变压缩耗功居中。三种压缩方式下每千克气体在进气—升压—排气周期中的热量可以用式（8.5）进行计算，分别为

$$q_T=-R_gT_1\ln\frac{p_2}{p_1}<0$$

$$q_n=\frac{\kappa}{\kappa-1}R_g(T_2-T_1)-\frac{n}{n-1}R_g(T_2-T_1)$$

$$=\frac{n-\kappa}{n-1}\frac{1}{\kappa-1}R_g(T_2-T_1)<0$$

$$q_s=0 \tag{8.14}$$

式（8.14）计算得到的等温压缩和多变压缩的热量为负值，说明气体在压缩过程中是放出热量的，放出的热量由水套中的冷却水带走。

3. 讨论

对单级活塞式压缩机的特性做如下讨论：

（1）压缩机的工作目标是其出口压力 p_2，终点温度、耗功和放热量三者都随着升压比 π 即终点压力的提高而增大。

（2）终点温度是影响压缩机工作的一个安全性指标，采用多变压缩或绝热压缩方式时，若出口压力 p_2 很高，则终点温度也会很高。例如，用绝热方式把（0.1 MPa、300 K）的空气压缩至1 MPa时，终点温度为500 K，这一温度对气缸-活塞系统中的润滑油油质已经会产生较大的影响，因此，对单级活塞式压缩机的升压比有一定的限制。

(3)想象一下,把 1 kg 的气体从初压 p_1 最快最有效地升压至终压 p_2,首选的方式应该是绝热方式,这种方式下,不仅气体体积缩小会升高压力,气体温度的升高也有利于压力的提高,因此绝热方式应该是一种最省功的压缩方式,但定量分析的结果是该方式的耗功最多,等温压缩方式才是最省功的压缩方式。这一矛盾该如何解释呢?

来看一下单级活塞式压缩机工作周期中的三个过程,对三种压缩方式而言,进气过程中活塞得到的功是相同的,升压过程中活塞消耗的功是过程线垂直投影的面积,其值是绝热压缩最少,等温压缩最多而多变压缩居中。所以,单就升压这一步过程,确实选择绝热方式是最好的。

压缩机的工作目标不仅是把气体的压力提高,还需要把高压的气体送出至排气管内,这时就能发现,绝热压缩的升压进行得太快了,其终点的气体体积很大,把这个大胖子送出门要费很多功;等温压缩终点的气体体积很小,把这个身材苗条运动灵活的瘦子送出门就容易多了。综合而言,绝热压缩升压耗功最少而排出耗功极大,等温压缩升压耗功稍大而排出耗功很小,合成后等温方式最省功而绝热方式最耗功。

在图 8.3 T-s 图中,过程线下的面积可以表示热量的大小,相同温度范围内等压线下的面积可以表示焓的大小,对压缩机而言,图 8.3 中 A1256 表示热量,面积 A2345 表示工质的焓升,面积 A123456 表示压缩的耗功。注意这种表示方式仅对压缩过程有用,不具备普遍性。

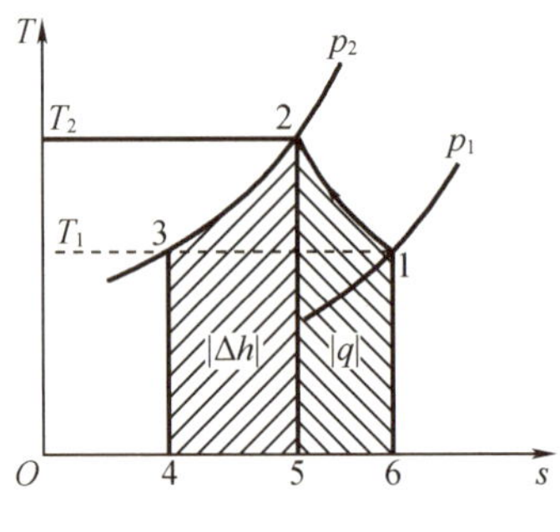

图 8.3　压缩耗功的图示

8.3　活塞式压缩机余隙容积的影响

在实际的活塞式压缩机中,因为制造公差,金属材料的热膨胀及安装进、排气阀等零件的需要,当活塞运动到上死点位置时,在活塞顶面与气缸盖间留有一定的空隙,该空隙的容积称为余隙容积。图 8.4 是考虑了余隙容积后的示功图,图中 V_c 表示余隙容积,$V_h=V_1-V_3$ 是活塞从上死点运动到下死点时活塞扫过的容积,称为气缸的排量。图上 1—2 为压缩过程,2—3 为排气过程,3—4 为余隙容积中剩余气体的膨胀过程,4—1 表示有效进气。余隙容积的影响可从生产量和理论做功两方面讨论。

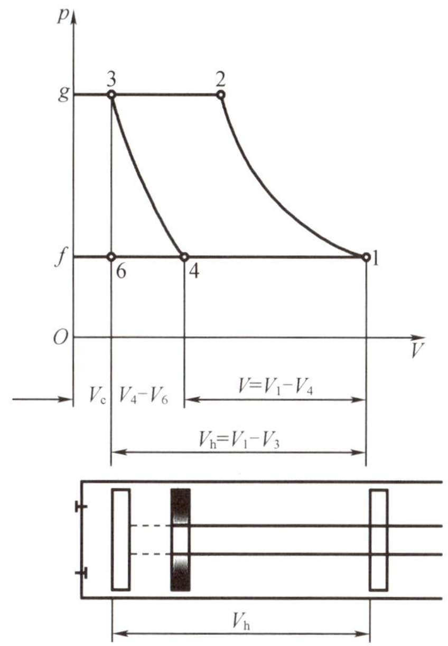

图 8.4　有余隙容积时的示功图

8.3.1　生产量

由于存在余隙容积 V_c，活塞在右行之初，因余隙容积内剩余的气体压力高于压气机进气口外气体压力而不能进气（图 8.4），直到气缸内气体体积从 V_3 膨胀到 V_4，缸内气体压力低于进气口外压力，才开始进气。气缸实际进气容积 V，称有效吸气容积，$V=V_1-V_4$。可见，由于余隙容积的存在，不但余隙容积 V_c 本身不起进气作用，而且使另一部分气缸容积也不起进气作用。因此，有效吸气容积 V 小于气缸排量 V_h，两者之比称为容积效率，以 η_V 表示，则

$$\eta_V=\frac{V}{V_h} \tag{8.15}$$

如图 8.5 所示，在相同的余隙容积下，如增压比增大，则有效吸气容积减少，容积效率降低，达到某一极限时将完全不能进气。下面导出容积效率与增压比 π 的关系。

$$\begin{aligned}\eta_V&=\frac{V}{V_h}\\&=\frac{V_1-V_4}{V_1-V_3}=\frac{(V_1-V_3)-(V_4-V_3)}{V_1-V_3}\\&=1-\frac{V_4-V_3}{V_1-V_3}\\&=1-\frac{V_3}{V_1-V_3}\left(\frac{V_4}{V_3}-1\right)\\&=1-\sigma\left(\frac{V_4}{V_3}-1\right)\end{aligned}$$

式中，$\sigma=\dfrac{V_3}{V_1-V_3}=\dfrac{V_c}{V_h}$称为余隙容积百分比（简称余容比）。假设压缩过程 1-2 和余隙容积中剩余气体的膨胀过程 3-4 都是多变过程，且多变指数相等，均为 n，则

$$\frac{V_4}{V_3}=\left(\frac{p_3}{p_4}\right)^{\frac{1}{n}}=\left(\frac{p_2}{p_1}\right)^{\frac{1}{n}}$$

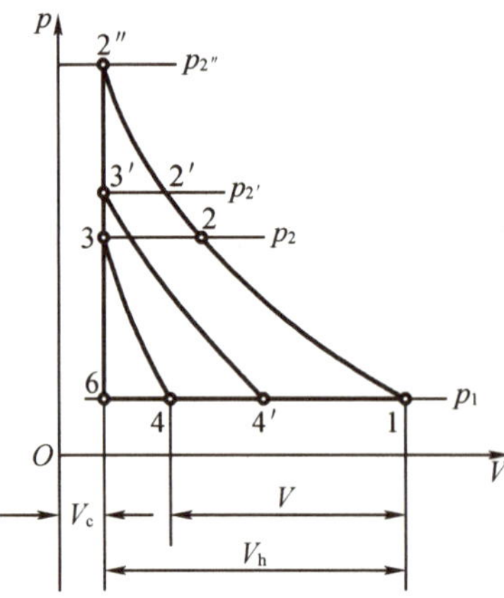

图 8.5　余隙容积对生产量的影响

故

$$\eta_V=1-\sigma\left[\left(\frac{p_2}{p_1}\right)^{\frac{1}{n}}-1\right]=1-\sigma\left[\pi^{\frac{1}{n}}-1\right] \tag{8.16}$$

由此可见，当余隙容积百分比 σ 和多变指数 n 一定时，增压比 π 愈大，则容积效率愈低，当 π 增加到某一值时容积效率为零；当增压比 π 一定时，余隙容积百分比愈大，容积效率愈低。

8.3.2　理论耗功

由于余隙容积中剩余气体的膨胀功可利用，故压气机耗功 W_C 可用图 8.4 中的面积 12gf1 和面积 43gf4 的差表示，即

$$W_C=\frac{n}{n-1}p_1(V_1-V_4)\left[\left(\frac{p_2}{p_1}\right)^{\frac{n-1}{n}}-1\right]=\frac{n}{n-1}p_1V\left[\left(\frac{p_2}{p_1}\right)^{\frac{n-1}{n}}-1\right]$$

由于 $p_1=p_4$、$p_3=p_2$，所以

$$\begin{aligned}W_C&=\frac{n}{n-1}p_1(V_1-V_4)\left[\left(\frac{p_2}{p_1}\right)^{\frac{n-1}{n}}-1\right]=\frac{n}{n-1}p_1V\left[\left(\frac{p_2}{p_1}\right)^{\frac{n-1}{n}}-1\right]\\&=\frac{n}{n-1}mR_gT_1\left(\pi^{\frac{n-1}{n}}-1\right)\end{aligned} \tag{8.17}$$

式中，V 为有效吸气容积；π 为增压比；m 为压气机生产的压缩气体质量。

生产 1 kg 压缩气体的耗功为

$$w_C=\frac{n}{n-1}R_gT_1(\pi^{\frac{n-1}{n}}-1) \tag{8.18}$$

与式(8.13)比较,可见有余隙容积后,如生产压比相同,质量相同的同种压缩气体,理论上说消耗的功与无余隙容积时相同。

综上所述,活塞式压气机余隙容积的存在,虽然对 1 kg 的气体理论耗功并无影响,但使容积效率降低。因此,若需要压缩同样数量的气体,必须使用有较大气缸的机器,这显然是不利的,而且这一有害影响将随着增压比的增大而扩大。

例题 8.1　活塞式压气机活塞每往复一次生产 0.5 kg,压力为 0.35 MPa 的压缩空气。空气进入压气机时的温度为 17 ℃,压力为 0.098 MPa,若压缩过程为 $n=1.35$ 的可逆多变过程,余隙容积比为 0.05,试求压缩过程中气缸内空气的质量。

解　参见图 8.4,活塞式压气机各过程中气缸内气体的质量不同。活塞每往复一次生产气体的体积是 V_2-V_3(也可以用有效吸气容积 V_1-V_4 表示),因排气过程状态参数不变,故压力为 $p_3=p_2=0.35$ MPa,温度为 $T_3=T_2$,与存在于余隙容积中空气的参数相同。

$$T_3=T_2=T_1\left(\frac{p_2}{p_1}\right)^{(n-1)/n}=(273+17)\ \text{K}\times\left(\frac{0.35\ \text{MPa}}{0.098\ \text{MPa}}\right)^{(1.35-1)/1.35}=403.4\ \text{K}$$

容积效率

$$\eta_V=1-\sigma\left[\left(\frac{p_2}{p_1}\right)^{\frac{1}{n}}-1\right]=1-0.05\left[\left(\frac{0.35\ \text{MPa}}{0.098\ \text{MPa}}\right)^{1/1.35}-1\right]=0.921\ 6$$

据容积效率定义,$\eta_V=\frac{V}{V_h}=\frac{V_1-V_4}{V_1-V_3}$,而有效吸气容积内气体即是产出的压缩空气

$$V=V_1-V_4=\frac{mR_gT_1}{p_1}=\frac{0.5\ \text{kg}\times 287\ \text{J/(kg}\cdot\text{K)}\times 290\ \text{K}}{0.098\times 10^6\ \text{Pa}}=0.424\ 6\ \text{m}^3$$

所以

$$V_1-V_3=\frac{V_1-V_4}{\eta_V}=\frac{0.424\ 6\ \text{m}^3}{0.921\ 6}=0.460\ 7\ \text{m}^3$$

由题给余隙容积比 $\sigma=\frac{V_3}{V_1-V_3}=0.05$,故

$$V_3=\sigma(V_1-V_3)=0.05\times 0.460\ 7\ \text{m}^3=0.023\ 20\ \text{m}^3$$

因此余隙容积中残存的空气量为

$$m_3=\frac{p_3V_3}{R_gT_3}=\frac{0.35\times 10^6\ \text{Pa}\times 0.023\ \text{m}^3}{287\ \text{J/(kg}\cdot\text{K)}\times 403.4\ \text{K}}=0.069\ 5\ \text{kg}$$

压缩过程中气缸内的空气总质量为

$$m+m_3=0.5\ \text{kg}+0.069\ 5\ \text{kg}=0.569\ 5\ \text{kg}$$

压气机每往复一次,生产压缩气体 0.5 kg,但由于存在余隙容积,需配备适合 0.57 kg 气体的气缸,如果压力比提高,或余容比增大,配备的气缸体积需更大。因此,虽不增加压缩 1 kg 气体的理论耗功量,但实际耗功增大。同时余隙容积的存在使生产量下降,所以有人称余隙容积为有害容积。

8.4 多级压缩和级间冷却

从前节的分析得出气体压缩以等温压缩最有利，因此，应设法使压气机内气体压缩过程指数 n 减小。采用水套冷却是改进压缩过程的有效方法，但在转速高、气缸尺寸大的情况下，其作用也较小。同时为避免单级压缩因增压比太高而造成气体终温过高并影响容积效率，常采用多(分)级压缩级间冷却的方法。

分级压缩、级间冷却压气机的基本工作原理是气体逐级在不同气缸中被压缩，每经过一次压缩以后就在中间冷却器中被定压冷却到压缩前温度，然后进入下一级气缸继续被压缩，图 8.6 示出了两级压缩、中间冷却的系统及其工作过程。其中 e—1 为低压气缸吸入气体；1—2 为低压气缸内气体的压缩过程；2—f 为气体排除低压气缸；f—2 为压缩气体进入中间冷却器；2—2′为气体在冷却器中的定压放热过程，$T_2'=T_1$；2′—f 为冷却后的气体排出冷却器；f—2′为冷却后的气体进入高压气缸；2′—3 为高压气缸中气体的压缩过程；3-g 为压缩气体排出高压气缸，输入储气筒。这样分级压缩后所消耗的功等于两个气缸所需功的总和，可用面积 $e12fe$ 和面积 $f2'3gf$ 之和表示。和不分级压缩时所需之功，即面积 $e13'ge$ 相比，采用分级压缩、级间冷却节省的功可用图 8.6(b) 中阴影部分那一块面积表示。依次类推，分级愈多，逐级采取中间冷却是理论上可节省更多的功。如增多到无数级，则可趋近定温压缩。实际上，分级不宜太多，否则机构复杂，机械摩擦损失和流动阻力等不可逆损失亦将随之增大，一般视增压比的大小，分为两级、三级、最多四级。

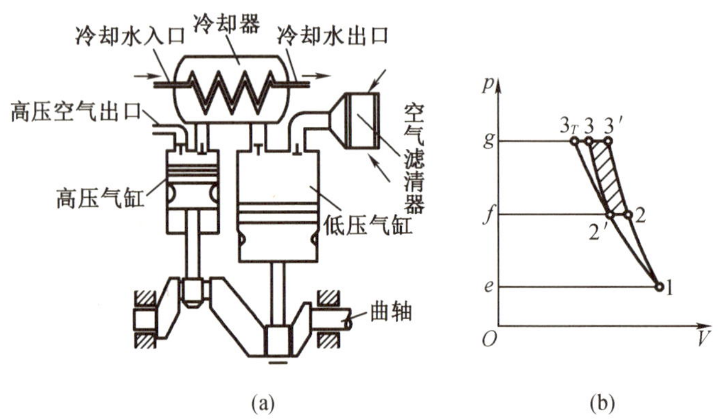

图 8.6 两级压缩、中间冷却压气机示意图

采用分级压缩、级间冷却时，选择不同的中间压力、消耗的功不一样。有利的中间压力是使各个气缸中所消耗的功的总和为最小，它可以从压气机耗功的公式导出。因余隙容积对理论耗功无影响，故推导中不计余隙容积。以两级压缩为例，设中间冷却器能使气体得到最有效的冷却，气体的温度能达到 $T_2'=T_1$。又设两级压缩指数 n 相同，则

$$w_C=w_{C,L}+w_{C,H}=\frac{n}{n-1}R_gT_1\left[\left(\frac{p_2}{p_1}\right)^{\frac{n-1}{n}}-1\right]+\frac{n}{n-1}R_gT_{2'}\left[\left(\frac{p_3}{p_2}\right)^{\frac{n-1}{n}}-1\right]$$

$$w_C=\frac{n}{n-1}R_gT_1\left[\left(\frac{P_2}{P_1}\right)^{\frac{n-1}{n}}+\left(\frac{P_3}{P_2}\right)^{\frac{n-1}{n}}-2\right]$$

式中,$w_{C,L}$ 表示低压缸耗功;$w_{C,H}$ 表示高压缸耗功。对 p_2 求导并使之等于零,可得到最有力的中间压力为

$$p_2=\sqrt{p_1p_3}\quad 或\quad \frac{p_1}{p_2}=\frac{p_2}{p_3}$$

如果采用 m 级压缩,各级压力为 p_1、p_2、…、p_m 和 p_{m+1},每级中间冷却器都将气体冷却到初始温度,则使压气机消耗的总功最小的各中间压力满足

$$\frac{p_1}{p_2}=\frac{p_2}{p_3}=\cdots=\frac{p_{m-1}}{p_m}=\frac{p_m}{p_{m+1}}$$

这时,各级的增压比 π_i 相同,各级压气机需功相同,且

$$\pi_1=\pi_2=\cdots=\pi_i=\cdots\pi_m=\sqrt[m]{\frac{p_{m+1}}{p_1}}\quad i=1,2,\cdots,m \tag{8.19}$$

$$w_{C,1}=w_{C,2}=\cdots=w_{C,m}=\frac{n}{n-1}R_gT_1(\pi^{\frac{n-1}{n}}-1) \tag{8.20}$$

压气机所消耗的总功为

$$w_C=\sum_{i=1}^{m}w_{C,i}=m\frac{n}{n-1}R_gT_1(\pi^{\frac{n-1}{n}}-1) \tag{8.21}$$

按此原则选择中间压力还可得到一些其他有利结果:

(1)每级压气机所需的功相等,有利于压气机曲轴的平衡;

(2)每个气缸中气体压缩后所达到的最高温度相同,每个气缸的温度条件相同;

(3)每级向外排出的热量相等,而且每一级中间冷却器向外排出的热量也相等。

此外,还有各级气缸容积按增压比递减,等等。

分级压缩对容积效率的提高也有利,由上节分析可知,余隙容积的有害影响随增压比的增加而扩大。分级后,每一级的增压比缩小,故同样大的余隙容积对容积效率的有害影响将缩小,使总容积效率比不分级时大。

综上所述,活塞式压气机无论是单级压缩还是多级压缩都应尽可能采用冷却措施,力求接近定温压缩。工程上通常采用压气机的定温效率来作活塞式压气机性能优劣的指标。当压缩前气体的状态相同、压缩后气体的压力相同时,可逆定温压缩过程所消耗的功 $w_{C,T}$ 和实际压缩过程所消耗的功 w_C'之比,成为压气机的定温效率,用 $\eta_{C,T}$ 表示,即

$$\eta_{C,T}=\frac{w_{C,T}}{w_C'} \tag{8.22}$$

需要指出的是,至此有关活塞式压气机过程的讨论都是基于可逆过程,因此并不存在可用能损失。但是实际压缩过程是不可逆的,且绝大多数场合下高压气体贮存在储气筒内,最终与环境达到热平衡,故而多变压缩和绝热压缩最终还是有做功能力损失。

例题 8.2　空气初态为 $p_1=0.1$ MPa、$t_1=20$ ℃,经过三级压缩,压力达到 12.5 MPa。设进入各级气缸时的空气温度相同,各级多变指数均为 1.3,各级中间压力按压气机耗功最小原则确定。若压气机每小时产出压缩空气 120 kg,求:(1)各级排气温度及压气机的最小功

率;(2)倘若改成单级压缩,多变指数 n 仍为 1.3,压气机耗功及排气温度是多少?

解　(1)压气机耗功最小时各级压力比相等,且为

$$\pi_i=\sqrt[3]{\frac{p_4}{p_1}}=\sqrt[3]{\frac{12.5\ \text{MPa}}{0.1\ \text{MPa}}}=5$$

各级排气温度相等

$$T_2=T_3=T_4=T_1\left(\frac{p_2}{p_1}\right)^{\frac{n-1}{n}}=T_1(\pi_1)^{\frac{n-1}{n}}=(273+20)\ \text{K}\times 5^{\frac{1.3-1}{1.3}}=424.8\ \text{K}$$

各级耗功相同,压气机耗功率 P_C 为各级功率 $P_{C,i}$ 之和

$$\begin{aligned}P_C&=mP_{C,i}\\&=mq_m w_{C,i}\\&=mq_m\frac{n}{n-1}R_g T_1[\pi_1^{(n-1)/n}-1]\\&=\frac{3\times 1.3}{1.3-1}\times\frac{120}{3\ 600}\ \text{kg/s}\times 0.287\ \text{kJ/(kg·K)}\times 293\ \text{K}\times[5^{(1.3-1)/1.3}-1]\\&=16.39\ \text{kW}\end{aligned}$$

(2)单级压缩排气温度

$$\pi=\frac{12.5\ \text{MPa}}{0.1\ \text{MPa}}=125$$

$$T_2=T_1\left(\frac{p_2}{p_1}\right)^{(n-1)/n}=T_1(\pi_1)^{(n-1)/n}=293\ \text{K}\times 125^{(1.3-1)/1.3}=892.8\ \text{K}$$

功率

$$\begin{aligned}P_C&=q_m w_C\\&=q_m\frac{n}{n-1}R_g T_1[\pi^{(n-1)/n}-1]\\&=\frac{1.3}{1.3-1}\times\frac{120}{3\ 600}\ \text{kg/s}\times 0.287\ \text{kJ/(kg·K)}\times 293\ \text{K}\times[125^{(1.3-1)/1.3}-1]\\&=24.87\ \text{kW}\end{aligned}$$

上述计算表明,单级压气机不仅比多级压气机消耗更多的功,而且排气温度大大提高,这将会造成润滑油变质,甚至引起自燃爆炸。此外,对制造压气机的材料要求更高。

8.5　叶轮式压气机的工作原理

活塞式压气机的缺点是单位时间内产气量小,其原因是转速不高,间隙性的吸气和排气,以及余隙容积的影响。叶轮式压气机克服了这些缺点,它的转速比活塞式压气机高,能连续不断地吸气和排气,没有余隙容积,所以它的机体紧凑而产气量大。但它也有缺点,每级的增压比小,如要得到较高的压力,则需级数甚多。其次,因气流速度相当高,容易造成较大的摩擦损耗,故对叶轮式压气机的设计和制造的技术水平要求甚高。

叶轮式压气机分径流式(即离心式)与轴流式两种形式,示意图如图 8.7 和图 8.8 所示。离心式压气机适用于中、小型生产量,高转速但效率稍低。轴流式压气机则结构很紧凑,便于安排较多的级数,且效率较高,适宜于大流量的场合。

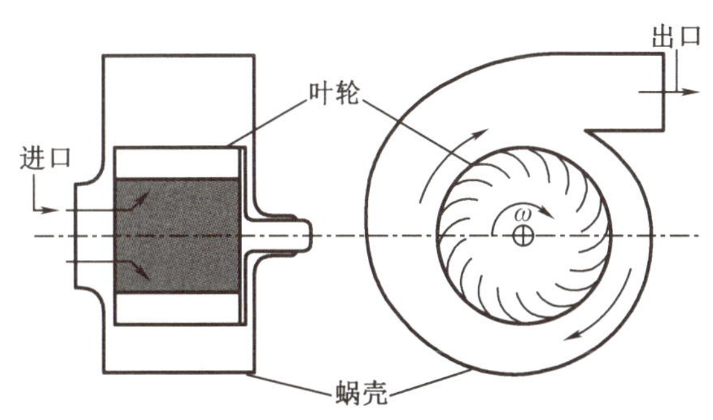

图 8.7　径流式压气机示意

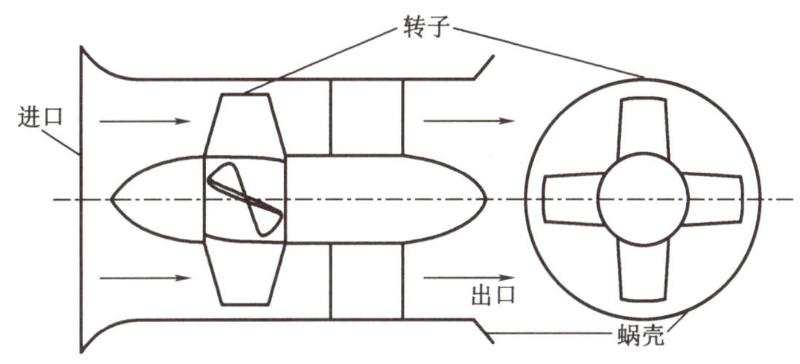

图 8.8　轴流式压气机示意图

图 8.9 为多级轴流式压气机的构造示意图。气体从进口流入压气机,经收缩器时流速得到初步提高,进口导向叶片使气流改为轴向,同时还起扩压管的作用,使压力有所提高。转子由外力带动,作高速转动,固装其上的工作叶片(亦称动叶片)推动气流,使气流获得很高的流速。高速气流进入固装在机壳上的导向叶片(亦称定叶片)间的通道,使气流的动能降低而压力提高,相邻导向叶片间的通道相当于一个扩压管。气流经过每一级(由一排工作叶片和一排导向叶片所构成)时连续进行类似的过程,使气体的压力逐级提高,最后经扩压器从出口排出。流经扩压器时,气流的余速亦有一部分被利用而提高其压力。

叶轮式压气机的工作原理虽与活塞式压气机不同,但从热力学观点分析气体的状态变化过程,则完全与活塞式压气机无异,故对它的工作过程作热力学分析时,和活塞式压气机是一样的。如果忽略通过机壳向外散热,则气体压缩过程可看作是绝热的,如图 8.10(a)中 1—2 所示。实际压缩过程有相当大的摩擦损失是不可逆的绝热压缩过程,过程中气体的比熵增大,如图中 1—2′所示。

压气机实际所需要的功为

$$w'_C = h'_2 - h_1 = \text{面积 } j2_T2'nj$$

实际压缩多耗功为

$$w'_C - w_{C,s} = h'_2 - h_{2,s} = \text{面积 } 2'2_s2_Tmn2'$$

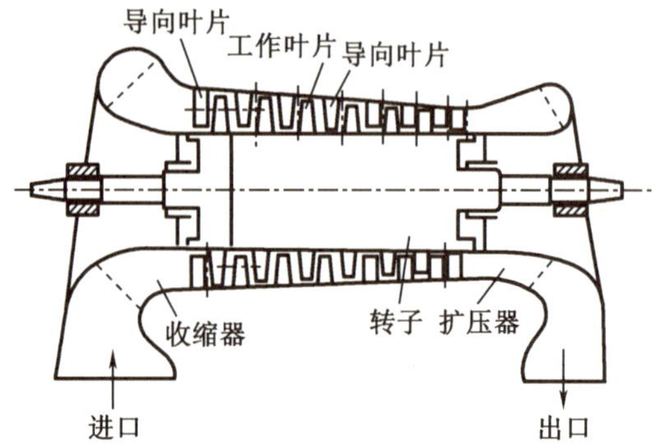

图 8.9 多级轴流式压气机示意图

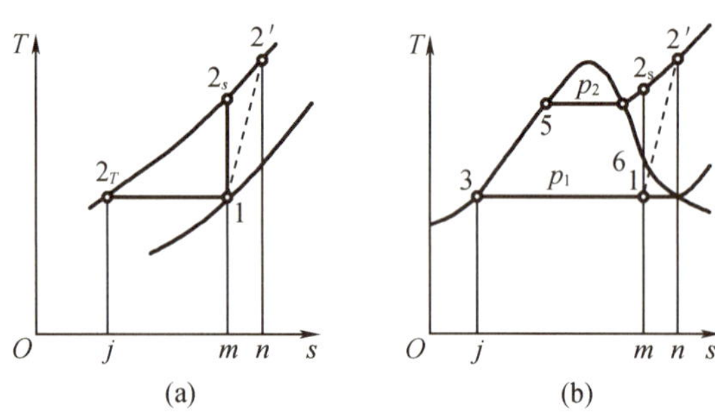

图 8.10 叶轮式压气机的压缩过程

水蒸气压缩过程的 T–s 图如图 10–10(b)所示,图中 1–2_s 为理想可逆绝热压缩过程,压气机耗功为

$$w_{C,s}=h_{2,s}-h_1=\text{面积 }A562_smoA-\text{面积 }A31moA=\text{面积}3562_s13$$

实际的压缩过程如虚线 1–2′所示,压气机所耗的功为

$$w'_C=h'_2-h_1=\text{面积 }A562'noA-\text{面积 }A31moA=\text{面积 }3562'13$$

两者比较,实际压缩过程要多耗功为

$$w'_C-w_{C,s}=h'_2-h_{2,s}=\text{面积 }m2_s2'nm$$

由于叶轮式压气机一般在不冷却情况下工作,所以常采用绝热效率来衡量其工作的优劣。通常把在压缩前气体状态相同、压缩后气体的压力也相同的情下,可逆绝热压缩时压气机所需的功 $w_{C,s}$,和不可逆绝热压缩时所需的功 w'_C,之比称为压气机的绝热效率,也称压气机绝热内效率,以 $\eta_{C,s}$ 表示。

$$\eta_{C,s}=\frac{w_{C,s}}{w'_C}=\frac{h_{2',s}-h_1}{h'_2-h_1} \tag{8.23}$$

若为理想气体,且比热容为定值,则

$$\eta_{C,s}=\frac{T_{2',s}-T_1}{T'_2-T_1} \tag{8.24}$$

在已知压气机的绝热效率时,可利用上式求取不可逆绝热压缩终态温度

$$T'_2=T_1+\frac{T_{2',s}-T_1}{\eta_{C,s}} \tag{8.25}$$

例题 8.3 叶轮式压缩机,N_2 进口 $p_1=0.097\ 2$ MPa、$t_1=20$ ℃,出口压力 $p_2=311.11$ kPa,

进口处 N_2 流量 $q_V=113.3\ m^3/min$，气机绝热效率 $\eta_{C,s}=0.8$，略去进出口动能差和位能差，求：(1)压气机定熵压缩的耗功量；(2)实际耗功量；(3)由于不可逆而多耗功；(4)若 $t_0=20$ ℃。求作功能力损失 $\dot{I}$。N_2 的比热容取常数，$c_p=1.038\ kJ/(kg\cdot K)$、$R_g=0.296\ kJ/(kg\cdot K)$。

解 (1)定熵压缩功率

$$v_1=\frac{R_gT_1}{p_1}=\frac{297\ J/(kg\cdot K)}{97.2kPa}=0.895m^3/kg$$

$$q_m=\frac{q_V}{v_1}=\frac{113.30.895\ m^3/min}{0.895\ m^3/kg}=126.6kg/min$$

$$\begin{aligned}P_s&=q_mc_p(t_1-t_2)\\&=126.6\ kg/min\times1.038\ kJ/(kg\cdot K)\times(293-408.5)℃\\&=-125\ 178\ kJ/min=-252.97\ kW\end{aligned}$$

(2)实际功率

$$P_s'=\frac{P_s}{\eta_{C,s}}=\frac{-125\ 178\ kJ/min}{0.8}=-18\ 972.5\ kJ/min=-316.21\ kW$$

(3)不可逆二而多耗功率

$$\Delta P=P_s'-P_s=-18\ 972.5\ kJ/min+125\ 178\ kJ/min=-3\ 794.5\ kJ/min=-63.24\ kW$$

(4)做功能力损失

$$T_2'=T_1+\frac{T_{2',s}-T_1}{\eta_{C,s}}=293\ K+\frac{293\ K-408.5\ K}{0.8}=437.4\ K$$

$$\begin{aligned}\Delta\dot{S}_{N_2}&=q_m\left(c_p\ln\frac{T_2'}{T_2}-R_g\ln\frac{p_2'}{p_2}\right)\\&=q_mc_p\ln\frac{T_2'}{T_2}\\&=126.6\ kg/min\times1.038\ kJ/(kg\cdot K)\times\ln\frac{437\ K}{408.5\ K}\\&=8.983\ kJ/(K\cdot min)\end{aligned}$$

$$\begin{aligned}\dot{I}&=T_0\Delta S_{iso}\\&=T_0(\Delta\dot{S}_{N_2}-\Delta\dot{S}_0)\\&=T_0\Delta\dot{S}_{N_2}\\&=293\ K\times8.983\ kJ/(K\cdot min)\\&=2\ 631.9\ kJ/(K\cdot min)\\&=43.87\ kW\end{aligned}$$

8.6 引射式压缩器简述

工业上有时会遇到这样的情况，实际需要的是中压的蒸气，而供应的是高压蒸汽和低压蒸气。如果采用节流来降低压力是不合理的，可采用引射式压缩器，以较少的高压蒸气.引射低压蒸气，混合而得较多的中压蒸气以供应用。蒸气动力循环中的凝汽器中用以抽出空气的引射式抽气器也是一种引射式压缩器。引射式压缩器的优点是机构简单，没有运动部件，虽其效率不佳，但仍有实用价值，在制冷装置、凝汽器的抽气设备、小型锅炉中的给水设备等中均有应用。

图 8.12 所示为引射式压缩器的结构简图。压力为 p_1 的高压蒸气经过喷管流入，在喷管中膨胀加速，动能增加，压力降低。在喷管出口，当压力降低到被引射流体压力 p_2 之下时，将被引射流体引人混合室进行混合，以某一平均流速流向扩压管，降速而增压至 p_3 流出。

引射式压缩器的工作性能以每千克工作蒸气所引射的流体质量来表示，称为引射系数 μ，即

$$\mu=\frac{\text{被引射流体的质引射流}}{\text{工作蒸气的质作蒸气}}$$

在引射式压缩器的工作过程中有很大的能量耗散，尤其在混合和扩压过程中不可逆程度较大。通常，用热力学方法导得的理想的引射系数远大于实际数值，所以在设计计算中应查阅有关手册选取合理的引射系数。

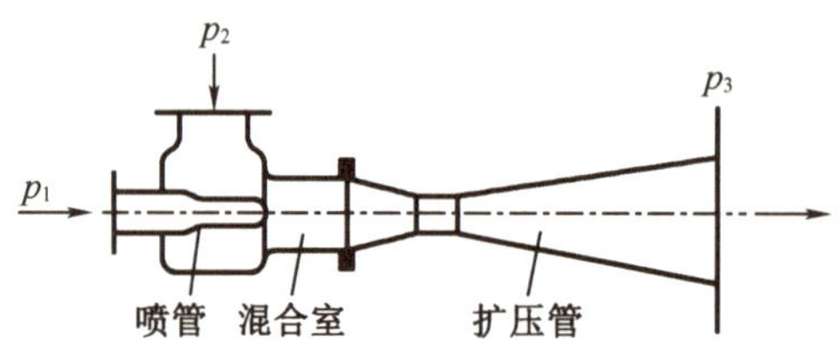

图 8.11　引射式压缩器简图

习　题

8.1　掌握下列基本概念：压缩机效率、绝热压缩效率、余隙容积、余隙容积比、最佳升压比。

8.2　辨析下列概念：

(1)活塞式压缩机的工作过程是周期性的，不能用稳定流动能量方程分析。

(2)活塞式压缩机的耗功用于提高气体的热力学能和对外放出热量。

(3)单级活塞式压缩机采用绝热压缩方式最省功。

(4)单级活塞式压缩机采用等温压缩方式最省功。

(5)余隙容积越大,单位工质的压缩耗功就越大。

(6)余隙容积的存在降低了活塞式压缩机的气体产量。

(7)从安全角度分析,若为等温压缩,则不必采用多级压缩。

(8)多级活塞式压缩机最省功时,中间压力为进出口压力的算术平均值。

(9)多级活塞式压缩机最省功时,各级压缩机的出口温度相等。

(10)多级活塞式压缩机最省功时,各级压缩机的耗功相等。

8.3 空气在压缩机中被绝热压缩,压缩前空气的参数为 0.1 MPa、25 ℃;压缩后空气的参数为 0.6 MPa、240 ℃,求:(1)可逆时压缩机压缩 1 kg 空气所耗的功;(2)该压缩机压缩 1 kg 空气所耗的功;(3)该压缩机的效率。

8.4 单级活塞式压缩机需要把空气从 0.1 MPa、27 ℃压缩至 0.7 MPa,试计算等温压缩、$n=1.2$ 的多变压缩和绝热压缩三种方式下压缩机的各项,即压缩终温、起点和终点比体积、吸入功、升压功、排出功、总功,结果用表格表示。

8.5 两台单级活塞式压缩机,余隙容积比为 0.06 和 0.03,空气进入压缩机的温度为 32 ℃,压力为 0.1 MPa,压缩过程的多变指数为 1.25,试求:

(1)压缩机能够达到的极限压力和此时的温度;

(2)出口压力为 0.5 MPa 时的容积效率和出口温度;

(3)出口压力为 1.0 MPa 时的容积效率和出口温度。请把以上计算结果列成表格。

8.6 燃气轮机循环中采用的空气压缩机,其流量为 600 kg/s,空气进入压缩机的温度为 15 ℃,压力为 0.1 MPa,压缩过程为绝热可逆压缩,压缩终点的压力为 1 MPa,求该压缩机需要消耗的功率。

8.7 采用中间冷却的两级活塞式压缩机,每小时的空气流量为 500 m^3(标准状态下)。进入压缩机的空气状态为 0.1 MPa、20 ℃,压缩后的压力为 6 MPa,压缩机的多变指数为 1.3,求:

(1)压缩机应该采取什么样的压力分配方法;

(2)此时每台压缩机出口空气温度和耗功;

(3)每级压缩机在水套中放出的热量和中间冷却器中空气的放热量。

第 9 章　气体动力循环

分析动力循环的目的是在热力学基本定律的基础上分析各种动力循环的特性和能量转换的经济性，寻求提高经济性的方向、途径。活塞式内燃机和燃气轮机这两类装置可简化为以理想气体为工质的动力机，本章讨论力学原理在这两类动力机中的应用。

9.1　分析动力循环的一般方法

实际循环是复杂的不可逆的，为使分析简化，突出主要问题，对动力循环分析大致可分以下两步：首先，把实际问题抽象概括成为可逆理论循环，分析该理论循环，找出影响循环热效率的主要因素及提高该循环效率的可能措施，以指导实际循环的改善；然后，分析实际循环与理论循环的偏离程度，找出实际损失的部位、大小、原因及提出改进办法。限于篇幅，本书仅侧重于前者。

目前，工程应用的分析动力循环的方法，主要是采用热力学第一定律为基础的“热力学第一定律分析法”。该方法以能量的数量为立足点，从能量转换的数量关系评价循环的经济性，以热效率为其指标。由于该方法没有考虑能量的品质，近年来一种综合热力学第一定律和第二定律作为依据，从能量的数量和质量分析，以“作功能力损失和㶲效率”为指标的“第二定律分析法”正日益受到重视。两类方法所揭示的不完善部位及损失的大小是不同的。例如蒸气动力循环中，自汽轮机排出的乏汽在凝汽器中的放热过程，据热力学第一定律分析法，工质放给冷却水的热量很多，所以能量损失很大；但据热力学第二定律分析法，由于放热温度很低，所以不可逆性及由此造成的作功能力损失并不大。因此为了全面地反映循环的真实经济性，在分析动力循环时，不仅要考虑能的数量，还应考虑能的质量。两种方法各有侧重，不可偏废。

气体动力循环在简化时，常应用“空气标准假设”，即假定工作流体是一种理想气体；假设它具有与空气相同的热力性质；将排气过程和燃烧过程用向低温热源的放热过程和自高温热源的吸热过程取代。实际气体循环中工质主要是燃气，且在循环的不同部位成分及质量稍有不同。由于燃气和空气的热物性相近，所以在做初步理论分析时假定工质全部由空气构成通常不会造成很大的误差。当然，这种假设仅适用于气体动力循环，在分析蒸气动力循环及其他工质不能简化为理想气体的循环时，不可采用。

实际循环简化抽象后得到内部可逆的理论循环，通过比较该内部可逆理论循环与同温限的卡诺循环，可以发现影响该循环热效率提高的主要原因，指导实际循环的改善。一般地讲，欲提高循环热效率，合理组织循环过程，在现实条件许可的情况下尽可能减少过程的不可逆性、提高循环中工质平均吸热温度，降低平均放热温度是必由之途径。实际循环由于存在各种不可逆因素，其效率较相应的理论可逆循环低。实际循环中能量的损失除去散热、泄露等因素外,可归结为工质内部损失和外部损失,其实质是传热存在温差及运动有摩擦。定义不可逆循环中实际输出循环净功量和循环加热量之比为该循环的内部热效率,用η_i表示,则

$$\eta_{\mathrm{i}}=\frac{w_{\mathrm{net,act}}}{q_1}=\frac{\eta_{\mathrm{T}}w_{\mathrm{net}}}{q_1}=\eta_{\mathrm{t}}\eta_{\mathrm{T}}=\eta_{\mathrm{t,c}}\eta_{\mathrm{o}}\eta_{\mathrm{T}} \tag{9.1}$$

式中:$w_{\mathrm{net,act}}$为实际循环净功,w_{net}是实际循环相应的内部可逆循环的净功;$\eta_{\mathrm{t,c}}=1-T_0/T_1$,是以燃气为高温热源(假定其温度恒定为$T_1$),环境(温度为$T_0$)为低温热源时卡诺循环热效率;$\eta_{\mathrm{t}}$是实际循环相应的内部可逆循环的热效率;$\eta_{\mathrm{T}}$称为相对内效率,是循环中实际功量和理论功量之比,反映了内部摩擦引起的损失;$\eta_{\mathrm{o}}=\eta_{\mathrm{t}}/\eta_{\mathrm{t,c}}$,称相对热效率,反映该内部可逆循环因与高、低温热源存在温差(外部不可逆)而造成的损失。因此式(9.1)考虑了温差传热及摩阻对循环经济性的影响。

在热力学第二定律中已经阐明,过程的熵产可以衡量过程不可逆性的程度及做功能力损失的大小。对整个动力装置逐一分析各设备的熵产即可找出不可逆性程度最大的薄弱环节,指导实际循环的改善。利用熵分析法计算作功能力损失的普遍式可写成

$$I=T_0\sum_{j=1}^{n}S_{\mathrm{g}} \tag{9.2}$$

式中:T_0为环境温度;$\sum\limits_{j=1}^{n}S_{\mathrm{g}}$为工质流经整个动力装置或热力循环各部件之总熵产。有时也以作功能力损失与循环最大作功能力之比表示损失的大小:

$$\eta_I=I/W_{\max} \tag{9.3}$$

式中,$W_{\max}=(1-T_0/T_1)Q_1$,是在高温热源T_1与环境T_0间的循环可能做出的最大功。

分析循环的不可逆损失也可采用㶲方法。设备或系统的㶲效率用η_{e_x}表示,通常定义为

$$\eta_{e_x}=E_{\mathrm{x,eff}}/E_{\mathrm{x,suf}} \tag{9.4}$$

式中,$E_{\mathrm{x,eff}}$为有效㶲;$E_{\mathrm{x,suf}}$为向系统提供的㶲。㶲效率考虑了从供给能量的最大做功能力中获得的效果,是从能量的质量来评价热力系统热力学完善程度的参数,但是对有效㶲和提供的㶲的理解不同,可能会对统一过程的描述产生差异。

9.2 活塞式内燃机实际循环的简化

活塞式内燃机的燃料燃烧、工质膨胀、压缩等过程都是在同一带有活塞的气缸内进行的,因此结构比较紧凑。活塞式内燃机按所使用的燃料分为煤气机、汽油机和柴油机;按点火方式分为点燃式和压燃式两大类。点燃式内燃机吸入燃料和空气的混合物,经压缩后,由电火花点燃;而压燃式内燃机吸入的仅仅是空气,经压缩后使空气的温度上升到燃料自燃的温度,再喷入燃料燃烧。煤气机、汽油机一般是点燃式内燃机,而柴油机通常是压燃式内燃机;按完成一个循环所需要的冲程又分为四冲程和二冲程两类。四冲程是由进气、压缩、燃烧及膨胀、排气四个冲程完成一次循环;而二冲程是进气、压缩、燃烧、膨胀和排气共

用两个冲程即完成一个工作循环。与四冲程内燃机相比二冲程循环的热效率无多大的变化,但在相同气缸尺寸及相同转速的情况下,二冲程发动机的功率可达到四冲程发动机的1.6~1.7倍,被广泛应用于轻型交通工具、园艺机械以及船舶柴油机上。

现有的内燃机循环都是开式的,吸入的空气经过与燃料的混合、燃烧,燃气膨胀做功后以废气的形式排入大气,下一循环要另行吸入新鲜空气。燃烧、排气都是不可逆过程,而且燃气的质量和成分与空气都不同。工程热力学中引用"空气标准假设",把实际开式循环抽象成闭式的以空气为工质的理想循环,并按不同的燃烧方式归纳成三类理想循环:定容加热理想循环、定压加热理想循环和混合加热理想循环。

下面以四冲程柴油机为例,讨论如何从实际循环抽象、概括得出理想循环。示功器记录的四冲程柴油机实际循环中压力和容积的变化关系如图9.1所示。

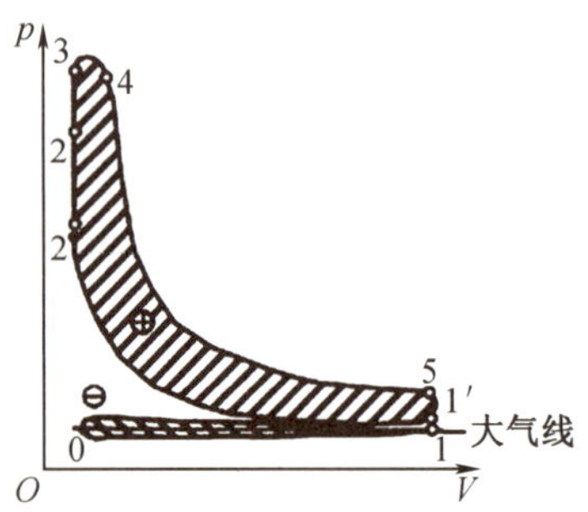

图9.1　四冲程柴油机的示功图

图中,0—1是活塞右行的吸气过程,由于进气阀的节流作用,进入气缸的气体的压力略低于大气压力。活塞右行到下止(死)点1,进气阀关闭。然后活塞回行,进行压缩过程1—2,由于缸壁夹层中有水冷却,所以压缩过程并不完全绝热。在活塞左行到上止点之前的2′点,柴油被高压油泵喷入气缸,此时被压缩的空气的压力可达3.5~5.0 MPa,温度也达到600~800 ℃,超过了柴油的自燃温度(约335 ℃左右)。但被喷入的柴油需有一个滞燃期才会燃烧,加上现代柴油机的转速较高,因此要到活塞运行到接近上止点2才燃烧起来。由于燃烧过程十分迅猛,压力迅速上升到5.0~9.0 MPa,而活塞移动并不显著,燃料的燃烧过程就接近于定容过程,如图中的过程2—3。活塞到达上止点3后,又开始右行,此时燃烧在继续进行,气缸内气体的压力变化很少,所以3—4这一段过程接近于定压过程。到点4时缸内气体的温度可高达1 700~1 800 ℃。活塞继续右行,气缸内高温高压气体实现膨胀作功过程4—5,同时向冷却水放热,所以也不完全是绝热过程。到点5时气体的压力一般将为0.3~0.5 MPa,温度约为500 ℃。这时排气阀打开,部分废气排入大气,气缸中压力突然下降,接近于定容降压过程,如图9.1中过程5—1′。随着活塞左行,废气在压力稍高于大气压下被排出气缸,实现排气过程1′—0,完成一个循环。这个循环是开式不可逆循环,由于喷入燃料并燃烧,循环中工质的成分、质量也在改变。但为了便于从理论上分析,必须忽略一些次要因素,引用空气标准假设对实际循环加以合理的抽象和概括:

(1)把燃料定容及定压燃烧产生高温、高压燃气的过程简化成工质从高温热源可逆定容及定压吸热过程,把排气过程简化成向低温热源可逆定容放热过程。

(2)把循环工质简化为空气,且作理想气体处理,比热容取定值。

(3)忽略实际过程的摩擦阻力及进、排气阀的节流损失,认为进、排气压力相同,进、排气推动功相抵消,即图 9.1 中 0—1 和 1′—0 重合,加之把燃烧改成加热后,不必考虑燃烧耗氧问题,因而开式循环就可抽象为闭式循环。

(4)在膨胀和压缩过程中忽略气体与气缸壁之间的热交换,简化为可逆绝热过程。

通过上述简化,整个循环理想化为以空气为工质的混合加热内可逆理想循环。这种抽象和概括的方法同样适用于其他以气体为工质的热机循环。

有些高增压柴油机及船用柴油机,它们的燃烧过程主要在活塞离开上止点后的一段行程中进行。这时,一边燃烧一边膨胀,整个燃烧过程中气体的压力基本保持不变,接近定压燃烧过程,其示功图如图 9.2 所示。引用空气标准假设可把定压燃烧实际循环理想化为以空气为工质的定压加热内可逆理想循环。

由于煤气机、汽油机和柴油机燃料性质不同,机器的构造也不同,其燃烧过程接近于定容过程,不再有边燃烧边膨胀接近于定压的过程,其示功图如图 9.3 所示。引用空气标准假设可把定容燃烧实际循环理想化为以空气为工质的定容加热内可逆理想循环。

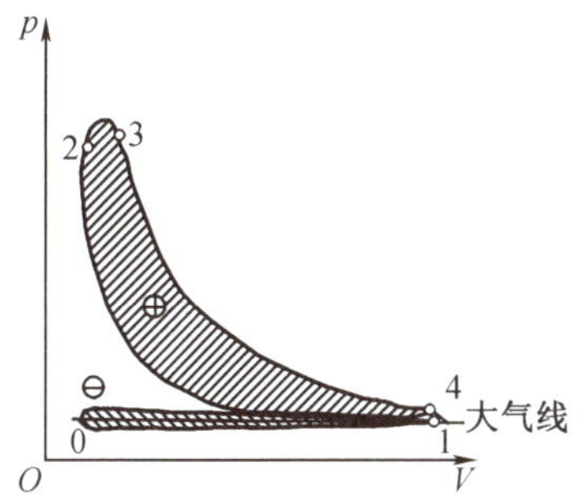

图 9.2　定压燃烧柴油机的示功图

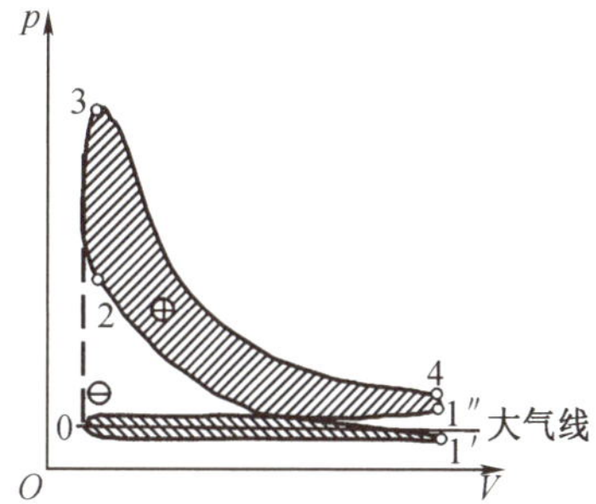

图 9.3　定容燃烧汽油机的示功图

活塞式内燃机的压缩、膨胀过程中的压力是变化的,由于假定理想循环经历一系列内部可逆过程,故其净功可由 $p\mathrm{d}v$ 积分求得,为简化计算并提供一种往复式发动机的比较手段,工程界引进平均有效压力的概念,用 p_{MEP} 表示,定义为

$$p_{\mathrm{MEP}}=\frac{w_{\mathrm{net,act}}}{V_{\mathrm{h}}} \tag{9.5}$$

式中,$w_{\mathrm{net,act}}$ 为实际循环净功;V_{h} 为活塞排量,是上止点和下止点之间气缸容积之差。当两个相同尺寸的发动机进行性能比较时,p_{MEP} 值较大的机器较之 p_{MEP} 值较小的可产生更多的净输出功。

9.3 活塞式内燃机的理想循环

9.3.1 混合加热理想循环

混合加热柴油机的实际循环经上节所述抽象和概括，被理想化为混合加热内可逆理想循环，又称萨巴德循环，其 p-v 图和 T-s 图如图 9.4 所示。现行的柴油机大都是在这种循环的基础上设计制造的。循环构成如下：1—2 为定熵压缩过程；2—3 为定容加热过程；3—4 为定压加热过程；4—5 为定熵膨胀过程；5—1 为定容放热过程。

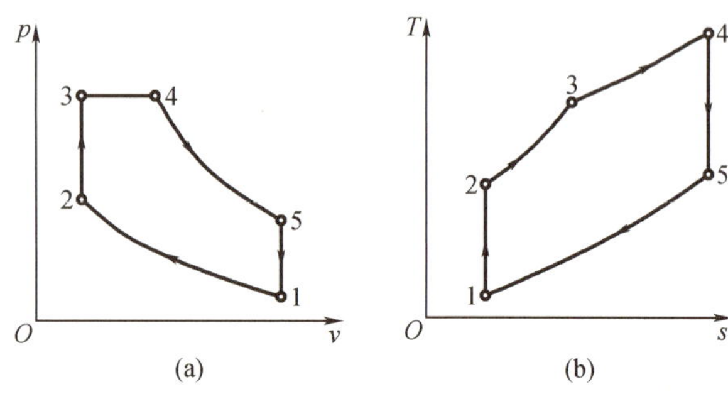

图 9.4 混合加热理想循环的 p-v 和 T-s 图

表示混合加热循环特征的参数：压缩比 ε、定容增压比 λ 和定压预胀比 ρ 分别为

$$\varepsilon=\frac{v_1}{v_2};\lambda=\frac{p_3}{p_2};\rho=\frac{v_4}{v_3}$$

下面研究混合加热循环的热效率。循环中工质从高温热源吸收热量 q_1 为

$$q_1=q_{2-3}+q_{3-4}=c_v(T_3-T_2)+c_p(T_4-T_3)$$

向低温热源放出的热量 q_2 为

$$q_2=q_{5-1}=c_v(T_5-T_1)$$

循环净功 w_{net} 为

$$w_{net}=q_1-q_2$$

据循环热效率定义有

$$\eta_t=\frac{w_{net}}{q_1}=1-\frac{q_2}{q_1}=1-\frac{c_v(T_5-T_1)}{c_v(T_3-T_2)+c_p(T_4-T_3)}=1-\frac{T_5-T_1}{(T_3-T_2)+\kappa(T_4-T_3)} \tag{9.6}$$

通常把活塞式内燃机循环的热效率表示为循环特性参数的函数，下面从式(9.6)导出由压缩比 ε、定容增压比 λ 和定压预胀比 ρ 等表达的公式。因为 1—2 与 4—5 是定熵过程，故有

$$p_1v_1^\kappa=p_2v_2^\kappa,\ p_4v_4^\kappa=p_5v_5^\kappa$$

注意到 $p_4=p_3$、$v_1=v_5$、$v_2=v_3$，将上两式相除得

$$\frac{p_5}{p_1}=\frac{p_4}{p_2}\left(\frac{v_4}{v_2}\right)^\kappa=\frac{p_3}{p_2}\left(\frac{v_4}{v_3}\right)^\kappa=\lambda\rho^\kappa$$

由于 5—1 是定容过程,所以

$$T_5 = T_1 \frac{p_5}{p_1} = T_1 \lambda \rho^{\kappa}$$

1—2 是定熵过程,有

$$T_2 = T_1 \left(\frac{v_1}{v_2}\right)^{\kappa-1} = T_1 \varepsilon^{\kappa-1}$$

2—3 是定容过程,有

$$T_3 = T_2 \frac{p_3}{p_2} = \lambda T_2 = \lambda T_1 \varepsilon^{\kappa-1}$$

3—4 是定压过程,有

$$T_4 = T_3 \frac{v_4}{v_3} = \rho T_3 = \rho \lambda T_1 \varepsilon^{\kappa-1}$$

把以上各温度代入式(9.6)可得

$$\eta_t = 1 - \frac{\lambda \rho^{\kappa} - 1}{\varepsilon^{\kappa-1}[(\lambda-1)+\kappa\lambda(\rho-1)]} \tag{9.7}$$

下面分析压缩比、定容增压比和定压预胀比对循环热效率的影响:

(1)参见图 9.5,图中循环 1—2′—3′—4′—5—1 的压缩比和循环 1—2—3″—4″—5—1 的定容增压比分别大于原循环 1—2—3—4—5—1 的压缩比和增压比,因为随压缩比 ε 和定容增压比 λ 的增大,循环平均吸热温度的提高($T'_{1m}>T_{1m}$, $T''_{1m}>T_{1m}$),而循环平均放热温度不变,故混合加热循环的热效率随增压比 ε 和定容增压比 λ 的增大而提高。

(2)混合加热循环的热效率随定压预胀比 ρ 的增大而降低,这是因为增大定压加热份额造成平均吸热温度下降($T'''_{1m}<T_{1m}$),故而热效率反而降低。

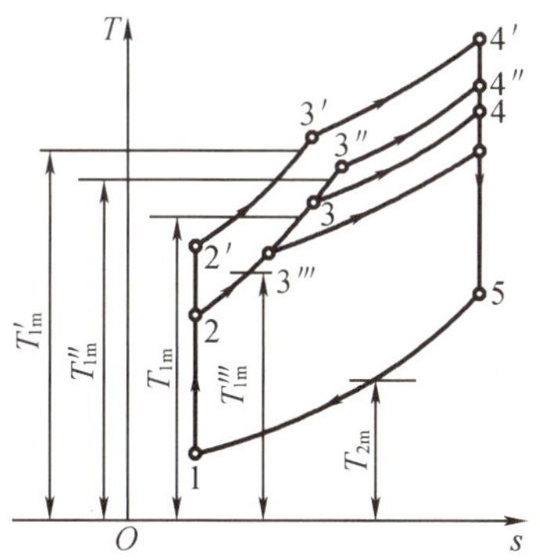

图 9.5 混合加热理想循环

9.3.2 定压加热理想循环

定压加热的内可逆循环又称为狄赛尔循环,其 p—v 图和 T—s 图如图 9.6 所示。其中 1—2 是定熵压缩过程,2—3 是定压加热过程,3—4 是定熵膨胀过程,4—1 是定容放热过程。

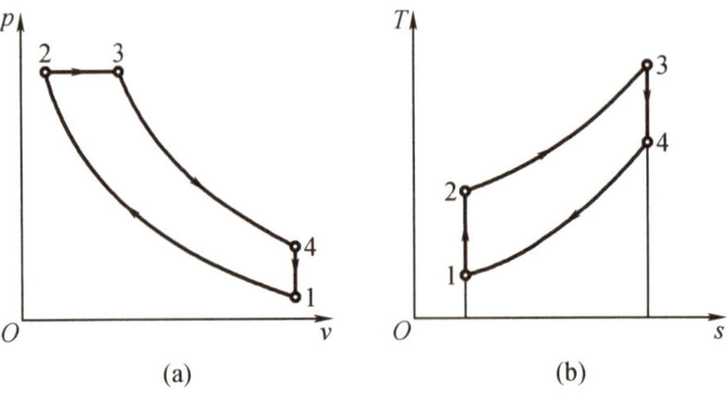

图 9.6　定压加热理想循环的 $p-v$ 图和 $T-s$ 图

循环中，工质吸热

$$q_1 = c_p(T_3 - T_2)$$

工质放热

$$q_2 = c_v(T_4 - T_1)$$

故其循环的热效率

$$\eta_t = 1 - \frac{q_2}{q_1} = 1 - \frac{T_4 - T_1}{\kappa(T_3 - T_2)} \tag{9.8}$$

由上式仿照混合加热循环，也可导出用特性参数表示的热效率计算公式，但是考虑到可以把定压加热理想循环看成混合加热理想循环的特例—没有定容加热过程，故只需把 $\lambda=1$ 代入式(9.7)，即可得到

$$\eta_t = 1 - \frac{\rho^{\kappa} - 1}{\varepsilon^{\kappa-1}\kappa(\rho - 1)} \tag{9.9}$$

上式说明，定压加热理想循环热效率随压缩比 ε 的增大而提高；随预胀比 ρ 的增大而降低。图 9.7 表示在 $\kappa=1.35$ 时，各种 ε 值和 ρ 值与热效率的关系。当压缩比 ε 不变时，预胀比 ρ 愈小，热效率愈高；反之热效率愈低。ρ 不变时，压缩比 ε 愈大，热效率愈高。

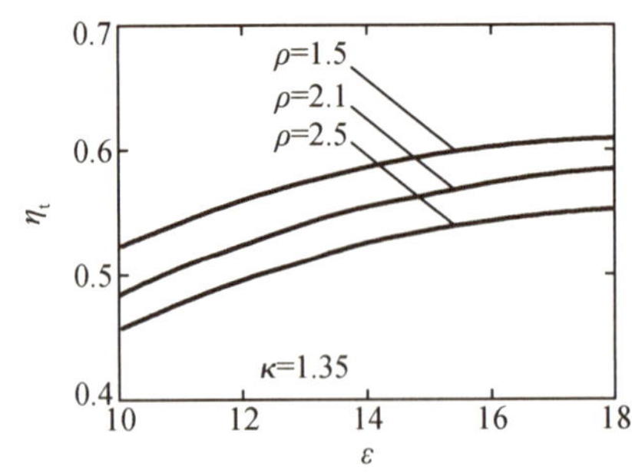

图 9.7　定压加热理想循环

实际的柴油机在重负荷(此时，ρ 增大，q_1 增大)下，内部热效率要降低，除 ρ 的影响外，还有绝热指数 κ 的影响，当温度升高时，气体 κ 相应地变小，热效率也会降低。

柴油机压缩比的提高也受到机械强度等方面的限制，且压缩比增大时虽然热效率增大，但机械效率减小，因此要选择适当的压缩比，使机器有效率达最大值。

9.3.3　定容加热理想循环

内可逆定容加热理想循环又称奥托循环,基于这种循环而制造的煤气机和汽油机是最早的活塞式内燃机。由于煤气机、汽油机和柴油机燃料性质不同,机器的构造也不同,其燃烧过程接近于定容过程,不再有边燃烧边膨胀接近于定压的过程,故而在热力学分析中,奥托循环可以看作不存在定压加热过程的混合加热理想循环。

而图 9.8 是定容加热理想循环的 p-v 图和 T-s 图。1—2 是定熵压缩过程,2—3 是定容加热过程,3—4 是定熵膨胀过程,4—1 是定容放热过程。

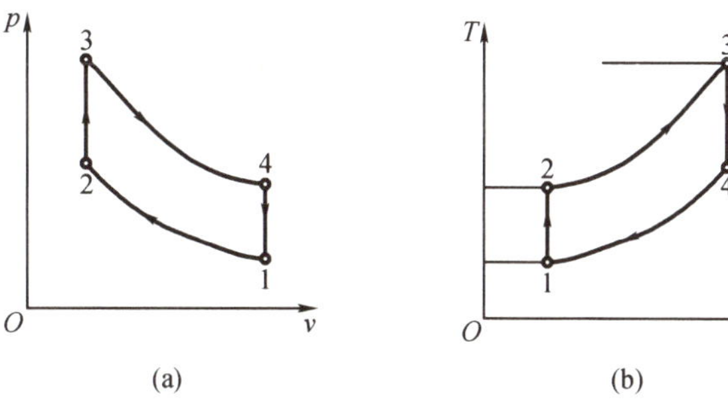

图 9.8　定容加热理想循环的 p-v 图和 T-s 图

循环中,工质在定容加热过程 2—3 中吸热

$$q_1=c_v(T_3-T_2)$$

工质定容放热过程 4-1 中放热

$$q_2=c_v(T_4-T_1)$$

故其循环的热效率

$$\eta_t=1-\frac{q_2}{q_1}=1-\frac{T_4-T_1}{T_3-T_2} \tag{9.10}$$

或将 $\rho=1$ 代入式(9.9)即可得到用特性参数表达的热效率计算式

$$\eta_t=1-\frac{1}{\varepsilon^{\kappa-1}} \tag{9.11}$$

上式表明,定容加热理想循环热效率随着增压比 ε 增大而提高。从图 9.9 中可以看出:当提高压缩比而循环的最高温度不变时,即从循环 1—2—3—4—1 变为循环 1—2′—3′—4′—1 时,循环的平均吸热温度增高,平均放热温度降低,循环热效率相应提高。循环热效率也与绝热指数 κ 有关,而 κ 值随气体温度升高而减小,使 η_t 减低(图 9.10)。

从图 9.11 可以看出,随着负荷增加(表现为 q_1 增大),因为压缩比 ε 不变,循环效率仍可以按式(9.11)计算,故理论上热效率并不变化。但是因循环净功增大,所以输出功率增大。实际上由于压缩比的增大及吸热量的增加,都会使气体加热过程终了时温度上升,造成 κ 值有所减小,从而使循环热效率稍微下降。

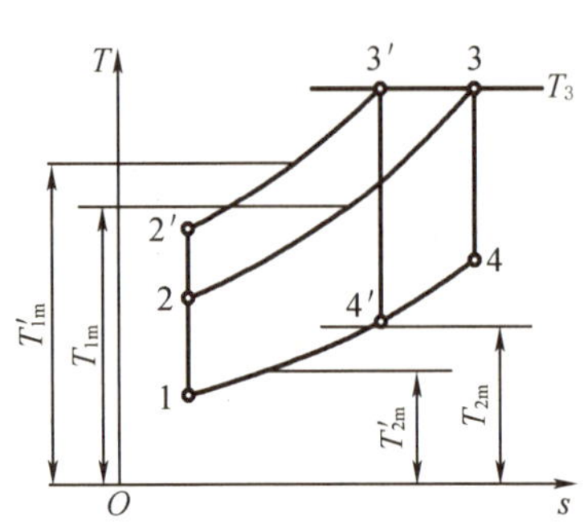

图 9.9　定容加热理想循环 $\eta_t \sim \varepsilon$ 关系

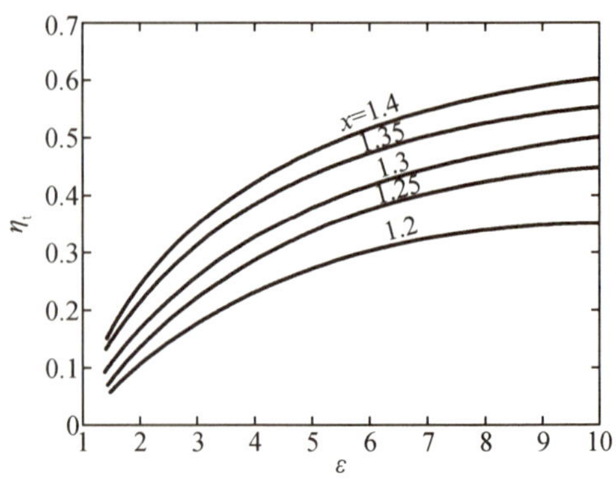

图 9.10　定容加热理想循环 $\eta_t \sim \kappa$

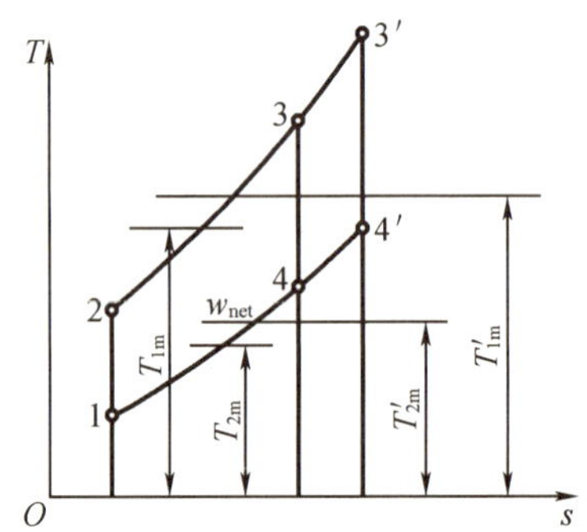

图 9.11　定容加热理想循环 $\eta_t \sim q_t$ 关系

由于汽油机里被压缩的是燃料和空气的混合物，要受混合气体自燃温度的限制，不能使用大压缩比，不然混合气就会“爆燃”，使发动机不能正常工作。实际汽油机压缩比大多在 5~12 的范围内。而柴油机因压缩的仅仅是空气，不存在提高压缩比引起爆燃的问题，所有压缩比可以较高，一般柴油机压缩比多在 14~20 的范围内。柴油机主要用于装备重型机械，如推土机、重型卡车、船舶主机等。汽油机主要应用于轻型设备，如轿车、摩托车、园艺机械、螺旋桨直升机等。

归纳对活塞式内燃机理论循环的分析可知，增大压缩比 ε 可使循环热效率提高。实际发动机的内部热效率虽然由于气体的比热容不是常数、κ 值随气体温度而变，以及燃烧不完全等原因总是小于理想循环的热效率，但实际发动机内部热效率在一定范围内仍然主要取决于压缩比，因此理想循环的分析结果对实际仍有指导意义。

例题 9.1　已知某柴油机混合加热理想循环（图 9.11）$p_1=0.17$ MPa、$t_1=60$ ℃，压缩比 $\varepsilon=14.5$，气缸中气体最大压力 $p_3=10.3$ MPa，循环加热量 $q_1=900$ kJ/kg。设其工质为空气，比热容为定值并取 $c_p=1004$ J/(kg·K)，$c_v=718$ J/(kg·K)，$k=1.4$；环境温度 $t_0=20$ ℃，压力 $p_0=0.1$ MPa。试分析该循环并求循环热效率及㶲效率。

解　由已知条件：$p_1=0.17$ MPa、$T_1=333.15$ K

点 1：

$$v_1=\frac{R_gT_1}{p_1}=\frac{287\ \text{J/(kg·K)}\times 333.15\ \text{K}}{0.17\times 10^6\ \text{MPa}}=0.5624\ \text{m}^3/\text{kg}$$

点 2：

$$v_2=\frac{v_1}{\varepsilon}=\frac{0.5624\ \mathrm{m^3/kg}}{14.5}=0.03879\ \mathrm{m^3/kg}$$

1—2 是定熵过程，有

$$p_2=p_1\left(\frac{v_1}{v_2}\right)^{\kappa}=p_1\varepsilon^{\kappa}=0.17\ \mathrm{MPa}\times 14.5^{1.4}=7.184\ \mathrm{MPa}$$

$$T_2=\frac{p_2v_2}{R_g}=\frac{7.184\times 10^6\ \mathrm{MPa}\times 0.03879\ \mathrm{m^3/kg}}{287\ \mathrm{J/(kg\cdot K)}}=971.0\ \mathrm{K}$$

点 3：

$$p_3=10.3\ \mathrm{MPa},v_3=v_2=0.03879\ \mathrm{m^3/kg}$$

$$T_3=\frac{p_3v_3}{R_g}=\frac{10.3\times 10^6\ \mathrm{MPa}\times 0.03879\ \mathrm{m^3/kg}}{287\ \mathrm{J/(kg\cdot K)}}=1\ 392.1\ \mathrm{K}$$

$$\lambda=\frac{p_3}{p_2}=\frac{10.3\ \mathrm{MPa}}{7.184\ \mathrm{MPa}}=1.434$$

$$q_{1v}=c_v(T_3-T_2)=0.718\ \mathrm{kJ/(kg\cdot K)}\times(1\ 392.1\ \mathrm{K}-971.0\ \mathrm{K})=302.3\ \mathrm{kJ/kg}$$

$$q_{1p}=q_1-q_{1v}=900\ \mathrm{kJ/kg}-302.3\ \mathrm{kJ/kg}=597.7\ \mathrm{kJ/kg}$$

点 4：$p_4=p_3=10.3\ \mathrm{MPa}$，因 $q_{1p}=c_p(T_4-T_3)$

$$T_4=T_3+\frac{q_{1p}}{c_p}=1\ 392.1\ \mathrm{K}+\frac{597.7\ \mathrm{kJ/kg}}{1.004\ \mathrm{kJ/(kg\cdot K)}}=1\ 987.4\ \mathrm{K}$$

$$v_4=\frac{R_gT_4}{p_4}=\frac{287\ \mathrm{J/(kg\cdot K)}\times 1\ 987.4\ \mathrm{K}}{0.17\times 10^6\ \mathrm{Pa}}=0.0554\ \mathrm{m^3/kg}$$

$$\rho=\frac{v_4}{v_3}=\frac{0.0554\ \mathrm{m^3/kg}}{0.03879\ \mathrm{m^3/kg}}=1.428$$

点 5：

$$v_5=v_1=0.5624\ \mathrm{m^3/kg}$$

$$p_5=p_4\left(\frac{v_4}{v_5}\right)^{\kappa}=10.3\ \mathrm{MPa}\times\left(\frac{0.0554\ \mathrm{m^3/kg}}{0.5624\ \mathrm{m^3/kg}}\right)=0.4015\ \mathrm{MPa}$$

$$T_5=\frac{p_5v_5}{R_g}=\frac{0.4015\times 10^6\ \mathrm{Pa}\times 0.5624\ \mathrm{m^3/kg}}{287\ \mathrm{J/(kg\cdot K)}}=786.8\ \mathrm{K}$$

$$q_2=c_v(T_5-T_1)=0.718\ \mathrm{kJ/(kg\cdot K)}\times(786.8\ \mathrm{K}-333.15\ \mathrm{K})=325.7\ \mathrm{kJ/kg}$$

$$w_{\mathrm{net}}=q_1-q_2=900\ \mathrm{kJ/kg}-325.7\ \mathrm{kJ/kg}=574.3\ \mathrm{kJ/kg}$$

$$\begin{aligned}\eta_t&=1-\frac{\lambda\rho^{\kappa}-1}{\varepsilon^{\kappa-1}[(\lambda-1)+\kappa\lambda\times(\rho-1)]}\\&=1-\frac{1.43\times 1.42^{1.4}-1}{14.5^{1.4-1}\times[(1.43-1)+1.4\times 1.43\times(1.42-1)]}\\&=0.639\end{aligned}$$

或

$$\eta_t=\frac{w_{net}}{q_1}=\frac{574.3\ kJ/kg}{900\ kJ/kg}=0.638$$

在吸热过程中空气熵增为

$$\begin{aligned}\Delta s_{2-4}&=c_p\ln\frac{T_4}{T_2}-R_g\ln\frac{p_4}{p_2}\\&=1.004\ kJ/(kg\cdot K)\times\ln\frac{1\ 987.4\ K}{971.0\ K}-0.287\ kJ/(kg\cdot K)\times\ln\frac{10.3\ MPa}{7.184\ MPa}\\&=0.615\ 8\ kJ/(kg\cdot K)\end{aligned}$$

所以平均吸热温度为

$$T_{1m}=\frac{q_1}{\Delta s_{2-4}}=\frac{900\ kJ/kg}{0.615\ 8\ kJ/(kg\cdot K)}=1\ 461.5\ K$$

循环吸热量 q_1 中的可用能

$$e_{x,Q}=\left(1-\frac{T_0}{T_{1m}}\right)q_1=\left(1-\frac{293.15\ K}{1\ 461.5\ K}\right)\times 900\ kJ/kg=719.5\ kJ/kg$$

循环烟效率

$$\eta_{e_x}=\frac{w_{net}}{e_{x,Q}}=\frac{574.3\ kJ/kg}{719.5\ kJ/kg}=0.798$$

讨论:本例中,循环是内部可逆的,且只是放热过程中系统(工质)与环境有温差,从而有烟损失,所以循环输出净功和放热过程烟损失之和为循环吸热量中的可用能,即

$$\begin{aligned}i&=T_0s_g\\&=T_0(\Delta s_{5-1}+\Delta s_0)\\&=T_0\left(-\Delta s_{2-4}+\frac{q_2}{T_0}\right)\\&=293.15\ K\times\left[-0.6158\ kJ/(kg\cdot K)+\frac{325.7\ kJ/kg}{293.15\ K}\right]\\&=145.2\ kJ/kg\end{aligned}$$

$$e_{x,Q}=w_{net}+i=574.3\ kJ/kg+\ kJ/kg=719.5\ kJ/kg$$

9.4 活塞式内燃机各种理想循环的热力学比较

内燃机在各种循环的热力性能(如循环热效率)取决于实施循环时的条件,因此在作各种理想循环的比较时,必须在一定参数条件下进行。一般,在初始状态相同的情况下,分别以压缩比、吸热量、最高压力和最高温度相同作为比较基础。在进行分析比较时,应用温熵图最为简便。

9.4.1 压缩比相同、吸热量相同时的比较

图 9.12 所示为三种理想循环的 T-s 图。图中 1—2—3—4—1 为定容加热理想循环;

1—2—2′—3′—4′—1 为混合加热理想循环；1—2—3″—4″—1 为定压加热理想循环。在所给定的条件下，三种循环的等熵压缩线 1—2 重合，同时定容放热过程都在通过点 1 的定容线上。

因为工质在加热过程中吸收热量 q_1 相同，所以图上

$$\text{面积 } 23562 = \text{面积 } 22'3'5'62 = \text{面积 } 23''5''62$$

各循环放热量各不相同：

$$\text{面积 } 14561 < \text{面积 } 14'5'61 < \text{面积 } 14''5''61$$

即定容加热循环的放热量 q_{2v} 最小，混合加热循环 q_{2m} 次之，定压加热循环的 q_{2p} 最大。根据循环热效率公式 $\eta_t = 1 - \frac{q_2}{q_1}$，三种理想循环热效率之间有如下关系：

$$\eta_{tv} > \eta_{tm} > \eta_{tp}$$

从循环的平均吸热温度和平均放热温度来比较，可得出相同的结果。

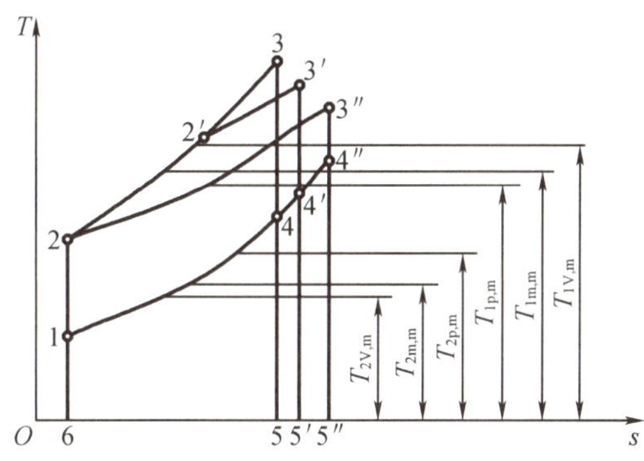

图 9.12　ε 相同、q_1 相同时理想循环的比较

需说明的是上述结论是各循环压缩比相同条件下分析得出的，回避了不同机型可有不同的压缩比的问题，并不完全符合内燃机的实际情况。

9.4.2　循环最高压力和最高温度相同时的比较

这个比较实际上是热力强度和机械强度相同情况下的比较。图 12.13 中 1—2—3—4—1 为定容加热理想循环，1—2′—3′—3—4—1 为混合加热理想循环；1—2″—3—4—1 为定压加热理想循环。在所给定的条件下，三种循环的最高压力和最高温度重合在点 3，压缩的初始状态都重合在点 1。从 T-s 图上可看出，三种循环排出的热量 q_2 都相同，都等于面积 14651，而吸收的热量 q_1 则不同。$A_{2''3652''} > A_{2'3'3652'} > A_{23652}$，即

$$q_{1p} > q_{1m} > q_{1v}$$

所以循环的热效率

$$\eta_{tp} > \eta_{tm} > \eta_{tv}$$

从循环的平均吸热温度和平均放热温度来比较同样可得出上述结果。因此，在进气状态相同、循环的最高压力和最高温度相同的条件下，定压加热理想循环的热效率最高，混合加热理想循环次之，而定容加热理想循环最低。因此，在内燃机的热强度和机械强度受到

限制的情况下,采用定压加热循环可获得较高的热效率,这是符合实际情况的。事实上,柴油机的热效率通常高于汽油机的热效率。

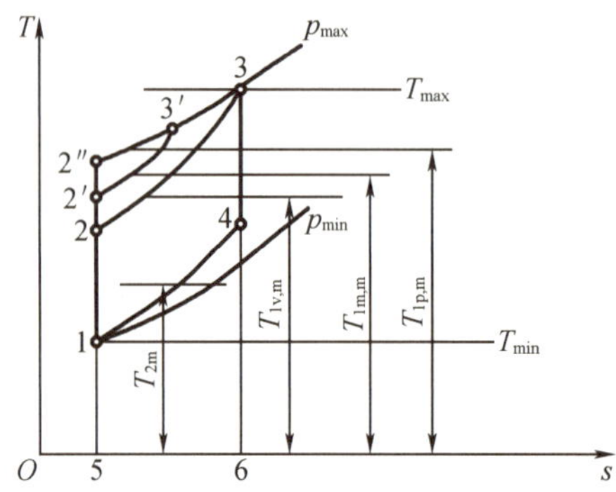

图 9.13 T_{max} 和 p_{max} 相同时理想循环比较

读者也可试着就其他条件,如各个循环的最高压力相同、热负荷 q_1 相同的情况进行比较,培养分析能力。同时可体会到各种场合的条件各不相同,故需要发展出不同的机器适应各种需要。

9.5 燃气轮机装置循环

9.5.1 燃气轮机装置简介

燃气轮机装置也是一种以空气和燃气为工质的热动力设备。简单的定压燃烧燃气轮机装置由压气机、燃烧室和燃气轮机三个基本部分组成,如图 9.14 所示,图 9.15 则为其简化的流程示意图。与内燃机循环中各个过程都在气缸内进行不同,燃气轮机装置中工质在不同设备间流动,完成循环。

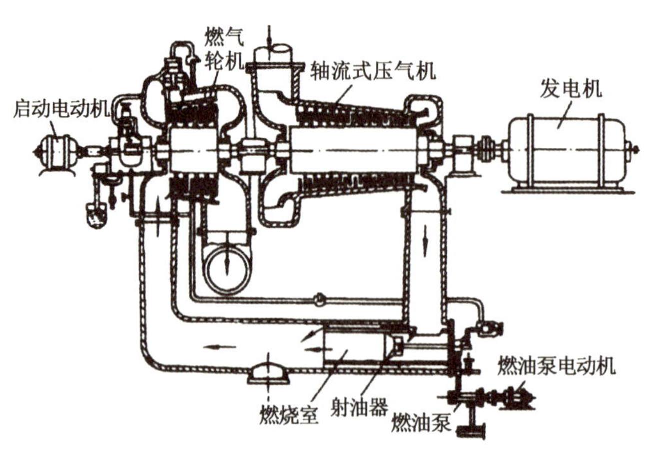

图 9.14 定压燃烧燃气轮机装置简图

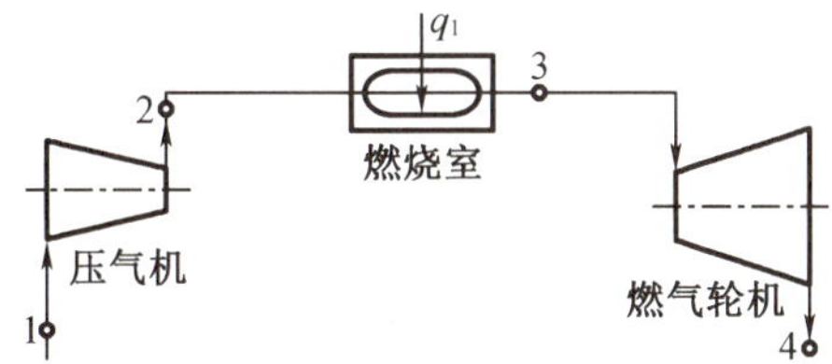

图 9.15　定压燃烧燃气轮机装置流程图

空气首先进入轴流式压气机中,压缩到一定压力后送入燃烧室。同时由电动机带动燃油泵将燃油经由射油器,喷入燃烧室中与压缩空气混合燃烧,产生的燃气温度通常可高达 1 800~2 300 K,这时二次冷却空气(占总空气质量的 60%~80%)经通道壁面渗入与高温燃气混合,使混合气体降低到适当的温度,而后进入燃气轮机。在燃气轮机中混合气体先在由静叶片组成的喷管中膨胀,把热能部分地转变为动能,形成高速气流,然后冲入固定在转子上的动叶片组成的通道,形成推力推动叶片,使转子转动而输出机械功。燃气轮机作出的功一部分带动压气机,剩余部分(净功量)对外输出。从燃气轮机排出的废气进入大气环境,放热后完成循环。所以,燃气轮机实际循环是开式的、不可逆的。

此外,还有一种闭式燃气轮机装置,一般以 He 为工质。工作时氦气在压气机中压缩升压后,送至加热器定压加热,接着高温高压 He 在汽轮机内膨胀做功,用以驱动压气机并输出有效功。由于闭式燃气轮机装置采用外部加热,因此,可燃用劣质的固体燃料或应用核反应产生的热量来加热工质。两类装置工质的状态变化过程相似,故可采用同一分析方法。

燃气轮机是一种旋转式热力发动机,没有往复运动部件以及由此引起的不平衡惯性力,故可以设计成很高的转速,并且工作过程是连续的。因此,它可以在重量和尺寸都很小的情况下发出很大的功率。目前,燃气轮机装置在航空器、舰船、机车、峰负电站等部门得到广泛应用。

9.5.2　燃气轮机装置定压加热理想循环

引用空气标准假设,燃气轮机装置工作循环可以简化成由四个过程组成的内可逆理想循环,如图 9.16 所示。其中,1—2 为绝热压缩过程;2—3 为定压加热过程;3—4 为绝热膨胀过程;4—1 是定压放热过程。这个循环称为定压加热的理想循环,又称布雷顿循环。

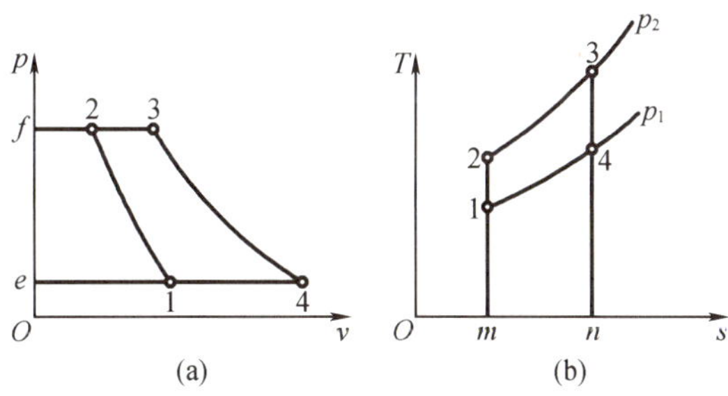

图 9.16　定压加热理想循环

下面分析布雷顿循环的热效率。

空气在压气机内绝热压缩所消耗的功为

$$w_C = A_{f21ef} = h_2 - h_1$$

气体在燃气轮机内绝热膨胀输出的功为

$$w_T = A_{f34ef} = h_3 - h_4$$

下面分析布雷顿循环的热效率。

空气在压气机内绝热压缩所消耗的功为

$$w_C = A_{f21ef} = h_2 - h_1$$

气体在燃气轮机内绝热膨胀输出的功为

$$w_T = A_{f34ef} = h_3 - h_4$$

装置的循环净功等于燃气轮机做出的功与压气机耗功之差：

$$w_{net} = w_T - w_C = A_{12341} = (h_3 - h_4) - (h_2 - h_1)$$

循环吸热量 q_1 和放热量 q_2 可分别用 $T-s$ 图上过程线下面积表示：

$$q_1 = A_{23nm2} = h_3 - h_2 = c_p\Big|_{t_2}^{t_3}(T_3 - T_2)$$

$$q_2 = A_{14nm1} = h_4 - h_1 = c_p\Big|_{t_1}^{t_4}(T_4 - T_1)$$

据热力学第一定律

$$w_{net} = q_{net} = q_1 - q_2 = A_{12341}$$

因而，装置热效率 η_t 为

$$\eta_t = \frac{w_{net}}{q_1} = 1 - \frac{q_2}{q_1} = 1 - \frac{h_4 - h_1}{h_3 - h_2} \tag{9.12}$$

若循环最高压力和最低压力之比，即循环增压比，用 π 表示；循环最高温度与最低温度之比，即循环增温比，用 τ 表示，即

$$\pi = \frac{p_2}{p_1}$$

$$\tau = \frac{T_3}{T_1}$$

并设比热容为定值，则据各过程特性可得

$$\frac{T_2}{T_1} = \left(\frac{p_2}{p_1}\right)^{\frac{\kappa-1}{\kappa}} = \left(\frac{p_3}{p_4}\right)^{\frac{\kappa-1}{\kappa}} = \frac{T_3}{T_4} = \pi^{\frac{\kappa-1}{\kappa}}$$

于是循环热效率

$$\eta_t = 1 - \frac{h_4 - h_1}{h_3 - h_2} = 1 - \frac{c_p(T_4 - T_1)}{c_p(T_3 - T_2)} = 1 - \frac{T_1\left(\dfrac{T_4}{T_1} - 1\right)}{T_2\left(\dfrac{T_3}{T_2} - 1\right)} = 1 - \frac{T_1}{T_2}$$

即

$$\eta_t = 1 - \frac{1}{\pi^{\frac{\kappa-1}{\kappa}}} \tag{9.13}$$

式(9.13)表明,定压加热理想循环的热效率取决于压气机中绝热压缩的初态温度和终态温度,或者说主要取决于循环增压比 π,且随 π 值的增大而提高,此外也和工质的绝热指数 κ 的数值有关,而与循环增温比 τ 无关。

对于热能动力装置,除了要求热效率高,还希望单位质量的工质在循环中所做的净功(也称比循环功)w_{net} 越大越好,对于某些场合,如航空、舰船等,后一指标尤为重要。

在定压加热理想循环中当循环增温比 τ 一定时,随着循环增压比 π 的提高,单位质量的工质在循环中输出的净功不是越来越大,而是存在一个最佳增压比,使循环的净功输出为最大。这个最佳增压比可由下述方法确定。

$$\begin{aligned} w_{net} &= w_T - w_C = (h_3 - h_4) - (h_2 - h_1) = c_p(T_3 - T_4) - c_p(T_2 - T_1) \\ &= c_p T_1\left(\frac{T_3}{T_1} - \frac{T_4}{T_1} - \frac{T_2}{T_1} + 1\right) = c_p T_1\left(\frac{T_3}{T_1} - \frac{T_4 T_3}{T_3 T_1} - \frac{T_2}{T_1} + 1\right) \end{aligned}$$

考虑到过程 1—2 和 3—4 都是定熵过程,并引入循环增压比 τ,上式可写为

$$w_{net} = c_p T_1\left(\tau - \tau\pi^{\frac{1-\kappa}{\kappa}} - \pi^{\frac{\kappa-1}{\kappa}} + 1\right) \tag{9.14}$$

式(9.14)表明,当 T_1、T_3 确定后,循环净功 w_{net} 仅仅是增压比 π 的函数。将循环净功 w_{net} 对增压比 π 求导并令之为零,即可求得最佳增压比为

$$\pi_{w_{net,max}} = \tau^{\frac{\kappa}{2(\kappa-1)}} \tag{9.15}$$

将上述关系代入式(9.14),可以得到最大的循环净功

$$w_{net,max} = c_p T_1(\sqrt{\tau} - 1)^2 \tag{9.16}$$

图 9.17 反映了 $\frac{w_{net}}{c_p T_1}$、π、τ 之间的关系,因随 τ 增大,$\pi_{w_{net,max}}$ 愈大,同时,$w_{net,max}$ 显著增大。因此在材料热强度许可的前提下尽可能提高 T_3,有利于提高燃气轮机装置的比功率。

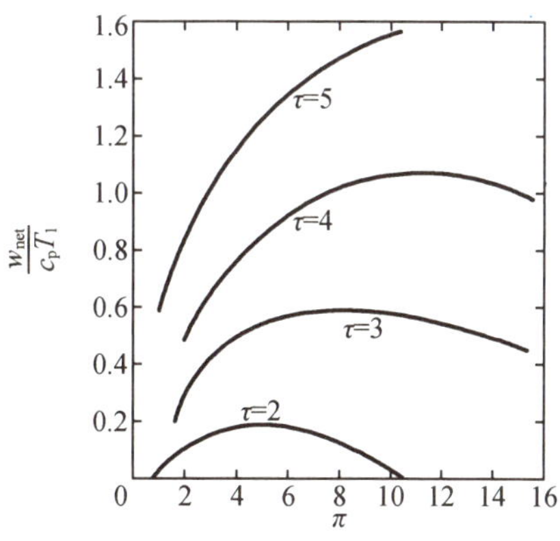

图 9.17　燃气轮机装置 w_{net}

9.5.3　燃气轮机装置定压加热实际循环

燃气轮机装置实际循环的各个过程都存在着不可逆因素,这里主要考虑压缩过程和膨胀过程的不可逆性。因为流经叶轮式压气机和燃气轮机的工质通常在很高的流速下实现

能量之间的转换，这时流体之间、流体与流道之间的摩擦不能再忽略不计。因此，工质流经压气机和燃气轮机时向外散热可忽略不计，其压缩过程和膨胀过程都是不可逆的绝热过程，如图 9.18 所示。图中虚线 1—2′即为压气机中不可逆绝热压缩，过程 3—4′为燃气轮机中不可逆绝热膨胀过程。

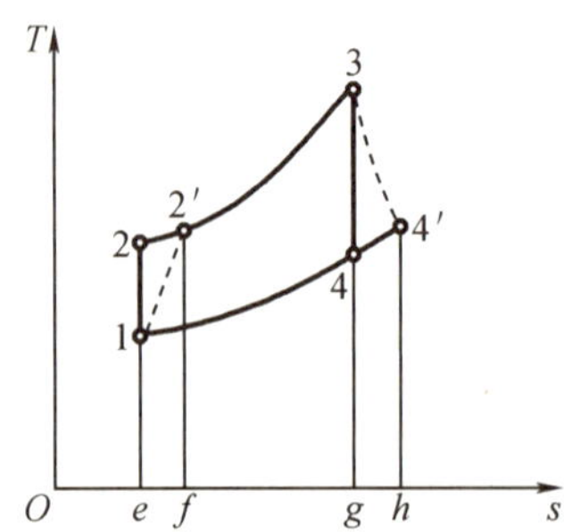

图 9.18 燃气轮机装置实际循环

压气机绝热效率为

$$\eta_{C,s}=\frac{w_{C,s}}{w'_C}$$

实际压气机耗功

$$w'_C=h_{2'}-h_1=\frac{1}{\eta_{C,s}}(h_2-h_1)$$

所以

$$h_{2'}=h_1+\frac{1}{\eta_{C,s}}(h_2-h_1)$$

燃气轮机的内部损耗通常以相对内效率 η_T 来衡量：

$$\eta_T=\frac{实际膨胀做出的功}{理想膨胀做出的功}=\frac{w'_T}{w_T} \tag{9.17}$$

燃气流经燃气轮机时实际做功

$$w'_T=h_3-h_{4'}=\eta_T(h_3-h_4) \tag{9.18}$$

$$h_{4'}=h_3-\eta_T(h_3-h_4) \tag{9.19}$$

因此，若仅考虑该两项损失，实际循环的内部净功，简称循环的内部功，为

$$w'_{net}=w'_T-w'_C=\eta_T(h_3-h_4)-\frac{1}{\eta_{C,s}}(h_2-h_1) \tag{9.20}$$

循环中气体实际吸热量为

$$q'_1=h_3-h_{2'}=h_3-h_1-\frac{1}{\eta_{C,s}}(h_2-h_1) \tag{9.21}$$

因而循环内部热效率

$$\eta_i=\frac{w'_{net}}{q'_1}=\frac{\eta_T(h_3-h_4)-\dfrac{h_2-h_1}{\eta_{C,s}}}{h_3-h_1-\dfrac{h_2-h_1}{\eta_{C,s}}} \tag{9.22}$$

当工质的比热容为定值并注意到，$\frac{T_2}{T_1}=\frac{T_3}{T_4}=\pi^{\frac{\kappa-1}{\kappa}}$、$\tau=\frac{T_3}{T_1}$ 上式可改写为

$$\eta_i=\frac{\eta_T(T_3-T_4)-\frac{T_2-T_1}{\eta_{C,s}}}{(T_3-T_1)-\frac{T_2-T_1}{\eta_{C,s}}}=\frac{\frac{\tau}{\pi^{\frac{\kappa-1}{\kappa}}}\eta_T-\frac{1}{\eta_{C,s}}}{\frac{\tau-1}{\pi^{\frac{\kappa-1}{\kappa}}-1}\frac{1}{\eta_{C,s}}} \tag{9.23}$$

分析上式可以得出如下结论：

（1）循环增温比越大，实际循环的热效率越高，因温度 T_1 决定于大气环境，故只能借提高循环最高温度 T_3 以增大 τ 。但 T_3 受限于金属材料的耐热性能，故有研究用陶瓷材料部分甚至全部取代金属材料，以达到更大的增温比。

（2）保持循环增温比 τ 及 η_T、$\eta_{C,s}$ 一定，随循环增压比提高循环内部热效率有一极大值，如图 9.19 所示。当增温比增大时，和内部热效率的极大值相对应的增压比的值也提高，因而可进一步提高内部热效率。因此，从循环特性参数方面说，提高 T_3 是提高循环热效率的主要方向。

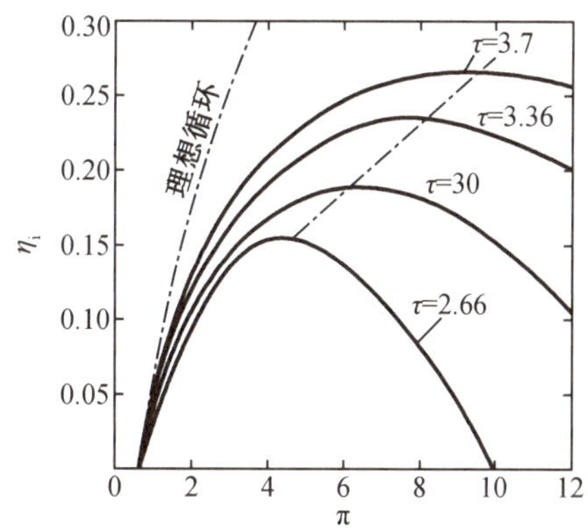

图 9.19　燃气轮机装置实际循环内部热效率 $\eta_{C,s}=\eta_T=0.85, T_1=290\ K, \kappa=1.4$

（3）提高压气机的绝热效率和燃气轮机的相对内效率，即减小压气机中压缩过程和燃气轮机中膨胀过程的不可逆性，内部热效率随之提高。目前，一般压气机绝热效率为 0.80~0.90，而燃气轮机的相对内效率为 0.85~0.92。

从热力学角度探讨提高定压加热理想循环的热效率，除上述讨论的通过改变循环特性参数的方法外，还可以从改进循环着手，如采用回热、在回热基础上采用分级压缩中间冷却和在回热基础上采用分级膨胀中间再热的方法。

例题 9.2　某燃气轮机装置定压加热理想循环，空气进入压气机压力 $p_1=101$ kPa，温度 $t_1=37$ ℃。压气机增压比 $\pi=12$ ，空气排出燃机轮机时的温度 $t_4=497$ ℃。若环境温度 $t_0=37$ ℃，压力 $p_0=100$ kPa，空气比热容取定值，$\kappa=1.4$、$c_p=1\ 005$ J/(kg·K)，试求：（1）压缩 1 kg 空气压气机耗功；（2）1 kg 空气流经燃气轮机做的功；（3）燃烧过程和排气过程的换热量；（4）假设低温热源、高温热源的温度分别是 37 ℃和 1 300 ℃确定系统在循环中的㶲损失；（5）循环的热效率。

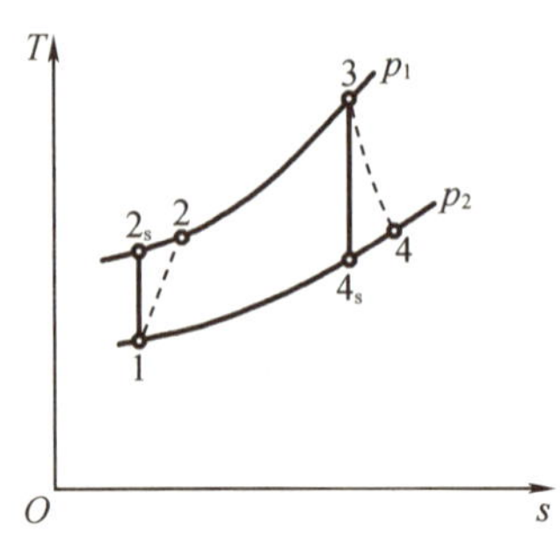

图 9.20　例题 9.3 附图

解　参照图 9.16。已知 $T_1=310$ K、$T_4=770$ K、$\pi=p_2/p_1=12$、$T_0=310$ K、$T_H=1\ 573$ K。

(1)压缩过程绝热,所以

$$T_2=T_1\pi^{\frac{\kappa-1}{\kappa}}=310\ \text{K}\times12^{\frac{1.4-1}{1.4}}=630.5\ \text{K}$$

$$w_C=h_2-h_1=c_p(T_2-T_1)=1\ 005\ \text{J/(kg}\cdot\text{K)}\times(630.5-310)\text{K}=322.1\ \text{kJ/kg}$$

(2)过程 3—4 是可逆绝热过程,所以

$$T_3=T_4\left(\frac{p_3}{p_4}\right)^{\frac{\kappa-1}{\kappa}}=T_4\left(\frac{p_2}{p_1}\right)^{\frac{\kappa-1}{\kappa}}=T_4\pi^{\frac{\kappa-1}{\kappa}}=770\ \text{K}\times12^{\frac{1.4-1}{1.4}}=1\ 566.1\ \text{K}$$

$$w_T=h_3-h_4=c_p(T_3-T_4)=1.005\ \text{kJ/(kg}\cdot\text{K)}\times(1\ 566.1-770)\text{K}=800.1\ \text{kJ/kg}$$

(3)定压吸热过程和放热过程中的换热量分别为

$$q_1=h_3-h_2=c_p(T_3-T_2)=1.005\ \text{kJ/(kg}\cdot\text{K)}\times(1\ 566.1-630.5)\text{K}=940.3\ \text{kJ/kg}$$

$$q_2=h_1-h_4=c_p(T_1-T_4)=1.005\ \text{kJ/(kg}\cdot\text{K)}\times(310-770)\text{K}=-462.3\ \text{kJ/kg}$$

(4)循环中 1 kg 气体㶲损失

$$I=T_0\Delta S_{iso}=T(\Delta S+\Delta S_H+\Delta S_0)=T(\Delta S_H+\Delta S_0)=T_0\left(\frac{Q_1}{T_H}+\frac{|Q_2|}{T_0}\right)$$

$$=310\ \text{K}\times\left[-\frac{940.3\ \text{kJ/kg}}{1\ 573\ \text{K}}+\frac{462.3\ \text{kJ/kg}}{310\ \text{K}}\right]=277\ \text{kJ/kg}$$

(5)循环热效率

$$\eta_t=\frac{w_{net}}{q_1}=1-\frac{q_2}{q_1}=1-\frac{462.3\ \text{kJ/kg}}{940.3\ \text{kJ/kg}}=0.508$$

讨论:本例中循环不可逆㶲损失也可以分别求出吸热过程和放热过后才能的不可逆损失,然后相加或求出热源放热的热量㶲和循环输出的功㶲(循环净功)之差而得,请读者自行演算。

9.6　提高燃气轮机装置循环热效率的措施

9.6.1　回热

在定压加热简单循环的基础上采用回热,是提高燃气轮机装置的热效率的一种有效措施。图9.21为具有回热的燃气轮机装置流程的示意图,其简化的回热循环的T-s图如图9.22所示。由于工质在燃气轮机中膨胀做功后,温度T_4还相当高,向冷源放热造成很大的热损失。若在装置中增添一个回热器R,利用燃气轮机排气的热量加热压缩后的空气。极限的情况下,可以把压缩后的空气加热到$T_5=T_4$,同时,燃气轮机的排气降温到$T_6=T_2$。这样,工质自外热源吸热过程为5—3,吸热量$q_1=h_3-h_5=A_{53hf5}$。与无回热循环的吸热过程2—3比较,吸热量的减少相当于面积25fe2。同时,循环净功w_{net}不变,仍相当于面积12341。显然,采用回热后循环效率提高。

在燃气轮机装置实际循环1—2′—3—4′—1中(图9.22),采用回热同样可以提高装置的内部热效率。如果采用极限回热,可以把压缩后的工质加热到$T_5=T_{4'}$,膨胀后的工质冷却到$T_6=T_{2'}$。极限回热虽然对提高装置的内部热效率最为有利,但所需的回热器换热面积趋于无穷大,无法实现。实用上只把压缩后工质加热到较T_5为低的T_7。实际利用的热量与理论上极限情况可利用的热量之比称为回热度σ,即

$$\sigma=\frac{h_7-h_{2'}}{h_{4'}-h_{2'}} \tag{9.24}$$

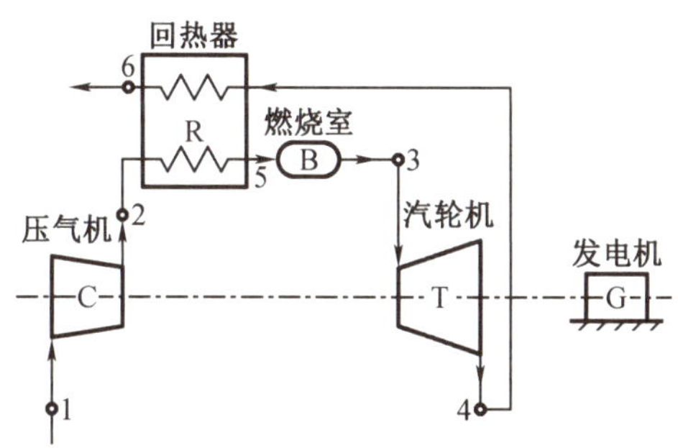

图9.21　具有回热的燃气轮机装置流程示意图

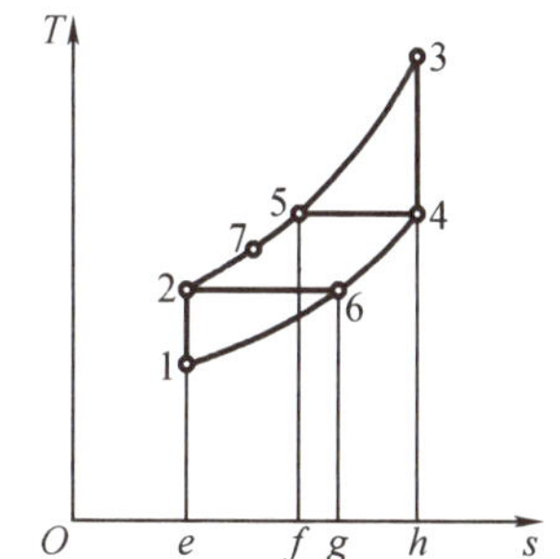

图9.22　极限回热理论循环

若近似地将比热容当作定值,则

$$\sigma=\frac{T_7-T_{2'}}{T_{4'}-T_{2'}} \tag{9.25}$$

此时装置加热量$q_3=h_3-h_7$,较无回热时少了$h_7-h_{2'}$。装置的内部功未变而加热量减少,使装置循环效率提高。采用较大的回热度,可更多地提高内部效率,但同时需配备较大的回热器,使装置的投资费用、尺寸、重量增加。实际应用时,应权衡得失选用适当的σ。

9.6.2 在回热的基础上分级压缩、中间冷却和分级膨胀、中间再热

如图 9.23 所示,燃气轮机装置循环 1—2—3—4—1 中压气机耗功 $w_C=h_2-h_1=h_2-h_8=A_{2nm82}$。若采用分级压缩,工质首先在低压压气机中绝热压缩到某中间压力 p_5(过程 1—5),然后进入中间冷却器进行定压冷却(过程 5—6),再在高压压气机中绝热压缩到终压力 $p_7=p_2$(过程 6—7),两级压气机理论总耗功 $w_C=w_{C,L}+w_{C,H}=h_5-h_6+h_7-h_8=A_{8765nm8}<A_{2nm82}$,同时,由于采用了回热,从 7 加热到 2 的过程不需从热源加入额外的热量,从而维持加热量(h_3-h_9)不变,故与回热循环 1—2—3—4—1 相比,分级压缩循环的热效率高。假若级数趋向无限多,每级压缩后进行定压冷却,则压缩过程接近定温过程 1—8。

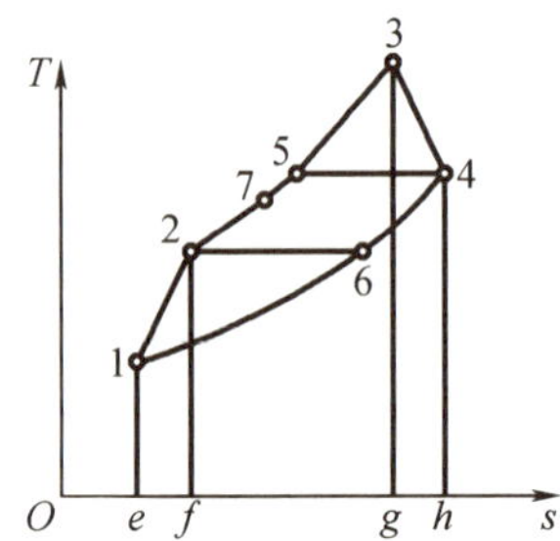

图 9.23 极限回热实际循环

图 9.24 过程 3—11 是燃气在高压燃气轮机中的膨胀过程;11—12 为进入低压燃烧室中定压再热过程;12—13 为进入低压汽轮机中绝热膨胀过程;排出的废气先进入回热器定压冷却(过程 13—0)用以加热压缩后的工质(过程 7—10),然后再排向冷源定压放热(过程 0—1)。在回热的基础上分级压缩的同时分级膨胀、中间再热循环放给冷源的热量与上述分级压缩循环相同,都是 $q_2=h_0-h_1+h_5-h_6$,但循环净功增大,因而循环的热效率进一步提高。从图上还可以看出,若分级膨胀和分级压缩的级数都无限增加,并采用回热时,则循环就变成概括性卡诺循环。

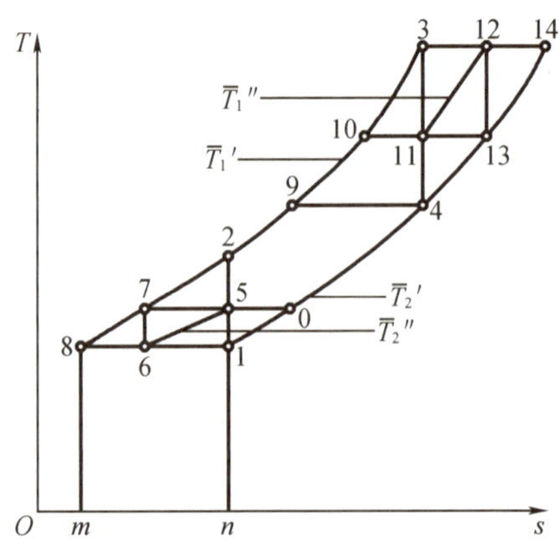

图 9.24 回热基础上分级压缩中间冷却分级膨胀中间再热循环

最后还应强调，分级压缩中间冷却，分级膨胀中间再热只有在回热的基础上进行，才能提高装置的热效率，若不采用回热，循环的热效率反而降低。

例题 9.3 例题 9.3 中燃气轮机装置采用回热，回热度为 0.7，其他条件不变，(1)求循环的热效率；(2)假定回热度为 1，循环压力比超过多少时，回热不能进行。

解 (1)由题意。

状态 1：

$$p_1 = 100\ \text{kPa}、T_1 = 300\ \text{K}$$

状态 2′：

$$p_3 = p_2 = 1\ 400\ \text{kPa}$$

$$T_2 = T_1\left(\frac{p_2}{p_1}\right)^{\frac{\kappa-1}{\kappa}} = T_1\pi^{\frac{\kappa-1}{\kappa}} = 300\ \text{K}\times 14^{\frac{1.4-1}{1.4}} = 637.63\ \text{K}$$

$$T_{2'} = T_1 + \frac{T_2 - T_1}{\eta_{\text{C,s}}} = 300\ \text{K} + \frac{637.63\ \text{K} - 300\ \text{K}}{0.85} = 697.2\ \text{K}$$

状态 3：

$$p_3 = 1\ 400\ \text{kPa}、T_3 = 1\ 600\ \text{K}$$

状态 4′：

$$p_4 = 100\ \text{kPa}$$

$$T_4 = T_3\left(\frac{p_4}{p_3}\right)^{\frac{\kappa-1}{\kappa}} = T_3\left(\frac{1}{\pi}\right)^{\frac{\kappa-1}{\kappa}} = 1\ 600\ \text{K}\times\left(\frac{1}{14}\right)^{\frac{1.4-1}{1.4}} = 752.8\ \text{K}$$

$$T_{4'} = T_3 - \eta_\text{T}(T_3 - T_4) = 1\ 600\ \text{K} - 0.88\times(1\ 600\ \text{K} - 752.8\ \text{K}) = 854.5\ \text{K}$$

循环中 1 kg 工质的吸热量、压气机内耗功、燃气轮机输出功及循环净功

$$w_\text{C} = h_{2'} - h_1 = c_p(T_{2'} - T_1) = 1.005\ \text{kJ/(kg·K)}\times(697.2\ \text{K} - 300\ \text{K}) = 399.2\ \text{kJ/kg}$$

$$w_\text{T} = h_3 - h_{4'} = c_p(T_3 - T_{4'}) = 1.005\ \text{kJ/(kg·K)}\times(1\ 600\ \text{K} - 854.5\ \text{K}) = 749.2\ \text{kJ/kg}$$

$$w_\text{net} = w_\text{T} - w_\text{C} = 749.2\ \text{kJ/kg} - 399.2\ \text{kJ/kg} = 350.0\ \text{kJ/kg}$$

$$q_1 = h_3 - h_{2'} = c_p(T_3 - T_{2'}) = 1.005\ \text{kJ/(kg·K)}\times(1\ 600 - 697.2)\ \text{K} = 907.3\ \text{kJ/kg}$$

循环工质流量

$$q_m = \frac{P}{w_\text{net}} = \frac{100\ 000\ \text{kW}}{350.0\ \text{kJ/kg}} = 285.7\ \text{kg/s}$$

压气机功率

$$P_\text{C} = q_m w_\text{C} = 285.7\ \text{kg/s}\times 399.2\ \text{kJ/kg} = 114\ 051.4\ \text{kW}$$

燃气轮机功率

$$P_\text{T} = q_m w_\text{T} = 285.7\ \text{kg/s}\times 749.2\ \text{kJ/kg} = 214\ 046.4\ \text{kW}$$

热流量

$$q_{Q1} = q_m q_1 = 285.7\ \text{kg/s}\times 907.3\ \text{kJ/kg} = 259\ 215.6\ \text{kW}$$

循环热效率

$$\eta_\text{t} = \frac{P_\text{T} - P_\text{C}}{q_{Q1}} = \frac{214\ 046.4\ \text{kW} - 114\ 051.4\ \text{kW}}{259\ 215.6\ \text{kW}} = 0.386$$

(2)由式(9.25)

$$\sigma=\frac{T_7-T_{2'}}{T_{4'}-T_{2'}}$$

$$T_7=T_{2'}+\sigma(T_{4'}-T_{2'})=697.2\ \text{K}+0.7\times(854.5-697.2)\ \text{K}=807.3\ \text{K}$$

$$q_1=h_3-h_7=c_p(T_3-T_7)=1.005\ \text{kJ/(kg}\cdot\text{K)}\times(1600-807.3)\ \text{K}=796.7\ \text{kJ/kg}$$

循环效率

$$\eta_t=\frac{w_{net}}{q_1}=\frac{350.0\ \text{kJ/kg}}{796.7\ \text{kJ/kg}}=0.439$$

(3)若 $\sigma=1$,则当 $T_{2'}>T_{4'}$ 时回热不能再进行

$$T_{2'}=T_1+\frac{T_2-T_1}{\eta_{C,s}}=T_1+\frac{T_1\pi^{\frac{\kappa-1}{\kappa}}-T_1}{\eta_{C,s}}=T_1\left(1+\frac{\pi^{\frac{\kappa-1}{\kappa}}-1}{\eta_{C,s}}\right) \tag{9.26}$$

$$T_{4'}=T_3-\eta_T(T_3-T_4)=T_3\left\{1-\eta_T\left[1-\left(\frac{1}{\pi}\right)^{\frac{\kappa-1}{\kappa}}\right]\right\} \tag{9.27}$$

联立求解式(9.26)和式(9.27),得 $\pi=20.6$。

讨论:采用回热后,工质从热源的吸热量从 907.3 kJ/kg 下降到 796.7 kJ/kg,而循环净功不变,故循环热效率提高。

9.7 斯特林循环

活塞式热气发动机,又称斯特林(Stirling)发动机,是一种外部加热的闭式循环发动机。早在 1816 年,英国工程师斯特林就提出了这种热气发动机的理想循环,由于当时技术水平较低,未能应用于工程实践。近年来随技术进步及对环境污染问题的关注,斯特林发动机又引起了人们的重视。

斯特林发动机按正向循环工作时可以做原动机,对外输出功;按逆向循环工作时,可以做热泵。其结构可以有多种多样,但循环原理基本相同。下面以双缸活塞式热气发动机为例,简略介绍其构造和工作循环。

双缸活塞式热气发动机由两个带活塞的气缸及加热器、冷却器和回热器组成,如图 9.25 所示。两个活塞连在同一轴上,通过特殊的曲轴机构使它们的移动规律符合一定的要求。气缸内冲有一定的工质(如氦气、氮气等),由于两个活塞的相互作用,使工质在热气室和冷气室之间来回流动。循环由下列四个过程组成:

(1)定温压缩过程。如图 9.25(a)所示,活塞 A 处于上死点位置不动,活塞 B 由下死点开始上行,压缩冷气室里的低温工质,冷却器起低温热源作用,吸收工质放出的热量 q_2,维持工质温度 T_L 不变,理想情况下可实现定温压缩过程,如图 9.26 中的过程 1—2。

(2)定容吸热过程。如图 9.25(b)所示,活塞 B 和活塞 A 以同样的速度分别上升和下降。实现定容情况下将冷气室中的工质推入热气室。低温工质回热器吸收,压力由 p_2 升至 p_3,温度由 T_{LL} 升至 T_H,如图 9.26 中的过程 2—3。

(3)定温膨胀过程。如图 9.25(c)所示,活塞 B 处于上死点位置不动,热气室中高压、高温工质膨胀推动活塞 A 继续下行至下死点对外做功,其间工质通过高温热源作用的加热器,吸收热量 q_1,维持工质温度 T_H 不变。在理想情况下可实现定温膨胀过程 3—4。

(4)定容放热过程。如图 9.25(d)所示,活塞 B 和活塞 A 以同样的速度分别下行和上行,各自达到下死点和上死点,将高温工质从热气室经回热器在定容下推回冷气室。经过回热器时,工质放出热量给回热器。使温度由 T_H 降为 T_L。在理想情况下可实现在回热器定容放热过程 4—1(图 9.26)。这样,工质回复到初始状态而完成闭合循环。

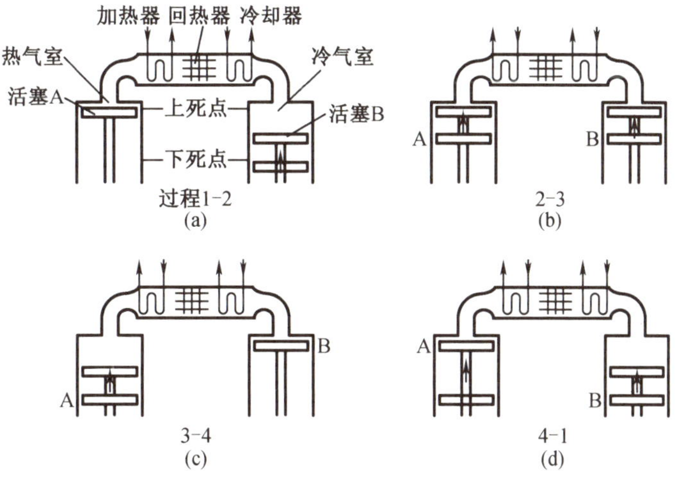

图 9.25　斯特林发动机工作循环示意图

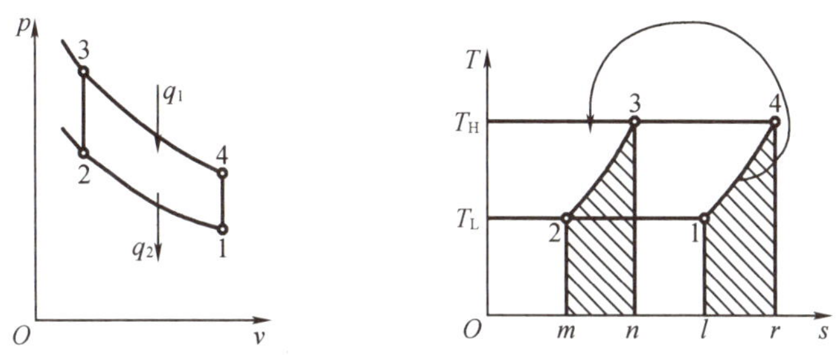

图 9.26　斯特林发动机的 p-v 图和 T-s 图

由此可见,热气机的理想循环是由两个定温过程和两个定容过程所组成,如图 9.26 所示,在极限回热时,定容放热过程 4—1 放出的热量正好为定容吸热过程 2—3 所吸收。在 T-s 图上面积 14rl1 等于 23 nm²,这样,循环只在定温膨胀过程 3—4 从热源吸热,在定温压缩过程 1—2 向冷源放热。因此,斯特林循环即为概括性卡诺循环的一种,其热效率为

$$\eta_t = 1 - \frac{q_2}{q_1} = 1 - \frac{T_L}{T_H}$$

理论上斯特林循环的热效率等于同温限卡诺循环的热效率,实际的斯特林循环发动机,由于存在种种不可逆因素,回热器的效率也不可能达到百分之百,所以热效率低于同温限卡诺循环的理论热效率,目前斯特林发动机的热效率可达 30%~45%。此外,斯特林发动

机可以采用廉价易得的燃料，亦可利用太阳能及原子能作热源；它的排气污染少、噪声低，这对于缓解世界对优质能源需求、减少污染无疑是有利的。

9.8 超临界二氧化碳布雷顿循环

由于二氧化碳优异的热稳定性和良好的物理性质，二氧化碳超临界布雷顿循环在第4代先进核反应堆系统中的应用得到了广泛研究。二氧化碳在临界点附近物性发生改变，由于其密度变大，所以可以降低压缩的耗功，根据计算发现当工质的最高温度为 500~700 ℃时，系统就可以达到较高的热效率；此外，因为超临界二氧化碳的循环模式简洁，所以超临界二氧化碳动力系统的设备结构紧凑、可节约设备的投资。

超临界二氧化碳（Supercritical Carbon Dioxide，S-CO_2）是指温度和压力均在临界点以上的二氧化碳流体（二氧化碳的临界点温度约为 31.2 ℃，压力约为 7.37 MPa）。在接近临界点时，CO_2 物性变化剧烈（图 9.27），S-CO_2 具有接近液态的密度和比热容，但其黏性接近于气态。如果将其用来做动力循环的工质，如朗肯循环和布雷顿循环，它能够在很小的体积内传递很大的能量。超临界二氧化碳具有超临界流体流动性好、传热效果高、压缩性小、适于热力循环的独特性质，再加上二氧化碳临界温度和压力较低，远远低于水的临界点（水的临界点温度约为 374.15 ℃，压力约为 22.13 MPa），化学性质稳定，工程可实现性较好，可在接近室温条件下达到超临界状态，使超临界二氧化碳成为理想的热力循环工质。

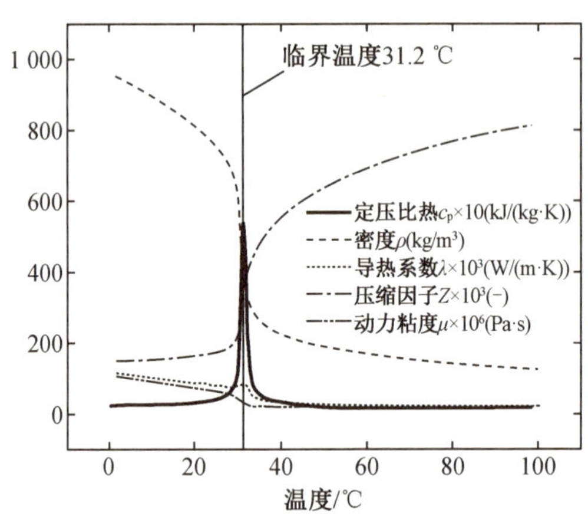

图 9.27 CO_2 在临界点附近物性变化（7.4 MPa）

超临界二氧化碳布雷顿循环技术分为间接循环和直接循环，图 9.28 中（a）到图 9.28（c）都是间接循环，图 9.28（d）为直接循环。间接循环的关键部件需要 CO_2 涡轮机、回热器和 CO_2 加热器。直接循环除二氧化碳涡轮机和换热器外，还需要进行先进的加压氧燃烧、极高温涡轮机材料、叶片冷却技术、更广泛的热集成技术、亚临界二氧化碳泵送和压缩技术等方面的研发。下面以热效率较高且技术较为成熟的带回热的布雷顿循环与闭式再压缩布雷顿循环系统为例进行进一步研究。

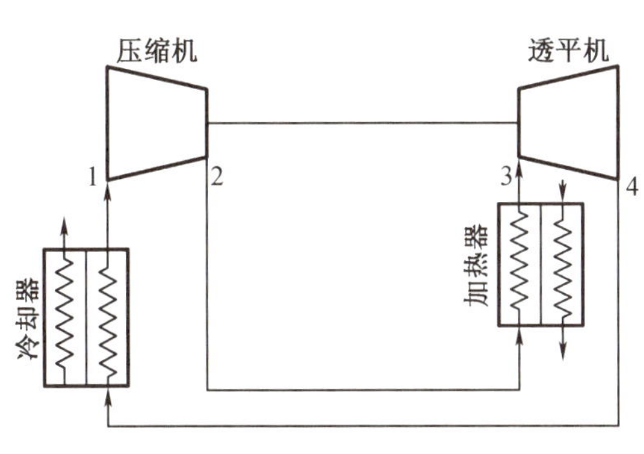

(a)简单布雷顿循环

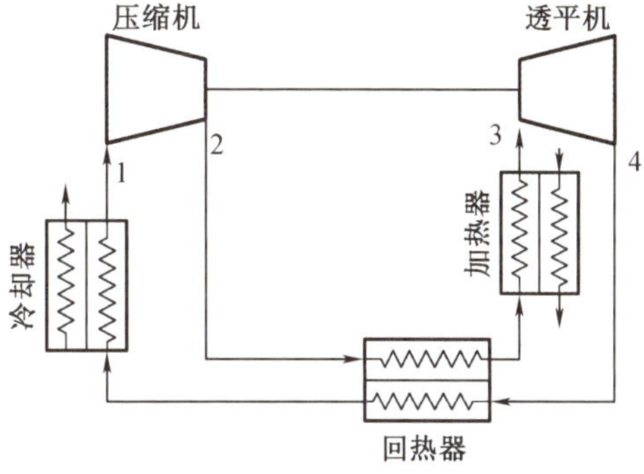

(b)带回热的布雷顿循环

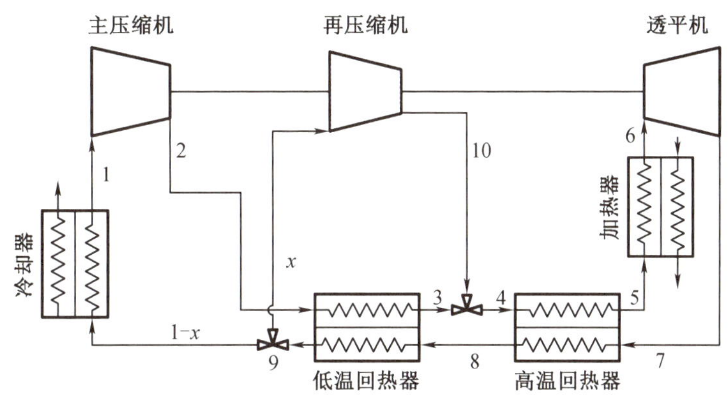

(c)闭式再压缩布雷顿循环系统

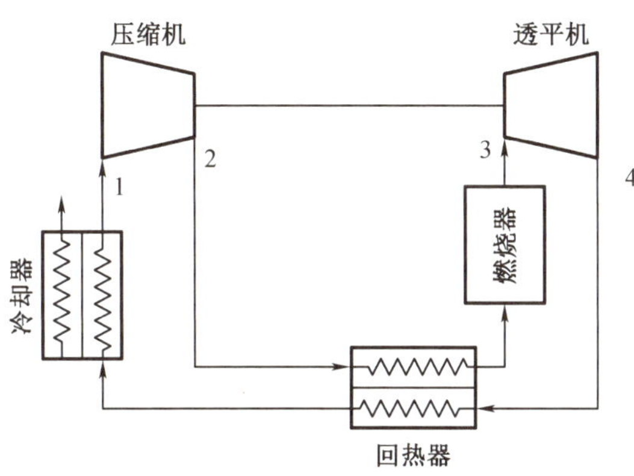

(d)半封闭直燃式氧燃料布雷顿循环

图 9.28　S-CO_2 布雷顿循环回路

以核反应堆为热源的超临界二氧化碳布雷顿循环系统通常采用带有回热的布雷顿热力循环模式,循环的 $p-v$ 图与 $T-s$ 图如图 9.29 所示。带回热布雷顿循环通常包括以下四个过程,绝热压缩(过程 1—2)、定压加热(过程 2—3)、绝热膨胀(过程 3—4)、定压放热(过程 4—1)四个基本过程。

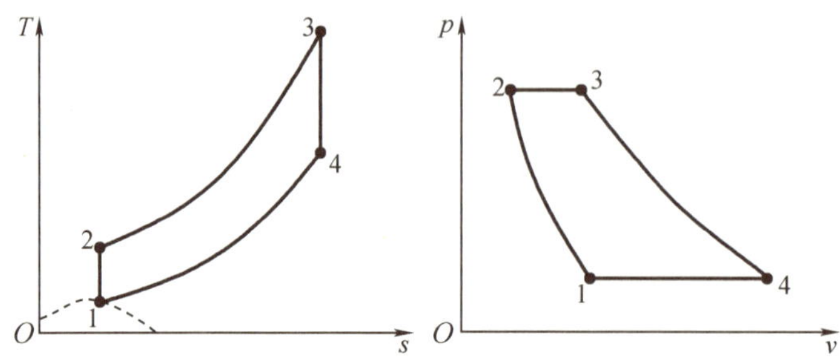

图 9.29　S-CO_2 简单布雷顿循环 T-s 图与 p-v 图

带回热的 S-CO_2 布雷顿循环系统流程图如图 9.28(b)所示，系统主要部件有压缩机、回热器、透平机、冷却器和加热器等。低温低压的 CO_2 工质在压缩机绝热压缩，再通过回热器高温侧预热回收热量，然后进入加热器冷侧，定压吸热后进入透平机内膨胀做功，乏气通过回热器低温侧进行冷却后，再进入冷却器进行冷却，最后进入压缩机形成完整闭式循环。系统循环热效率为

$$\eta_t = \frac{w_{net}}{q_1} = 1 - \frac{q_2}{q_1} = 1 - \frac{h_4 - h_1}{h_3 - h_2}$$

后续研究发现，由于临界点附近 CO_2 工质的定压比热(C_p)、密度(ρ)等物性变化十分显著(图 9.27)。带回热的 S-CO_2 布雷顿循环中，回热器高温侧与低温侧工质比热容有较大差值，使得回热器运行出现温度“夹点”问题，严重影响换热效率。因此，捷克学者 Dostal 提出了经典的闭式再压缩布雷顿循环。该循环对简单 S-CO_2 布雷顿循环进行了改进，加入分流、再压缩等热力过程，可在保证循环热效率的同时有效避免夹点问题的出现。S-CO_2 再压缩布雷顿循环 T-s 与 p-v 图如图 9.30 所示。

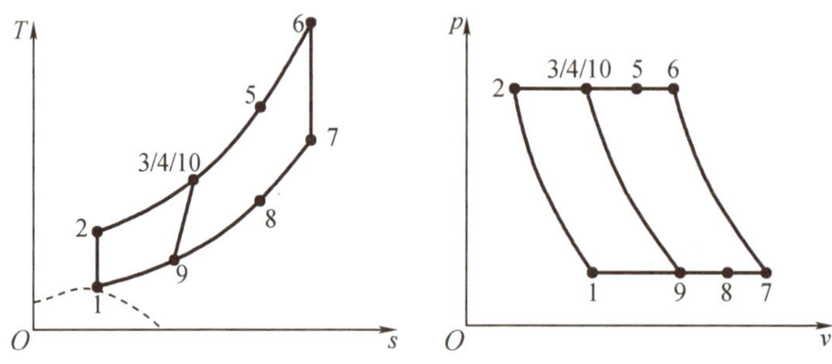

图 9.30　超临界二氧化碳简单布雷顿循环流程图

图 9.27(c)为 S-CO_2 再压缩布雷顿循环布置图，CO_2 工质首先进入透平做功(过程 6—7)，做功后的 CO_2 进入高温回热器进行定压放热(过程 7—8)，加热低温侧工质，然后进入低温回热器(过程 8—9)放热。通过低温回热器后，一部分工质分流(分流比为 x)直接进入再压缩压缩机(过程 9—10)，另一部分工质(分流比为 $1-x$)进入冷却器冷却(过程 9—1)，进入主压缩机进行压缩(过程 1—2)，然后通过低温回热器回热(过程 2—3)到与再压缩机出口工质温度相同时，两部分工质汇合，混合后进入高温回热器吸热(过程 4—5)，最后通过加热器吸收热量(过程 5—6)形成完整闭式循环。相比于简单布雷顿循环，再压缩布雷顿循

环在冷却器之前，将一部分 CO_2 分流至再压缩机，分流的 CO_2 经再压缩机压缩后，在高温回热器与低温回热器之间与主流汇合。由于在临界点附近 CO_2 性质变化剧烈，低温回热器低温侧流体比热容高于高温侧比热容。旁通回路的作用就是通过减少低温回热器低温侧流体质量，来平衡两边的比热容率，从而避免"夹点"问题。系统循环热效率为

$$\eta_t=\frac{w_{\text{net}}}{q_1}=\frac{(h_6-h_7)-(1-x)(h_2-h_1)-x(h_9-h_{10})}{h_6-h_5}$$

图 9.31 给出了不同热源温度下的布雷顿循环热效率，可以发现，当工质的最高温度为 500~800 ℃时，系统就可以达到较高的热理论效率；作为一种新兴的动力循环技术，超临界二氧化碳布雷顿循环表现出显著的优势和巨大的发展潜力。能够满足传统火电、光热发电、分布式能源和高灵活性热电联产机组的要求，因此发展该项技术对实现我国能源转型具有重要意义。但作为一个没有工业基础的新循环，在基础热工水力特性、循环构建理论、系统运行控制策略、关键设备设计、材料选择等方面还面临很多技术挑战，需要建设规模化试验平台进行深入研究。

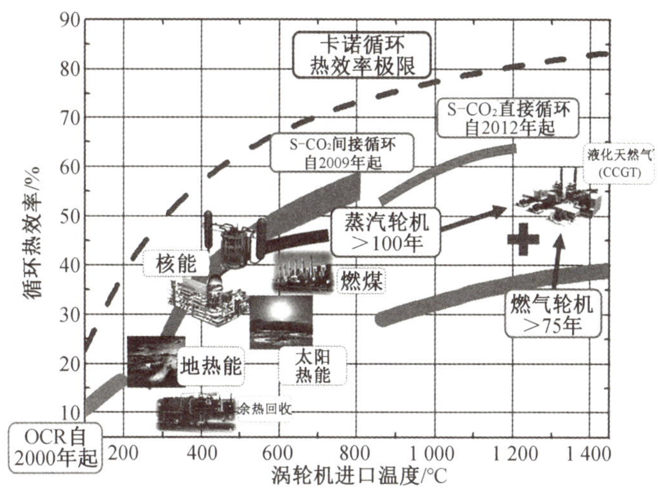

图 9.31　不同热源温度下的布雷顿循环理论热效率

习　题

9.1　某活塞式内燃机定容加热理想循环，压缩比 $\pi=10$，气体在压缩冲程的起点状态是 $p_1=100$ kPa，$t_1=35$ ℃，加热过程中气体吸热 $q_1=650$ kJ/kg。假定比热容为定值且 $c_p=1.005$ kJ/(kg·K)、$\kappa=1.4$，求：(1)寻循环中各点的温度和压力；(2)循环热效率，并与同温度限的卡诺循环热效率做比较；(3)平均有效压力。

9.2　利用空气标准的奥托循环模拟实际火花点火活塞式汽油机的循环。循环的压缩比为 7，循环加热量为 1 000 kJ/kg、压缩起始时空气压力为 90 kPa，温度 10 ℃，假定空气的比热容可取为定值，求循环的最高温度、最高压力、循环热效率和平均有效压力。

9.3 某狄赛尔循环的压缩比为19,输入每千克空气的热量 $q_1 = 800$ kJ/kg。若压缩起始时状态 $p_1 = 100$ kPa,$t_1 = 25$ ℃,计算:(1)循环中各点的压力、温度比体积;(2)预胀比;(3)循环热效率,并与同温限的卡诺循环热效率做比较;(5)平均有效压力。假定气体的比热容为定值,且 $c_p = 1.005$ kJ/(kg·K)、$c_v = 0.718$ kJ/(kg·K)。

9.4 某内燃机狄塞尔循环的压缩比 $\pi = 17$,压缩起始时工质状态为 $p_1 = 95$ kPa,$t_1 = 10$ ℃。若循环最高温度为1 900 K,假设气体比热容为定值 $c_p = 1.005$ kJ/(kg·K)、$k = 1.4$。试确定:(1)循环各点温度,压力及比体积;(2)预膨胀比;(3)循环热效率。

9.5 已知某活塞式内燃机混合加热理想循环 $p_1 = 0.1$ MPa,$t_1 = 60$ ℃,压缩比 $\varepsilon = v_2/v_1 = 15$,定容增压比 $\lambda = p_3/p_2 = 1.4$,预膨胀比 $\rho = v_4/v_3 = 1.45$,试分析计算循环各点的温度、压力、比体积及循环热效率。设工质比热取定值,$c_p = 1.005$ kJ/(kg·K)、$c_v = 0.718$ kJ/(kg·K)。

9.6 有一定定压加热理想循环的压缩比 $\varepsilon = v_2/v_1 = 20$,工质取空气,比热容取定值,k = 1.4,循环做功冲程的4%为定压加热过程,压缩缩冲程的初始状态 $p_1 = 100$ kPa,$t_1 = 20$ ℃。求:(1)循环中每个过程的初始压力和温度;(2)循环热效率。

9.7 某柴油机定压加热循环气体压缩前的参数为290 K、100 kPa,燃烧完成后气体循环做高温度和压力分别为2 400 K、6 MPa,利用空气的热力性质表,求循环的压缩比和循环的热效率。

9.8 内燃机混合加热循环,已知 $p_1 = 0.1$ MPa,$t_1 = 10$ ℃,$t_3 = 590$ ℃,$t_3 = 300$ ℃。若比热容按变比热指考虑,试利用气体性质表计算各点的状态参数,循环热效率及循环功并与按定值比热容计算做比较。

9.9 试分析斯特林循环并计算玄幻热效率及循环放热量。已知循环吸热温度等于527 ℃。放热温度为27 ℃。从外界热源吸热量为200 kJ/kg。设工质为理想气体,比热容为定值。

9.10 某定压加热燃气轮机装置理想循环,参数为 $p_1 = 101\ 050$ Pa,$T_1 = 100$ K、$T_3 = 923$ K,$\pi = p_2/p_1 = 6$,试求:(1)q_1,q_2;(2)循环功;(3)循环热效率;(4)平均吸热温度和平均放热温度。假定工质为空气,且设比热为定值,并取 $c_p = 1.03$ kJ/(kg·K)。

9.11 同上题,若燃气轮机的比热容是变值,试利用空气热力性质表求出上题各项。

9.12 汽油机以空气为工质,进气参数为0.1 MPa、50 ℃,压缩比为6,每一循环中加入的热量为750 kJ/kg,求循环的最高温度、最高压力、循环的净功和理论热效率。

9.13 定压加热循环以烟气为工质,压缩比为15,预胀比为2,若工质的定熵指数为1.33,求理论热效率;若预胀比为2.4,求此时理论热效率以及热效率的相对变化值。

9.14 混合加热循环以空气为工质,进气压力为0.1 MPa,进气温度为300 K,压缩比为1 6,最高压力为6.8 MPa,最高温度为1 980 K。求每千克工质的热量、升压比、预胀比、循环净功和理论热效率。

9.15 某大型燃气轮机装置,流量为600 kg/s,升压比为12,升温比为4,进口工质温度为22 ℃,求其热效率、压缩机的功率、燃气透平的功率和净功率。

9.16 采用太阳能聚集加热方式的斯特林机循环,焦点温度可达1 200 ℃,环境温度为40 ℃,求该循环的效率。若入射的太阳辐射能为800 W/m^2,聚焦收集热量的效率为40%,则一台面积为100 m^2(指正对太阳光的面积)的斯特林机功率为多少?

第 10 章　蒸汽动力循环

工业上最早使用的动力机是用水蒸气做工质的。在蒸汽动力装置中，水时而处于波态，时而处于气态，如在锅炉或其他加热设备中液态水汽化产生蒸汽，高温高压蒸汽经汽轮机膨胀做功后，进入冷凝器又凝结成水再返回锅炉，而且在汽化和凝结时可维持定温，因而蒸汽动力装置循环不同于气体动力循环。此外，水和水蒸气不能助燃，只能从外热源吸收热量，所以蒸汽循环必需配备锅炉，因此装置设备也不同于气体动力循环。由于燃烧产物不参与循环，故而蒸汽动力装置可利用各种燃料，如煤、渣油，甚至可燃垃圾。本章讨论蒸汽动力装置循环的能量转换特征。

10.1　朗肯循环

10.1.1　工质为水蒸气的卡诺循环

热力学第二定律指出在相同温限内，卡诺循环的热效率最高。在采用气体做工质的循环中，因定温加热和放热难以实施，且在 p–v 图上气体的定温限和绝热限的斜率相差不多，以致卡诺循环的净功并不大，故在实际上难于采用。在采用蒸汽做工质时，压力不变时液体的气化和蒸汽的凝结温度也不变，因而就有了定温加热和放热的可能。更因这时定温过程亦即定压过程，在 p–v 图上与绝热线之间的斜率相差亦大，故所做的净功也较大。所以，蒸汽为工质时原则上可以采用卡诺循环，如图 10.1 中 6—7—8—5—6 所示。

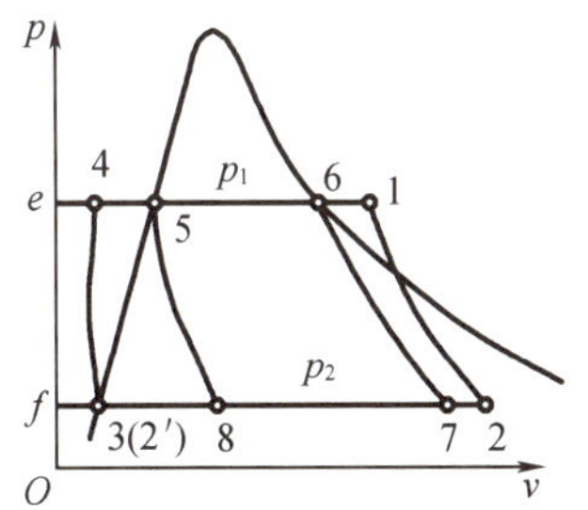

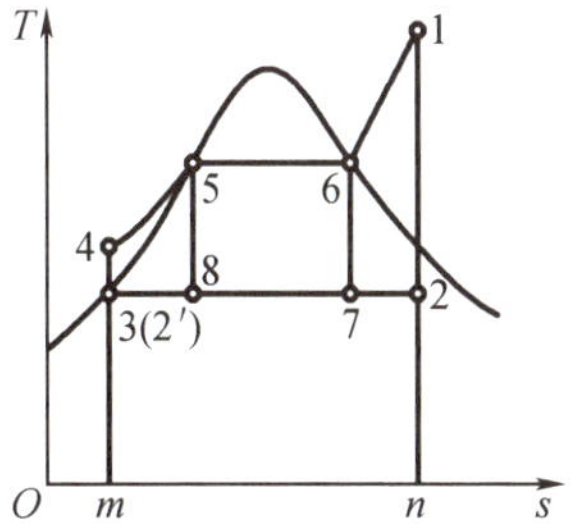

图 10.1　水蒸气的朗肯循环

然而在实际的蒸汽动力装置中并不采用卡诺循环，其主要原因是：首先在压缩机中觉得绝热压缩过程 8—5 难以实现，因状态 8 是水和水蒸气的混合物，压缩过程中压缩机的工作不稳定；同时状态 8 的比体积比水的比体积大得多，需用比水泵大得多的压缩机。其次，循环局限于饱和区，上限温度受制于临界温度，故即使实现卡诺循环，其热效率也不高。再其次，膨胀末期，湿蒸汽干度过小，即含水分甚多，不利于动力机安全，实际蒸汽动力循环均以朗肯循环为其基础。

10.1.2 朗肯循环及其热效率

简单蒸汽动力装置流程示意图如图 10.2 所示，其理想循环——朗肯循环 $p-v$ 图和 $T-s$ 图见图 10.1。图 10.2 中 B 为锅炉，燃料在炉中燃烧，放出热量，水在锅炉中定压吸热，汽化成饱和蒸汽，饱和蒸汽在蒸汽过热器 S 中定压吸热成过热蒸汽，如图 4—5—6—1 所示。高温高压的新蒸汽(状态 1)在汽轮机 T 内绝热膨胀做功，如过程 1—2。从汽轮机排出的做过功的乏汽(状态 2)在冷凝器 C 内等压向冷却水放热，冷凝为饱和水(状态 3)，相应于过程 2—3，这是定压过程同时也是定温过程。冷凝器内的压力通常很低，现代蒸汽电厂冷凝器内压力约至 4~5 kPa，其相应饱和温度为 28.95~32.88 ℃，仅稍高于环境温度。3—4 为凝给水在给水泵 P 内的绝热压缩过程，压力升高后的未饱和水(状态 4)再次进入锅炉 B 完成循环。再利用原子能、太阳能等作为热源的蒸汽动力循环装置中，蒸汽发生器取代锅炉，产生的新蒸汽通常是饱和蒸汽或稍稍过热的蒸汽。目前我国已建、在建及规划中的核电站以压水堆型为主。压水堆核电厂二回路系统简图如图 10.3 所示。水在蒸汽发生器中预热、汽化成饱和蒸汽，过程中压力近似为定值。蒸汽发生器由经过堆芯的一回路冷却剂提供热量。典型的压水堆核电厂二回路蒸汽循环的 $T-s$ 图如图 10.4 所示，除新蒸汽参数外，与图 10.1 所示循环没有实质差异。

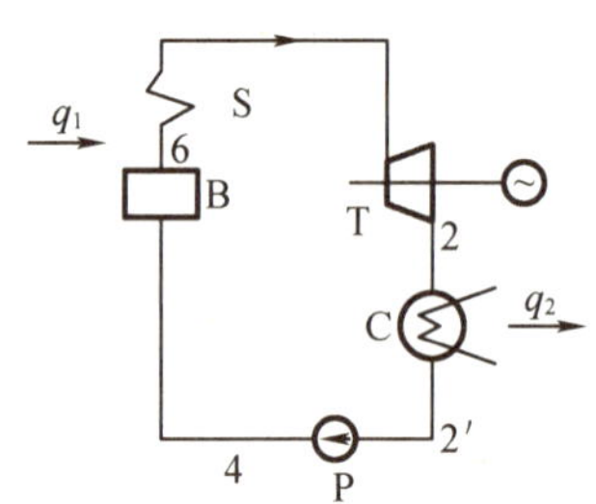

图 10.2　简单蒸汽动力装置流程图

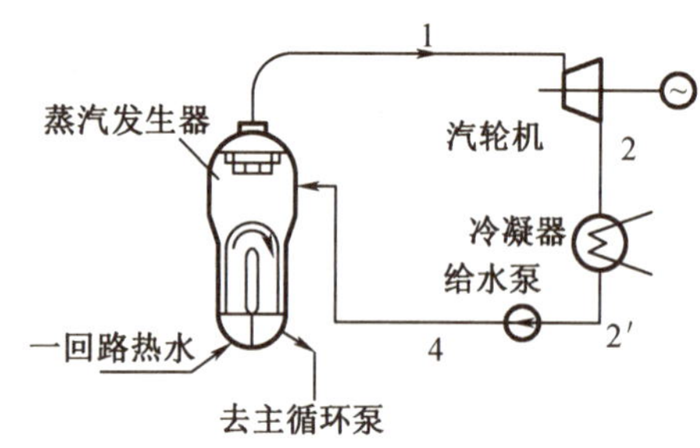

图 10.3　核电厂朗肯循环流程示意图

朗肯循环 1—2—3—4—5—6—1(图 10.1)与水蒸气的卡诺循环主要不同之处在于乏汽的凝结是完全的，即乏汽完全液化，而不是止于点 8。此外，采用了过热蒸汽，蒸汽在过热区的加热是定压加热但并不是定温加热(图 10.1 中过程 6—1)。完全凝结使循环中多一段水的加热过程 4—5，减小了循环平均温差，对热效率是不利的。但对简化设备确是有利的，因压缩水比压缩水汽混合物方便得多。采用过热蒸汽则增大了循环的平均温差，并使乏汽的干度也提高，这些都是有利的。现今各种较复杂的蒸汽动力循环都是在朗肯循环的基础上进行改进而得到的。

下面分析朗肯循环的热效率。

每千克新蒸汽在汽轮机内可逆绝热膨胀做出的技术功为

$$w_T = h_1 - h_2 = p - v\text{(图上面积 }e12fe\text{)}$$

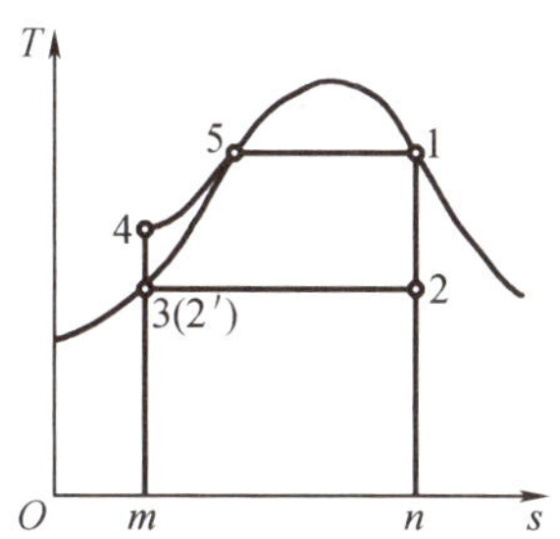

图 10.4 二回路蒸汽循环的 T-s 图

乏汽在冷凝器中向冷却水放出的热量为

$$q_2=h_2-h_3=T\text{-}s(\text{图上面积 } m32nm)$$

凝结水流经水泵,水泵消耗功为

$$w_p=h_4-h_3=p\text{-}v(\text{图上面积 } e43fe)$$

新蒸汽从热源吸收热量为

$$q_1=h_1-h_4=T\text{-}s(\text{图上面积 } m4561nm)$$

循环净功为

$$w_{net}=w_T-w_P=(h_1-h_2)-(h_4-h_3)=p\text{-}v(\text{图上面积 }1234561)$$

循环净热量为

$$q_{net}=q_1-q_2=(h_1-h_4)-(h_2-h_3)=(h_1-h_2)-(h_4-h_3)=T\text{-}s(\text{图上面积 }1234561)$$

所以循环热效率为

$$\eta_t=\frac{w_{net}}{q_1}=\frac{q_1-q_2}{q_1}=\frac{w_T-w_P}{q_1}=\frac{(h_1-h_2)-(h_4-h_3)}{h_1-h_4} \tag{10.1}$$

式中,h_1是新蒸汽的焓,h_2 是乏汽的焓,$h_3(=h_{2'})$ 和 h_4 分别为压力为 p_2 的凝结水和压力为 p_1 的过冷水的焓。这些参数可以利用水和水蒸气的热力性质图表或计算程序确定。

由于水的压缩性很小,所以水流经水泵消耗的压缩功 $w\approx0$,又因可以认为绝热,即 $q=0$,因此 $\Delta u=u_4-u_3\approx0$,这样水泵功 w_p 的近似值为:

$$\begin{aligned}w_p&=h_4-h_3=(u_4+p_4v_4)-(u_3+p_3v_3)\\&\approx(p_4-p_3)v_3=(p_1-p_2)v_{2'}\end{aligned}$$

式中,$v_{2'}$为乏汽压力下饱和水的比体积。将 w_p 的近似值带入式(10.1)可得热效率的近似式

$$\eta_t=\frac{h_1-h_2-(p_1-p_2)v_{2'}}{h_1-h_3-(p_1-p_2)v_{2'}}=\frac{h_1-h_2-(p_1-p_2)v_{2'}}{h_1-h_{2'}-(p_1-p_2)v_{2'}} \tag{10.2}$$

因为 w_p 通常比 式中(h_1-h_2)或$(h_1-h_{2'})$小得多,所以略去 w_p 对计算准确度的影响很小,而对分析计算循环热效率变化的大致趋势大为方便。这样,式(10.2)可进一步简化为

$$\eta_t=\frac{h_1-h_2}{h_1-h_{2'}} \tag{10.3}$$

当循环的初压力 p_1 甚高时,水泵功 w_p 约占汽轮机做功的 2%左右。在较粗略的计算中,仍可将水泵功忽略不计,但在较精确的计算时,即使初压力不高,也不应忽略水泵功。

蒸汽动力循环装置中各设备的尺寸与装置蒸汽的消耗量密切相关,所以在蒸汽循环设

计计算时,需要计算装置每输出单位功量所消耗的蒸汽量,即耗汽率。通常耗汽率用 d 表示,理想可逆条件下的耗汽率—理想耗汽率 d_0(单位为 kg/J)为

$$d_0=\frac{D}{P_0}=\frac{1}{h_1-h_2} \tag{10.4}$$

式中,D 为蒸汽消耗量,kg/s。

10.1.3　有摩阻的实际循环

以上讨论的是理想的可逆循环。实际上蒸汽在动力装置的全部过程都是不可逆过程,尤其是蒸汽经过汽轮机的绝热膨胀与理想可逆过程的差别较为显著。以下讨论仅考虑到汽轮机中有摩阻损耗的实际循环。

如果考虑到汽轮机中的不可逆损失,则理想循环中的可逆绝热过程 1—2 将代之以不可逆绝热过程 1—2_{act}。这样在循环中 q_1 不变,而 q_2 增大。如图 10.5(a)所示,q_2 的增大部分为面积 $822_{act}78$。

由于摩擦,蒸汽经过汽轮机时实际所做的技术功为

$$w_{T,act}=h_1-h_{2,act}=(h_1-h_2)-(h_{2,act}-h_2)$$

与可逆膨胀相比,所少做的功等于冷凝器中多排出的热量($h_{2,act}-h_2$),如图 10.5(b)所示。值得指出的是,由于 2_{act} 与 2 状态不同,故少做的功并不就是不可逆膨胀过程的做功能力损失。做功能力损失仍应由 T_0s_g 计算。

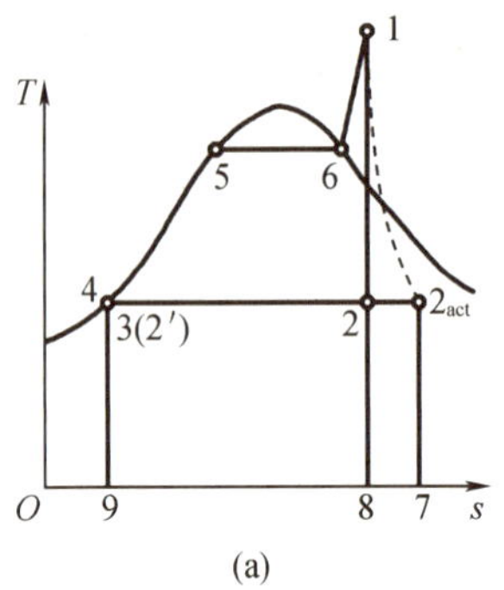

(a)

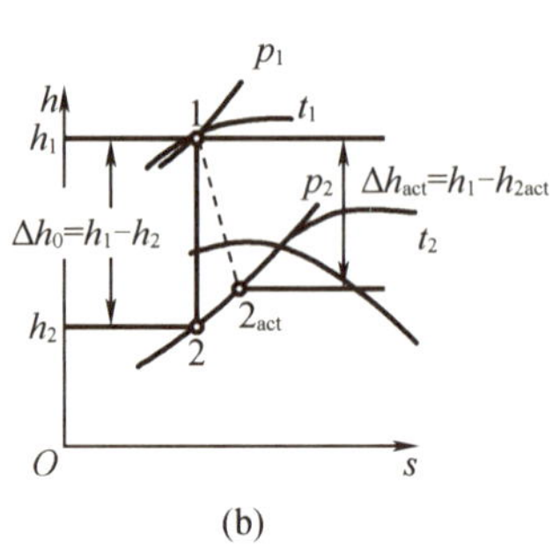

(b)

图 10.5　汽轮机中的不可逆过程

汽轮机内蒸汽实际作功 $w_{T,act}$ 与理论功 w_T 的比值叫作汽轮机的相对内效率,简称汽(轮)机效率,以 η_T 表示,则

$$\eta_T=\frac{w_{T,act}}{w_T}=\frac{h_1-h_{2,act}}{h_1-h_2} \tag{10.5}$$

这样

$$h_{2,act}=h_2+(1-\eta_T)(h_1-h_2)=h_2+(1-\eta_T)\Delta h_0 \tag{10.6}$$

式中,$\Delta h_0=h_1-h_2$ 称为理想绝热焓降。汽轮机相对内效率 η_T 由生产厂据大量试验结果提供近代大功率汽轮机的 η_T 在 0.85~0.92 之间。

1 kg 蒸汽在实际工作循环中做出的循环净功叫作实际循环内部功,用 $w_{net,act}$ 表示,

$w_{net,act}=w_{T,act}-w_{P,act}$。如忽略水泵功：

$$w_{net,act}\approx w_{T,act}=h_1-h_{2,act}$$

则循环内部热效率 η_i——蒸汽在实际循环中所做的循环净功与循环中热源所供给的热量的比值，为

$$\eta_i=\frac{w_{net,act}}{q_1}=\frac{h_1-h_{2,act}}{h_1-h_{2'}}=\frac{\eta_T(h_1-h_2)}{h_1-h_{2'}}=\eta_T\eta_t \tag{10.7}$$

若进一步再考虑轴承等处的机械损失，则汽轮机输出的有效功，即轴功为 $w_s=\eta_m w_{T,act}$ 其中，η_m 为机械效率。将式(10.5)代入，得

$$w_s=\eta_m\eta_T w_T \tag{10.8}$$

或用轴功率表示：

$$P_s=\eta_m\eta_T P_0=\eta_m\eta_T\frac{D(h_1-h_2)}{3\ 600} \tag{10.9}$$

式(10.9)为忽略水泵功时循环输出净功率表达式。式中：$P_0=D(h_1-h_2)/3\ 600$ 是汽轮机理想输出功率，kW；D 为蒸汽消耗量，kg/h。

以实际内部功率 P_i 为基准时的耗功率，称内部功耗气率，用 d_i 表示：

$$d_i=\frac{D}{P_i}=\frac{1}{h_1-h_{2,act}}=\frac{1}{\eta_T(h_1-h_2)}=\frac{d_0}{\eta_T} \tag{10.10}$$

若考虑有效功，则有效功耗气率为

$$d_0=\frac{D}{P_s}=\frac{1}{P_0\eta_m\eta_T}=\frac{d_0}{\eta_m\eta_T} \tag{10.11}$$

例题 10.1　我国生产的 300 MW 汽轮发电机组，其新蒸汽压力和温度分别为 $p_1=17$ MPa、$t_1=550$ ℃，汽轮机排气压力 $p_2=5$ kPa。若按朗肯循环运行，求：汽轮机所产生的功 w_T 和 w_P、循环热效率 η_t 和理论耗气率 d_0。

解　循环 $p-v$ 图见图 10.1。根据 $p_1=17$ MPa、$t_1=550$ ℃，在 $h-s$ 图上(图 10.5)定出新蒸汽状态点 1，得 $h_1=3\ 426$ kJ/kg。理想情况蒸汽在汽轮机中作可逆绝热膨胀，过程 1—2 为定熵过程。在 $h-s$ 图上从点 1 作定熵线与 $p_2=5$ kPa 等压线相交，得状态点 2，$h_2=1\ 963.5$ kJ/kg。查饱和水和饱和水蒸气表，得 $p_2=5$ kPa 时，$v'=0.001\ 005\ 3\ \text{m}^3/\text{kg}$、$h'=137.72$ kJ/kg。于是求得

$$w_T=h_1-h_2=3\ 426\ \text{kJ/kg}-1\ 963.5\ \text{kJ/kg}=1\ 448\ \text{kJ/kg}$$

$$\begin{aligned}w_p&=h_4-h_3\approx(p_4-p_3)v_{2'}=(p_1-p_2)v_{2'}\\&=(17\times10^6\ \text{Pa}-5\times10^3\ \text{Pa})\times0.001\ 005\ 3\ \text{m}^3/\text{kg}=17.06\times10^3\ \text{J/kg}\end{aligned}$$

$$h_4=h_3+w_p=h_{2'}+w_p=137.72\ \text{kJ/kg}+17.06\ \text{kJ/kg}=154.78\ \text{kJ/kg}$$

$$q_1=h_1-h_4=3\ 426\ \text{kJ/kg}-154.78\ \text{kJ/kg}=3\ 271.22\ \text{kJ/kg}$$

$$\eta_t=\frac{w_{net}}{q_1}=\frac{h_1-h_2-w_p}{q_1}=\frac{3\ 426\ \text{kJ/kg}-1\ 963.5\ \text{kJ/kg}-17.06\ \text{kJ/kg}}{3\ 271.22\ \text{kJ/kg}}=0.441\ 9$$

若略去水泵功，则

$$\eta_t=\frac{w_{net}}{q_1}=\frac{h_1-h_2}{h_1-h_{2'}}=\frac{3\ 426\ \text{kJ/kg}-1\ 963.5\ \text{kJ/kg}}{3\ 426\ \text{kJ/kg}-137.72\ \text{kJ/kg}}=0.444\ 8$$

$$d_0=\frac{1}{h_1-h_2}=\frac{1}{(3\ 426-1\ 963.3)\ \text{kJ/kg}\times 10^3}=6.84\times 10^{-7}\ \text{kg/J}$$

例题 10.2 按照上例参数,假设锅炉中的传热过程是从 831.45 K 的热源向水传热,冷凝器中乏汽向 298 K 的环境介质放热,且汽轮机相对内效率为 $\eta_T=0.90$。求:(1)水泵功 w_p、汽轮机产生的功 $w_{T,act}$ 和循环净功 $w_{net,act}$;(2)循环内部热效率 η_i 和实际耗气率 d_i;(3)各过程及循环的不可逆损失。

解 (1)如图 10.6 所示,蒸汽在汽轮机膨胀过程为 $1-2_{act}$,且

$$\begin{aligned}h_{2,act}&=h_2+(1-\eta_T)(h_1-h_2)\\&=1\ 963.5\ \text{kJ/kg}+(1-0.9)\times(3\ 426\ \text{kJ/kg}-1\ 963.5\ \text{kJ/kg})\\&=2\ 109.8\ \text{kJ/kg}\end{aligned}$$

$$w_{T,act}=h_1-h_{2,act}=3\ 426\ \text{kJ/kg}-2\ 109.8\ \text{kJ/kg}=1\ 316.3\ \text{kJ/kg}$$

w_p 同上题,仍为 17.06 kJ/kg。

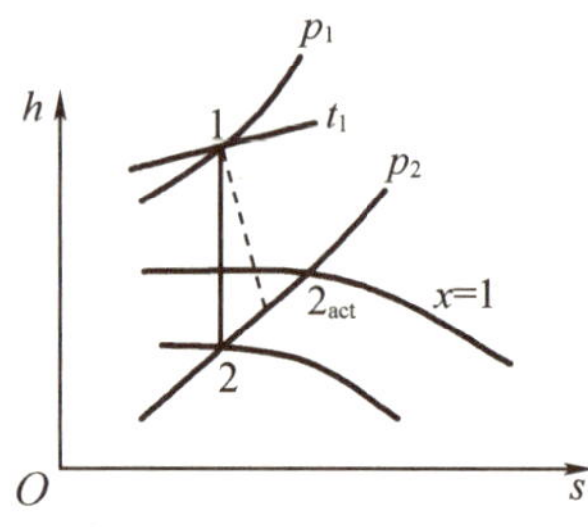

图 10.6 例 10.2 附图

(2)内部热效率

$$q_1=h_1-h_4=h_1-h_{2'}-w_p=3\ 426\ \text{kJ/kg}-137.72\ \text{kJ/kg}-17.06\ \text{kJ/kg}=3\ 271.22\ \text{kJ/kg}$$

$$\eta_i=\frac{w_{net,act}}{q_1}=\frac{1\ 299.24\ \text{kJ/kg}}{3\ 271.22\ \text{kJ/kg}}=0.397\ 2$$

若锅炉效率为 $\eta_B=0.90$,则循环热效率

$$\eta_i'=\frac{w_{net,act}}{q_1/\eta_B}=\eta_B\eta_i=0.9\times 0.397\ 2=0.357\ 5$$

忽略水泵功,实际耗气率

$$d_i=\frac{1}{h_1-h_{2,act}}=\frac{1}{1\ 316.3\times 10^3\ \text{J/kg}}=7.597\times 10^{-7}\ \text{kg/J}$$

(3)过程作功能力损失

过程作功能力损失可据熵产计算。查水和水蒸气图表,得:$h_{2'}=137.72$ kJ/kg、$s_{2'}=0.476\ 1$ kJ/(kg·K)、$t_{2'}=32.88$ ℃、$s_4=s_{2'}$、$s_{2,act}=6.920$ kJ/(kg·K)、$v_{2,act}=23\text{m}^3/\text{kg}$。在蒸汽轮机中,工质绝热膨胀,工质熵增即为熵产,所以

$$\begin{aligned}I_T&=T_0s_g=T_0(\Delta s-s_f)=T_0(s_{2,act}-s_1)\\&=298\ \text{K}\times[6.920\ \text{kJ/(kg·K)}-6.442\ \text{kJ/(kg·K)}]=142.44\ \text{kJ/kg}\end{aligned}$$

在冷凝器中,工质维持 32.88 ℃,向 298 K 的环境介质放热,所以

$$q_2=h_{2,\mathrm{act}}-h_{2'}=2\ 109.8\ \mathrm{kJ/kg}-137.72\ \mathrm{kJ/kg}=1\ 972.08\ \mathrm{kJ/kg}$$

$$\begin{aligned}I_C&=T_0s_g=T_0s_{\mathrm{iso}}=T_0(s_{2'}-s_{2,\mathrm{act}}-s_f)=T_0\left(s_{2'}-s_{2,\mathrm{act}}-\frac{q_2}{T_0}\right)\\&=298\ \mathrm{K}\times\left[0.476\ 1\ \mathrm{kJ/(kg\cdot K)}-6.920\ \mathrm{kJ/(kg\cdot K)}+\frac{1\ 972.08\ \mathrm{kJ/kg}}{298\ \mathrm{K}}\right]\\&=51.80\ \mathrm{kJ/(kg\cdot K)}\end{aligned}$$

由于水泵内进行的过程是可逆绝热过程($s_4=s_{2'}$),所以作功能力的不可逆损失为零。在锅炉中,若取热源平均温度为 831.45 K,工质吸热量 $q_1=3\ 271.22\ kJ/kg$,则

$$\begin{aligned}I_B&=T_0s_g=T_0s_{\mathrm{iso}}=T_0(s_1-s_4-s_f)=T_0\left(s_1-s_4-\frac{q_1}{T_H}\right)\\&=298\ \mathrm{K}\times\left[6.442\ \mathrm{kJ/(kg\cdot K)}-0.476\ 1\mathrm{kJ/(kg\cdot K)}-\frac{3\ 271.22\ \mathrm{kJ/kg}}{831.45\mathrm{K}}\right]\\&=605.40\ \mathrm{kJ/(kg\cdot K)}\end{aligned}$$

所以循环的不可逆损失

$$I=\sum I_i=I_T+I_C+I_B=142.44\ \mathrm{kJ/kg}+51.80\ \mathrm{kJ/kg}+605.40\ \mathrm{kJ/kg}=799.64\ \mathrm{kJ/kg}$$

或者,考虑到循环后工质熵变为零,所以

$$\begin{aligned}I&=T_0\Delta s_{\mathrm{iso}}=T_0(\Delta s_0+\Delta s_H)=T_0\left(\frac{q_2}{T_0}-\frac{q_1}{T_H}\right)\\&=298\ \mathrm{K}+\left(\frac{1\ 972.08\ \mathrm{kJ/kg}}{298\ \mathrm{K}}-\frac{3\ 271.22\ \mathrm{kJ/kg}}{298\ \mathrm{K}}\right)=799.64\ \mathrm{kJ/kg}\end{aligned}$$

由于锅炉效率为 0.90,所以每产生 1 kg 蒸汽燃料提供的热能

$$q_B=\frac{q_1}{\eta_B}=\frac{3\ 271.22\ \mathrm{kJ/kg}}{0.90}=3\ 634.69\ \mathrm{kJ/kg}$$

本例所示的循环中虽然 q_2/q_B 高达 54.26%,即 55%左右的热量在冷凝器中被冷却水带走,但因进入冷凝器的乏气温度很接近环境介质温度,故作功能力损失仅占循环全部作功能力损失的很小一部分,本例中 $I_C/I=6.84\%$,相反,锅炉内烟气平均温度远高于工质吸热平均温度,故不可逆传热引起的作功能力损失极大,本例 $I_B/I=75.71\%$。此外,汽轮机中不可逆绝热膨胀过程,虽然没有造成能量数量上的损失,但是也造成相当大的作功能力损失,本例占 17.8%。

10.2 参数对朗肯循环的影响

10.2.1 初温 t_1 对热效率的影响

在相同的初压及背压(通常为冷凝器压力)下,提高新蒸汽的温度可使热效率增大。这是因为初温从 t_1 提高到 t_{1a}(图 10.7),增加了循环的高温加热段,使循环温差增大,所以热效率提高。另外,提高初温 t_1 还可以使终态 2 的干度 x_2 增大,这对提高汽轮机的相对内效

率和延长汽轮机的使用寿命都有利。

提高新蒸汽的温度受材料的耐热性能限制。蒸汽过热器外面是高温燃气，里面是蒸汽，所以过热器壁面温度必定高于蒸汽温度。这点与燃气轮机装置和内燃机均不同。内燃机的汽缸壁因为有冷却水和进入汽缸的空气冷却，燃气轮机的燃烧室和叶片也都可以冷却，其材料就可以承受较高的燃气温度，如内燃机中燃气温度可高达 2 000 ℃，与此相对照，蒸汽循环的最高蒸汽温度很少超过 620 ℃。

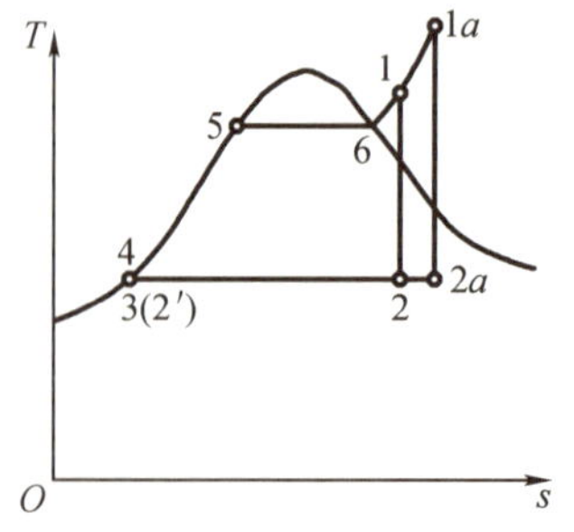

图 10.7　初温 t_1 对 η_t 的影响

10.2.2　初压 p_1 对热效率的影响

在相同的初温和背压下，提高初压也可使热效率增大。由图 10.8 所示，当初压提高时，循环的平均温差增大，所以循环的热效率提高。

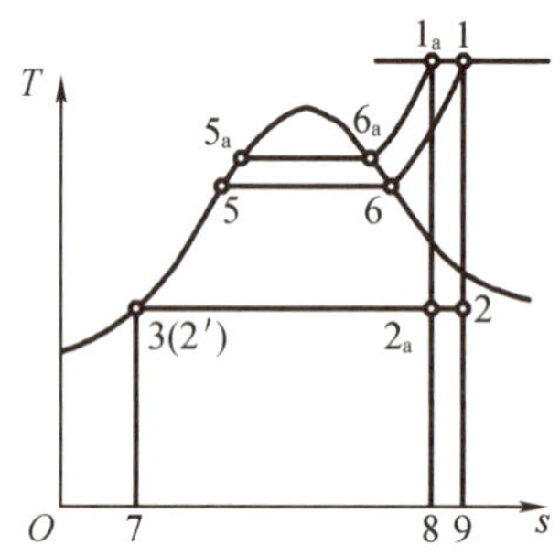

图 10.8　初压 p_1 对 η_t 的影响

提高初压的同时也产生了一些新问题，如设备的强度问题。另外，初压的增加会引起乏汽的干度迅速降低，乏汽中所含的水分增加，这将引起汽轮机内部效率降低。此外，若水分超过某一限度时，将引起汽轮机最后几片叶片的侵蚀，缩短汽轮机的使用寿命，并能引起汽轮机的危险震动，故乏汽干度不宜低于 80%。在提高 p_1 的同时提高 t_1，可以抵消因提高初压而引起乏汽干度的降低。

10.2.3　背压 p_2 对热效率的影响

从图 10.9 可见，由于循环温差加大的缘故，在相同的 p_1、t_1 下降低背压 p_2 也能使热效率提高。背压较低时循环净功 1—2_a—3_a—5—6—1 比背压较高时循环净功 1—2—3—5—6—1 大出相当于面积 2-$2_a$$3_a$32 这个数值，而循环吸热量 q_1 增加很少面积 (3_a377$_a$$3_a$)，所以降低背压可以显著提高循环热效率。

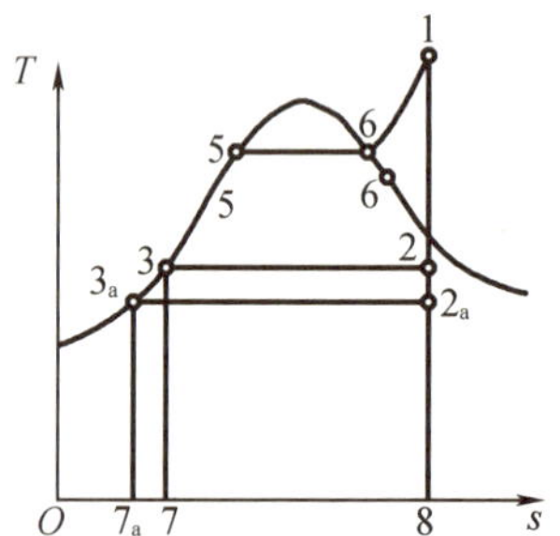

图 10.9　背压 p_2 对 η_t 的影响

p_2 的降低意味着冷凝器内饱和温度 t_2 的降低，而 t_2 必须高于外界环境温度，故其降低受环境温度限制。同一设备由于冬、夏季节气温的变化，t_2 随之变化，p_2 也会有改变。

此外，降低 p_2 若不提高 t_1，亦会引起乏汽 x_2 降低，其后果与单独提高 p_1 类似。

10.3　再热循环

上节分析指出，朗肯循环中提高新蒸汽压力 p_1 可以提高循环热效率 η_t，但如不相应提高温度 t_1，将引起乏汽干度 x_2 减小，产生不利后果。为此将朗肯循环作适当改进。新蒸汽膨胀到某一中间压力后撤出汽轮机，导入锅炉中特设的再热器 R 或其他换热设备中，使之再加热，然后再导入汽轮机中继续膨胀到背压 p_2。这样的循环叫作再热循环，其设备简图如图 10.10 所示，图 10.11 为再热循环的 $T-s$ 图。

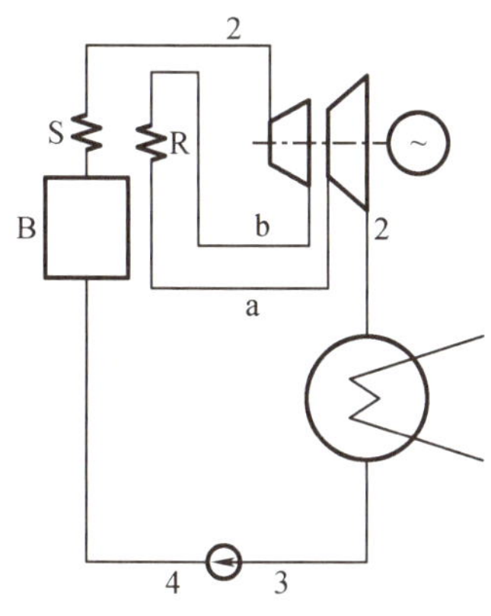

图 10.10　再热循环设备图

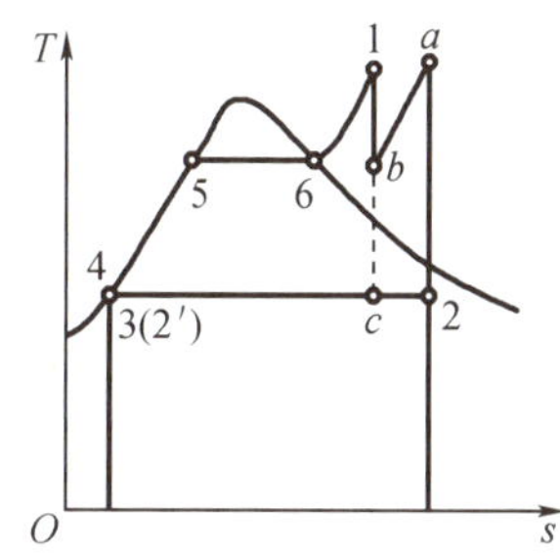

图 10.11　再热循环 $T-s$ 图

从图 10.11 上可以看出，如不进行再热，蒸汽膨胀到背压 p_2 时的状态为 c；而再热后膨胀到相同的背压时的状态却为点 2，干度增加，这样可避免由于提高 p_1 而带来的不利影响，这对于太阳能热力发电、地热能发电、压水堆发电等利用饱和蒸汽或为过热蒸汽的装置尤为重要。

下面讨论再热对循环热效率的影响。

循环所做的功为（忽略水泵功）为

$$w_{net}=(h_1-h_b)+(h_a-h_2)$$

加入的热量为

$$q_1=(h_1-h_{2'})+(h_a-h_b)$$

热效率

$$\eta_t=\frac{w_{net}}{q_1}=\frac{(h_1-h_b)+(h_a-h_2)}{(h_1-h_{2'})+(h_a-h_b)} \tag{10.12}$$

由式（10.12）不能直接判断再热循环的热效率较基本循环效率提高还是降低，但由 $T-s$ 图（图 10.11）可以看到，基本循环如图示 1—c—3—5—6—1，因再热而附加的部分为 b—a—2—c—b。如果附加部分较基本循环效率高，则能够使循环的总效率提高，反之则降低。可见，如所取中间压力较高，则能使 η_t 提高。如中间压力过低，亦会使 η_t 降低。但中间压力取得高对 x_2 的改善较少，且如中间压力过高，则附加部分与基本循环相比所占比例甚小，即使其本身效率高，而对整个循环作用不大。根据已有的经验，中间压力在（20%～30%）p_1 范围内对 η_t 提高的作用最大。但选取中间压力时必须注意使进入冷凝器的乏汽干度在允许范围内，此为再热之根本目的，且不能只考虑提高 η_t 而忘其根本目的。

在采用再热循环后，因为每千克蒸汽所做的功增加了，故耗气率可降低，使通过设备的水和蒸汽的质量减少，从而减轻水泵和冷凝器的负荷；另一方面因管道、阀门及换热面增多，增加了投资费用，且使管理运行复杂化。

例题 10.3 现我国运行中的核电站以压水堆型为主，压水堆核电厂二回路新蒸汽为饱和蒸汽，为保证汽轮机的安全，蒸汽在汽轮机高压缸内膨胀到一定压力后撤出，进入汽水分离再热器，经再热后进入汽轮机低压缸继续膨胀。某压水堆二回路循环采用的再热循环抽象简化图如图（10.12）所示。若新蒸汽的 $p_1=6.69$ MPa 、$t_1=282.2$ ℃，在高压缸膨胀到 $p_a=0.782$ MPa 时进入汽水分离再热器，再热到 $t_b=265.1$ ℃再进入低压缸膨胀后进入冷凝器，冷凝器内维持 $p=0.007$ MPa，水流经水泵后焓增加 9.3 kJ/kg，求循环的热效率和耗气率，并与不采用汽水分离再热循环比较。

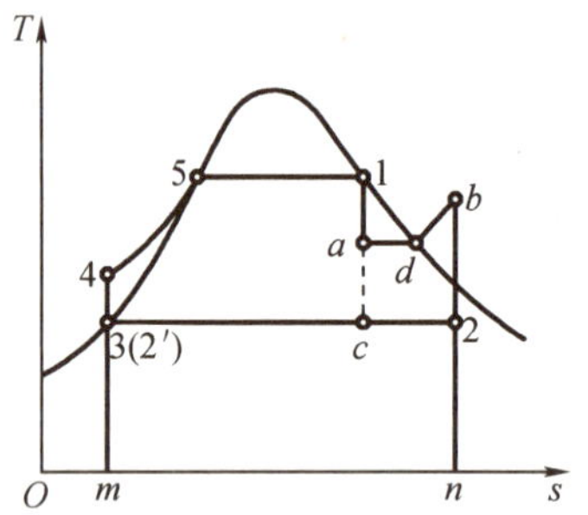

图 10.12 二回路再热循环

解 由 $p=6.69$ MPa、$t=282.2$ ℃，利用计算机软件或水蒸气图表查得，$h_1=2\ 772.5$ kJ/kg，$s_1=5.830$ kJ/(kg·K)；假定高压缸内蒸汽等熵膨胀，由 $s_a=s_1=5.830$ kJ/(kg·K)，及再热压力 $p_a=0.782$ MPa，可得 $h_a=2\ 395.9$ kJ/kg，$s_c=s_1=5.830$ kJ/(kg·K)，及 $p_c=0.007$ MPa，查得 $h_c=1\ 808.7$ kJ/kg、$x_c=0.68$；在再热器中的过程可近似为等压，所以由 $t=265.1$ ℃、$p=0.782$ MPa 查得，再热后蒸汽的参数为：$h_b=2\ 982.3$ kJ/kg、$s_b=7.110$ kJ/(kg·K)；同样假定低压缸膨胀过程为等熵过程，由 $s_2=s_b=7.110$ kJ/(kg·K) 及 $p_2=0.007$ MPa，查得 $h_2=2\ 208.3$ kJ/kg、$x_2=0.85$。同时 $h_3=163.4$ kJ/kg。

$$h_4=h_3+\Delta h=163.4\ \text{kJ/kg}+9.3\ \text{kJ/kg}=172.7\ \text{kJ/kg}$$

$$\begin{aligned}q_1&=h_1-h_4+h_b-h_a\\&=2\ 772.5\ \text{kJ/kg}-172.7\ \text{kJ/kg}+2\ 982.3\ \text{kJ/kg}-2\ 395.9\ \text{kJ/kg}\\&=3\ 186.2\ \text{kJ/kg}\end{aligned}$$

$$q_2=h_2-h_3=2\ 208.3\ \text{kJ/kg}-163.4\ \text{kJ/kg}=20\ 449.9\ \text{kJ/kg}$$

$$\begin{aligned}w_{\text{net}}&=w_{\text{T,H}}+w_{\text{T,L}}+w_{\text{T,C}}=h_1-h_a+(h_b-h_2)-(h_4-h_3)\\&=(2\ 772.5-2\ 395.9)\text{kJ/kg}+(2\ 982.3-2\ 208.3)\text{kJ/kg}-9.3\ \text{kJ/kg}\\&=1\ 141.3\ \text{kJ/kg}\end{aligned}$$

$$\eta_t=\frac{w_{\text{net}}}{q_1}=\frac{1\ 141.3\ \text{kJ/kg}}{3\ 186.2\ \text{kJ/kg}}=35.82\%$$

$$d=\frac{1}{w_{\text{net}}}=\frac{1}{1\ 141.3\times10^3\ \text{J/kg}}=8.762\times10^{-7}\ \text{kg/J}$$

若不采用再热，则循环为 1—c—3—4—1。该循环

$$q_{1'}=h_1-h_4=2\ 772.5\ \text{kJ/kg}-172.7\ \text{kJ/kg}=2\ 599.8\ \text{kJ/kg}$$

$$w'_{net}=w'_T-w_{T,C}=h_1-h_c-(h_4-h_3)$$
$$=(2\ 772.5\ \text{kJ/kg}-1\ 808.7\ \text{kJ/kg})-9.3\ \text{kJ/kg}=954.5\ \text{kJ/kg}$$

$$\eta'_t=\frac{w'_{net}}{q'_1}=\frac{954.5\ \text{kJ/kg}}{2\ 599.8\ \text{kJ/kg}}=36.71\%$$

$$d'=\frac{1}{w'_{net}}=\frac{1}{954.5\times10^3\ \text{J/kg}}=1.048\times10^{-6}\ \text{kg/J}$$

由于本例没有具体考虑再热的情况，也没有考虑排水，所以计算结果只是针对图(10.12)所示的循环。可以看出采用再热后尽管使系统复杂，初投资增加，但是乏汽的干度由0.68提高到0.85、汽耗率由1.048×10^{-6} kg/J降低到8.762×10^{-7} kg/J。

10.4　回热循环

朗肯循环热效率不高的主要原因是水的加热及水蒸气的过热过程不是定温的，尤其是经水泵加压后进入锅炉的水是未饱和的，温度较低，传热不可逆损失极大，加热过程的平均温度不高，致使热效率低下。回热循环是利用蒸汽回热对水进行加热，消除朗肯循环中水在较低温度下吸热的不利影响，以提高热效率。

10.4.1　抽气回热

从概括性卡诺循环及定压加热燃气轮机装置循环可以知道，回热就是把本来要放给冷源的热量利用来加热工质，以减少工质从热源的吸热量。但是在朗肯循环中乏气温度仅略高于进入锅炉的未饱和水的温度，因此不可能利用乏汽在冷凝器中传给冷却水的那部分热量来加热锅炉给水。目前工程上采用的回热方式是从汽轮机的适当部位抽出尚未完全膨胀的，压力、温度相对较高的少量蒸汽，去加热低温凝结水。这部分抽气并未经过冷凝器，没有向冷源放热，而是加热了冷凝水，达到了回热的目的。这种循环称为抽气回热循环。现代大中型蒸汽动力装置毫无例外均采用回热循环，抽气级数由2~3级到7~8级，参数越高、容量越大的机组，回热级数越多。

为了分析上的方便，以一级抽汽热循环为例进行讨论。其计算原则同样适用于多级回热循环。混合式一级抽汽回热循环装置示意图，如图10.13所示，循环的$T-s$图，如图10.14所示。每千克状态为1的新蒸汽进入汽轮机，绝热膨胀到状态$0_1(p_{0_1},t_{0_1})$后，从汽轮机中抽取α kg，将之引入回热器。剩下的$(1-\alpha)$kg蒸汽在汽轮机内继续膨胀到状态2，然后进入冷凝器，被冷却凝结成冷凝水$2'$，再经过水泵加压到p_{0_1}进入回热器。在其中被α kg的抽汽加热成饱和水，并与α kg蒸汽凝结的水汇成1 kg压力为p_{0_1}的饱和水(状态$0'_1$)。然后被水泵加压泵入锅炉，加热、汽化、过热成新蒸汽，完成循环。

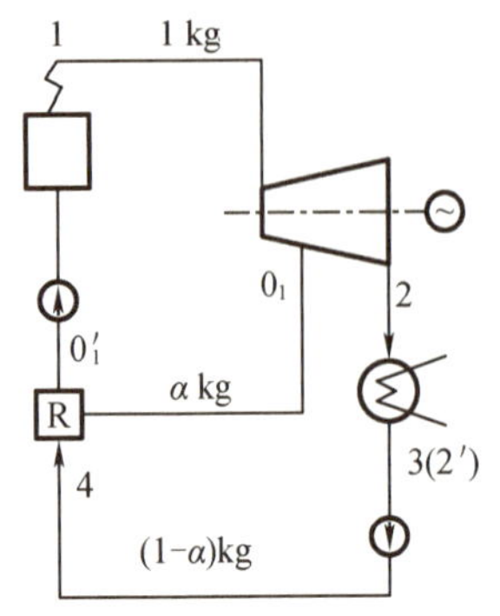

图 10.13　一级抽汽回热循环流程图

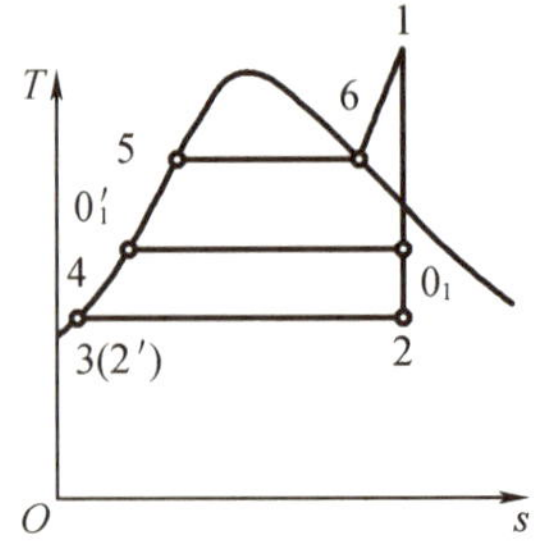

图 10.14　一级抽汽回热循环 T-s 图

从上面描述可知，回热循环中，因部分水蒸气用于回热做功减少，而使耗气率增大；增加了回热器、管道、阀门及水泵等设备，使系统更加复杂。

同时，注意到工质经历不同过程时有质量的变化，因此，T-s 图上的面积不能直接代表热量。尽管如此，T-s 图对分析回热循环仍是十分有用的工具。

10.4.2　回热循环分析

回热循环的计算，首先要确定抽汽量 α，它可以从回热器的热平衡方程式及质量守恒式确定。图 10.15 是混合式回热器的示意图，其热平衡方程为

$$(1-\alpha)(h_{0'_1}-h_4)=\alpha(h_{0_1}-h_{0'_1})$$

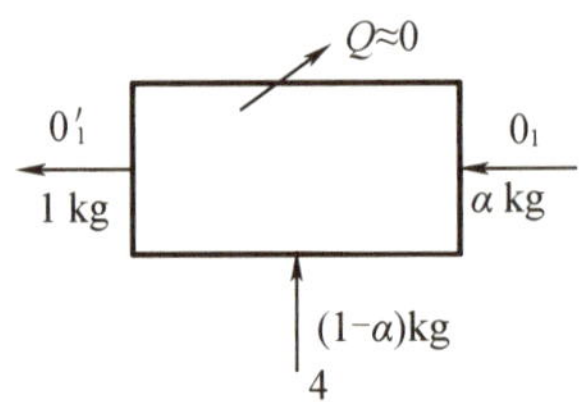

图 10.15　混合式回热器示意图

若忽略水泵功，则 $h_4=h_{2'}$，可得

$$\alpha=\frac{h_{0'_1}-h_{2'}}{h_{0_1}-h_{2'}} \tag{10.13}$$

循环净功为

$$w_{net}=(h_1-h_{0_1})+(1-\alpha)(h_{0_1}-h_2)=(1-\alpha)(h_1-h_2)+\alpha(h_1-h_{0_1})$$

从热源吸入的热量为

$$q_1=h_1-h_{0'_1}$$

循环热效率

$$\eta_{t,R}=\frac{w_{net}}{q_1}=\frac{(h_1-h_{0_1})+(1-\alpha)(h_{0_1}-h_2)}{h_1-h_{0'_1}} \tag{10.14}$$

由式(10.13)可以得出

$$h_{0'_1}=h_{2'}+(h_{0_1}-h_{2'})$$

将之代入式(10.14),整理后可得

$$\eta_{t,R}=\frac{(1-\alpha)(h_1-h_2)+\alpha 1(h_1-h_{0_1})}{(1-\alpha)(h_1-h_{2'})+\alpha 1(h_1-h_{0_1})}>\frac{(1-\alpha)(h_1-h_2)}{(1-\alpha)(h_1-h_{2'})}=\frac{(h_1-h_2)}{(h_1-h_{2'})}$$

由式(10.14)可见,回热循环的热效率一定大于基本朗肯循环的热效率。

一级抽气回热循环与朗肯循环 1—2—2′—5—6—2 的不同之处在于水的起始加热温度自 2′提高到 $0'_1$,而且 α kg 的蒸汽在作了一部分功后不再向外热源放热,向外热源放热的只是$(1-\alpha)$kg 蒸汽。因此,循环中工质自热源吸热量 q_1、向冷源放热量 q_2 及循环净功 w_{net} 都比原朗肯循环对应量小。由于工质平均吸热温度提高,平均放热温度不变,故循环热效率提高。

采用抽汽回热,虽能显著提高循环热效率,但增加了回热器、管道、阀门及水泵等设备,使系统更加复杂,而且增加了投资。然而这方面的耗费可因下列优点而得到部分补偿。

(1)由于工质吸热量减少,锅炉热负荷减低,因而可减少受热面,节省金属材料。

(2)由于耗气率增大,而使汽轮机高压端的蒸汽流量增加,因抽汽低压端流量减少,而这样有利于汽轮机设计中解决第一级叶片太短和最末级叶片太长的矛盾,提高单机效率。

(3)由于进入冷凝器的乏汽量减少,可减少冷凝器的换热面积,节省铜材。

综上所述,采用回热利大于弊,故而现代大中型蒸汽动力装置都采用回热循环。当然抽汽级数过多会使系统过于复杂,因而很少超过 8 级。在采用大型机组现代蒸汽电厂中,广泛采用一次再热与多级抽汽回热的循环。

例题 10.4　按例 10.3 各参数,若采用二级抽气回热,抽气压力分别为 4 MPa 和 0.4 MPa,试求:(1)抽汽量 α_1 和 α_2;(2)汽轮机做功 $W_{T,act}$、水泵耗功 W_P 及循环净功 $W_{net,act}$;(3)循环内部热效率 η_i 和实际耗气率 d_i;(4)各过程及循环的不可逆损失。

解　本题装置示意图如图 10.16 所示,T-s 图如图 10.17 所示。

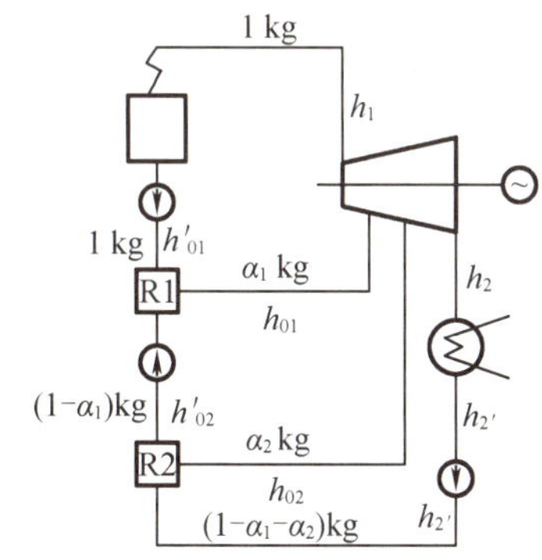

图 10.16　两级抽气回热流程示意图

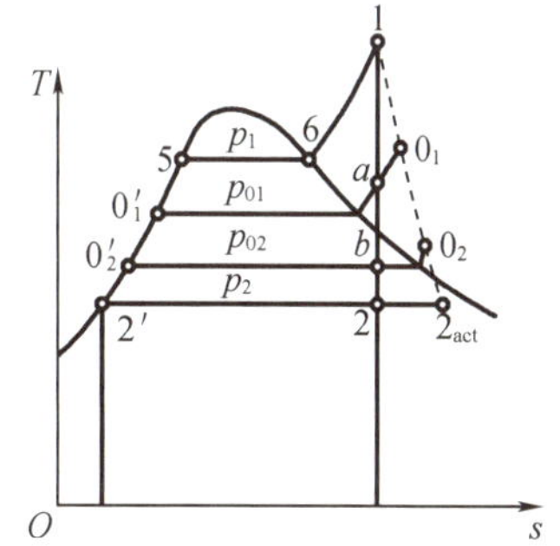

图 10.17　两级抽气回热 T-s 图

(1)分别对回热器 R1 及 R2 列热平衡方程式,得

$$(1-\alpha_1)(h_{0'_1}-h_{0'_2})=\alpha_1(h_{0_1}-h_{0'_1})$$

$$(1-\alpha_1-\alpha_2)(h_{0'_2}-h_{2'})=\alpha_2(h_{0_2}-h_{0'_2})$$

所以

$$\alpha_1=\frac{h_{0'_1}-h_{0'_2}}{h_{0_1}-h_{0'_2}},\alpha_2=\frac{(1-\alpha_1)(h_{0'_2}-h_{2'})}{h_{0_2}-h_{2'}}$$

由状态 1 及 $p_{0_1}=4$ MPa、$p_{0_2}=0.4$ MPa，在 h-s 图上查得：$h_a=3\ 101$ kJ/kg，$h_b=2\ 552$ kJ/kg。由式(10.6)得

$h_{0_1}=h_a+(1-\eta_T)(h_1-h_a)$

$=3\ 101$ kJ/kg$+(1-0.9)\times(3\ 426$ kJ/kg$-3\ 010$ kJ/kg$)$

$=3\ 051.6$ kJ/kg

同理 $h_{0_2}=2\ 639.4$ kJ/kg。

查饱和水和饱和水蒸气表，得：$h_{0'_1}=1\ 087.2$ kJ/kg，$h_{0'_2}=604.87$ kJ/kg、$h_{2'}=137.72$ kJ/kg。所以

$$\alpha_1=\frac{h_{0'_1}-h_{0'_2}}{h_{0_1}-h_{0'_2}}=\frac{1\ 087.2\ \text{kJ/kg}-604.87\ \text{kJ/kg}}{3\ 051.6\ \text{kJ/kg}-604.87\ \text{kJ/kg}}=0.197\ 1$$

$$\alpha_2=\frac{(1-\alpha_1)(h_{0'_2}-h_{2'})}{h_{0_2}-h_{2'}}=\frac{(1-0.197\ 1)\times(604.87\ \text{kJ/kg}-137.72\ \text{kJ/kg})}{2\ 639.4\ \text{kJ/kg}-137.72\ \text{kJ/kg}}=0.149\ 9$$

(2)$w_{T,act}=(h_1-h_{0_1})+(1-\alpha_1)(h_{0_1}-h_{0_2})+(1-\alpha_1-\alpha_2)(h_{0_2}-h_{2,act})$

由于例 13-2，$h_1=3\ 426$ kJ/kg，$h_{2,act}=2\ 109.8$ kJ/kg，所以

$w_{T,act}=(3\ 426$ kJ/kg$-3\ 051.6$ kJ/kg$)+(1-0.1971)\times(3\ 056.1$ kJ/kg$-2\ 639.4$ kJ/kg$)+$

$(1-0.197\ 1-0.149\ 9)\times(2\ 639.4$ kJ/kg$-2\ 109.8$ kJ/kg$)$

$=1\ 054.80$ kJ/kg

$$w_p=(1-\alpha_1-\alpha_2)(p_{0_2}-p_2)v_{2'}+(1-\alpha_1)(p_{0_1}-p_{0_2})v_{0'_2}+(p_1-p_{0_1})v_{0'_1}$$

查饱和水和饱和水蒸气表，得：$v_{0'_1}=0.001\ 252\ 4\ \text{m}^3/\text{kg}$、$v_{0'_2}=0.001\ 083\ 5\ \text{m}^3/\text{kg}$、$v_{2'}=0.001\ 005\ 3\ \text{m}^3/\text{kg}$，所以

$w_p=(1-0.197\ 1-0.149\ 9)\times(0.4\times10^3-5)\text{kPa}\times0.001\ 005\ 3\ \text{m}^3/\text{kg}+$

$(1-0.197\ 1)\times(4\times103-0.4\times103)\text{kPa}\times0.001\ 083\ 5\ \text{m}^3/\text{kg}+$

$(17\times10^3-4\times10^3)\text{kPa}\times0.001\ 252\ 4\ \text{m}^3/\text{kg}$

$=19.67$ kJ/kg

$$w_{net,act}=w_{t,act}-w_p=1\ 054.80\text{kJ}-19.67\ \text{kJ}=1\ 035.13\ \text{kJ}$$

(3)$q_1=h_1-h_{0'_1}=3\ 426$ kJ/kg$-1\ 087.2$ kJ/kg$=2\ 338.8$ kJ/kg

$q_2=(1-\alpha_1-\alpha_2)(h_{2,act}-h_{2'})$

$=(1-0.197\ 1-0.149\ 9)\times(2\ 109.8-137.72)$kJ/kg

$=1\ 287.77$ kJ/kg

$$\eta_i=\frac{w_{net,act}}{q_1}=1-\frac{q_2}{q_1}=1-\frac{1\ 287.77\ \text{kJ}}{2\ 338.8\ \text{kJ}}=0.449$$

若忽略水泵功

$$d_i=\frac{1}{w_{net,act}}=\frac{1}{1\ 035.13\ \text{kJ/kg}}=9.661\times10^{-7}\ \text{kg/J}$$

(4)据例题10.2,并查 $h-s$ 图及饱和水和饱和水蒸气表有

$$s_1=6.442\ \text{kJ/(kg·K)},s_{2'}=0.4761\ \text{kJ/(kg·K)}$$

$$s_{2,\text{act}}=6.920\ \text{kJ/(kg·K)}s_{0_1}=6.510\ \text{kJ/(kg·K)}$$

$$s_{0_2}=6.660\ \text{kJ/(kg·K)}s_{0_2'}=1.7769\ \text{kJ/(kg·K)}$$

$$s_{0_1'}=2.7962\ \text{kJ/(kg·K)}$$

(a)蒸汽在汽轮机中绝热稳定流动,$\Delta s_{CV}=0$, $s_f=0$,故据熵方程

$$\begin{aligned}s_{g,T}&=s_{\text{out}}-s_{\text{in}}\\&=\alpha_1 s_{0_1}+\alpha_2 s_{0_2}+(1-\alpha_1-\alpha_2)s_{2,\text{act}}-s_1\\&=0.1971\times6.510\ \text{kJ/(kg·K)}+0.1499\times6.660\ \text{kJ/(kg·K)}\\&=(1-0.1971-0.1499)\times6.920\ \text{kJ/(kg·K)}-6.442\ \text{kJ/(kg·K)}\\&=0.3582\ \text{kJ/(kg·K)}\end{aligned}$$

$$i_T=T_0 s_{g,T}=298\ \text{K}+0.3582\ \text{kJ/(kg·K)}=106.74\ \text{kJ/(kg·K)}$$

(b)冷凝器中,乏汽凝结过程为稳定放热,故

$$\begin{aligned}s_{g,C}&=s_{\text{out}}-s_{\text{in}}-s_f\\&=(1-\alpha_1-\alpha_2)(s_{2'}-s_{2,\text{act}})-\frac{q_2}{T_0}\\&=(1-0.1971-0.1499)\times[0.4761\ \text{kJ/(kg·K)}-6.920\ \text{kJ/(kg·K)}]-\frac{-1287.77\ \text{kJ/kg}}{298\ \text{K}}\\&=0.1135\ \text{kJ/(kg·K)}\end{aligned}$$

$$i_C=T_0 s_{g,C}=298\ \text{K}\times0.1135\ \text{kJ/(kg·K)}=33.82\ \text{kJ/kg}$$

(c)设回热器保温良好,熵流为零,

$$\begin{aligned}s_{g,R1}&=s_{\text{out}}-s_{\text{in}}=s_{0_1'}-[\alpha_1 s_{0_1}|+(1-\alpha_1)s_{0_2'}]\\&=2.7962\ \text{kJ/(kg·K)}-[0.197\times6.510\ \text{kJ/(kg·K)}+(1-0.1971)\times1.7769\ \text{kJ/(kg·K)}]\\&=0.0864\ \text{kJ/(kg·K)}\end{aligned}$$

$$i_{R1}=T_0 s_{g,R1}=298\ \text{K}\times0.0864\ \text{kJ/(kg·K)}=25.75\ \text{kJ/kg}$$

$$\begin{aligned}s_{g,R2}&=s_{\text{out}}-s_{\text{in}}\\&=(1-\alpha_1)s_{0_2'}-[\alpha_2 s_{0_2}|+(1-\alpha_1-\alpha_2)s_{2'}]\\&=(1-0.1971)\times1.7769\ \text{kJ/(kg·K)}-\\&\quad[0.1499\times6.660\ \text{kJ/(kg·K)}+(1-0.1971-0.1499)\times0.4761\ \text{kJ/(kg·K)}]\\&=0.1174\ \text{kJ/(kg·K)}\end{aligned}$$

$$i_{R2}=T_0 s_{g,R2}=298\ \text{K}\times0.1174\ \text{kJ/(kg·K)}=34.99\ \text{kJ/kg}$$

(d)锅炉内吸热过程,热源即为烟气,据题意其平均温度831.45 K,所以

$$\begin{aligned}s_{g,B}&=s_1-s_{0_1'}-\frac{q_1}{T_H}\\&=6.442\ \text{kJ/(kg·K)}-2.7962\ \text{kJ/(kg·K)}-\frac{2338.8\ \text{kJ}}{831.45\ \text{K}}\\&=0.8329\ \text{kJ/(kg·K)}\end{aligned}$$

$$i_B = T_0 s_{g,B} = 298\ \text{K} \times 0.832\ 9\ \text{kJ/(kg} \cdot \text{K)} = 248.20\ \text{kJ/kg}$$

(e)整个循环中系统不可逆损失：

$$\begin{aligned} i &= \sum i_i \\ &= i_T + i_C + i_{R1} + i_{R2} + i_B \\ &= 106.74\ \text{kJ/kg} + 33.82\ \text{kJ/kg} + 25.75\ \text{kJ/kg} + 34.99\ \text{kJ/kg} + 248.20\ \text{kJ/kg} \\ &= 449.50\ \text{kJ/kg} \end{aligned}$$

或

$$\begin{aligned} i &= T_0 i_g = T_0 \Delta s_{iso} = T_0 (\Delta s_H + \Delta s_0) \\ &= 298\ \text{K} \times \left(\frac{-2\ 338.8\ \text{kJ/kg}}{831.45\ \text{K}} + \frac{1\ 287.77\ \text{kJ/kg}}{298\ \text{K}} \right) \\ &= 449.52\ \text{kJ/kg} \end{aligned}$$

与例题 10.2 的计算结果相比较可知，采用抽气回热后，实际耗气率增大，进入汽轮机的每千克蒸汽做功减少，水泵总耗功增大，但是工质自外热源吸热量减少，平均吸热温度提高，故而热效率提高。虽然回热器内不等温传热，造成了作功能力损失，但是由于减少了锅炉内传热温差，使锅炉内过程的作功能力损失显著下降，从而使循环总的不可逆损失有较大的下降。

10.5 有机朗肯循环

10.5.1 有机工质朗肯循环

多种热力学循环都可以用于发电、驱动、供热和供冷，例如朗肯循环、卡琳娜循环、布雷顿循环等，其中，朗肯循环是最为常见的一种发电用热力循环，该循环的基本流程如图 10.18 所示。该循环包括等熵压缩、等压加热、等熵膨胀和等压冷凝四个主要热力过程。首先，工作介质在工质泵中进行等熵压缩后，进入到蒸发器等压加热，并蒸发成为高温高压的蒸汽，后进入到透平等熵膨胀，向外界输出机械功，膨胀后的蒸汽进入冷凝器，与冷却介质换热并等压冷凝为液态，最后重新进入工质泵中开始下一次的循环。朗肯循环的优势是结构简单、容易实现、效率相对较高。

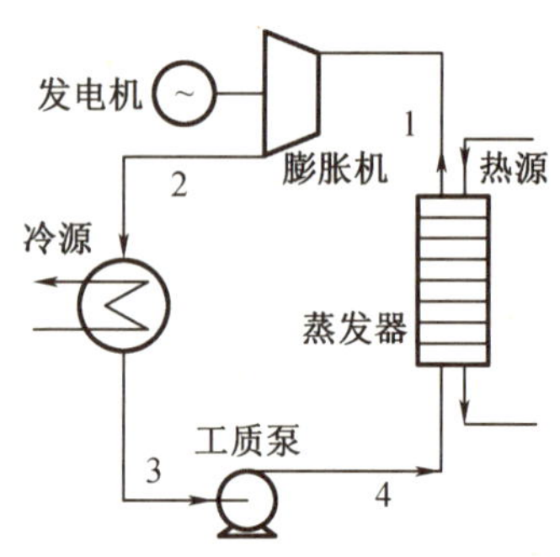

图 10.18　朗肯循环流程图

常见的朗肯循环主要采用水为工作介质，即水蒸气朗肯循环。水是最容易得到的工质，其热物性和热力循环性能也能满足驱动膨胀机的要求。但研究表明，当热源温度低于 370 ℃时，以水为工质的循环限制了循环比功和效率。采用低沸点有机工质的朗肯循环的效率和经济性将可能优于采用水蒸气作为工质的同类型循环。由于此类循环的工作介质为有机物，因此通常称这一循环为有机工质朗肯循环(organic rankine cycle，ORC)。

有机工质朗肯循环与传统朗肯循环拥有相同的结构和工作过程，但与传统的水蒸气朗肯循环相比，有机物朗肯循环在工作介质、主要工作参数、系统部件、效率及经济性等方面均有着较大的区别。

首先，有机工质朗肯循环通常采用有机工质作为系统的工作介质。常见的工质包括R600a，R60la，R245fa 等，此类工质通常具有较低的沸点，并在中低温热源温度范围内具有合适的蒸发、冷凝压力和膨胀比，使其适用于采用此类热源的朗肯循环。此外，除合适的热物理性质外，这些工质还需具备一定的安全性以及对环境的友好性。

其次，与传统水蒸气朗肯循环相比，有机工质朗肯循环通常更为适用于对中低温热源的利用，这主要是由有机工质自身的特性决定的。一方面，水蒸气朗肯循环在低温下会存在工作压力过低、系统密封难度较大、膨胀过程焓降小、效率低下等问题，而由于有机工质在相同的蒸发和冷凝温度条件下，与水相比具有更高的蒸发、冷凝压力，从而保证系统始终维持在正压状态，减少系统内部漏入空气的危险。另外，一些有机工质还具有较小的膨胀比和较大的焓降，这有助于简化系统尤其是膨胀机的设计，从而增加系统的热回收效率和经济性。

最后，与水蒸气朗肯循环相比，有机工质朗肯循环的设备更为简单，成本较低。一方面，水蒸气的膨胀比较大，通常需采用成本高昂的多级轴流式透平，为了防止膨胀过程带液等问题的出现，通常需采用在系统中加入再热过程，并对透平末级叶片进行特殊设计，从而使其复杂程度和成本大大增加。而相比之下，有机工质的膨胀比通常较小，从而可采用单级透平膨胀机，以减小膨胀机的尺寸和设计难度。此外，相当一部分有机工质为干性工质，不存在膨胀过程带液等问题，因此系统工质工作时无须采用较高的过热度或是再热过程，从而使系统得到简化，降低其成本。

图 10. 19 是采用某一低温热源的有机工质朗肯循环的 T–s 图，该图中热源 5—6 线段是主要放热温度，由 1→2→3→4→1 组成的封闭线段表示工质在循环中的各个过程，图中状态点 1 至 4 分别对应的是图 10. 19 中相应的状态点。

由于存在以上诸多特点，使得有机工质朗肯循环拥有了简单的系统结构，尺寸小、成本低的膨胀机以及性能可靠的换热器等部件，使其特别适用于中低温和中小容量的能量回收。

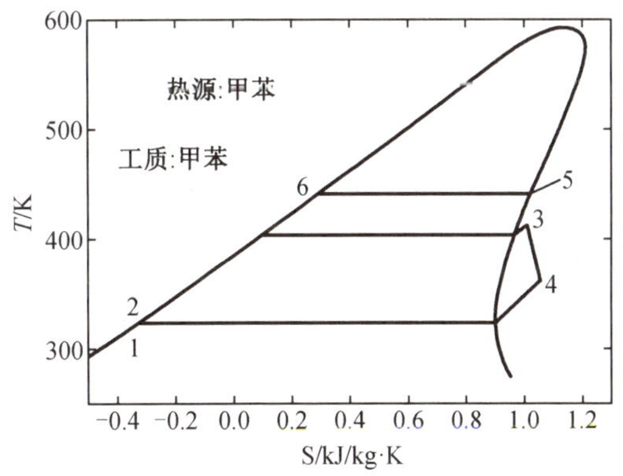

图 10. 19　以某低温余热为热源的有机物朗肯循环 T–s 图

10.5.2 有机工质朗肯循环基本热力过程

类似于水蒸气朗肯循环，理想的有机物朗肯循环过程包括如图 10.19 所示的绝热膨胀(1—2)、定压冷却(2—3)、绝热加压(3—4)以及定压加热(4—1)4 个过程，对应的有机物朗肯循环的 4 个主要设备如图 10.18 所示的膨胀机、冷凝器、工质泵和蒸发器。有机物朗肯循环的过程为：

绝热膨胀(1—2)：来自蒸发器的高温高压的有机物蒸汽在膨胀机中绝热膨胀，从而实现对外做功的过程，理想的膨胀机过程为绝热等熵膨胀，此时，膨胀机的绝热效率为 1。而实际的膨胀机，由于存在着摩擦、泄漏、漏热等不可逆损失，其绝热膨胀过程通常是不可逆的熵增过程，其相对内效率小于 1。膨胀机的相对内效率可以通过下式进行计算：

$$\eta_T=\frac{h_1-h_2}{h_1-h_{2s}}$$

而膨胀机对外做功，则可由用下式进行计算：

$$W_T=m_w(h_1-h_2)$$

定压冷却(2—3)：经过膨胀机膨胀之后的较低温度较低压力的有机物蒸汽，在冷凝器中冷却成过冷液体，同时将热量排到冷却流体中。通常这个过程包括预冷、冷凝和过冷 3 个阶段。通常冷却方式可以采用空冷或者水冷，对于水资源较为丰富的地区，可以采用水冷的方式，否则，可以采用空冷方式进行冷却。冷凝器中的冷却过程，可以由下式进行计算：

$$Q_c=m_w(h_2-h_3)$$

绝热加压(3—4)：经过冷凝器冷却之后的过冷的有机工质液体在工质泵中被绝热加压至高压液体，以进入蒸发器进行加热。一般认为，在水蒸气朗肯循环中，由于泵消耗的功非常少，因而泵的功可以忽略不计；但是，实际研究发现，在有机物朗肯循环中，泵消耗的功在膨胀机所做的功中占有一定的比例，不能忽略，泵的耗功可以由下式进行计算：

$$W_p=\frac{m_w(p_4-p_3)v_3}{\eta_p}$$

则泵出口的焓值可以由下式进行计算：

$$h_4=h_3+W_p/m_w$$

定压加热(4—1)：高压的有机工质液体在蒸发器中被加热，经历了预热、沸腾和过热三个过程后，产生的过热蒸汽进入膨胀机做功。这个过程是有机物朗肯循环不可逆损失最大的过程，主要是由于工质在沸腾过程中通常是等温的，从而导致换热温差较大，带来内部不可逆损失；同时由于换热不充分，热源经过换热之后仍有一定量的可用能直接排放到环境，导致外部不可逆损失。若采用混合工质，由于沸腾过程是变温过程，可以减小换热温差，因此可以在一定程度上减小内部不可逆损失，这也是混合工质最大的优势之一。

这个过程可以由以下方程进行描述：

$$Q_e=m_w(h_1-h_4)$$

综合上述四个过程，有机物朗肯循环的热效率为

$$\eta_t=\frac{W_T-W_p}{Q_e}=\frac{(h_1-h_2)-W_p/m_w}{h_1-h_4}$$

10.5.3　系统总体性能

系统总体性能包括工质蒸发压力、冷凝压力、工质流量、膨胀比、系统热回收效率和总换热面积等。

1. 蒸发、冷凝压力

工质的蒸发、冷凝压力对系统管路、设备的设计，设备选取及经济性都有着重要的影响。蒸发压力过高，会增加管路、换热器等设备的投资，从而导致系统成本增加。而冷凝压力低于大气压，则有可能导致冷凝器漏入空气，影响系统正常运行。工质蒸发压力升高，其蒸发温度也相应增加，但不同工质增加幅度差异较大。

2. 工质流量

在回收相同的余热热量时，ORC 循环中的工质流量对该系统的大小，管路、换热器、膨胀机及其他设备的设计和选取均有重要的影响，同时也影响着系统的成本和经济性。因此，使用比吸热量和做功能力大的工质可以有效减小系统的工质流量，减小系统规模，降低系统成本。随着蒸发温度的增加，工质所需的流量均不断减小，不同工质减少的幅度有所不同。

3. 膨胀比

工质膨胀比(expansion ratio，ER)指的是膨胀机入口和出口工质压力的比值，其大小对膨胀机的设计选型起着重要的作用。在中小型的 ORC 系统中，通常采用单级膨胀机，如涡旋式膨胀机、向心透平等，工质膨胀比随蒸发温度的增加而增加。

4. 系统热回收效率

系统热回收效率(η)是指 ORC 系统净发电功率与热源放热量的比值，是衡量热回收系统性能的重要指标之一，工质的热回收效率均随蒸发温度的增加而增加。

5. 换热面积

在 ORC 系统成本中，换热器占其中重要的一部分，而换热器的成本可由换热面积这一指标进行衡量。单位输出功率 APR 所需的换热器面积随着蒸发温度的增加呈现出先减小后增大的趋势。因为随着蒸发温度的增加，蒸发器中的平均换热温差减小而冷凝器中的平均换热温差增加，从而导致蒸发器换热面积增大而冷凝器换热面积减小，二者之和呈现先减小后增大的趋势。

10.6　船舶柴油机烟气余热驱动有机朗肯循环

船舶柴油机余热的利用主要有余热制冷、余热制淡、有机朗肯循环余热发电等。有机朗肯循环因其具有工质密度大、比容小，有机工质沸点较低，且可用尺寸更小的膨胀机等优点，故对中低温船舶余热利用更为合适。

10.6.1　船舶柴油机烟气余热驱动有机朗肯循环

图 10.20 为船舶柴油机烟气余热驱动有机朗肯循环系统示意图与 T-s 图。有机工质先

经工质泵压缩进行加压，成为高压低温液体(1—2)，随后进入蒸发器中进行定压吸热，从高压低温液体转变成高温高压饱和液态，再继续吸热成饱和气态(2—4)；工质再进入膨胀机中进行膨胀做功，实际过程为非等熵膨胀(4—5)，从膨胀机出来的工质成为低压乏汽，进入冷凝器中冷凝为低温低压饱和液体(5—1)，最后再进入工质泵中进行加压，完成整个循环。

10.6.2 船舶柴油机烟气余热驱动有机朗肯循环热力计算

有机朗肯循环系统各个部件的热力计算：

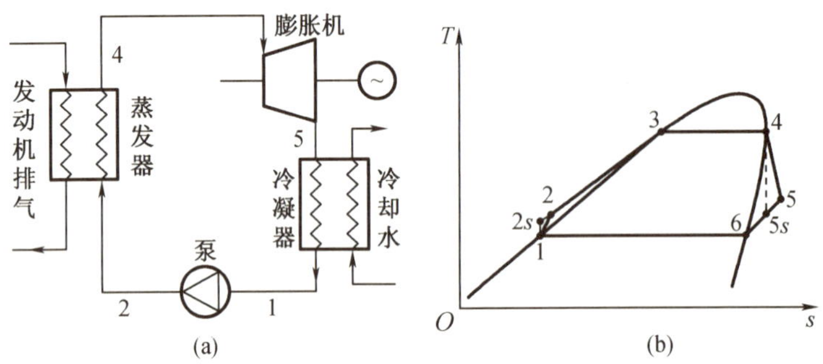

图 10.20 船舶柴油机烟气余热驱动有机朗肯循环系统图(a)与 T–s 图(b)

(1)工质泵耗功为

$$W_p = m_f(h_2 - h_1) = m_f(h_{2s} - h_1)/\eta_p$$

(2)蒸发器内工质吸热量。

(3)膨胀机内工质膨胀做功为

$$W_t = m_f(h_4 - h_5) = m_f(h_4 - h_{5s})$$

(4)冷凝器中工质与冷却水换热量为

$$Q_c = m_f(h_5 - h_1) = m_{cw}(h_{c,out} - h_{c,in})$$

(5)系统输出净功为

$$W_{net} = W_t - W_p$$

(6)系统热效率为

$$\eta = \frac{W_{net}}{Q_e} \times 100\%$$

上述式中，W 为功，Q 为热量，单位 kW；η_p 和 η_t 分别为泵和膨胀机的等熵效率，η 为系统热效 率；m_f、m_e、m_{cw} 分别为工质、排气、冷凝器冷却水的质量流量，三者互不相等，单位 kg/s；h 为焓值，单位 kJ/kg，其中下标 c,out 表示冷却水出口；c,in 表示冷却水进口。

10.7 蒸汽–燃气联合循环

蒸汽动力装置的发展和进步一直是沿着提高参数(如 25 MPa、620 ℃)的方向前进的。采用高参数蒸汽的优点除了可提高装置的热效率，还可降低耗汽率，缩小装置的尺寸和重量。目前世界上已有很多压力超过水蒸气热力学临界压力的超临界发电机组在安全运行。超临界压力蒸汽动力装置的简单循环如图 10.21 所示,在实际应用上还带有回热和再热的循环。与朗肯循环比较,超临界循环的热效率有显著提高。但是与同温度区间内卡诺循环比较,因其平均吸热温度较低,故其热效率仍远低于同温限的卡诺循环。

两气循环是两种工质联合运行的循环。两种或几种不同工质循环互相复合或联合可有效提高整个联合装置的热效率。汞、水两气循环的 T-s 图如图 10.22 所示。图中 1_a—2_a—3_a—5_a—1_a 是汞循环,1—2—3—5—6—1 为水循环。若循环中汞和水的参数分别为:p_{1_a}=1.96 MPa、t_{1_a}=582.4 ℃;p_{2_a}=9.81 kPa;t_{2_a}=249.6 ℃(汞);p_1=3.5 MPa、t_6=242.54 ℃;p_2=4 kPa、t_2=28.96 ℃(水)时,理论上汞-水两气循环的热效率可达到 50%~60%,约为相同温度界限的卡诺循环热效率的 50%~95%,且整个装置的压力仍不太高。但因汞的价格贵且有毒,这种循环至今没有实际应用。

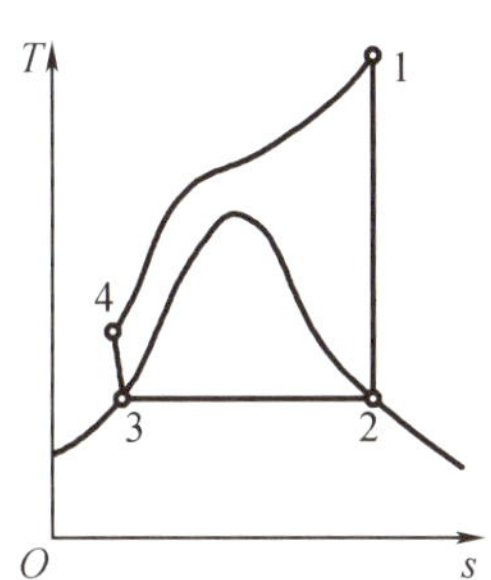

10.21　超临界装置简单循环 T-s 图

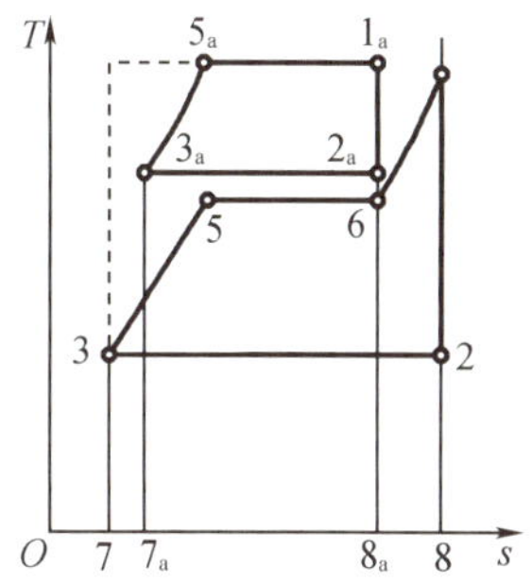

10.22　两汽循环

蒸汽-燃气联合循环是以燃气为高温工质、蒸汽为低温工质,由燃气轮机的排气作为蒸汽轮机装置循环的加热源的联合循环。目前,燃气轮机装置循环中燃气轮机的进气温度虽高达 1 000~1 300 ℃,但排气温度在 400~650 ℃范围内,故其循环热效率较低。而蒸汽动力循环,其上限温度不高,极少超过 600 ℃,放热温度约为 30 ℃,却很理想。若将燃气轮机的排气作为蒸汽循环的加热源,则可充分利用燃气排出的能量,使联合循环的热效率有较大的提高。目前,如采用回热和再热的措施,这种联合循环的实际热效率可达 57%。图 10.23 是燃气轮机装置定压加热循环和朗肯循环组合的简单燃-蒸联合循环流程示意图及其 T-s 图。在理想情况下,燃气轮机装置定压放热量 Q 可全部由余热锅炉予以利用,产生水蒸气。所以理论上整个联合循环的加热量即为燃气轮机装置的加热量 Q 放热量即为蒸汽轮机装置循环的放热量 Q。因此,联合循环的热效率为

$$\eta_t=\frac{Q_{fa}}{Q_{23}}$$

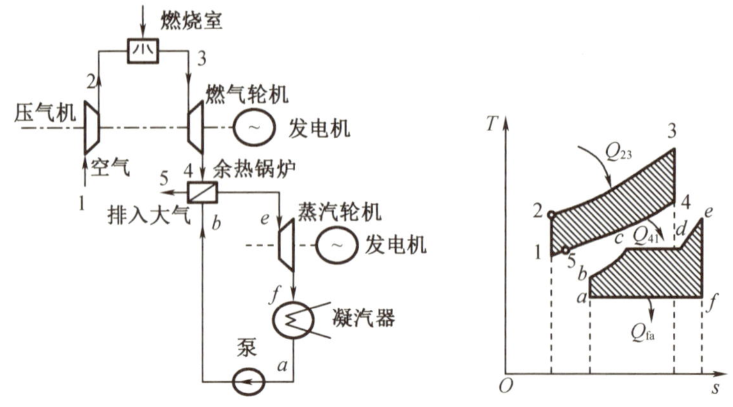

图 10.23　燃-蒸联合循环

实际上仅有过程 4—5 排放的热量得到利用，过程 5—1 仍为向大气放热，故其热效率为

$$\eta_t' = 1 - \frac{Q_{fa} - Q_{51}}{Q_{23}}$$

实用的燃-蒸联合循环在余热锅炉中还有燃料燃烧，作为辅助加热，上述两式中应计入这部分热量。

 10.8　其他形式的联合循环

10.8.1　程式循环

1. 热力系统和过程

程氏循环（Cheng Cyecle）又称为双工质燃气轮机循环或并联型联合循环，由美籍华人程大酋博士于 1974 年提出。程氏循环的热力系统如图 10.24 所示，理想程氏循环的温-熵图则见图 10.25。用的燃-蒸联合循环在余热锅炉中还有燃料燃烧，作为辅助加热，上述两式中应计入这部分热量。

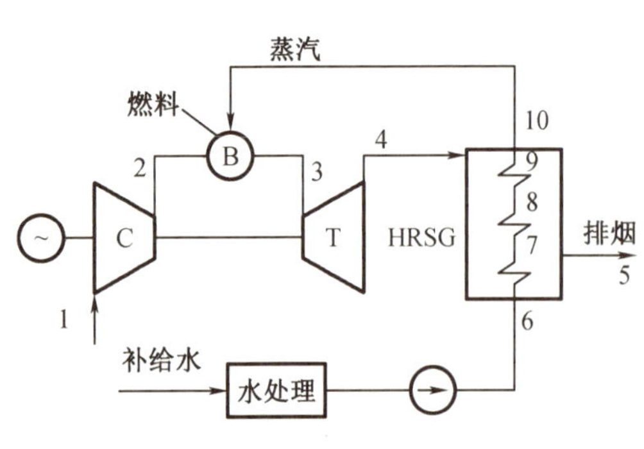

C—压气机；B—燃烧室；T—透平；HRSG—余热锅炉。

图 10.24　程式循环的热力系统

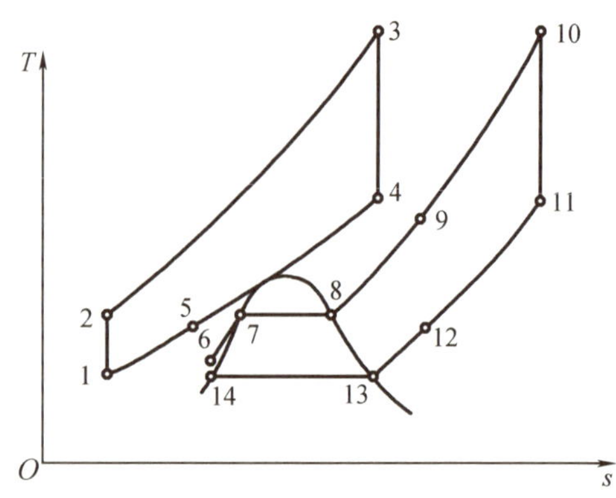

图 10.25　理想程式循环的温-熵图

由图10.24可见，这种循环的设备构成与余热锅炉型联合循环相似，它同样是在余热锅炉中，用水和水蒸气吸收燃气轮机的排气余热，并将其转换为有用功。但在这里，蒸汽不是送到汽轮机中去做功，而是被供到燃气轮机燃烧室中，与压气机供来的空气一起被加热到透平的初温后，再共同进入透平膨胀做功（也可以使一部分低压蒸汽不经燃烧室加热而直接进入透平的低压部分做功）。由于该循环同样将燃气循环和蒸汽循环耦合在一起，所以也是一种燃气-蒸汽联合循环。又由于在这种循环中，燃气轮机中同时有燃气和蒸汽两种工质，所以又称为双工质燃气轮机循环。还由于这种循环的燃气循环和蒸汽循环并行地通过燃气轮机实现，所以又被称为并联型联合循环。

在图10.25所示的理想程氏循环温-熵图中：

过程1—2—3—4表示燃气轮机内部的压缩、燃烧和膨胀过程；

过程4—5可理解为燃气轮机排气中的烟气在余热锅炉中对补给水进行加热的过程；

过程5—1可理解为燃气轮机排气中的烟气在大气中放热的过程；

过程14—6表示补给水在水泵中被压缩的过程；

过程6—7—8—9表示补给水在余热锅炉中吸热并转换为过热蒸汽的过程；

过程9—10可理解为余热锅炉所产生的蒸汽在燃气轮机燃烧室中吸热的过程；

过程10—11表示蒸汽在透平中膨胀做功的过程；

过程11—12可理解为燃气轮机排气中的蒸汽在余热锅炉中对补给水进行加热的过程；

过程12—13—14可理解为燃气轮机排气中的蒸汽在大气中放热的过程。

图上的一些热力参数之间存在着一定的关系，即：$T_{10}=T_3$；$T_{11}=T_4$；$T_{12}=T_5$；$T_{12}>T_6$；$T_9>T_4$；$T_{12}>T_6$；$p_s>T_2$（p_s—余热锅炉出口处蒸汽的压力）。

2. 性能及特点

从热力学上看，程氏循环既与余热锅炉型联合循环相近，也与采用空气回热的燃气轮机相近。但实质上，这种循环的性能既与由简单燃气轮机循环和简单汽轮机循环叠置而成的余热锅炉型联合循环有很大差别，也与回热型燃气轮机循环有很大差别。

与余热锅炉型联合循环相比，该循环的最大特点是省去了对最高工作温度有极大限制的汽轮机及系统（包括汽轮机、凝汽器及其辅助设备）。这不仅使蒸汽循环的系统大幅度简化。投份减少。而且把蒸汽循环的最高工作温度提高到了汽轮机的水平。当然。此时蒸汽循环的排气温度也提高了很多，其排汽温度低的优点无从发挥。而且，要消耗大量经过严格处理的补充水。

与采用空气回热的燃气轮机循环相比，该循环的最大特点是，削弱了对燃气轮机压比的限制。众所周知，在回热循环中，燃气轮机的排气余热由经过压气机压缩的空气来回收，此时，压气机出口空气的温度一定要低于透平排气的温度，这就限制了燃气轮机压比的提高。而在程氏循环中，燃气轮机的排气余热采用温度很低的水来回收。根本没有这样的限制，因而燃气轮机可以采用更高的压比，并可达到更高的效率。同时，由于水是一种比热容大、易压缩的工质，所以，将一部分蒸汽注入燃气轮机燃烧室，可以在多消耗极少量压缩功的前提下，大幅度地提高燃气轮机的流量和功率，从而使燃气轮机获得更大的比功。

综上所述，程氏循环的主要优点是：不需要尺寸庞大的汽轮机、凝汽器及其辅助设备，投资少而且压比高、效率高、比功大。另外，由于蒸汽注入燃烧室有利于降低火焰温度，所

以 NO_x 排放量低;又由于含有水蒸气的烟气的传热系数高,所以其余热锅炉的换热效果好,效率高。其主要缺点是:工作中有大量蒸汽排向大气,所以需要补水。这不仅需要庞大的水处理设备,而且浪费水资源。一般来说,双工质燃气轮机循环的耗水量要比余热锅炉型联合循环多 38%左右,回注蒸汽用水大约为 0.2~0.4 kg/(kW·h)。

研究表明,程氏循环非常适合机车、舰船等对发动机的机动性、超载能力有较高要求的场合,也特别适合热电联产。以 Allison 公司生产的 501-KB 燃气轮机为例,如果用该机组和一台余热锅炉构成一套以简单循环方式工作的热电联产装置(即余热锅炉所产生的蒸汽全部作为外界要求的工艺蒸汽输出),当外界要求提供 9 092 kg/h 的蒸汽量时,机组可以发出 3 086 kW 的电功率。但是当外界需求的蒸汽量降为 6 804 kg/h 时,机组只能允许发出 2 000 kW 的电功率,此时,燃气轮机的初温 T_3^* 必须降低,不仅机组的效率和功率都得不到充分发挥,而且其热部件的寿命也要受到影响。用 501-KB 燃气轮机构成的热电联产机组的运行图如图 10.26 所示。

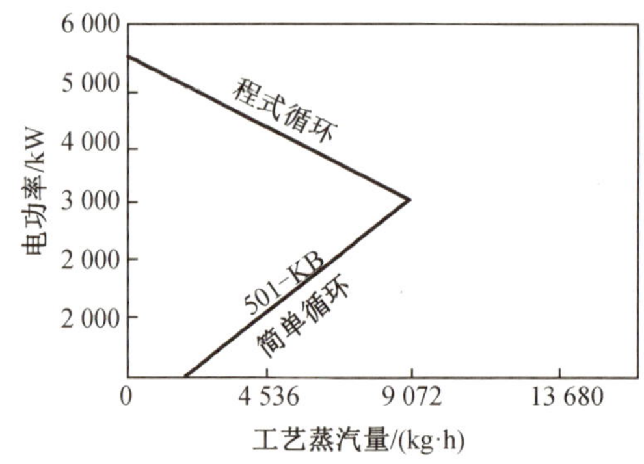

图 10.26 用 501-KB 机组构成的热电联产机组运行图

但是,如果用该机组和一台余热锅炉构成一套以程氏循环方式工作的热电联产装置时,情况就会得到改善。譬如:当外界需求的蒸汽量降低为 6 804 kg/h 时,可以把多余的那部分蒸汽送到燃烧室去,蒸汽量将增至最大值,此时机组的电功率将达到最大值 5 400 kW。在整个热负荷的变动范围内,燃气轮机的初温 T_3 基本维持不变,这对于机组的热效率和热部件的寿命都有好处。由此可见,程氏循环热电联产机组不仅能始终在很高的效率水平下运行,而且热电比可变动范围也很大。

10.8.2 湿空气透平循环

1. 热力系统和过程

湿空气透平循环简称 HAT 循环(Humid Air Turbine 的缩写),由日本人 Y. Mori 教授于 1983 年提出,其热力系统如图 10.27 所示。由图可见,该循环与回热型燃气轮机循环很相似。所不同的是,HAT 循环在回热器之后增加了一个给水预热器,并在压气机和回热器之间增加了一个给水蒸发器。预热器利用温度很低的给水来吸收回热器排出的烟气的热量,以降低排烟温度,减少放热损失。蒸发器利用给水的蒸发来吸收高压空气的热量,以降低空气温度,增强回热效果。该过程中,有一定的给水变成蒸汽,并与空气一起参与循环。给

水量的大小受到一定限制，最大只能达到使高压空气饱和湿空气的程度，由于该循环的工质介质是空气，所以被称为湿空气透平循环。同时该循环同样将燃气循环和蒸汽循环耦合到一起，所以也可被归入燃气-蒸汽联合循环之列。

2. 性能特点

从本质上看，HAT 循环也是一种双工质并联型燃气轮机循环。所以，该循环也有程氏循环所具有的一些特点，即：不需要尺寸庞大的汽轮机、凝汽器及其辅助设备，设备投资低；压比高、效率高、比功大；燃烧室中的火焰温度低，NO_x 排放量低，同时也存在着水资源浪费的缺点。

不过，程氏循环中的燃气轮机排气余热用水蒸气来吸收，相比较而言与余热锅炉型联合循环更接近；HAT 循环的燃气轮机排气余热用高压空气和水蒸气的混合物来吸收，与回热型燃气轮机循环更接近。

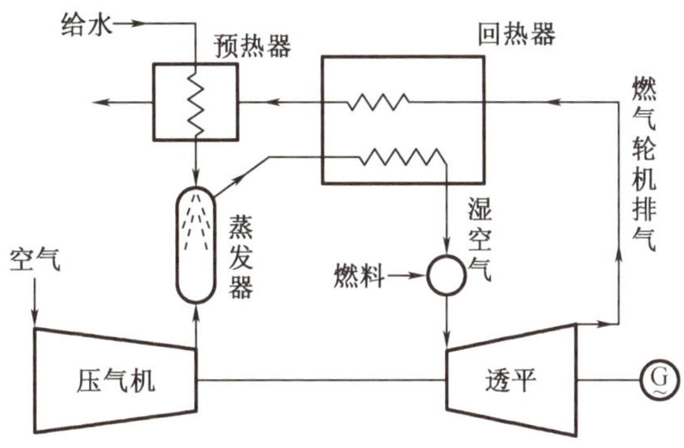

图 10.27 HAT 循环的热力系统

研究表明，图 10.27 所示的 HAT 循环的热效率比余热锅炉型联合循环的热效率要低一些，但是，HAT 循环的热力系统可改进和优化设计的余地很大。例如，若将图 10.27 中的单转子压气机改为双转子、间冷式压气机，并在高低压压气机之间增加一个间冷器，在高压压气机出口增加一个后冷器，压缩空气在间冷器和后冷器中放出的热量均被用来预热给水，形成更为先进的系统，则 HAT 循环的热效率可能会超过余热锅炉型联合循环，达到 60%以上。不过，为了实现 HAT 循环，必须对现有已经成熟的燃气轮机的结构进行大幅度改造，所以到目前为止，采用 HAT 循环的燃气轮机尚未被商业化。

10.8.3 卡林那循环

1. 工作原理

从热力学上看，以空气为顶置循环工质、水蒸气为底置循环工质的余热锅炉型联合循环存在着一个难以克服的缺陷，即顶置循环的放热温度线和底置循环的吸热温度线之间很难合理匹配，导致余热锅炉换热面上的传热温差分布不均匀（图 10.23），不可逆损失大。虽然采用多压余热锅炉可以改善这种匹配，但毕竟要付出使系统复杂化的代价，而且不能从根本上解决问题。顶置循环放热线和底置循环吸热线之间的理想关系应该相互平行。要实现这一点，必须使底置循环的工质在温度连续改变的条件下汽化。但是，我们知道，水（以及任何一种晶体物质）在等压条件下的蒸发过程只能是等温的，要实现连续、变温蒸发，只能连续改变压力,而在技术上这几乎无法实现。那么,目前是否存在技术上能够实现可以使工质变温蒸发的方法呢?答案是肯定的,即使用非共沸混合工质。卡林那循环就是一种以氨水混合物为工质的新型动力循环。该循环是以其发明人卡林那(Kalina)博士的名字命名的,其热力过程如图 10.28 所示。

卡林那循环采用一套蒸馏-冷凝装置使氨水分别与热源和冷源进行热交换。在该装置的蒸馏器内,高压的浓氨水溶液(根据大气环境温度的不同,最佳浓度大约在 68%~80%之间)吸收放热流体的热量后,蒸馏出氨气。在蒸馏器出口处,浓溶液已被分离成氨气和稀溶液两个组成部分。氨气进入汽轮机膨胀做功后返回蒸馏-冷凝装置的冷凝器,稀溶液经降压后也返回冷凝器。在冷凝器内,稀溶液与氨气在冷源的作用下会重新混合成浓溶液,将此溶液增压后送往蒸馏器,便实现了工质的热力循环。

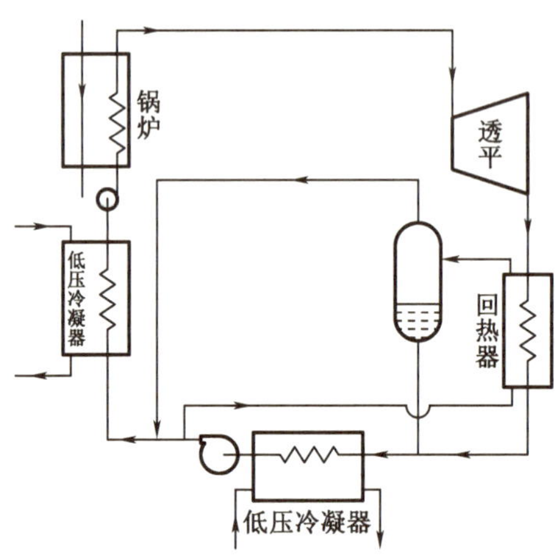

图 10.28　卡琳那循环的热力系统

由于在该循环的蒸馏过程中,溶液的浓度逐渐降低,相应的沸点温度逐渐升高,所以整个蒸发过程是一个变温(温度逐渐升高)过程。这一特点使卡林那循环成为一种特别适合于利用变温显热源的动力循环。如果用该循环替换掉余热锅炉型联合循环的朗肯循环(以水蒸气为工质的底置循环),就可构成一种燃气-氨气联合循环。应该指出,从原理上说,并非只有氨水溶液才可以作为卡林那循环的工质,采用其他非共沸混合工质也可以实现这样的循环。但是,由卡林那担任总裁的美国 Exergy 公司经过研究认为,到目前为止还没有发现任何工质可以和氨水混合物竞争。卡林那指出:“我们对工质的研究越多,就越发现氨水混合物是最好的”。它易于处理,易于挥发,可迅速获得。由于这里不需要高品质的氨,所以,可以从化工厂直接购买。

2. 性能及特点

理论研究的结果表明,相对于常规的余热锅炉型燃气-蒸汽联合循环,基于卡林那循环的燃气-氨气联合循环具有更加优越的性能,主要表现在以下几个方面。

(1)热效率更高

Exergy 公司的研究表明,不管采用什么类型的燃气轮机,和以朗肯循环为底置循环的余热锅炉型联合循环相比,以卡林那循环为底置循环的联合循环的效率可以高出 3%左右。

例如，传统的采用三压余热锅炉的再热7FA联合循环电厂的净效率大约为54.5%，而如果采用卡林那循环，FA联合循环电厂的净效率至少可以达到57.5%。若将ABB公司的GT26型燃气轮机与卡林那循环相配，其净效率将可达到60%。

(2)经济性更好

Exergy公司的研究表明，和余热锅炉型联合循环相比，以卡林那循环为底置循环的联合循环的投资大约高出10%，但是，出力可以提高25%，单位功率的投资依然是降低的。效率的提高和投资的相对降低，使卡林那循环比余热锅炉型联合循环具有更好的经济性。

(3)启停更加迅速

卡林那循环从启动到满负荷运行大约需要1.5 h，这只是余热锅炉型联合循环启动时间的60%左右。

另外，卡林那循环所采用的闭式工作方式和氨水混合物工质，使得它可几乎不加任何改造地采用各种商业化透平。至于人们担心的氨泄漏问题，Exergy公司认为，通过"零泄漏设计"可以在相当大程度予以克服。"任何流到地上的氨会迅速分解到大气的氢和氧中"，"运行中补充一些工质是需要的，但是补充量仅为朗肯循环的1%。"

目前这项技术已经开始引起人们重视。据悉，GE公司已与Exergy公司就设计和推广卡林那联合循环电厂的燃气轮机签订了一份全球性的专利转让协议，并成立了一个专门的小组来发展卡林那联合循环示范电厂。与此同时，ABB公司取得了发展卡林那循环火电厂的许可权，意大利Ansaldo公司取得了发展卡林那循环地热电厂的许可权。卡林那相信，他所发明的循环在若干年内会成为一种必需，并在21世纪的能源系统中占统治地位。

习　　题

10.1　简单蒸汽动力装置循环(即朗肯循环)，蒸汽的初压 $p_1=3$ MPa，终压 $p_2=6$ kPa，初温 t_1 分别为300 ℃和500 ℃，试求在各种不同初温时循环的热效率 η_t、耗汽率 d 及蒸汽的终干度 x_2，并将所求得的各值填写入表内，以比较所求得的结果。

10.2　简单蒸汽动力装置循环，蒸汽初温 $t_1=500$ ℃，终压 $p_2=0.006$ MPa，初压 p_1 分别为3.0 MPa和15.0 MPa，试求在各种不同的初压下循环的热效率 η_t、耗汽率 d 及蒸汽终干度 x_2。

10.3　某蒸汽动力装置朗肯循环的最高运行压力是5 MPa，最低压力是15 kPa，若蒸汽轮机的排汽干度不能低于0.95，输出功率不小于7.5 MW，忽略水泵功，试确定锅炉输出蒸汽必需的温度和质量流量。

10.4　利用地热水作为热源，R134a作为工质的朗肯循环(T-s 图参见图10.4)，在R134a离开锅炉时状态为85 ℃的干饱和蒸汽，在汽轮机内膨胀后进入冷凝器时的温度是40 ℃，计算循环热效率。

10.5　某项R134a为工质的朗肯循环利用当地海水为热源。已知R134a的流量为1 000 kg/s，当地表层海水的温度25 ℃，深层海水的温度为5 ℃。若加热和冷却过程中海水和工质的温差为5 ℃，试计算循环的功率和热效率。

10.6　某抽汽回热循环采用间壁式回热器，见图 10.29。该循环最高压力 5 MPa，锅炉输出蒸汽温度为 650 ℃，抽气压力 1 MPa，冷凝器工作温度 45 ℃，送入锅炉的给水温度为 200 ℃。求：循环抽汽量和水泵 A、B 的耗功。

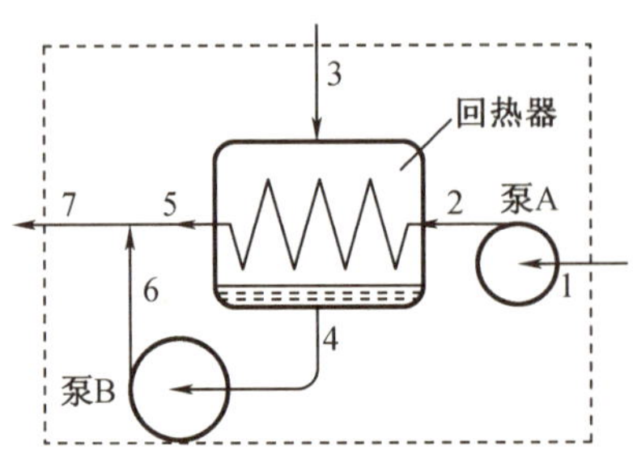

图 10.29　习题 10.6 附图

10.7　设两个蒸汽再热动力装置循环，蒸汽的初参数都为 $p_1=12.0$ MPa，$t_1=450$ ℃，终压都为 $p_2=4$ kPa，第一个再热循环再热时压力为 2.4 MPa，另一个再热时的压力为 0.5 MPa，两个循环再热后蒸汽的温度都为 400 ℃。试确定这两个再热循环的热效率和终湿度，将所得的热效率、终湿度和朗肯循环做比较，以说明再热时压力的选择对循环热效率和终湿度的影响。湿度是指 1 kg 湿蒸汽中所含饱和水的质量，即$(1-x)$。

10.8　具有两次抽气加热给水的蒸汽动力装置回热循环。其装置示意图如图 10.16 所示。已知：第一次抽气压力 $p_{0_1}=0.3$ MPa，第二次抽气压力 $p_{0_2}=0.12$ MPa，蒸汽初压 $p_1=3.0$ MPa，初温 $t_1=450$ ℃。冷凝器中压力 $p_2=0.005$ MPa。试求：(1)抽汽量 α_1、α_2；(2)循环热率 η_t；(3)耗汽率 d；(4)平均吸热温度；(5)与朗肯循环的热效率 η_t、耗汽率 d 和平均吸热温度做比较、并说明耗汽率为什么反而增大？

10.9　某蒸汽循环进入汽轮机的蒸汽温度 400 ℃、压力 3MPa，绝热膨胀到 0.8 MPa 后，抽出部分蒸汽进入回热器，其余蒸汽在再热器中加热到 400 ℃后进入低压汽轮机继续膨胀到 10 kPa 排向冷凝器，忽略水泵功，求循环热效率。

10.10　某发电厂采用的蒸汽动力装置，蒸汽以 $p_1=9.0$ MPa、$t_1=480$ ℃的初态进入汽轮机。汽轮机的 $\eta_t=0.88$。冷凝器的压力与冷却水的温度有关。设夏天冷凝器温度保持 35 ℃。假定按朗肯循环工作。求汽轮机理想耗汽率 d_0 与实际耗汽率 d_0。若冬天冷却水水温降低。使冷凝器的温度保持 15 ℃，试比较冬、夏两季因冷凝器温度不同所导致的以下各项的差别：(1)汽轮机做功；(2)加热量；(3)热效率(略去水泵功)。

10.11　某压水堆二回路循环采用一次抽气加热给水，循环抽象简化为图 10.30 所示，若新蒸汽的 $p=6.69$ MPa、$t=282.2$ ℃，抽气压力 $p_{0_1}=0.782$ MPa，凝汽器维持 0.009 MPa，忽略水泵功，试求：(1)抽汽量 α；(2)循环热率；(3)耗汽率 d；(4)与朗肯循环的热效率 η_t、耗汽率 d 比较，并说明耗汽率为什么反而增大？

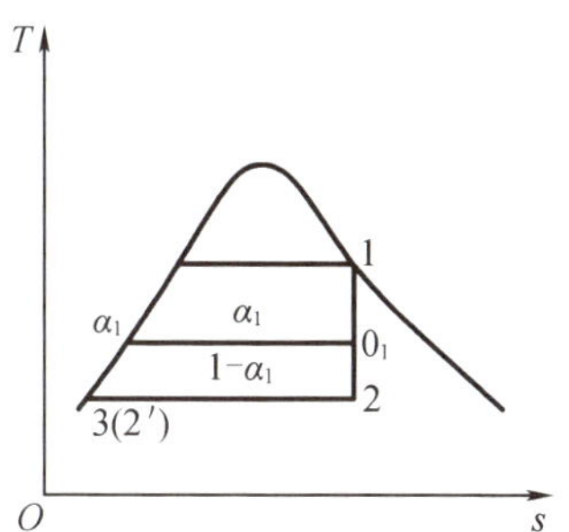

图 10.30 习题 10.11 附图

10.12 某朗肯循环蒸汽初压 $p_1=6$ MPa，初温 $t_1=600$ ℃，冷凝器内维持压力 10 kPa，蒸汽质量流量是 80 kg/s，锅炉内传热过程假定在平均温度为 1 400 K 的热源和水之间进行；冷凝器内冷却水平均温度为 25 ℃。试求：(1) 水泵功；(2) 锅炉烟气对水的加热率；(3) 汽轮机做功；(4) 冷凝器内乏汽的放热率；(5) 循环热效率；(6) 各过程及循环不可逆作功能力损失。已知 $T_0=290.15$ K。

10.13 题 10.12 循环改成再热循环，从高压汽轮机排出的蒸汽压力为 0.5 MPa，加热到 500 ℃后再进入低压汽轮机，若所有其他条件均不变，假定循环总加热量也不变（即上题中锅炉内加热量）。试求：(1) 在低压汽轮机末端蒸汽的干度；(2) 锅炉及再热器内单位质量工质的加热量；(3) 高压汽轮机和低压汽轮机产生的总功率；(4) 循环热效率；(5) 各过程和循环不可逆作功能力损失。

10.14 题 10.12 循环改成一级抽汽回热循环，抽气压力为 0.5 MPa，若其他条件均不变，假定锅炉总加热量不变。试求：(1) 锅炉内水的质量流量；(2) 两台水泵总耗功；(3) 汽轮机做功；(4) 冷凝器内放热量；(5) 循环热效率；(6) 各过程及循环不可逆作功能力损失。

10.15 某热电厂（或称热电站）以背压式汽轮机的乏汽供热，其新汽参数为 3 MPa、400 ℃，背压为 0.12 MPa。乏汽被送入用热系统，作加热蒸汽用。放出热量后凝结为同一压力的饱和水，再经水泵返回锅炉。设用热系统中热量消费为 1.06×10^7 kJ/h，问理论上此背压式汽轮机的电功率输出为多少（kW）？

10.16 某台蒸汽轮机由两台中压锅炉供给新蒸汽，这两台锅炉每小时的蒸汽生产量相同，新蒸汽参数 $p_1=3.0$ MPa、$t_1=450$ ℃，设备示意图如图 10.31(a) 所示。后来因所需要的动力增大，同时为了提高动力设备的热效率，将原设备加以改装。将其中一台中压锅炉拆走，同时在原址安装一台同容量（即每小时蒸汽生产量相同）的高压锅炉。并在汽轮机前增设了一台背压式的高压汽轮机（前置汽轮机）。高压锅炉所生产的蒸汽参数为 $p_0=18.0$ MPa、$t_0=550$ ℃。高压锅炉的新蒸汽进入高压汽轮机工作。高压汽轮机的排汽背压 $p_b=3.0$ MPa，这排汽进入炉内再热。再热后蒸汽参数与另一台中压锅炉的新蒸汽参数相同，即 $p_b=3.0$ MPa、$t_1=450$ ℃，这蒸汽与另一台中压锅炉的新蒸汽会合进入原来的中压汽轮机工作，改装后设备示意图如图 10.31(b) 所示。求：改装前动力装置的理想热效率，以及改装后动力装置理想效率，改装后理想热效率比改装前增大百分之几？

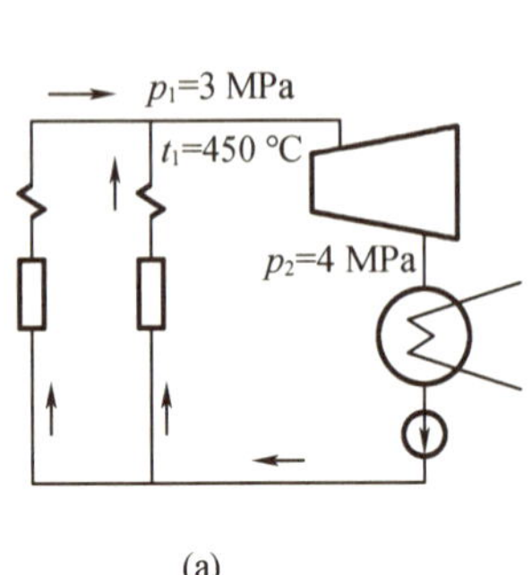

(a)

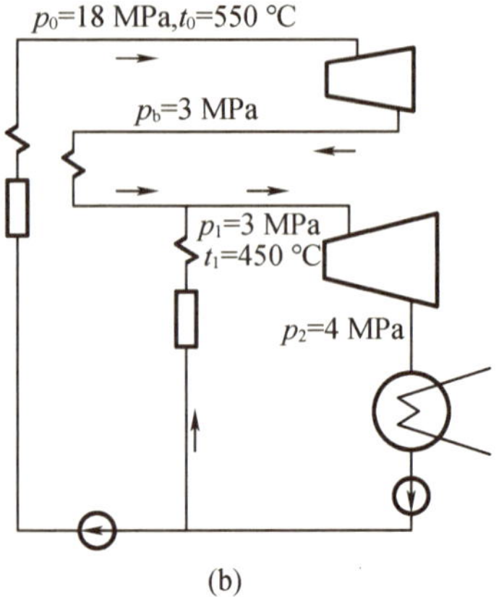

(b)

图 10.31　习题 10.16 附图

第 11 章　制 冷 循 环

第 9 章和第 10 章介绍的热能动力装置是把热能转化成机械能供人们利用,另外一类能量转换装置,如制冷装置和热泵,它们消耗外部机械功(或其他形式的能量),以实现热能由低温物体向高温物体转移。制冷循环和热泵循环都是逆向循环,两者的区别在于,前者的目的是从低温热源(如冷库)不断地取走热量,以维持其低温;后者则是向高温物体(如供暖的建筑物)提供热量,以保持其较高的温度。他们的热力学本质是相同的,都是使热量从低温物体传向高温物体。本章主要叙述制冷循环,对于热泵循环的理论分析可参照制冷循环。

11.1　概　　述

制冷装置运行目的是从冷库不断地把热量传输到环境介质,以维持冷库内低温、据热力学第二定律,进行这样的自发过程的逆向过程是需要付出代价的,因此必须提供机械能(或热能等),以确保包括低温冷源、高温热源、功源(或向循环供能的源)在内的孤立系统的熵不少。

制冷循环的制冷系数为

$$\varepsilon=\frac{q_c}{q_0-q_c}=\frac{q_c}{w_{net}} \tag{11.1}$$

式中,q_0 为向高温热源(一般为环境介质)输出的热量;q_c 为自冷库吸收的热量、

工程上也把制冷系数称为制冷装置的工作性能系数,用符号 COP 表示:

$$\mathrm{COP}=\frac{q_c}{q_0-q_c} \tag{11.2}$$

制冷装置的制冷工程上常用"冷吨"表示,1 冷吨是 1 000 kg,0 ℃的饱和水在 24 小时冷冻为 0 ℃的冰所需要的制冷量,这个制冷量可换算为 3. 86 kJ/s(但美国 1 冷吨相当于 3. 517 kJ/s)。

由卡诺循环,在大气环境温度 T_0 与温度为 T_c 的低温热源(如冷库)之间的逆向卡诺循环的制冷系数以逆向卡诺循环为最大

$$\varepsilon=\frac{T_c}{T_0-T_c}>\varepsilon$$

该式表明:制冷系数可以大于、等于、小于 1。在一定环境温度下,冷库温度 T_c 愈低,制冷系数就愈小。因此为取得良好的经济效益,没有必要把冷库的温度定得超乎需要的低。这也是一切实际制冷循环遵循的原则。

制冷循环包括压缩式制冷循环、吸收式制冷循环、吸附式制冷循环、蒸汽喷射制冷循环

及半导体制冷等。压缩式制冷循环又可分为压缩气体制冷循环和压缩蒸汽制冷循环。世界上运行的制冷装置绝大部分是压缩蒸汽制冷循环。以往，工质多半为商品名氟利昂的氯氟烃物质 CFC（如 CFC14 或称 R14，CFC12 或称 R12）、焓氢氯氟烃 HCFC（如 HCFC22 或称 R22）和氨等，前两者应用尤为广泛，但是这两种物质对大气臭氧层破坏很强烈。随着人类对环境与生态保护的认识日益深刻，除了积极寻求 CFC 和 HCFC 的替代工质外，各种对环境友善的制冷方式，如压缩气体（空气、二氧化碳等）制冷愈来愈受到重视。

11.2 空气压缩制冷循环

11.2.1 压缩空气制冷循环

由于空气定温加热和定温排热不易实现，故不能按逆向卡诺循环运行。在压缩空气制冷循环中，用两个定压过程来代替逆向卡诺循环的两个定温过程，故可视为逆向昂布雷顿循环。其中 $p-v$ 图和 $T-s$ 图如图 11.1 所示，实施这一循环的装置示意图如图 11.2 所示。图中 T_c 为冷库中需要保持的温度，T_0 为环境温度。压缩机可以是活塞式的或是叶轮式的。从冷库出来的空气（状态 1），$T_1=T_c$；进入压气机后被绝热压缩到状态 2，此时温度已高于 T_0；然后进入冷却器，在定压下将热量传给冷却水，达到状态 3，$T_3=T_0$；再导入膨胀机绝热膨胀到状态 4，此时温度低于 T_c；最后进入冷库，在定压下自冷库吸收热量（称作制冷量），回到状态 1，完成循环。

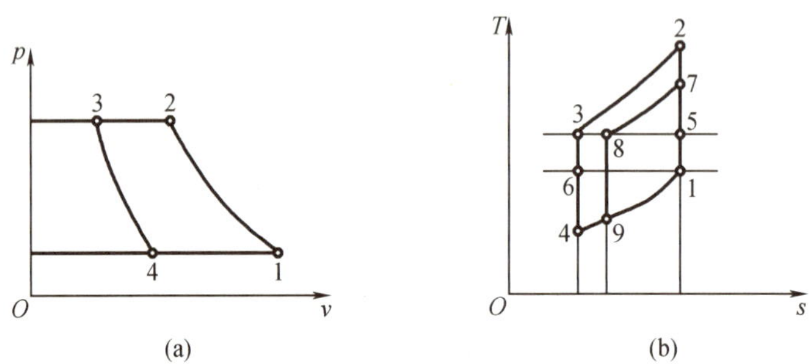

图 11.1 压缩空气制冷循环状态参数图

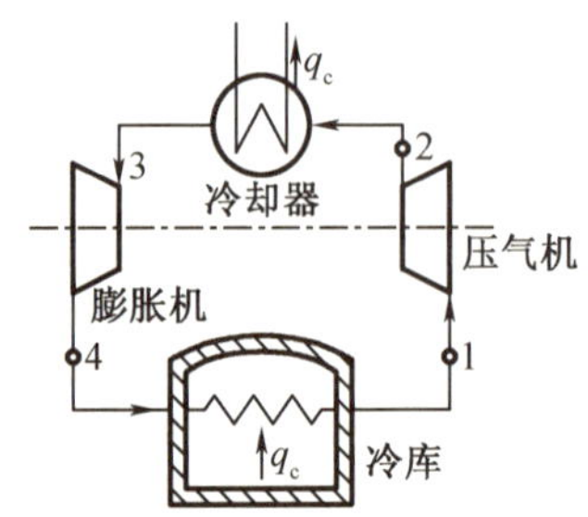

图 11.2 压缩空气制冷循环装置流程图

循环中空气排向高温热源的热量为

$$q_0=h_2-h_3$$

自冷库吸热量为

$$q_c=h_1-h_4$$

在 T-s 图上 q_0 和 q_c 可分别用面积 234′1′2 和面积 144′1′1 表示，两者之差即为循环净热量 q_{net}，数值上等于净功量 w_{net}：

$$q_{net}=q_0-q_c=(h_2-h_3)-(h_1-h_4)=(h_2-h_1)-(h_3-h_4)=w_c-w_T=w_{net}$$

其中 w_c 和 w_T 分别是压气机所消耗的功和膨胀机输出的功。

循环的制冷系数为

$$\varepsilon=\frac{q_c}{w_{net}}=\frac{h_1-h_4}{(h_2-h_3)-(h_1-h_4)} \tag{11.3}$$

若近似取比热容为定值，则

$$\varepsilon=\frac{T_1-T_4}{(T_2-T_3)-(T_1-T_4)}$$

过程 1—2 和 3—4 都是定熵过程，因而有

$$\frac{T_2}{T_1}=\left(\frac{p_2}{p_1}\right)^{\frac{\kappa-1}{\kappa}}=\frac{T_3}{T_4}$$

将上式代入制冷系数表达式可得

$$\varepsilon=\frac{1}{\frac{T_3}{T_4}-1}=\frac{T_4}{T_3-T_4}=\frac{T_1}{T_2-T_1}=\frac{1}{\left(\frac{p_2}{p_1}\right)^{\frac{\kappa-1}{\kappa}}-1}=\frac{1}{\pi^{\frac{\kappa-1}{\kappa}}-1} \tag{11.4}$$

式中，$\pi=p_2/p_1$，称为循环增压比。

在同样的冷库温度和环境温度体条件下，逆向卡诺循环 1—5—3—6—1 的制冷系数为 $\frac{T_1}{T_3-T_1}$，显然大于式(11.4)所表示的压缩空气制冷循环的制冷系数。

考察式(11.4)，可见压缩空气制冷循环的制冷系数与循环增压比 π 有关：π 愈小，ε 愈大；π 愈大，则 ε 愈小。但 π 减小会导致膨胀温度差变小从而使循环量减小，如图 11.1b 中循环 1—7—8—9—1 的增压比较循环 1—2—3—4—1 的小，其制冷量(面积 199′1′1)小于循环 1—2—3—4—1 的制冷量(面积 144′1′1)。

压缩空气制冷循环的主要缺点是单位质量工质制冷量大。因空气的比热容较小，且增压比增大循环制冷系数将减小，故在吸热过程 4—1 中每千克空气的吸热量(即制冷量)不多。为了提高制冷能力，空气的流量就要很大，如应用活塞式压气机和膨胀机，则设备很庞大，不经济。因此，在普冷范围内(T_c>−50 ℃)，除了飞机空调等场合外，飞机机舱采用的是开式压缩空气制冷，自膨胀机流出的低温空气直接吹入机舱。近年来，随着人类对环境与生态保护的认识日益深刻，包括压缩气体制冷在内的各种对环境友善的制冷方式，重又开始受到重视。在压缩空气制冷设备中应用回热原理，并采用叶轮式压气机和膨胀机，改善了压缩空气制冷循环的主要缺点，为压缩空气制冷设备的广泛应用和发展提供了基础。这

种循环已广泛应用于空气和其他气体(如 N_2)的液化装置。

11.2.2 回热式空气制冷循环

回热式压缩空气制冷装置示意图及理想回热循环的 T–s 图如图 11.3 和图 11.4 所示。子冷库出来的空气(温度为 T_1,即低温热源温度 T_c),首先进入回热器声升温到高温热源的温度 T_2(通常为环境温度 T_0),接着进入叶轮式压气机进行压缩,升温、升压到 T_3、p_3,再进入冷却器,实现定压放热、降温至 T_4(理论上可达高温热源温度 T_2),随后进入回热器进一步定压降温至 T_5(即低温热源温度 T_c),再进入叶轮式膨胀机实现定熵膨胀过程,降压、降温至 T_4、p_4,最后进入冷库实现定压吸热,升温到 T_1,完成循环。

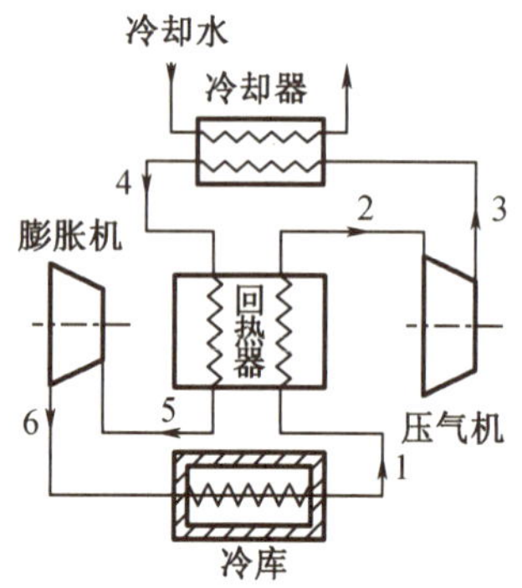

图 11.3 回热式压缩空气制冷循环流程图

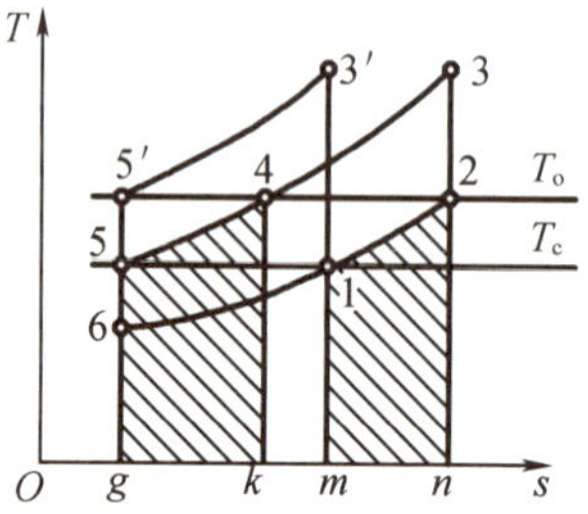

图 11.4 回热式压缩空气制冷循环 T–s 图

在理想的情况下,空气在回热器中的放热量(即图中面积 45gk4)恰等于被预热的空气在过程 1—2 的吸热量(图中面积 12nm1)。工质自冷库吸取的热量为面积 61mg6,排向外界环境的热量为面积 34kn3。这一循环的效果显然与没有回热的循环 13′5′61 相同。因两循环中的 q_c、q_0完全相同,它们的制冷系统也是相同的。但是循环增压比从 $p_{3'}/p_1$ 下降到 p_3/p_1。这为采用压力比不宜很高的叶轮式压气机和膨胀机提供可能。叶轮式压气机和膨胀机具有大流量的特点,因而适宜于大制冷量的机组。此外,如不应用回热,则在压气机中至少要把工质从 T_c 压缩到 T_0 以上才有可能制冷(因工质要放热给环境大气)。而在气体液化等低温工程中 T_c 和 T_0 之间的温差很大,这就要求压气机有很高的 π,叶轮式压气机很难满足这种要求,应用回热解决这一困难。再次,由于 π 减小,使压缩过程和膨胀过程的不可逆损失的影响也可减小。

例题 11.1 参见图 11.1,假定空气进入压气机时的状态为 $p_1=0.1$ MPa 、$t_1=20$ ℃,在压气机内定熵压缩到 $p_2=0.5$ MPa,然后进入冷却器。离开冷却器时空气的温度为 $t_3=20$ ℃。若 $t_c=-20$ ℃,$t_0=20$ ℃,空气视为定比热容的理想气体,$\kappa=1.4$ 。试求:(1)无回热时的制冷系数 ε 及每千克空气的制冷量 q_c;(2)若 ε 保持不变而采用回热,理想情况下压缩比 π_R是多少?

解 (1)无回热时的 ε 和 q_c。

据题意

$$T_1=T_c=253.15\ \text{K},T_3=T_0=293.15\ \text{K}$$

$$\pi=\frac{p_2}{p_1}=\frac{0.5\ \mathrm{MPa}}{0.1\ \mathrm{MPa}}=5$$

且由

$$\frac{T_2}{T_1}=\left(\frac{p_2}{p_1}\right)^{\frac{\kappa-1}{\kappa}}=\frac{T_3}{T_4}$$

故

$$T_2=T_1\pi^{\frac{\kappa-1}{\kappa}}=253.15\ \mathrm{K}\times5^{\frac{1.4-1}{1.4}}=401.13\ \mathrm{K}$$

$$T_4=T_3\pi^{-\frac{\kappa-1}{\kappa}}=293.15\ \mathrm{K}\times5^{-\frac{1.4-1}{1.4}}=185.01\ \mathrm{K}$$

压缩机耗功为

$w_c=h_2-h_1=c_p(T_2-T_1)$

$=1.005\ \mathrm{kJ/(kg\cdot K)}\times(401.13\ \mathrm{K}-253.15\ \mathrm{K})=148.72\ \mathrm{kJ/kg}$

膨胀机做出的功为

$w_T=h_3-h_4=c_p(T_3-T_4)$

$=1.005\ \mathrm{kJ/(kg\cdot K)}\times(293.15\ \mathrm{K}-185.01\ \mathrm{K})=108.68\ \mathrm{kJ/kg}$

空气在冷却器中放热量为

$q_0=h_2-h_3=c_p(T_2-T_3)$

$=1.005\mathrm{kJ/(kg\cdot K)}\times(401.13\ \mathrm{K}-293.15\ \mathrm{K})=108.52\ \mathrm{kJ/kg}$

每千克空气在冷库中的吸热量,即每千克空气的制冷量:

$q_c=h_1-h_4=c_p(T_1-T_4)$

$=1.005\ \mathrm{kJ/(kg\cdot K)}\times(253.15\ \mathrm{K}-185.01\ \mathrm{K})=68.48\ \mathrm{kJ/kg}$

循环的净功为

$$w_{net}=w_C-w_T=148.72\ \mathrm{kJ/kg}-108.68\ \mathrm{kJ/kg}=40.04\ \mathrm{kJ/kg}$$

循环的净热量为

$$q_{net}=q_0-q_c=108.52\ \mathrm{kJ/kg}-68.48\ \mathrm{kJ/kg}=40.04\ \mathrm{kJ/kg}$$

故循环的制冷系数为

$$\varepsilon=\frac{q_c}{w_{net}}=\frac{68.48\ \mathrm{kJ/kg}}{40.04\ \mathrm{kJ/kg}}=1.71$$

(2)有回热时的压力比 π_R

据题意,参照图 11.4,$T_{3'}=401.13\ \mathrm{K}$,$T_2=293.15\ \mathrm{K}$,且

$$\frac{T_3}{T_2}=\left(\frac{p_3}{p_2}\right)^{\frac{\kappa-1}{\kappa}}=\pi_R^{\frac{\kappa-1}{\kappa}}$$

所以

$$\pi_R=\left(\frac{T_3}{T_2}\right)^{\frac{\kappa}{\kappa-1}}=\left(\frac{T_{3'}}{T_0}\right)^{\frac{\kappa}{\kappa-1}}=\left(\frac{401.13\ \mathrm{K}}{293.15\ \mathrm{K}}\right)^{\frac{1.4}{1.4-1}}=3.0$$

比较 π 和 π_R 可知,压缩空气制冷装置理想循环采用回热后,只要 q_c、T_c、T_0 不变,则 w_{net}和 ε 亦相同,但压力比减小,对使用叶轮式机械就很有利。

同样冷库温度 T_c 和环境温度 T_0 条件下逆向卡诺循环的制冷系数是 6.33，远大于本例计算值，这是由于压缩空气制冷循环中定压吸、排热偏离定温吸、排热甚远之故，但这是工质性质决定了的。

11.3 压缩蒸气制冷循环

从上节的讨论中可以看出压缩空气制冷循环有两个根本弱点，其一是不能实现定温吸、排热过程，使循环偏离了逆向卡诺循环而降低了经济性；其二是由于空气的比定压热容较小，单位质量工质的制冷量也较小。这两个缺点是由气体的热力性质决定的。采用回热后，可以使之得到改善，但仍不能根本消除。采用低沸点物质作制冷剂，利用湿蒸汽区定压即定温的特性，在低温下定压气化吸热制冷，可以克服压缩空气制冷循环的上述缺点。

理论上可以实现压缩蒸气的逆向卡诺制冷循环，如图 11.5 中循环 7—3—4—6—7。但在状态 7 时工质干度相当小，两相物质的压缩是不利的。为了避免这种不利情况，也为增加制冷量，使工质气化到干度更大的状态 1。此外为了避免简化设备，提高装置运行的可靠性，实际应用的压缩蒸汽制冷循环常采用节流阀（或称膨胀阀）代替膨胀机，主要设备流程图如图 11.6 所示。从冷库定压气化吸热后，状态为 1（通常为干饱和蒸汽或接近干饱和蒸汽）的制冷工质进入压缩机在绝热状态下压缩，升温升压到状态 2（$T_2>T_0$）再进入冷凝器向环境介质等压散热，在冷凝器内过热的制冷剂蒸气先等压降温到对应于压力 p_2 的饱和温度 T_3，然后继续等压（同时也是等温）冷凝成饱和状态 4 进入节流阀，绝热节流降温、降压至对应于 p_1 的湿饱和蒸汽状态 5，再进入冷库定压汽化吸热完成循环。其循环 T-s 图如图 11.5 中 1—2—3—4—5—1 所示。

上述压缩蒸气制冷循环的制冷系数分析如下。

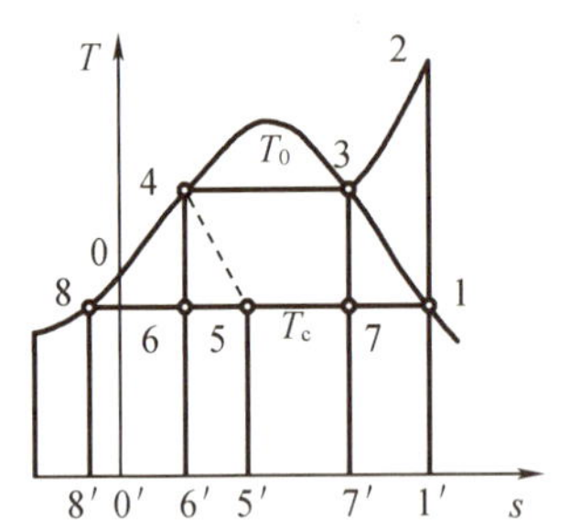

图 11.5 压缩蒸气制冷循环 T-s

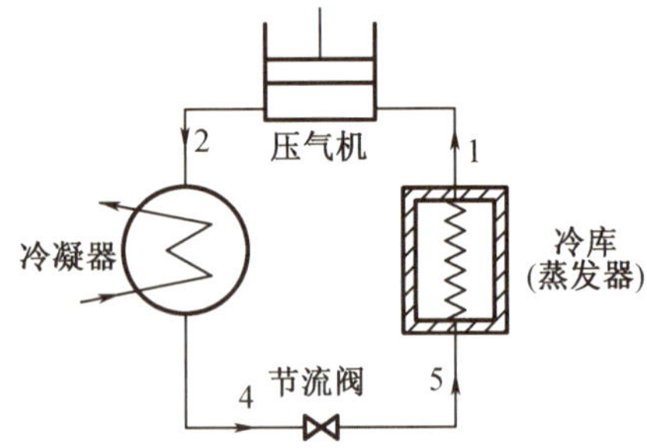

图 11.6 压缩蒸气制冷装置流程图

工质自冷库吸收的热量为

$$q_c=h_1-h_5=h_1-h_4$$

式中，h_4 是饱和液的焓值，因绝热节流后工质的焓值不变，所以 $h_5=h_4$，h_4 的值可从有关图、表的计算机程序获取。

工质向外界排除的热量为

$$q_0=h_2-h_4$$

压缩机耗功即为循环耗净功：

$$w_c=h_2-h_1=w_{net}$$

制冷系数为

$$\varepsilon=\frac{q_c}{w_{net}}=\frac{h_1-h_4}{h_2-h_1} \tag{11.5}$$

从以上计算式可以看到，制冷循环的吸热量（即制冷量）、放热量和功量均为与过程的比焓差有关，如将循环表示在 $\lg p-h$ 图上，则上述诸量均可用过程线在横坐标上的投影长度表示，因此对蒸气压缩制冷循环进行分析计算时，常采用压焓图。上述循环的压焓图的示意图如图 11.7 所示。根据状态 1 的 p_1（或 t_1）及 x_1 可在图上确定状态点 1；由通过点 1 的等熵线与压力为 p_2 等压线的交点可定出状态点 2；等压线与 $x=0$ 线的交点即为状态点 4；通过点 4 作垂线与 p_1 等压线的交点即为状态点 5。上述各点焓值也可以从该制冷剂的热力性质表上查取，但显然 $\lg p-h$ 图上求取更为方便。

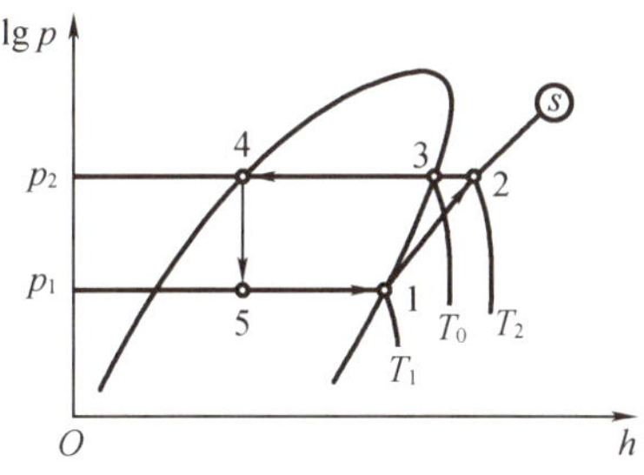

图 11.7 $\lg p-h$ 图

实际上，由于有传热温差与阻力的存在，压缩蒸气制冷循环中制冷剂的冷凝温度高于环境温度；蒸发温度低于冷库温度，而且压缩过程也是不可逆的绝热压缩。当考虑上述情况时，循环 $T-s$ 图和 $\lg p-h$ 图如图 11.8 所示。图中状态 2 为实际压缩状态。如图示循环，除状态 1 外，其他状态的确定方法如上所述。状态 2 的确定与压缩机的绝热效率 $\eta_{c,s}$ 有关。拒绝热效率的定义：

$$\eta_{c,s}=\frac{h_{2_s}-h_1}{h_2-h_1}$$

即 $h_2=h_1+\dfrac{h_{2_s}-h_1}{\eta_{c,s}}$，由 $\lg p-h$ 得出 h_{2_s} 就可进而求得 h_2。

为提高制冷装置的制冷系数，实际循环中还采用过冷的方法在不增加耗功的情况下增加制冷量，而使 ε 提高。图 11.8 中过程 3—3′，即为过冷过程。它将冷凝器中的饱和液进一步冷却，节流后的状态由 4 变为 4′，气化过程的制冷量由 h_1-h_4 增加到 $h_1-h_{4'}$。由于耗功未变，仍为 h_2-h_1，所以装置的制冷系数提高。

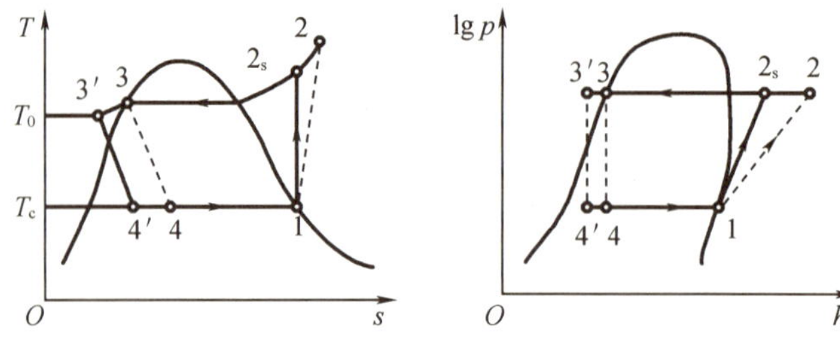

图 11.8　实际制冷循环的 T-s 图及 lg p-h 图

例题 11.2　用 HFC134a(R134)作工质的理想制冷循环如图 11.7 所示中循环 1—2—3—4—5—1 所示。若在蒸发器中制冷剂气化温度 $t_c=t_1=-20$ ℃,在冷凝器中冷凝温度 $t_4=t_3=40$ ℃,制冷剂的质量流量 $q_m=0.005$ kg/s,环境温度 $t_0=30$ ℃。求:(1)循环的制冷系数;(2)制冷量;(3)电机功率;(4)节流过程的作功能力损失;(5)装置㶲效率。

解　(1)制冷系数。

状态 1 是饱和温度为-20 ℃的干饱和蒸汽,由 $t_1=-20$ ℃,从 HFC134a 饱和性质表中查得:

$$p_1=133.2\ \text{kPa},h_1=385.89\ \text{kJ/kg},s_1=1.738\,7\ \text{kJ/(kg·K)}$$

同理,由 $t_4=40$ ℃,及 $x_4=0$ 查得

$$p_4=p_3=p_2=1.016\,3\ \text{kPa},h_4=256.44\ \text{kJ/kg},s_4=1.190\,6\ \text{kJ/(kg·K)}$$

由 $p_2=1.016\,3$ kPa、$s_2=s_1=1.738\,7$ kJ/(kg·K),从 HFC134a 过热蒸气表(附表 13)经由插值求得 $h_2=427.65$ kJ/kg,故压缩机耗功

$$w_c=h_2-h_1=427.65\ \text{kJ/kg}-385.89\ \text{kJ/kg}=41.76\ \text{kJ/kg}$$

每千克工质的制冷量

$$q_c=h_1-h_5=h_1-h_4=385.89\ \text{kJ/kg}-256.44\ \text{kJ/kg}=129.45\ \text{kJ/kg}$$

制冷系数为

$$\varepsilon=\frac{q_c}{w_{net}}=\frac{q_c}{w_c}=\frac{129.45\ \text{kJ/kg}}{41.76\ \text{kJ/kg}}=3.10$$

(2)总制冷量

$$q_Q=q_mq_c=0.005\ \text{kg/s}\times129.45\ \text{kJ/kg}=0.647\ \text{kW}$$

若用冷吨表示,则总制冷量为 0.168 冷吨。

(3)电机功率

$$P=q_mw_{net}=q_mw_c=0.005\ \text{kg/s}\times41.76\ \text{kJ/kg}=0.21\ \text{kW}$$

(4)节流过程的作功能力损失

由 $p_5=p_1=0.133\,2$ kPa 及 $h_4=h_5$,在 lg p-h 图上查得 $s_5=1.242$ kJ/(kg·K)。因节流过程 4-5 为绝热稳定流动过程,所以熵产及做功能力损失分别为

$$s_g=s_5-s_4=1.242\ \text{kJ/(kg·K)}-1.090\,6\ \text{kJ/(kg·K)}=0.051\,4\ \text{kJ/(kg·K)}$$

$$I=T_0s_g=303.15\ \text{K}\times0.514\ \text{kJ/(kg·K)}=15.58\ \text{kJ/kg}$$

(5)㶲效率

由题意,$T_0=303.15$ K,循环制冷量 q_c 中的冷量㶲为

$$e_{x,Q}=\left(\frac{T_0}{T_1}-1\right)q_c=\left(\frac{303.15\ \mathrm{K}}{253.15\ \mathrm{K}}-1\right)\times 129.45\ \mathrm{kJ/kg}=25.57\ \mathrm{kJ/kg}$$

所以循环㶲效率为

$$\eta_{e_x}=\frac{e_{x,Q}}{w_{net}}=\frac{25.57\ \mathrm{kJ/kg}}{41.76\ \mathrm{kJ/kg}}=61.23\%$$

例题 11.3　一台以 HFC134a 为制冷工质的冰箱放在室温为 20 ℃的房间内，在压缩机内进行的过程既非绝热也不可逆。进入压缩机的是温度 $t_1=-20$ ℃的干饱和蒸汽，离开压缩机时工质温度 $t_2=50$ ℃，冷凝液的温度 $t_3=40$ ℃，如图 11.9 所示。经测试，装置的工作性能系数 COP=2.3，循环中制冷剂的流量 $q_m=0.2$ kg/s。(1)求循环制冷量、输入压缩机的功率、压缩过程的熵产率和做功能力损失；(2)若总制冷量不变，但冷凝液过冷到 35 ℃，求循环制冷量及制冷剂流量。

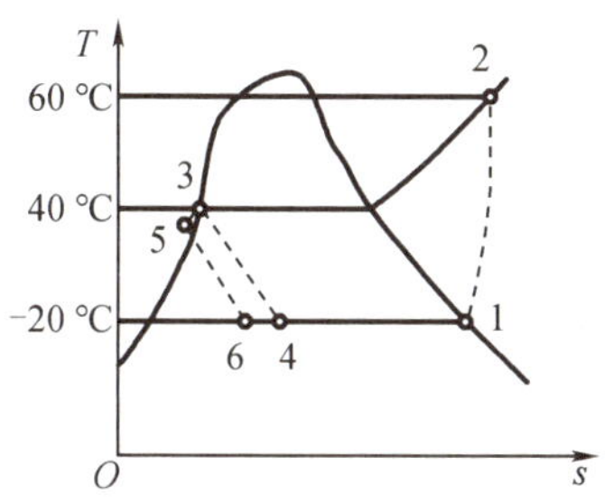

图 11.9　例 11.3 附图

解　(1)由 $t_1=-20$ ℃，$t_3=40$ ℃，查 HFC134a 热力性质表：$h_1=386.6$ kJ/kg、$s_1=1.741$ kJ/(kg·K)、$h_3=h_4=256.44$ kJ/kg、$p_3=p_2=1\ 017.1$ kPa、$h_2=430.5$ kJ/kg。由 h_2 和 p_2，查表得 $s_2=1.746$ kJ/(kg·K)，

$$q_c=h_1-h_4=h_1-h_3=386.6\ \mathrm{kJ/kg}-256.4\ \mathrm{kJ/kg}=130.2\ \mathrm{kJ/kg}$$

$$q_{Q_c}=q_m q_c=0.2\ \mathrm{kg/s}\times 130.2\ \mathrm{kJ/kg}=26.04\ \mathrm{kW}$$

$$w_{net}=\frac{q_c}{\varepsilon}=\frac{130.2\ \mathrm{kJ/kg}}{2.3}=56.61\ \mathrm{kJ/kg}$$

据热力学第一定律解析式，过程 1-2，$q=(h_2-h_1)+w_t$，所以

$$q_0=(h_2-h_1)+w_t=430.5\ \mathrm{kJ/kg}-386.6\ \mathrm{kJ/kg}-56.61\ \mathrm{kJ/kg}=-12.71\ \mathrm{kJ/kg}$$

据稳定流动开口系熵方程，

$$(s_2-s_1)+s_f+s_g=0$$

$$\begin{aligned}s_g&=(s_1-s_2)-s_f\\&=[1.741\ \mathrm{kJ/(kg\cdot K)}-1.746\ \mathrm{kJ/(kg\cdot K)}]-\frac{-12.71\ \mathrm{kJ/kg}}{(273.15+20)\mathrm{K}}\\&=0.038\ 4\ \mathrm{kJ/(kg\cdot K)}\end{aligned}$$

$$P_c=q_m w_{net}=0.2\ \mathrm{kg/s}\times 56.61\ \mathrm{kJ/kg}=11.3\ \mathrm{kW}$$

$$\dot{S}_g=q_m s_g=0.2\ \mathrm{kg/s}\times 0.038\ 4\ \mathrm{kJ/(kg\cdot K)}=0.007\ 7\ \mathrm{kW/K}$$

$$\dot{I}=T_0\dot{S}_g=293.15\ \text{K}\times 0.0077\ \text{kW}=2.25\ \text{kJ/s}$$

(2)由 $p_2=1\,017.1\ \text{kPa}, t_5=35\ ℃$,得

$$h_5=249.0\ \text{kJ/kg}, s_5=1.167\ \text{kJ/(kg}\cdot\text{K)}$$

$$q_c'=h_1-h_6=h_1-h_5=386.6\ \text{kJ/kg}-249.0\ \text{kJ/kg}=137.6\ \text{kJ/kg}$$

$$q_m'=\frac{q_{Q_c}}{q_c}=\frac{26.04\ \text{kW}}{137.6\ \text{kJ/kg}}=0.189\ \text{kg/s}$$

11.4 制冷剂的性质

压缩蒸气制冷循环具有单位质量工质制冷量大,制冷系数更接近于同温限的逆向卡诺循环等优点,因此得到了广泛应用。由于实际装置的运行和性能与制冷工质的性质密切相关,因此在热力性质和环境保护等方面对制冷剂提出了要求。

对制冷剂的热力性质的主要要求如下:

(1)对应于装置工作温度(蒸发温度、冷凝温度),要有适中的压力。若蒸发压力过低,密封容易出问题;冷凝压力过高,对冷凝系统材料的耐压强度要求提高,增加了成本也对焊接等工艺提出了更高要求。

(2)在工作温度下汽化潜热要大,使单位质量工质具备较大的制冷能力。

(3)临界温度应较高于环境温度,使冷却过程能更多地利用定温排热。

(4)制冷剂在 T-s 图上的上、下界限线应要陡峭,以便使冷却过程更加接近定温放热过程,并可减少节流引起的制冷能力下降。

(5)工质的三相点温度要低于制冷循环的下限温度,以免造成凝固阻塞。

(6)蒸气的比体积要小、工质的传热特性要好,使装置更紧凑。

此外,还要求制冷剂溶油性好、化学性质稳定、与金属材料及压缩机中密封材料等有良好的相容性、安全无毒、价格低廉等。

常用的制冷剂有氨(NH_3)和多种商品名叫氟利昂的氯氟烃和含氢氯氟烃等。氨是一种良好的制冷剂,对应于制冷温度范围有合适的压力,汽化潜热大,制冷能力较强,价格低廉,对环境破坏小,但有较大的毒性,对铜有腐蚀性,具有气味,应用场合受到一定限制。氟利昂类制冷剂气化时吸热能力适中,性能稳定,能够满足不同温度范围对制冷剂的要求,由于其优异的热工性能,应用尤为广泛,例如 CFC12(R12)、CFC11(R11)和 HCFC22(R22)等曾分别作为家用冰箱、汽车空调和热泵型空调的重要制冷剂。

但是在 20 世纪 70 年代首先由美国科学家 Molina 和 Rowland 发现,由于 CFC 和 HCFC 物质相当稳定,进入大气后能逐渐穿越大气对流层而进入同温层,在紫外线的照射下,CFC 和 HCFC 物质中的氯游离成氯离子 Cl^-,与臭氧发生连锁反应,使臭氧浓度急剧减小。根据调查显示,自 1978 年开始的 10 年内,全球各纬度平流层的臭氧含量降低 1.2%~10%不等,南极上空则是臭氧被破坏最严重的区域,甚至在春季期间更会出现所谓的“臭氧空洞”。南极上空的臭氧层是在 20 亿年的漫长岁月中形成的,可是仅在一个世纪里就被破坏了 60%。

目前全球臭氧层削减率正以每年 2%~3%的速度在进行，如果任其发展，在 21 世纪末，平流层臭氧含量将降至目前的一半以下。

臭氧层阻挡了太阳辐射中紫外线，如果没有臭氧层，进入大气层的紫外线就很容易被细胞核吸收，破坏生物的遗传物质 DNA。臭氧层变薄甚至出现大面积空洞大大削弱了对紫外线 B 的吸收能力，使大量紫外线 B 直接照射到地球表面，导致人体免疫功能降低，皮肤癌增加，并使农、畜、水产品减产，破坏原有的生态平衡。此外，地球上空大量积聚 CFC 和 HCFC 类物质还加剧了温室效应。因此，虽然 CFC 和 HCFC 类物质有优异的热力性能，但是必须限制进而禁止使用。我国政府于 1992 年 8 月起正式成为保护臭氧层的"蒙特利尔协定书"的缔约国。按照该协定书规定，我国将在 2010 年前禁止使用与生产 CFC 物质。因此，加速开发 CFC 和 HCFC 的替代物是科技工作者的紧迫任务。

作为替代物，首先必须满足环境保护方面的要求，而且也应该满足前述对制冷剂的热力性质及其他方面的要求。考虑到不可能抛弃现有的冰箱、空调等设备，因此替代物的热物理性质愈接近被替代的 CFC 或 HCFC 物质愈好，以实现现有设备顺利改用新工质。目前的研究和试验表明 HCF134a 是很有希望成为 CFC12 的替代物的新工质，它是一种含氢的氟代烃物质，由于不含氯原子，因而不会破坏臭氧层，对温室效应也仅为 CFC12 的 30%左右。它的正常沸点和蒸气压曲线与 CFC12 十分接近，热工性能也接近 CFC12。其他有关性能也较为有利，有希望在中温制冷与空调系统，如家用冰箱、汽车空调等设备中成功替代 CFC12。为了使替代工质的性质更完善，常采用两种甚至多种纯物质的混合物作为制冷剂，有关这方面的论述请参阅有关专业文献。

11.5 其他制冷循环

压缩气体制冷循环和压缩蒸汽制冷循环都是以消耗机械工作为补偿手段，使热量从低温物体传向高温物体。本节介绍的吸收式制冷循环和气流引射压气制冷循环则主要是耗费热能或较高压的蒸汽来达到制冷的目的。消耗机械能和热能从热力学第二定律的角度来看都是使熵减小，从而使孤立系统熵增大。

11.5.1 吸收式制冷循环

吸收式制冷循环的流程及相应的设备示意图如图 11.10 所示。吸收式制冷循环利用制冷剂在溶液中不同温度下具有不同溶解度的特性，使制冷剂在较低的温度和压力下被吸收剂(即溶剂)吸收，同时又使它在较高的温度和压力下从溶液中蒸发，完成循环实现制冷目的的。下边以溴化锂为吸收剂、水作制冷剂的吸收式制冷循环为例进行说明。以水为吸收剂、氨作制冷剂的吸收式制冷循环原理与之相同。吸收式制冷系统中冷凝器、节流阀以及蒸发器与压缩蒸汽制冷循环的相同。从冷凝器流出的饱和水经节流阀降压降温，形成干度很小的湿饱和蒸汽。进入蒸发器从冷库吸热，定压汽化，成为干度很大的湿饱和蒸汽或干饱和蒸汽，送入吸收器。与此同时，蒸汽发生器中由于水蒸发而浓度升高的溴化锂溶液经减压阀后也流入吸收器，吸收由蒸发器来的饱和水蒸气，生成稀溴化锂溶液，吸收过程中放出的热量由冷却水带走。稀溴化锂溶液由溶液泵加压送入蒸汽发生器并被加热。由于温度升高,水在溴化锂溶剂中的溶解度降低,蒸汽逸出液面形成与溶液平衡的较高压力、较高温度的水蒸气。水蒸气进入冷凝器,放热凝结成饱和水,完成循环。从其过程中可见,吸收器、溶液泵和蒸汽发生器的作用相当于压缩蒸汽制冷循环中的压缩机。

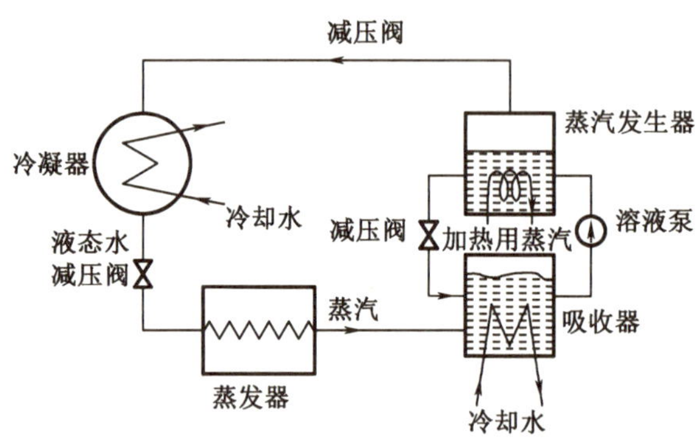

图 11.10　吸收式制冷循环流程图

吸收式制冷装置的特点,首先是循环耗功很小,因为循环中升压是通过溶液泵压缩液体完成的;其次是加热浓溶液的外热源的温度不需很高,因此可利用余热甚至太阳能、地热能等资源。

循环的性能系数是

$$\mathrm{COP}=\frac{Q_{\mathrm{C}}}{Q_{\mathrm{H}}+W_{\mathrm{P}}} \tag{11.6}$$

式中　Q_{C}——蒸发器中制冷工质气化时吸收的热量;

Q_{H}——是蒸汽发生器中热源对溶液的加热量;

W_{P}——是溶液泵消耗的功。

若忽略溶液泵消耗的少量功,则装置性能系数为

$$\mathrm{COP}=\frac{Q_{\mathrm{C}}}{Q_{\mathrm{H}}} \tag{11.7}$$

目前,实际的吸收式制冷循环的性能系数的数量级为 1。在制冷量相同的情况下,吸收式制冷装置体积比压缩蒸汽制冷装置大,也需要更多的维护工作量,并且只适用于冷负荷稳定的场合,但它可以利用温度较低的余热资源,如低压水蒸气、地热水、烟气、内燃机排气等,因而近年来也得到迅速发展。但是溴化锂溶液对普通碳钢有较强的腐蚀性,机组要求很高的气密性,因而对材料及制造有较高的要求。

11.5.2　气流引射式制冷循环

气流引射压气式制冷装置式利用喷射器或引射器代替压缩机来实现对制冷用蒸汽的压缩,以消耗较高压力的蒸汽来实现制冷的设备。制冷温度在 3~10 ℃范围内时,可以采用水蒸气作为制冷剂的蒸汽喷射式制冷剂,消耗的水蒸气压力在 0.3~1 MPa。

图 11.11(a)给出了这种形式制冷装置的示意图,它主要由锅炉、喷射器、冷凝器、节流

阀、蒸发器和水泵组成。锅炉中产生的蒸汽在喷管内绝热膨胀到很低的压力,因而造成混合室内压力较低,于是将作为制冷工质的蒸气吸入。两路蒸气混合后进入扩压管,利用蒸气在经过喷管时得到的动能将混合气压缩,使压力增加到其饱和温度比冷凝器中冷却水温度稍高的值。此后,蒸气进入冷凝器,凝结成液态。由冷凝器出来的凝结水一部分由水泵升压送入锅炉,完成工作蒸气循环,吸热汽化,完成逆向循环 1—2—2_m—3—4—6—1。其余的流经减压节流阀,降压降温后进入蒸发器,吸热汽化,完成逆向循环 1_R—2_m—3—4—5_R—1_R。

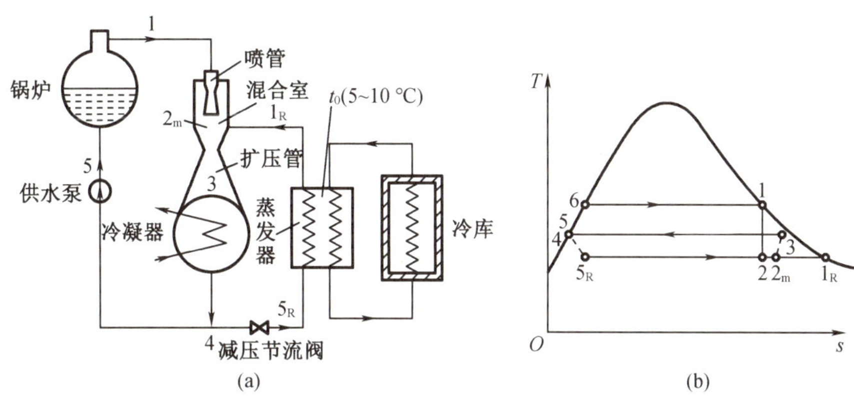

图 11.11 气流引射压气制冷循环流程图及 *T-s* 图

若忽略水泵耗功,这种装置的效果是将热量 Q_2 从冷库转移到环境介质,而其代价是工作蒸气从热源吸入热量 Q_1,所以其经济性指标可用能量利用系数 ξ 来度量,即

$$\xi = \frac{Q_2}{Q_1} \tag{11.8}$$

式中 Q_2——装置的制冷能力。

这种装置除水泵消耗少量电力或机械功,不需要动力机和压缩机,代之以构造简单、体积很小的引射式压缩器,在有蒸气供应的场合有其采用的价值。但是经济性较差,且所有达到的最低温度不宜低于 5 ℃,故仅适用于空调、冷藏,不能用作冷冻。

11.5.3 热电制冷

从物理学中知道,当直流电通过两种不同导体组成的回路时,节点上将产生吸热或放热现象,这就是珀尔贴效应。珀尔贴效应的本质是导体中的自由电子(载流子)从一种材料向另一种材料迁移通过节点时,因每种材料载流子的势能不同需与外界交换能量,以满足能量守恒。

实用的热电制冷装置是半导体电偶构成的。在半导体材料中,*n* 型材料有多余的电子;*P* 型材料则电子不足。若把一只 *P* 型半导体元件和一只 *n* 型半导体元件联结成电偶,接上直流电后,在接头处就会产生温差和实现热量转移。若把一些半导体热电偶在电路上串联,就可构成一个常见的制冷热电堆,如图 11.12 所示。在上面接头处,电流方向是 $n \to p$,温度下降并吸热,是冷端;下面的接头处电流方向是 $p \to n$,温度上升并放热,是热端。

热电制冷装置与一般制冷装置的显著区别在于:不使用制冷剂,没有运动部件,无噪声、无振动、无磨损,容量尺寸宜于小型化,使用直流电工作,工作可靠、维护方便、使用寿命长。但是,热电制冷装置对于工作电压的脉动范围的要求较高,目前半导体材料的成本比较高,热电制冷的效率比较低,再加上制造工艺比较复杂,必须使用直流电等因素,这些都在一定程度上限制了热电制冷的推广和应用。

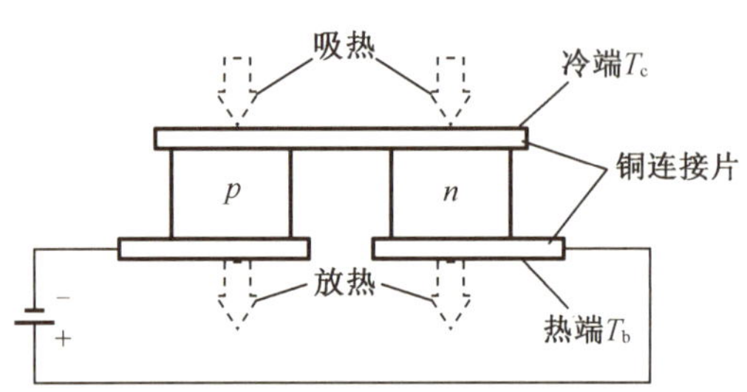

图 11.12　热电制冷原理示意图

习　题

11.1　一制冷机在-20 ℃和 30 ℃的热源间工作,若其吸热为 10 kW,循环制冷系数是同温限间逆向卡诺循环的 75%,试计算:(1)散热量;(2)循环净耗功量;(3)循环制冷量折合多少"冷吨"?

11.1　一逆向卡诺制冷循环,其性能系数为 4。(1)问高温热源与低温热源温度之比是多少?(2)若输入功率为 1 kW。试问制冷量为多少"冷吨"?(3)如果将此系统改作热泵循环,高、低温热源温度及输入功率维持不变。试求循环的性能系数及能提供的热量。

11.3　压缩空气制冷循环运行温度 $T_c=290$ K,$T_0=300$ K,如果循环增压比分别为 3 和 6,分别计算它们的循环性能系数和每千克工质的制冷量。假定空气为理想气体,比热容取定值 $c_p=1.005$ kJ/(kg·K)、$k=1.4$。

11.4　若题 11.3 中压气机绝热效率 $\eta_{C,s}=0.82$,膨胀机相对内效率 $\eta_T=0.85$,分别计算 1 kg 工质的制冷量,循环净功及循环性能系数。

11.5　若例 11.1 中压气机的绝热效率 $\eta_{C,s}=0.90$、膨胀机的相对内效率 $\eta_T=0.92$,其他条件不变,再求无回热时的制冷系数 ε,1 kg 空气的制冷量 q_c 及压缩过程的作功能力损失。

11.6　某采用理想回热的压缩气体制冷装置,工质为某种理想气体,循环增压比为 $\pi=5.6$,冷库温度为-40 ℃。环境温度为 300 kW,若输入功率为 3 kW,试计算:(1)循环制冷量;(2)循环制冷系数;(3)若循环制冷系数及制冷量不变,但不用回热措施。此此时循环的增压比应该是多少?该气体比热可取定值,$c_p=0.85$ kJ/(kg·K),$k=1.3$。

11.7　某压缩气体制冷循环中空气进入压气机时 $p_1=0.1$ MPa,$t_1=t_c=-23.15$ ℃,在压气机内定熵压缩到 $p_2=0.4$ MPa,然后进入冷却器。离开冷却路时空气温度 $t_3=t_0=-26.85$ ℃。取空气比热容是温度的函数,试求制冷系数及每千克空气的制冷量。

11.8　氟利昂 134a 是对环境较安全的制冷剂,用来替代对大气臭氧层有较大破坏作用的氟利昂12。今有以氟利昂134a为工质的制冷循环，其冷凝温度为40，蒸发器温度为-20 ℃，求：(1)蒸发器和冷凝器的压力；(2)循环的制冷系数。

11.9 一台汽车空调器使用氟利昂134a为制冷工质，向空调器的压缩帆输入功率2 kW，把工质自200 kPa压缩到1 200 kPa，车外的空气流过空调器的蒸发器盘管从33 ℃的降温到15 ℃吹进车厢，假定制冷循环为理想循环，求制冷系统氟利昂134a的流量和吹进车厢时的空气体积流量。车厢内压力为100 kPa。

11.10 某压缩蒸汽制冷装置采用氨(NH3)做制冷剂，参看图11.5和11.6，从蒸发器中出来的氨气的状态是$t_1=-15$ ℃，$x=0.955$。进入压气机升温升压后进入冷凝器。在冷凝器中冷凝成饱和氨掖，温度为$t_4=25$ ℃。从点4经节流阀，障温降压成干度较小的湿蒸气状态，再进入蒸发器气化吸热。(1)求蒸发器管子中氨的压力p_1及冷凝器管子中的氨的压力p_2；(2)求q_c、w_{net}及制冷系数ε，并在$T-s$图上表示；(3)设该装置的制冷置量$q_c=42\times10^4$ kJ/h，求氨的流量q_m；(4)求该装置火用效率。

11.11 上题中若氨压缩机的绝热效率$\eta_{C,s}=0.80$，其他参数同上题，求循环的w'_{net}、ε及火用效率η_{e_x}。

11.12 若11.11题中制冷剂改为氟利昂134a(HCFl34a)，求(1)蒸发压力p_1和冷凝压力p_2；(2)q_c、w_{net}及ε；(3)HCFl34a的流量；(4)装置火用效率η_{e_x}。

11.13 有一台空调系统，采用蒸汽喷射压缩制冷机，制取$p_3=1$ kPa的饱和水($t_s=6.949$ ℃)，来降低室温，如图11.13所示。在室内吸热升温到15 ℃的水被送入蒸发器内，部分汽化，其余变为1 kPa的饱和水，蒸发器内产生的蒸汽干度为0.95，被喷射器内流过的蒸汽抽送到冷凝器中，在30 ℃下凝结成水，若制冷量为32 000 kJ/h，试求所需冷水流量及蒸发器中被抽走蒸汽的量。

11.14 某冷库制冷机组利用氨(NH_3)，为制冷工质，由一台小型燃气轮机装置为制冷机组提供动力。制冷机组的冷凝温度为40 ℃，蒸发温度为-20 ℃。燃气轮机装置的热效率是30%。试求：(1)制冷循环中每千克制冷剂的吸热量、放热量及制冷系数；(2)整个系统的能量利用率。

11.15 在氨-水吸收式制冷装置中，利用压力为0.3 MPa，于度为0.88的湿饱和蒸汽的冷凝热，作为蒸汽发生器的外热源，如果保持冷藏库的温度为-10 ℃，而周围环境温度为30 ℃，试计算：(1)吸收式制冷装置的COP_{max}；(2)如果实际的热量利用系数为0.4COP_{max}，而要达到制冷能力为2.8 × 105 kJ/h，求需提供湿饱和蒸汽的质量流率q_m。

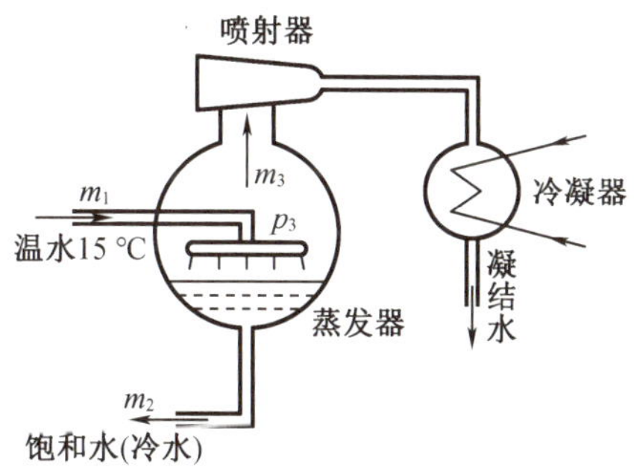

图11.13 蒸汽喷射压缩制冷示意图

第 12 章 湿 空 气

12.1 概 述

自然界中的空气,都含有少量的水蒸气。如果在环境中取一定量的空气,除去水蒸气后,得到的是由氧气、氮气、二氧化碳等成分构成的混合物,称为干空气。地球上各个地方的干空气成分基本相同,即使有时会有差别,例如森林中的空气氧气含量多一些,人群拥挤的室内二氧化碳含量会多一些,这些差别也是非常小的。因此,干空气可视作是成分固定的理想气体混合物,并且把它视为一种单一的组分。湿空气是指由干空气和水蒸气组成的混合物,不同湿空气中的水蒸气含量可以有很大的差别,例如冬季干冷的空气和夏季湿热的空气中,水蒸气的含量相差很多。在生活和工程上,很多过程都有环境中的湿空气参与,因此研究湿空气在这些过程中的特性就很有必要。

12.1.1 湿空气和干空气

湿空气是指含有水蒸气的空气,完全不含水蒸气的空气则称为干空气。地球上的干空气会随时间、地理位置、海拔、环境污染等因素而产生微小的变化,为便于计算,工程上将干空气标准化,标准化的干空气的摩尔分数(体积分数)见表 12.1。因干空气的组元和成分通常是一定的,故可以当做一种“单一气体”。

表 12.1 标准化干空气的组成表

成分	相对分子质量	摩尔分量
O_2	32.00	0.209 5
N_2	28.016	0.780 9
A_r	39.944	0.009 3
CO_2	44.01	0.000 3

地球上大气压力随海拔高度而降低,也将随地理位置、季节等因素而变化。以海拔为零,标准状态下大气压力 $p_0=760$ mmHg 为基础,则地球表面以上大气压 p 的值可按下式计算

$$p=p_0(1-2.255\ 7\times10^{-6}z)^{6.226\ 1} \tag{12.1}$$

式中:z 为海拔高度,m;p 为海拔高度为 z 时的大气压力,mmHg。大气压力的改变,导致各地水的沸点也不一致,表 12.2 列出了不同海拔高度水的沸点。

由于湿空气中水蒸气分压力很低(0.003~0.004 MPa),一般处于过热状态,因此,湿空气中水蒸气也可作为理想气体计算,故而湿空气是理想气体混合物,理想气体遵循的规律及理想气体混合物的计算公式,都可应用。

表 12.2 不同海拔高度水的沸点

海拔高度/m	大气压力/kPa	是的沸点/℃
0	101.33	100.0
1 000	89.55	96.3
2 000	79.50	93.2
5 000	54.05	83.0
10 000	26.50	66.2
20 000	5.53	34.5

此外,在湿空气分析计算中做如下两点假设:(1)湿空气中水蒸气凝聚成的液相水或固相冰中,不含有空气;(2)空气的存在不影响水蒸气与凝聚相的相平衡,相平衡温度为水蒸气分压力所对应的饱和温度。

为了描述方便,分别以下标“a”“v”“s”表示干空气、水蒸气和饱和水蒸气的参数,而无下标时则为湿空气参数。

12.1.2 未饱和空气和饱和空气

根据理想气体的分压力定律,湿空气总压力等于干空气分压力 p_a 和水蒸气分压力 p_v 之和,即 $p=p_a+p_v$,如果湿空气来自环境大气,其压力即为大气压力 p_b,这时

$$p_b=p_a+p_v \tag{12.2}$$

由于湿空气中水蒸气含量不同(表现为分压力的高低)以及温度不同,或者处于过热状态,或者处于饱和状态,因而湿空气有未饱和与饱和之分。干空气和过热水蒸气组成未饱和湿空气。温度为 t 的湿空气,当水蒸气分压力 p,低于对应于 t 的饱和压力 p_s 时,水蒸气处于过热状态,如图 12.1 中 A 点所示,这时,水蒸气的密度 ρ_v 小于饱和蒸汽密度 $\rho''[=f(t)]$,即

$$\rho_v<\rho'' \text{ 或 } v_v<v''$$

如果湿空气保持温度不变,而水蒸气含量增加,则水蒸气分压力增大,其状态点将沿着定温线向左上方($p-v$ 图上),或水平向左($T-s$ 图上)变化,当分压力增大到 $p_s(t)$,如图 12.1 中点 C 时,水蒸气达到饱和状态,这种干空气和饱和水蒸气组成的湿空气称作饱和湿空气。饱和湿空气吸收水蒸气的能力已经达到极限,若再向它加入水蒸气,将凝结为水滴从中析出,这时水蒸气的分压力和密度是该温度下可能有的最大值,即 $p_v=p_s(t)$、$\rho=\rho''$,p_s 和 ρ'' 按温度 t 在饱和水蒸气图表或饱和湿空气表上查得。

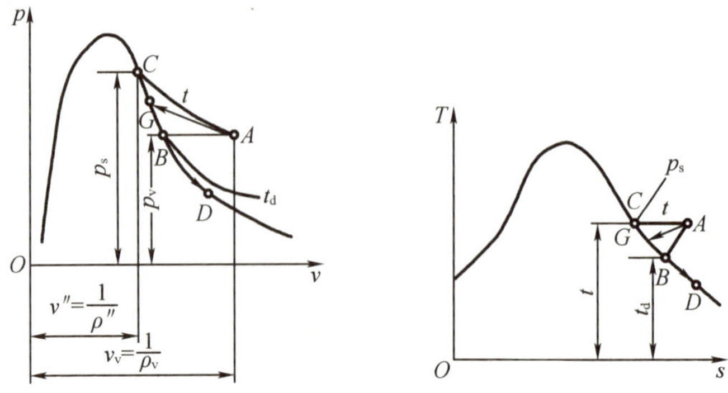

图 12.1　湿空气中水蒸气状态的 p–v 图和 T–s 图

12.1.3　露点

未饱和湿空气也可通过另一途径达到饱和，如果湿空气内水蒸气的含量保持一定，即分压力 p_v 不变而温度逐渐降低，状态点将沿着定压冷却线 A—B 与于饱和蒸汽线相交于点 B，也达到了饱和状态，继续冷却就会结露。点 B 温度即为对应于 p_v 的饱和温度，称为露点，用 t_d 表示。显然 $t_d=f(p_v)$。可在饱和水蒸气表或饱和湿空气表上由 p_v 值查得。

露点是在一定的 p_v 下（指不与水或湿物料相接触的情况），未饱和湿空气冷却达到饱和湿空气，即将结出露珠时的温度，可用湿度计或露点仪测量，测得 t_d 相当于测定了 p_v。达到露点后继续冷却，就会有水蒸气凝结成水滴析出，湿空气中的水蒸气状态，将沿着饱和蒸汽线变化，如图 12.1 上的 B—D 所示，这时温度降低，分压力也随之降低，即为析湿过程。

12.2　湿空气的状态参数

在某一温度下湿空气中水蒸气分压力的大小固然反映了水蒸气含量的多少，但为方便湿空气热力过程的分析计算，有必要引入两个反映湿空气成分的参数：相对湿度和含湿量。

12.2.1　湿空气的相对湿度

绝对湿度是单位体积（1 m^3）的湿空气中所含水蒸气的质量，其符号为 ρ_v。由于湿空气中水蒸气具有与湿空气同样的体积，所以绝对湿度就是湿空气中水蒸气的密度为

$$\rho_v=\frac{m_v}{V}=\frac{1}{v_v}$$

对于饱和空气，因其中的水蒸气处于饱和状态，故其绝对湿度即为干饱和蒸汽的密度

$$\rho''_V=\frac{1}{v''_V}$$

绝对湿度并不能完全说明湿空气的潮湿程度和吸湿能力。因为同样的绝对湿度，若空气温度不同，湿空气吸湿能力也不同。例如，若 $\rho_v=0.009$ kg/m^3，当湿空气温度 t 为 25 ℃

时,因其饱和密度 $\rho_V''=0.0244\ \text{kg/m}^3$,远大于 ρ_v,所以湿空气中水蒸气远未达到饱和,空气具有较强的吸湿能力。若空气温度较低,仅 10 ℃,则因该温度所对应的饱和压力和水蒸气饱和密度都较低,$\rho_V''=0.0094\ \text{kg/m}^3$,非常接近 ρ_v,因而吸湿能力较小,会感到阴冷潮湿。所以绝对湿度不能完全说明空气的吸湿能力,为此,引入相对湿度的概念。

湿空气中水蒸气分压力 p_v,与同一温度同样总压力的饱和湿空气中水蒸气分压力 φ 的比值,称为相对湿度,以 φ 表示,则

$$\varphi=\frac{p_V}{p_s}\approx\frac{\rho_V}{}(p_s\leqslant p) \tag{12.3}$$

φ 值介于 0 和 1 之间,φ 愈小表示湿空气离饱和湿空气愈远,即空气愈干燥,吸取水蒸气的能力愈强,当 $\varphi=0$ 时即为干空气;反之,φ 愈大空气愈潮湿,吸取水蒸气的能力也愈差,当 $\varphi=1$ 时,$p_v=p_s$,即为饱和湿空气。所以,不论温度如何,炉的大小直接反映了湿空气的吸湿能力。同时,它也反映出湿空气中水蒸气含量接近饱和的程度,故又称饱和度。计算 φ 值时,式(12.3)中饱和蒸汽压 p_s 既可由水蒸气图表查出,也可由下述经验公式计算(误差不超过±0.15%):

$$\{p_s\}_{\text{kPa}}=\frac{2}{15}\exp\left[18.5916-\frac{3\,991.11}{\{t\}_{℃}+233.84}\right] \tag{12.4}$$

某些场合,如作为干燥介质的湿空气,被加热到相当高的温度,这时的 $p_s(t)$ 可能大于总压力 p。实际上,湿空气中水蒸气的分压力至多等于总压力,所以这时 φ 定义为

$$\varphi=\frac{p_v}{p}(p_s>p) \tag{12.5}$$

12.2.2 湿空气的含湿量

以湿空气为工作介质的某些过程,如干燥、吸湿等过程中,干空气作为载热体或载湿体,它的质量或质量流量是恒定的,发生变化的只是湿空气中水蒸气的质量。因此,湿空气的一些状态参数,如湿空气的含湿量、焓、气体常数、比体积、比热容等,都是以单位质量干空气为基准。这样可方便计算。定义 1 kg 干空气所带有的水蒸气的质量为含湿量(又称比湿度),以 d 表示,习惯上表示为 1 kg(水蒸气)/kg(干空气),即

$$d=\frac{m_v}{m_a}=\frac{n_vM_v}{n_aM_a} \tag{12.6}$$

式中,n_v 和 n_a 分别为湿空气中水蒸气和干空气的摩尔数;M_v、M_a 分别为水蒸气和干空气的摩尔质量,$M_v=18.016\times10\ \text{kg/mol}$,$M_a=28.97\times10\ \text{kg/mol}$。由分压力定律可知,理想气体混合物中的各组元摩尔数之比等于分压力之比,且 $p_a=p-p_v$,所以

$$d=0.622\frac{p_v}{p_a}=0.622\frac{p_v}{p-p_v} \tag{12.7}$$

可见,总压力一定时,湿空气的含湿量 d 只取决于水蒸气的分压力 p_v,并且随着 p_v 的升降而增减,即

$$d=f(p_v)\quad(p=\text{常数})$$

若将式(12.5)$p_v=\varphi p_s$ 代入式(12.7),则

$$d=0.622\frac{\varphi p_s}{p-\varphi p_s} \quad (12.8)$$

因 $p_s=f(t)$,所以,压力一定时,含湿量取决于 φ 和 t,即

$$d=F(\varphi,t)$$

式(12.6)、式(12.7)和式(12.8)与 $p_s=f(t)$,$t_d=f(p_v)$一起,给出了在总压力和温度一定时,湿空气的状态参数 p_v、t_d、φ、d 之间的关系。

12.2.3 湿空气的焓

湿空气的比焓是指含有 1 kg 干空气的湿空气的焓值,它等于 1 kg 干空气的焓和 d kg 水蒸气的焓之总和,以 h 表示,即

$$h=\frac{H}{m_a}=\frac{m_a h_a+m_v h_v}{m_a}=h_a+dh_v \quad (12.9)$$

湿空气的焓值是以 0 ℃时干空气和 0 ℃时饱和水为基准点,单位是 kJ/kg(干空气)。

若温度变化范围不大(不超过 100 ℃),干空气比定压热容为 $c_{p,a}=1.005t$ kJ/(kg·K),则干空气的比焓

$$\{h_a\}_{kJ/kg(干空气)}=c_{p,a}t=1.005\{t\}_{℃}$$

水蒸气的比焓也有足够精确的经验公式

$$\{h_v\}_{kJ/kg(水蒸气)}=2\ 051+1.86\{t\}_{℃}$$

式中,2 501 kJ/(kg·K)是 0 ℃时饱和水蒸气的焓值,而常温低压下水蒸气的平均质量定压热容为 1.86 kJ/(kg·K)。将 h_a 和 h_v 的计算式代入式(12.9),得

$$h=1.005t+d(2\ 051+1.86t)\ \text{kJ/kg(干空气)} \quad (12.10)$$

式中,t 单位为 ℃;d 单位为 kg(水蒸气)/kg(干空气)。

水蒸气比焓 h_v 的精确值,可由水蒸气图表中查得。为了简便,通常以温度为 t 的饱和水蒸气焓 h''代替,即取 $h_v\approx h''(t)$。温度不太高时误差极微($t=100$ ℃时,误差不超过 0.3%),因此湿空气的比焓也近似可由下式确定:

$$h=1.005t+dh''\ \text{kJ/kg(干空气)} \quad (12.11)$$

12.2.4 湿空气的比体积

1 kg 干空气和 d kg 水蒸气组成的湿空气的体积,称为湿空气的比体积,用 v(m^3/kg 干空气)表示

$$v=(1+d)\frac{R_g T}{p} \quad (12.12)$$

式中 R_g 为湿空气的气体常数

$$R_g=\sum_i w_i R_{g,i}=\frac{1}{1+d}R_{g,a}+\frac{d}{1+d}R_{g,v}=\frac{R_{g,a}+R_{g,v}d}{1+d} \quad (12.13)$$

12.3 湿球温度和绝热饱和温度

12.3.1 湿球温度

湿空气的 φ 和 d 的简便测量方法通常是采用干湿球温度计。干球温度计即普通温度计,测出的是湿空气的真实温度 t 也称干球温度。另一支温度计的感温球上包裹有浸在水中的湿纱布,称为湿球温度计,干湿球温度计示意图如图 12.2 所示。图 12.3 所示是一种实用的便携式干湿球温度计。

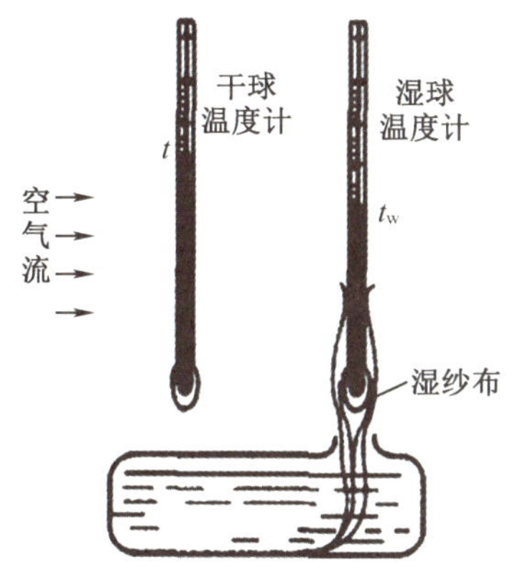

图 12.2 干湿球温度计示意图

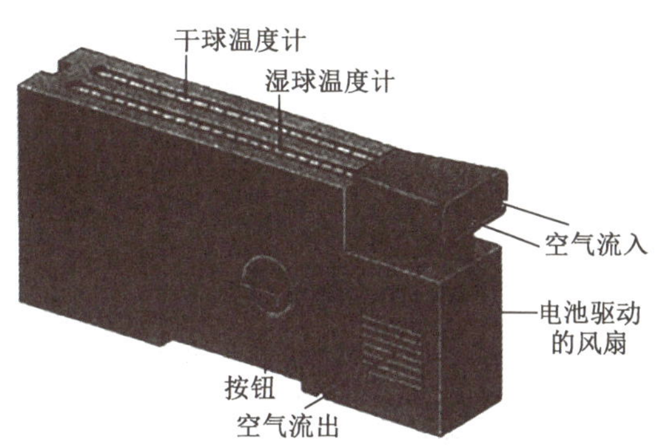

图 12.3 便携式干湿球温度计

大量未饱和空气流吹过干湿球温度计,开始时湿纱布中水分温度与主体湿空气温度相同,由于湿空气未饱和,湿纱布中水分汽化,在湿纱布表面形成薄层有效汽膜,有效汽膜内湿空气接近饱和。汽膜内水蒸气分压力 p_v' 高于空气流内水蒸气的分压力 p_v,汽膜内水蒸气向空气流扩散(图 12.3)。汽化需要的热量来自水分本身,使水分温度下降。水分温度低于湿空气流温度时,热量将由空气传给湿纱布中水分,传热速率随着两者温差增大而提高。因湿空气流量大,湿纱布表面积小,湿空气向湿纱布的传热和从湿纱布汽化的水分对主流湿空气 t、d 的影响可忽略不计。直到空气向湿纱布单位时间传递的热量等于单位时间内湿纱布表面水分汽化所需热量达到平衡,湿纱布中水温保持恒定不变,湿球温度计指示的正是平衡时湿纱布中水分的温度,这一温度称为湿空气的湿球温度,以 t_w 表示。湿空气的 φ 愈小,湿纱布中水分汽化愈快,汽化所需热量愈大,湿球温度愈低。当然,气流的速度对蒸发和传热过程会有影响,但实验表明,当气流速度在 2~10 m/s 范围内时,气流速度对湿球温度值影响很小。若湿空气已达饱和状态,湿纱布中水分不能气化,湿球温度与于球温度相等。所以 φ 与 t_w 及 t 有一定的函数关系。

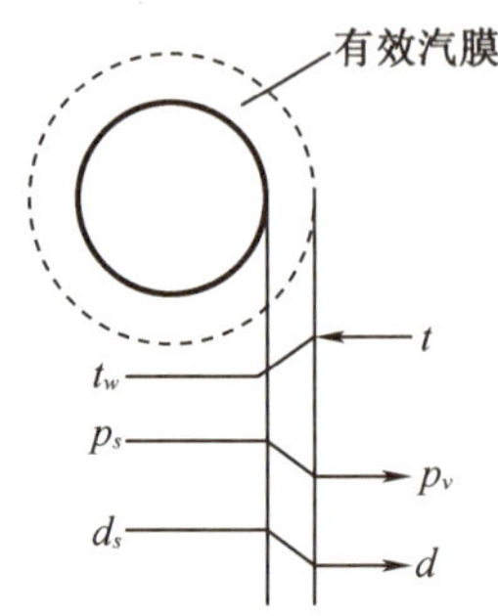

图 12.4 湿球温度原理示意图

考虑到露点是湿空气中水蒸气分压力 p_v 对应的饱和温度，湿球温度可看成汽膜内水蒸气分压力 p_v' 对应的饱和温度，因而

$$t \geqslant t_w \geqslant t_d \tag{12.14}$$

式中，未饱和湿空气取不等号，饱和湿空气取等号。

根据 t 和 t_w 计算 d 的解析式为

$$d=\frac{c_{p,a}(t_w-t)+d_s r(t_w)}{c_{p,v}(t-t_w)+r(t_w)} \tag{12.15}$$

式中，$c_{p,a}$ 为干空气比定压热容，$c_{p,v}$ 是低压时水蒸气的比定压热容，d_s 湿球表面饱和含湿量，r 为汽化潜热。

12.3.2 湿空气的绝热饱和温度

图 12.5 为一绝热饱和冷却器示意图，未饱和的湿空气（参数为 t、d、h）由下部送入，大量的水由顶部喷淋而下，它们逆向而行在填料层中接触，因为空气尚未饱和，水分不断汽化进入湿空气。又因饱和器是绝热的，水分汽化所需的潜热只能来自空气的湿热，致使过程中空气温度逐渐降低，含湿量逐渐增大，水分汽化潜热又被蒸汽带回了空气，所以湿空气的焓值几乎不变。因此，该过程看作等焓增湿降温过程，该等焓过程在图 12.1 中以过程线 A—G 表示。如果有足够长的接触时间，最终湿空气达到饱和，空气温度不再下降。此稳定状态的温度称为初始状态湿空气的绝热饱和温度，以 t_w' 表示。它是湿空气状态参数之一。绝热饱和器循环水温和补充水温也应保持 t_w'。根据能量守恒，可以导得

$$d_2=\frac{c_{p,a}(t_w'-t)+d_1 r(t_w')}{c_{p,v}(t-t_w')+r(t_w')} \tag{12.16}$$

式中，d_1 和 d_2 分别是来流空气和其绝热饱和湿空气的含湿量。考虑到湿空气可作为理想气体混合物，且一般 d 很小，所以湿空气比定压热容 $c_p \approx c_{p,a}+c_{p,v}d$，从式（12.16）可得

$$t_w'=t_1-\frac{r(0℃)}{c_p}(d_2-d_1) \tag{12.17}$$

实用上，绝热饱和过程实施较困难，好在绝热饱和温度 t_w' 与湿球温度 t_w 数值上极为相近，实际应用时可以 t_w 代替 t_w'。

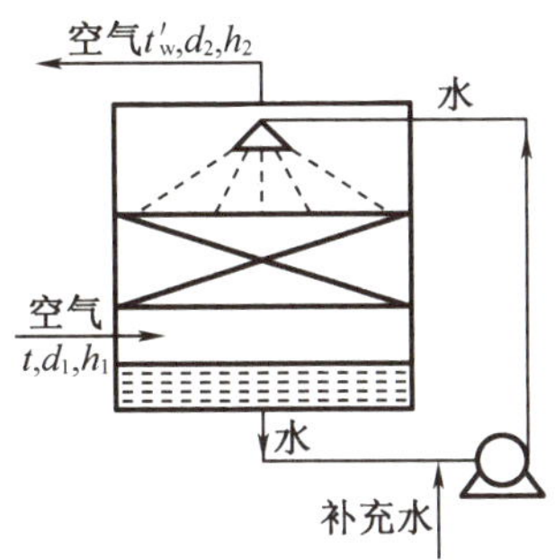

图 12.5 绝热饱和冷却器

12.4 湿空气的焓-湿图

在一定的总压力下,湿空气的状态可用 t、t_d、t_w、φ、d、p_v 等不同参数表示,其中只有两个是独立变量。根据两个独立参数用解析法确定其他参数,从而对湿空气的热力过程进行分析计算,虽然较为繁复,但为利用计算机进行工程计算提供了依据。

目前工程计算仍大量利用线图,线图法虽精度略差,但比解析法简捷方便。

常用的线图有焓湿图(h-d 图)、温湿图(t-d 图)、焓温图(h-t 图)等,本书限于篇幅只介绍 h-d 图。

h-d 图是根据式(12.32)和式(12.34)绘制而成,如图 12.6 和图 12.7 所示。两图均以 1 kg 干空气量的湿空气为基准。图 12.6 的温度范围较小(-20~50 ℃),总压力为 p=0.1 MPa,图 12.7 的温度范围较宽(0~250 ℃),总压力按 p=0.101 33 MPa。

h-d 图的纵坐标是湿空气的比焓 h,单位为 kJ/kg(干空气),横坐标是含湿量 d,单位为 kg(水蒸气)/kg(于空气),为使各曲线簇不致拥挤,提高读数准确度,两坐标夹角为 135°,而不是 90°。图中水平轴标出的是含湿量值。

h-d 图由下列五种线群组成:

(1)等湿线(等 d 线)

等 d 线是一组平行于纵坐标的直线群。露点 t_d 是湿空气冷却到 φ=100%时的温度。因此,含湿量 d 相同、状态不同的湿空气具有相同的露点。

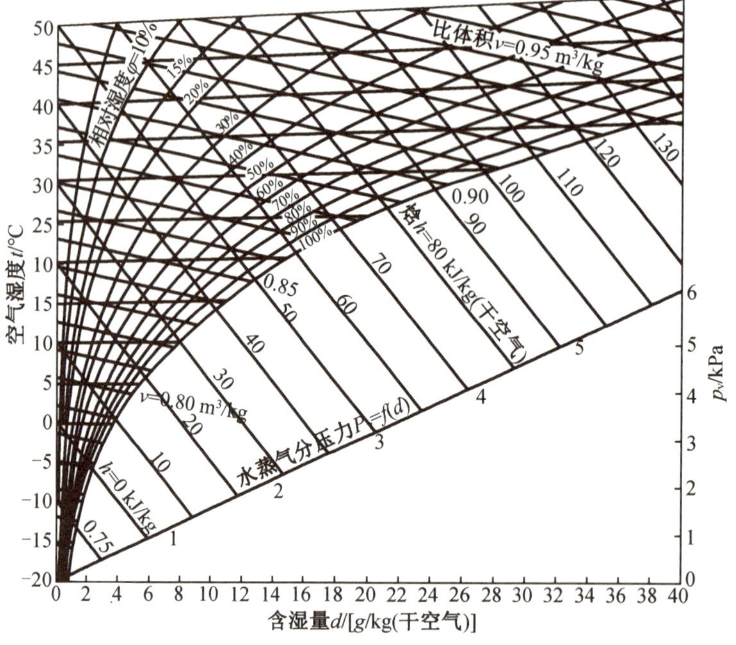

图 12.6　湿空气 h-d 图(t<50 ℃)

12.5　湿空气过程及其应用

通常,湿空气过程计算主要是研究过程中湿空气焓值及含湿量与温度、相对湿度之间的变化关系。一般方法为利用稳定流动能量方程(通常不计动能差和位能差)及质量守恒方程,并籍助湿空气的线图。本节简要介绍几种典型过程以及工程应用。

12.5.1　加热(或冷却)过程

湿空气单纯地加热或冷却时,压力(p_v 和 p_a)与含湿量均保持不变。在 h-d 图上过程沿等 d 线方向进行,加热过程中湿空气温度升高,焓增大,相对湿度减小,如图 12.8 中 1—2。冷却过程反之,为图中 1—2′。

根据稳定流动能量方程,过程中吸热量(或放热量)等于焓差,即

$$q=\Delta h=h_2-h_1 \tag{12.18}$$

式中,h_1、h_2 分别为初、终态湿空气的焓值。

12.5.2　绝热加湿过程

1. 喷水加湿

在绝热的条件下向湿空气喷水,增加其含湿量时,因水分蒸发需要热量,汽化热量将由空气本身供给,因而加湿后空气的温度降低。

据质量守恒,喷水量等于湿空气流含湿量的增加

$$q_{m,l}=q_{m,a}(d_2-d_1) \text{ 或 } \frac{q_{m,l}}{q_{m,a}}=d_2-d_1 \tag{12.19}$$

式中，下标 l 表示液态水。据能量守恒，稳定流动，且绝热不做功，$q=0$、$w=0$，故

$$q_{m,a}h_1+(d_2-d_1)q_{m,a}h_l=q_{m,a}h_2$$

$$h_1+(d_2-d_1)h_l=h_2$$

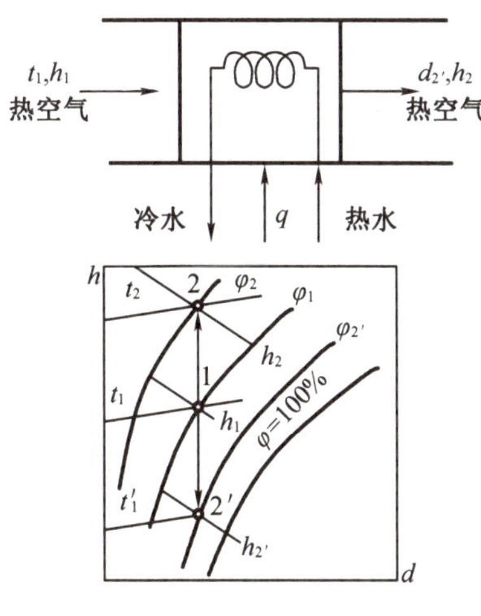

图 12.8 加热(或冷却)过程

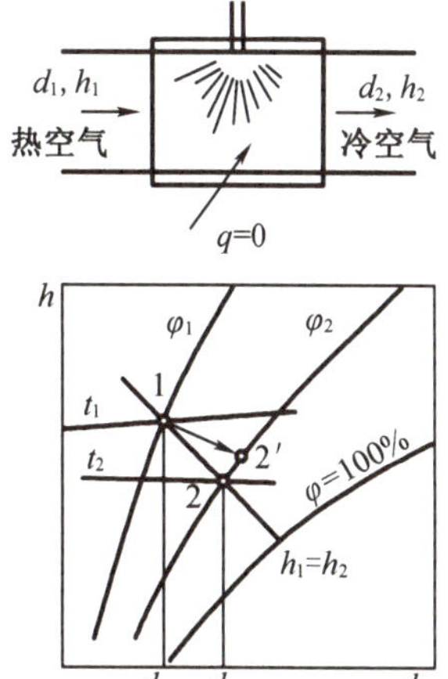

图 12.9 绝热加湿过程

水的焓值 h_l 相对来说要小得多，含湿量差 d_2-d_1 也较小，所以，喷水带人的焓值可忽略不计，即 $(d_2-d_1)h_l\approx0$，因此

$$h_1\approx h_2$$

如图 12.9 所示，绝热喷水过程 1—2 沿着等焓线向 d、φ 增大，t 减小的方向进行。

2. 喷蒸气加湿

据质量守恒

$$d_{2'}=d_1+\frac{q_{m,v}}{q_{m,a}} \tag{12.20}$$

据能量守恒

$$h_{2'}-h_1=(d_{2'}-d_1)h_v \tag{12.21}$$

喷入水蒸气后，湿空气的焓、含湿量、相对湿度均增大，如图 12.11 中过程 1—2′所示。

12.5.3 冷却去湿过程

湿空气被冷却到露点温度前，湿空气处于未饱和状态，过程中含湿量不变，达到露点温度时空气达饱和状态，若继续冷却，将有水蒸气凝结析出，空气继续保持饱和状态但含湿量减小，达到冷却除湿的目的。如图 12.10 所示，过程沿 1—A—2 方向进行，温度降到露点 A 后，沿 $\varphi=100\%$的等 φ 线向 d、t 减小的方向，一直保持饱和湿空气状态。1 kg 干空气的凝水量为

$$\frac{q_{m,l}}{q_{m,a}}=d_1-d_2 \tag{12.22}$$

冷却水带走的热量为

$$h_1+(d_2-d_1)h_l=h_2 \tag{12.23}$$

式中，h_l 为凝结水的比焓，$(d_2-d_1)h_l$ 为凝结水带走的能量。

12.5.4 绝热混合过程

几股不同状态的湿空气气流绝热混合，混合后的湿空气状态取决于混合前各股湿空气的状态及各流量比。

如图 12.11 所示，两股湿空气 1 和 2，绝热混合后状态为 3。据干空气质量守恒

$$q_{m,a3}=q_{m,a1}+q_{m,a2} \tag{12.24}$$

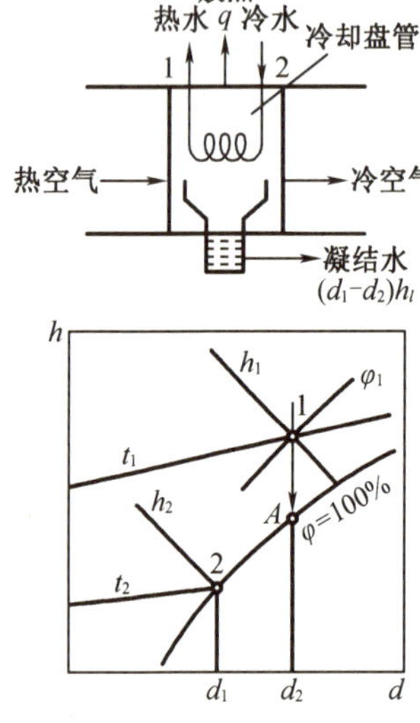

图 12.10　冷却去湿过程

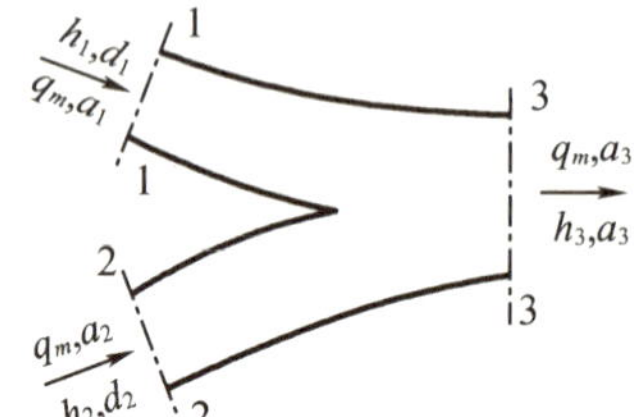

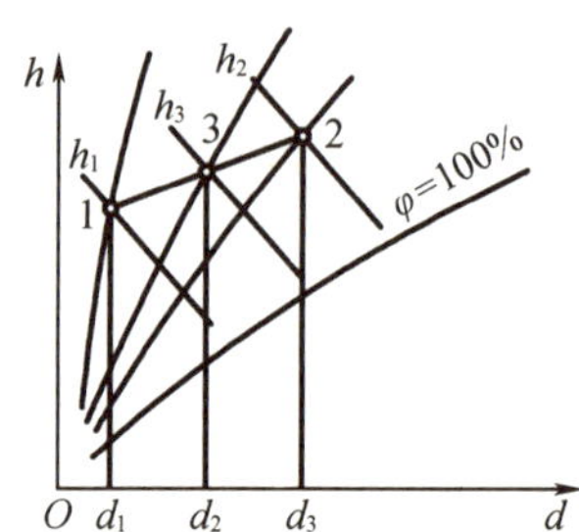

图 12.11　绝热混合过程

据湿空气中水蒸气质量守恒

$$q_{m,v3}=q_{m,v1}+q_{m,v2} \text{ 或 } q_{m,a3}d_3=q_{m,a1}d_1+q_{m,a2}d_2 \tag{12.25}$$

据能量守恒

$$q_{m,a3}h_3=q_{m,a1}h_1+q_{m,a2}h_2 \tag{12.26}$$

式(12.24)、(12.25)和式(12.26)联立求解，整理后得出

$$\frac{h_3-h_1}{d_3-d_1}=\frac{h_2-h_3}{d_2-d_3} \tag{12.27}$$

式(12.27)左侧代表 h-d 图上过程 1—3 线的斜率，右侧代表过程 3—2 线的斜率。过程 1—3 和过程 3—2 斜率相同，因此可以判定 3 在 1—2 的连线上。式(12.27)还可写作

$$\frac{q_{m,a_1}}{q_{m,a_2}}=\frac{d_2-d_3}{d_3-d_1}=\frac{h_2-h_3}{h_3-h_1}=\frac{\overline{23}}{\overline{31}} \tag{12.28}$$

由上式可见，状态 3 在 1—2 连线上，$\overline{23}:\overline{31}=q_{m,a_1}:q_{m,a_2}$，点 3 将 $\overline{12}$ 分割时与干空气质量流量成反比。

12.5.5　工程应用举例

1. 烘干过程

烘干设备是利用未饱和空气流经湿物体，吸收其中水分的装置。为提高湿空气的吸湿能力，一般吸湿前先对湿空气加热，所以，烘干的全过程包括湿空气的加热过程和绝热吸湿过程，如图 12.12 所示。

2. 冷却塔

冷却塔是利用蒸发冷却原理，使热水降温以获得工业用循环冷却水的节水装置。图 12.13 为自然通风冷却塔装置示意图。热水向下喷淋，与自下向上的湿空气流接触，装置中部有填料，用以增大两者的接触面积及接触时间，热水与空气间进行着复杂的传热和传质过程，总效果是水分蒸发，吸收汽化潜热，使水温降低。湿空气在过程中进行的是升温、增湿、焓值增大的过程，出口处湿空气可达饱和或接近饱和状态。

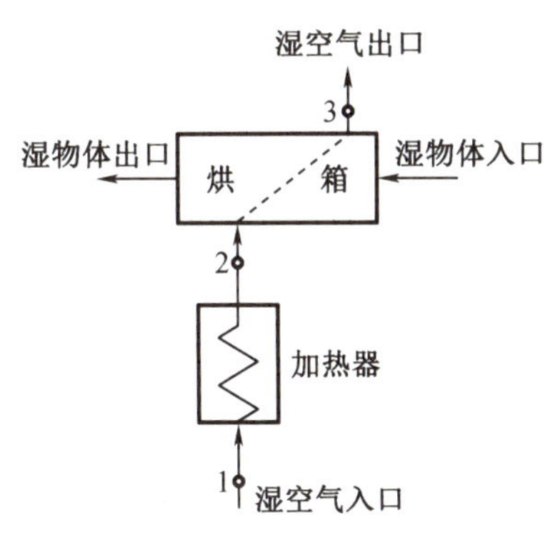

图 12.12　烘干装置示意图

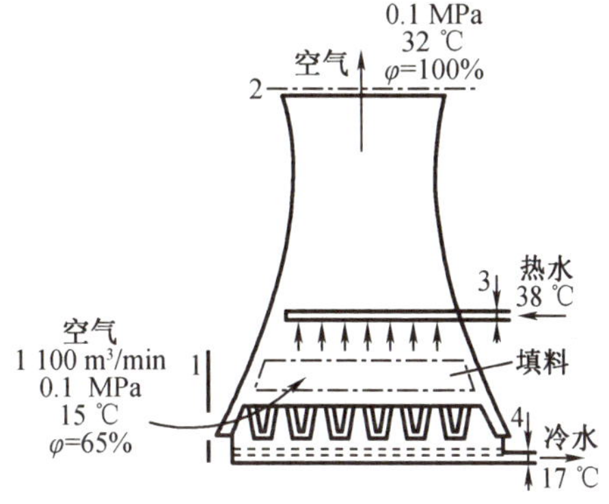

图 12.13　冷却塔装置示意图

习　　题

12.1　测得湿空气的压力为 0.1 MPa，温度为 30 ℃，露点温度为 20 ℃，试计算空气中蒸气的分压力、相对湿度、含湿量和焓。

12.2　已知空气温度为 20 ℃，相对湿度为 60%，现将空气加热至 50 ℃，然后送至干燥箱去干燥物品，空气流出干燥箱的温度为 30 ℃。

(1)请在焓湿图上表示上述过程，标出各点的焓和含湿量；

(2)加热空气所需要的热量；

(3)空气在干燥箱里带走的水分。

12.3　冬季房间空气温度为 2 ℃,相对湿度为 20%,再需要将之调节到温度为 18 ℃,相对湿度为 50%。

(1)请在焓湿图上表示上述过程,标出各点的焓和含湿量;

(2)加热空气所需要的热量;

(3)需要加入空气的水分。

12.4　夏季房间空气温度为 35 ℃,相对湿度为 90%,需要将之调节到温度为 26 ℃,相对湿度为 65%。

(1)请在焓湿图上表示该过程,并标出各点的焓和含湿量;

(2)水分析出时的温度和水分析出结束时的温度;

(3)降温过程中空气放出的热量和析出的水量;

(4)升温过程中空气吸收的热量。

12.5　压缩机每小时将 1 000 kg 干空气,从初始压力 0.1 MPa、温度 20 ℃、相对湿度 70%升压至 0.9 MPa,求析出的水分。

12.6　冷却塔将水从 38 ℃冷却至 23 ℃,水流量为 100 t/h,从塔底进入的空气温度 15 ℃,相对湿度为 50%,从塔顶排出的为 30 ℃的饱和空气。求需要送入的空气量和冷却水的补充水量。

参 考 文 献

[1] HATSOPOULOS G N, KEENAN J H . Principles of General Thermodynamics[M]. New York:John Wiley&Sons, Inc. ,1965.

[2] CALLEN H B. Thermodynamics[M]. New York:John Wiley&Sons, Inc. ,1960.

[3] EPSTEIN P S. Textbook of Thermodynamics [M]. New York: John Wiley&Sons, Inc. ,1937.

[4] JOSEPH K A Course in Thermodynamics[M]. Waltham, Mass:Blaisdell Publishing Co. , 1966.

[5] VAN WYLEN G J, SONNTAG R E. Fundamentals of Classical Thermodynamics[M]. New York:John Wiley&Sons, Inc. ,1972.

[6] TRIBUS M. Thermostaics and Thermodynamics[M]. New York: Van Nostrand Reinhild Company,1961.

[7] EINSTEIN A. Philosopher-Scientist[M]. New York:Harper&Row Publishers,1959.

[8] BRIDGMAN P W. The Nature of Thermodynamics [M]. New York: Harper&Row Publishers,1961.

[9] MECHTLY E A. The International System of Units :SP-7012 [R]. Washington:National Aeronautics and Space Administration Report, 1969.

[10] 曾丹苓,敖越,张新铭,等. 工程热力学[M]. 3 版. 北京:高等教育出版社,2002.

[11] 沈维道,童钧耕. 工程热力学[M]. 4 版. 北京:高等教育出版社,2007.

[12] 朱明善,刘颖,林兆庄. 程热力学[M]. 北京:清华大学出版社,2000.

[13] 童钧耕. 工程热力学学习辅导与习题解答[M]. 北京:高等教育出版社,2004.

[14] 严家騄,王永青. 工程热力学[M]. 北京:中国电力出版社,2007.

[15] 刘志刚,刘咸定,赵冠春. 工质物理计算程序的编制及应用[M]. 北京:科学出版社,1992.

[16] 吴沛宜,马元. 变质量系统热力学及其应用[M]. 北京:高等教育出版社,1983.

[17] 蔡祖恢. 工程热力学[M]. 北京:高等教育出版社,1994.

[18] 郑令仪,孙祖国,赵静霞. 工程热力学[M]. 北京:兵器工业出版社,1993.

[19] 朱明善,邓小雪,刘颖. 工程热力学题型分析[M]. 北京:清华大学出版社,1989.

[20] 施明恒,李鹤立,王素美. 工程热力学[M]. 南京:东南大学出版社,2003.

[21] 华永明. 工程热力学[M]. 北京:中国电力出版社,2013.

[22] 谢锐生. 热力学原理[M]. 关德相,李荫亭,扬岑,译. 北京:人民教育出版社,1980.

[23] 严家騄,余晓福. 王永清. 水和水蒸气热力性质图表[M]. 3 版. 北京:高等教育出版社,2015.

[24] 刘桂玉,刘志刚,阴建民,等. 工程热力学[M]. 北京:高等教育出版社,1998.

[25] ZEMANSKY M W, DITTMAN N. 热学和热力学[M]. 刘皇风,陈秉乾,译. 北京:科学出版社,1987.